東亞民俗學稀見文獻彙編
第二輯

第五卷第五～八號

民俗學

第九冊

民俗學

第五卷　第五號

昭和八年五月

民俗學會

民俗學會會則

第一條　本會を民俗學會と名づく
第二條　本會は民俗學に關する知識の普及並に研究者の交詢を目的とす
第三條　本會の目的を達成する爲めに左の事業を行ふ
イ　毎月一回雜誌「民俗學」を發行す
ロ　毎月一回例會として民俗學談話會を開催す
　但春秋二回を大會とす
ハ　隨時講演會を開催することあるべし
第四條　本會の會員は本會の趣旨目的を贊成し（會費半年分參圓壹年分六圓）を前納するものとす
第五條　本會會員は例會並に大會に出席することを得るものとす講演會に就いても亦同じ
第六條　本會の會務を遂行する爲めに會員中より委員若干名を互選す
第七條　委員中より幹事一名、常務委員三名を互選し、幹事は事務を執行し、常務委員は編輯庶務會計の事を分擔す
第八條　本會の事務所を東京市神田區駿河臺町一ノ八に置く
附　則
第九條　大會の決議によりて本會則を變更することを得

委　員

石田幹之助　宇野圓空　折口信夫
金田一京助　小泉鐵　小山榮三
松村武雄　松本信廣（以上在京委員）
秋葉隆　移川子之藏　西田直二郎
（以上地方委員）

前號目次

昭和八年五月十日發行

民俗學

第六卷 第五號

民俗學

目次

呼寄せ塚

書評

祭る者と祭らるる者（下）

松村武雄

四

祭る者と祭らるる者との關係の種々相のうちで、殊に興味に富むものは、祭られる者の生活・行動・運命などが、祭る者のそれ等の轉寫であることが少くないといふ事實である。

超自然的靈格――殊に人態神は、民衆にとつて崇拜の對象であると共に、話說の對象である。民衆は、畏怖・崇仰・依屬感などから神々にもたれかかる心持だけに終始するものではない。彼等はまたさうした心的態度から離れて、神々を一の dramatis Personæ と觀じ、その生活史を考へる心持を强く感じる。アンドリュー・ラングが『神話・祭儀及び宗教』(Andrew Lang, Myth, Ritual, and Religion, vol. I, p. 5) に於て、

『宗教的概念と神話的概念とは、その發生の心理を異にする。宗教的概念は、人間の或る一つの氣分――眞摯な冥想及び服從の氣分から生起するものであるに對し、神話的觀念は、他の一つの氣分――遊戲的な移氣な空想の氣分から發生する。』

となし、ゼームズ・エッチ・リューバがその著『宗教の心理學的研究』(James H. Leuba, A Psychological Study of Religion, Chap. X.) に於て、人間と人間が信ずる不可見的な靈格との關係を目して、兒童と人形との關係に類同してゐるとなして、

2

祭る者と祭らるる者(下)(松村)

『這般の靈格の本質及び屬性は、人間の氣持に應じて變化する。……もし空想的氣持で、眞面目でなく、遊戯的に、兒童が人形の物語をなすやうに、これ等の不可見的人格について種々の説話を生ずるやうに想像力を使用するならば、その時は神話の作者となる。……更にまた眞摯な氣持で、これと生きた關係にあると感ずる時には、これ等の人格的存在態は宗教的對象となる。』

となした如きは、かうした心持の差異を云ひ表してゐる。ところで人の子がさうした心持で神々の生活史を考へるとき、その據りどころとなるものは頗る多元的であるに違ひないが、祭儀の際の司靈者の行動は、確かにその主なる一つであらねばならぬ。なぜなら、司靈者は神の代表若くは具現であるといふ觀念信仰が民衆の心を支配して居り、而して這般の觀念信仰は、司靈者が祭儀を嚴かに實修してゐるのを目睹するときに、特に強められ高められるからである。切言すれば、祭儀に於ける祭る者の動作や運命は、祭らるる者のそれ等に轉移する最も強い機緣を有してゐる。

自分たちは、多くの民族の傳承に於て、這般の推移過程を痕づけることが出來る。この論考があまり長くなることを避けるために、一二の例だけを擧げて見よう。

雅典の古傳承に言ふ、エリクトニオス(Ericthonios)が生れると、アテナ女神が之を函に藏めて、ケクロプス(Kekrops)の三女パンドロソス(Pandrosos)アグラウロス(Aglauros)及びヘルセ(Herse)に托し、堅く戒めて開くことなからしめた。しかし三女は戒めを破つて函を開くと、一羽の烏がこれをアテナに報じたので、女神は恚つて三女を狂はしめ、三女盡く海に投じて死んだと。(Hyginus, Fabularum Liber, 166.) エウリピデスもその戲曲イオン(Ion)の中に、これ等の三女がアテナの命に背いて禁制の箱を開き、アクロポリスの岩を血潮に染めて死んだことを説いてゐる。(Ion, 258—274.)

獨逸の偉大な史家モンゼンは、この傳承を解して、アテナ崇拜に於ける人身御供の回想であるとなし(Mommsen, Heortologie, p. 12.) ファーネルも亦この解釋に贊同してゐる。(L. R. Farnell, Cults of the Greek States, Vol. I. p. 260)

しかし問題は、決してそれほど簡單ではない。この傳承には、かうしたひた向きな解釋だけでは到底說明し切れぬ多くの難點を含んでゐる。それ等の難點の委細な考察は他日に讓るとして、自分が今當面の問題としてゐること――『祭る者』と『祭らるる者』との關係といふ視角から眺めなくてはならぬ點のみを採り上げることにする。

ヒギヌスとエウリピデスとの記述では、ケクロプスの三女が盡く破戒の罰として命を失つてゐるが、他の多くの古文獻は、この點に關して著しい異同を示してゐる。パウサニアスによると、三女のうちパンドロソスだけはアテナ女神の禁戒を守り、他の二女が好奇心に驅られて函を開き、ために氣が狂つて、アクロポリスの懸崖から身を投げた。(Pausanias, Hellados Periegesis, I. 18. 2.) またアポロドロスに從へば、同じくパンドロソスを除いた他の二女性がアテナの戒に背いて函を開き、二匹の蛇が孩兒に絡つてゐるのを見て、狂してアクロポリスから身を投げて死んだとある。(Apollodoros, III. 14. 6.) 然るにアテナゴラス (Athenagoras)、フルゲンティウス (Fulgentius)、アメレサゴラス (Amelesagoras) 等の說くところによると、禁戒を破つて命を失つたのは、アグラウロス及びパンドロソスである。(Athenagoras, Legatio pro Christianis, I; Fulgentius, Mythologiae, II. 14.) 最後にオーヴィディウス (Ovidius) は、三女のうちアグラウロスのみがアテナの命に背いて慘ましい死を遂げたと說いてゐる。(Ovidius, Metamorphoses, II. 552 seq.; I. 749.)

かくして自分たちは、この傳承に少くとも四個の異種が存したことを知る。

(1) パンドロソス・アグラウロス・ヘルセが盡く死んだとするもの。

(2) アグラウロス・ヘルセの二人が死んだとするもの。

(3) パンドロソス・アグラウロスの二人が死んだとするもの。

(4) アグラウロスだけが死んだとするもの。

が、即ちこれである。言葉を換へて云へば、古文獻の異なるに從つて、パンドロソス及びヘルセは悲慘の運命から免れてゐるが、アグラウロスについてだけは、すべての記錄がその死を說くことに一致してゐる。さうしたなら眞の破戒者・落命者はアグラウロスであつて、他はその姉妹であるところから、後來おつき合ひを强ひられたのであらう。而してこれは甚だいはれあることである。パンドロソスは他の二女と異なつて、ケクロプスと聯關して古いケクロピダエ族の崇拜の中心的靈格であり、從つて三女のうちで最も顯著な祭儀を確保してゐた。だからアテナ女神の宗敎が雅典に勢威を揮うに及んでも、この靈格の存在を撥無して、無慘の死を遂げたといふやうな說話を產み出すのは、餘程困難であつたとしなくてはならぬ。もしそれヘルセに至つては、一個の假作的人物に過ぎぬ。同じやうな女性を三人揃へるために、後代的に案出せられたものである。若干の文獻が彼の女の死を說くことを差控へたのも、決して怪しむに足らぬ。

それならば、なぜアグラウロスのみが禁制の箱を開いて悲運を招かねばならなかつたであらうか。そこに肝要な問題が潛んでゐる。アグラウロスの身邊には、パンドロソス及びヘルセに見ることの出來ない二つの事情が纏綿してゐた。

(1)　アグラウロスが一個の靈格として、人身御供を享けてゐたこと。

(2)　アグラウロス自身が祭儀の犧牲にささげられたといふ傳承の存したこと。

がこれである。ポルフュリオス(Porphurios)は、自分たちに告げて云ふ、

『昔コロネア(Koronea)と呼ばれし現今のサラミスに於ては、キプロス人がアフロディシオス(Aphrodisios)と定めし月に、一人の人間がケプロプスの娘アグラウロス及び水精アグラウリス(Agraulis)にささげられたり。而してこの習俗はディオメデス(Diomedes)の時代まで存續したりしが、この時に變じて人間はディオメデスにささげらるることとなり、アテナ、アグラウロス及びディオメデスの神殿を含む殿堂にて行はれぬ。犧牲に選ばれし者は、靑年たちに追はれて、祭壇の周圍を巡ること三回。その時司祭が投槍もてその胃部を貫き、全軀は穀物のささげ物と共に火に燒き盡されたり。』

と。(Porphurios, De Abstinentia, 11. 54.)更にエウセビウス(Eusebius)も、

『サラミスに於ては、一人の人間がアテナ、アグラウロス、ディオメデスの神域を追ひ廻され、祭壇の周圍を走るこ

と三度、その時司祭槍もてその胃部を貫き、かくて全身をば積み上げし葬薪にささげぬ。』

と云つてゐる。(Eusebius, De Laudibus Constantini, 13.)

これ等の記述は、アグラウロス神にささげられる犠牲が火に燒かれたことを説いてゐるだけであるが、他に古い傳承があつて、それに從へば、アグラウロス自身が犠牲者となつてゐる。曰く、

『而してアグラウロスの神殿に於て――アグラウロスはケクロプスの娘の一人なり――かの女の聖土にて、少年期より青年期に入りし人々、全身を武裝して、彼等の祖國のために死を睹して戰ふことを宣誓せり。その由來は下の如し。フィロコロス(Philokhoros)及びその他の人々の言ふ如く、アグラウロス、ヘルセ及びパンドロソスはケクロプスの女なりき。而してエウメロプス(トラキア王)がエレクテウス(雅典王)に對して戰を挑み、戰の永きに亘るや、アポロ神宣を發して云ふ、何人にもあれ、市のために身を殺すものあらば、人々は永き戰より免るべしと。是に於てアグラウロス自ら進みて死に身を委ねぬ。かの女は壁上より身を投げしなり。かくて彼等(雅典人たち)は戰を免れしかば、かの女のために、かの女の行のためにプロピュライア(Propulaia)の傍に一の神殿を建立しぬ。されば青年等は、まさに戰に臨まんとするとき、該神殿にて誓を立つるなり。』

と。(Scholia in Demosthenes, XIX, 303.)

これ等の傳承を讀み辿つて行くうちに、自分たちの心眼に浮び出て來る映像は、女神アグラウロスのために執り行はれる祭儀の折に、その犠牲として傷ましい死を遂げる人の子の姿であり、ついでその姿が朧ろに薄れかけ、それが再び鮮かになつたと思ふと、いつの間にかアグラウロス女神そのものが現前して、女神自身が岩の上から落ちて行く姿である。自分たちの心眼にはさうした變容が殆んど瞬間に出來上るのであるが、實際の宗教文化事實としては、這般の轉移が完成するまでに若干の年月を要したであらう。

5 かうした轉移の一つとして、更にマルシュアスの神話がある。かのアポロドロス(Apollodoros)のBibliotheca (I. 4. 2.)、

ヒギヌス(Hyginus)のFabularum Liber(165.)、プルタルコス(Plutarchos)のDe Cohibenda ira(6.)、アテナエウス(Athenaeus)のDeipnosophistae(XIV)、パウサニアス(Pausanias)のHellad s Periegesis(I. 24. 1; I. 22.9.)などの記するところによると、アテナ女神が一種の笛を發明して、イダ山の森の中で吹き試みたが、泉に蘸つたおのが姿の頰を膨らましてゐるのが醜くかつたので、惜しげもなく笛を棄て去つたばかりでなく、これを拾ひ上げたものに呪あれと誓つた。サテュロイ(Saturoi)の一人であるマルシュアス(Marsuas)がそれを見つけて吹奏し、忽ちその技に傲つて、アポルローン(Apollōn)に音樂の競技を挑んだ。かくてアポルローンは七絃琴を彈じ、マルシュアスは笛を吹いたが、アテナに呪はれたマルシュアスは競技に敗れ、アポルローンは彼の慢心を惡んで、松の樹に縛して、生きながらその皮を剝いだと。

トマス・ケートレー氏(Thomas Keightley)は、この傳承は太だ簡單に說明がつくと稱して、

『マルシアスはフリギアの一の河神であり、而してフリギアは、吹奏樂器の音樂が神々への奉仕に用ひられた國土である。然るに希臘人はアポロを祭るに當つて七絃琴を用ひた。かくて後者の優越を詮表せんがために、アポロとマルシアスとの間に抗爭が想定せられたのである。フリギアのケリーニー町の洞窟に―そこからマルシアスの流が出る―はつきりしない或る理由で一個の革袋が吊されてあつた。かくてアポロが彼の敗れたる競爭者の皮を剝いだと寓語されるに至つたのである。』

といふ解釋を下してゐる。(Thomas Keightley, The Mythology of Ancient Greece and Italy, p. 110.)しかし此の傳承は決してかやうに簡單に片づけ得られる底のものではない。ケートレー氏は、傳承に於ける眞相の一半を摑んではゐるが、より重要な他の一半を全く逸し去つてゐる。なる程アポルローンとマルシュアスとが抗爭關係に置かれたのは、氏の解するやうな因緣からであるかも知れない。この點に關しては、フレーザー氏も、

『該傳說の基底は、疑もなくイオニアのアポロ・キタロエドス(Apollo Citharoedos)の崇拜に使用せられた七絃琴

の音樂と、南フリギア地方に用ひられた笛との間の對照である。イオニア希臘人は、リクス谿谷地によつて南フリギアと直接交通をなしてゐた。それ故ケリーニーは、この神話的抗爭が地方化せらるべき自然な場所であつた。』と云つてゐる。J. G. Frazer, Pausanias's Description of Greece, vol. Ⅲ. p. 60.）しかし音樂競技に敗れたマルシュアスは、何故に特に松の樹に縛せられねばならなかつたか。はた何故に生きながら皮を剝がれねばならなかつたか。ダートレー氏のやうに、ある洞窟に吊した皮袋を持ち出しただけでは、これは決してうまく解ける謎ではない。マルシュアスは本來作物の成長豐饒を掌るフリギアの一靈威であり、而してさうした職能を持つ多くの神に於けるやうに、年毎に一死一生すると信ぜられた。而してこの神の祭儀には、人々は笛を吹き鳴らして舞踊し狂騷し、犧牲として供へられるものは、生きながら皮を剝がれて、松の樹に懸けられるのが常であつた。それは、神の靈魂が皮の中に還り來つて活き返るが爲めであつた。さうした皮は、有史時代になつても、フリギアのケリーニー町で見られたのであつた。而してさうした皮の祭儀的用途及び意義が不明になつたとき、アポルローンに剝がれたマルシュアスの皮と信ぜられるやうになり、而して本來その皮が卜占の用にも充てられたために、後になると、その皮の近くで純然たるフリギア風の音樂を吹奏すると、皮が嬉しさに顫動するが、もしアポルローンを讃へる樂を始めると、皮はひつそりとして敢て動かないといふ傳承まで生れて來たこと、ヘロドトスの史書（VII. 26.）、クセノフォーン（Xenophon）の Anabasis（i. 2. 8.）、アエリアヌス（Aelianus）の Variae Historiae（XIII. 21.）の告ぐるが如くである。かくて問題の神話に於て、マルシュアスが松の樹に縛せられて生きながら皮を剝がれるの運命を荷ふのは、畢竟するところ、祭る者が祭儀に於て實際に逢着しなくてはならなかつた運命が神へ轉移されたものに過ぎなかつたのである。（サロモン・レイナックは、その著『祭儀・神話及び宗教』——Salomon Reinach, Cultes, Mythes et Religions, tome quatrième, p. 29—44 に於て、マルシュアス神話に關する太だ示唆に富む見解を披瀝してゐる。敎へらるるところが少くないが、自分はまだその見解に若干の疑問を持つてゐるが故に、今のところ上述の見方を保留して置きたい。）

かうした轉移はいかなる過程をとつて行はれたであらうか。それにはさまざまの道筋があるに違ひないが、少くともその一つとして『祭儀の說明』がある。一般的に見て、祭儀の實修的方面は、比較的に定着してゐるに反して、該實修が含む意味は、大きな程度に漠然としてゐる。而して祭儀的實修に於ける高度の定型性と祭儀の意味に於ける高度の非定型性との對立は、その自然の歸趨として、祭儀が永年行ひ續けられてゐると、形式だけは割合に發生當初のそれを保持してゐても、その目的・意義などは次第に忘れられて來る。そこに何等かの說明が入り込む機緣がある。多くの『祭儀神話』(ritual myths) は、這般の事情にその發生因を有してゐる。(W. Robertson Smith, Lectures on the Religion of the Semites, p. 16 ff; A. H. Krappe, The Science of Folk-lore, p. 323 等參照) 而してこの種の神話に於ける說明的手法を特徵づけてゐる共通な行方の一つは、祭儀の構成內容を神々の生活內容と identify することである。而して祭儀の構成內容の主部をなすものは、該祭儀を執行する司靈者のさまざまの行爲であるが故に、這般の同一化過程の生起は、當然司靈者の爲すところが神々の爲すところに轉移することを意味する。

二三の實例を擧ぐるならば、

(1)　愛蘭のキルダルで崇拜せられた女神 Brigiddu には、若干數の處女がその司祭として奉仕してゐた。而してこれ等の處女は極度に神聖視せられ、同女神の祭禮の際、彼等が祭儀的實修の一部として街路を練り行く姿を見ることは民衆にとつて一の嚴しい呪禁であつた。有名なゴディヴァ說話——ゴディヴァといふ一女性が、その夫の暴擧に因する町の人々の苦惱を救ふため、裸形の儘馬で街路を練り步いたのを、トムと呼ばれる痴漢が、ゴディヴァからの豫めの禁止を犯して、物蔭から覗き見したために、忽ち明を失したといふ說話は、這般の祭儀的實修から生れたものである。(L. Spence, The Mysteries of Britain, p. 174 參照) この說話では、ゴディヴァは人界の一女性とせられてゐるが、より古い傳承に於ては一個の女神である。而して更にその根元に遡れば、Brigiddu 女神に奉仕する巫女である。町を練り步く巫女の祭儀的行爲が女神の生活史の一部に轉移したのである。

(2) ケルト族に於ける呪術宗教的教團ドルイドたちの間には、嚴しい initiation-ritual が行はれた。而してその祭儀の主要な部分は、呪巫が一個の神聖な釜で煮沸した或る種の飲食物を novitiates に與へて、その罪と穢とを除去し神聖性・勢能性を獲せしめることであつた。(飲食物の内容の一部が葡萄酒・蜂蜜・麥麴・水から成つてゐた事實は、希臘のエレウシスに於ける initiation-ritual がとらねばならなかつた飲食物が、葡萄酒・大麥・豆類の碾割・水から成つてゐた事實と著しい類同を示してゐることを注意すべきである。)而してタリーシン (Taliesin) 說話に於ては、呪巫の執り行つた這般の祭儀的行爲が、ケリヅーエン (Keridwen) といふ女神の行爲となり了してゐる。(E. Davies, The Mythology and Rites of the British Druids, p. 223 ff; T. D. Kendrick, The Druids, A study in Keltic Prehistory, p. 111 ff; L. Spence, Op. Cit., p. 82 ff 等參照)

(3) プルタルコスやパウサニアスの記するところによると、ヘーラ女神がその夫ゼウス神と仲違ひしてキタイローンの山中に遁隱したので、ゼウスはアラルコメノスといふ者の獻策に從ひ、樹の幹で女人の像を造り、之にダイダラの名を與へ、花嫁の裝をなさしめ、結婚式の準備を始めた。ヘーラが之を聞いて嫉み怒り、侍女を從へて山から駈け降り、花嫁の衣を裂き取るや、その僞瞞に氣がついて忽ち歡笑し、自ら花嫁の座につき、木像を燒いたといふ。(Plut. Fr. IX. 6; Paus. Hel. Per. IX. 3.) これが即ちボエオティアに於けるダイダラ祭儀の起原を說明する神話であるが、本來の祭儀そのものは、サロモン・レイナック (Salomon Reinach) が推定したやうに、

(1) 一年の或る時期に嫁女の裝態をなした木像を車に載せて、歌吟・音樂につれて練り歩くこと。
(2) ヘーラ女神に奉仕する女性司靈者がその車に駈せ寄つて木像の蔽物を除去すること。
(3) その司靈者が祭儀的な笑を笑つて自ら車に乘り若くは行列の先頭に立つこと。
(4) 該儀式の終了後木像を燒くこと。

等から成り立つてゐたであらう。(Cultes, Mythes, et Religions, tome quatrième, p. 110—" A un certain moment de l'année, on plaçait sur char attelé de bœufs une statue de bois parée comme une fiancée ; le char s'ébranlait au milieu des chants et de la musique ; la prêtresse d'Héra, suivie des femmes platéennes, descendait de la montagne vers le char, écartait le voile de la statue, éclatait de rire, puis prenait elle-même la tête du cortège, probablement en montant sur le char, et, la cérémonie terminée, brûlait ou faisait brûler la statue.") もしさうであつたとするなら、ヘーラ女神の行動は、そのすべてに亘つて、女性司靈者の行動の轉移であり複寫であると云はなくてはならぬ。

しかし神の行動の原型となるものは、決して祭儀の場合の司靈者の行動に限られたわけではなかつた。司靈者が神そのものの代表若くは具現であると信ぜられた以上、司靈者の一擧一動は、たとひそれが祭儀と何等の關係を有しないものであつても、神自身の行動に轉化する強い傾向を帶びてゐた筈である。

事代主神の行藏は、この種の轉化の好例證ではなからうか。このことに就いては、既に拙著『民俗學論考』中の『敗れたる司靈者の運命』に於て詳細に考察して置いたから、ここには單にその輪廓だけを描くに留めるが、要するにこの神が、その靈示的な言葉によつて、國土を天孫に讓り渡すべきことを宣した後、

即蹈傾其船而。天逆手矣於青柴垣打成而。隱也。(古事記)

若くは、

於海中造八重蒼柴籬。蹈船枻而避之。(日本紀)

といふ行動をとつたといふ傳承は、

(1) メキシコのトルテック族が崇拜したクェツァルコアトル神(Quetzalcoatl)が、アズテック族の神々のその國土に入り來つて勢をふるふに及んで、蛇の筏に乘つて海の彼方に隱れ去つたといふ傳承。(Sahagun, Historia Universal de Nueva España)

(2) フィン族の文化的英雄であり、神人(じんにん)的な呪者であつたワイナモイネン (Wainamoinen) が、處女マリアの子の教がフインランドのワイノラの民衆の心を次第に摑むのを悲しんで、銅の船に乘り込んで、夕闇の中を何處ともなく隱れ去つたといふ傳承。(Kalevala)

(3) 北亞米利加印度人中のオヂブウェー族の人文的英雄であり巫術師であつたヒアワサ (Hiawatha) が、基督教徒のその住土に入り込むやうになつたとき、民衆を呼び集めて、『偉大なる神來れり。御身等これに從へ。』と敎へ、おのれは樺の獨木舟に乘り込んで、夕日の影淡き海のかなたに去つたといふ傳承。(W. Irving, Hiawatla.)

と、その發生の原因を同じうするもので つまるところは、一の社會集團が他の社會集團と接觸して、政治的にも宗教的にも新來者に壓倒せられかけたとき、敗れたる社會集團の重要勢力たる司靈者が自ら身を退いた行動が、神の行動に轉移したものであると思ふ。

五

司靈者の生活・行動・運命が神のそれ等に轉移するといふことは、今の世の文化人の眼から見ての過程であつて、祭る者と祭らるる者の間に犬してはつきりした限界線を劃してゐなかつたらしい昔の素朴な民衆の心持からすると、さうした轉移過程は決して强く意識面にのぼることはなかつたであらう。呪衣や呪面を着くれば、人の子は神であり、これを脫げば、神は人の子となるといふやうな融通無碍の心持であり得た人々にとつては、祭る者の行動は、やがてその儘に祭らるる者の行動と觀ぜられたであらう。それは端的な氣持で、敢てその間に轉移過程の意識の介入を要しなかつたであらう。しかし客觀的に云へば、昔の人に這般の融通無碍の心持があつたればこそ、さうした轉移が容易に行はれて、今の世に傳はるさまざまの說話に於ける超自然的靈格の行動が、よくよくその源を尋ねて見ると、本來は司靈者の行動を原型としてゐるものが多いといふことになる譯である。

その上に、祭る者と祭らるる者とを、民衆の心の中に強く結びつける所因は、ほかにもいろいろ存してゐた。

第一には、祭儀といふものの成立性質である。ハリソン女史がいみじくも明かにしたやうに、祭儀の內容を構成する實修は、二つの要素から成つてゐる。一は『行爲せられる或るもの』であり、他は『語られる或るもの』である。昔の希臘人が用ひた語辭を以て表現するならば、『ドローメナ』(drōmena—things done)と『レゴメナ』(legomena—things spoken)とである。この二者は、一般的に見て、祭儀的實修に於て殆んど不可分離的に抱合してゐる。およそ祭儀が行はれる時には、祭る者としての司靈者の胸にも、はた司靈者を直接の祭る者におし立てて自らもまた祭つてゐるところの一般成員の胸にも、日常とは異つた、若くは日常よりも強度の情緒が湧き立つてゐる。而して這般の情緒——宗教的情緒が行爲を媒體として具現したものが『ドローメナ』であり、それが言語を媒體として詮表せられたものが『レゴメナ』である。人の子は、生物學的に見て、motor animal であると共に speaking animal であるが故に、その情緒を表出するに當つても、かうした二つの方法を採らざるを得なかつた。かくて『ドローメナ』と『レゴメナ』とは、單に表出形態の差であつて、表出せられるべき情緒そのものに至つては則ち一である。而して人の子をして這般の情緒を起さしめるものは、さまざまであるが、當面の問題としては、その一として超自然的靈格を指摘すれば、それで足りる。かくて祭儀は、多くの場合、超自然的靈格に對する情緒の行爲的表出である部分とその言語的表出である部分とを併せ含んでゐる。更に具體的に云へば、司靈者が一面に於ては行爲——舞踊の如き——によつて超自然的靈格の動作を模し、他面に於ては言語——歌謠の合唱の如き——によつて該靈格の語るところを模する。(前者が即ち宗敎劇の萌芽であり、後者が即ち本當の意味の神話の胚素である。後の世の神話が往々にして第一人稱で語られる原因の一つはそこに存する。)

かくして祭る者は、祭儀に於て、祭らるる者と行爲的並びに言語的に identify せられる。而して這般の同一化は司靈者が神の代表若くは具現であるといふ觀念信仰をより強める。司靈者そのものは、神として動き且つ語る間に、次第におのれと神との間の隔りを撥無する心理狀態になり、而して祭儀に參與してゐる限りの人々も、司靈者に於けるさうした心理狀態が司靈者の表情・動作に及ぼす影響、並びにおのれ等自身が眼前に直觀する神としての司靈者の姿に強い刺戟を受けるからである。

第二に、かうした心的傾向を助長するものとしての『ミステリウム』(mysterium) ——神々それ自身が actors であるところの宗教劇と、『ミムス』(mimus) ——人間としての司祭・呪巫等が actors であるところの宗教劇がある。かうした劇はつまるところ祭儀に於ける『行爲せられる部分』即ちドローメナの展開形態であるが、ドローメナ以上に複雜な內容と潑剌たる表現手法とを有するが故に、觀衆の胸により鮮明な imaginative setting を供給し、而してそれを通して、より強い情緒と劇的イリュージョンとを生起させる。そしてこのことが、神々と司靈者との同一化を助成するに大きな力を持つことは云ふまでもない。かうした場合に於ては、エドウァード・スクリブナー・エームズが、その著『宗教的經驗の心理』(E. S. Ames, The Psychology of Religious Experience, p. 151.) の中で道破してゐるやうに。

"The actors do more than impersonate the gods. They are gods, and they take on these characters as easily and completely as children transform themselves into their play people."

である。

かう考へて來ると、祭る者が民衆の心に於て祭らるる者と融け合つて行く機緣は、こちたき文化財を持たぬ素樸人の間には、今日の我々が思ひ及ばぬほど豐かでもあり強くもあつたわけである。司靈者の行動——それが祭儀に關すると否とに拘らず——が神そのものの行動に轉移する過程は。それが民衆の共通觀念の認容し得る底のものである限りは、可なり容易に生起することが出來たのであつた。(完)

寄合咄

子供の名前のつけ方

子供に名をつけるときには誰でも苦勞する。それは誰しもが愛兒のため出來るだけ佳き名をつけ、その生ひ先きを祝福したい動機と、今日ではどんな名前でもつけられるといふ自由とからである。昔は姓は身分のある人でなければ名乘られなかつたやうに、祐の字は工藤の家の者でなくてはつけられないとか綱は佐々木の一族でなくては遠慮しなくてはならんとか、又領主の名の文字は避けるとかいふやうな工合であつた。ところが明治になつてどんな名前でも勝手につけられるといふことになつたのだが、あまりの自由に却つて困るといふ事になつた。どうも自分のつけた名では滿足できない。もつといゝ名がありはしないかといふ考へがあるからである。中には親の好奇心でいろんな名をつける。甚しいのは(コンマ)をチヨンとよませたりするなど隨分子供の人格を恥しめたものである。しかしかうした好奇心の多い親父連が仲々多いと見えて珍名難名集などといふ書物すらでゝゐる有樣である。しかし命名が自由だとは云ひ乍ら考へてみるとおのづから時代による一つの型があるらしい。例へば澁澤榮一さんにあやかつた名が一しきり大へん流行したもので、何一といふのは有識無識にその影響をうけてゐる。しかし今はこの何一はあまりはやらなくなつた。それにはやはり理由のあることと思はれる。

私はこんな面倒な理屈など考へたこともなかつたが、實に私は昨夏はじめて子供をもつて名前をつけることのむづかしいことをつくづく感じたのであつた。實は私も命名にはほとほと弱つて、自分の命名では安心できないので、柳田先生に名付親になつていたゞくことにした。

先生には早速御快諾下さつた。先生のお宅で夏の日の暮るゝ迄いろいろと佳名をえらんでいたゞいたのであつた。その時先生は「名前をつけることが立派な民俗學なのだ」と仰せられた。つくづくさうであると思つた。その時承つたことは大體次のやうである。

一、人は未だつけたことのない名をえらぶこと

人十人の中八人までは不幸な生涯を送ることは悲しいことだが事實である。よかれあしかれ他の聯想を伴ふ名は避けたい。吾子は白紙で彼が人生の處女地に踏み出させたい。他の人の影はまとわせたくない。

二、文字は二字

日本の地名は佳名二字を選ぶべしといふ勅命以來まづ大抵二字が標準となつてゐる。二字が最も日本人にはまとまつた感じを與へる。

三、發音は三つ

四つだとどうも初めの二つだけ呼ばれて後の二つは略稱され易い。例へば武治といふのはタケハルとよませると大ていタケさんで通る。タケジとよませるとタケジさんと呼んで呉れる機會が多い。人はやはりフルネームで呼ばれたいものだ。略稱は避けたい。

四、日本語なること

これは何よりもまづといふところである。支那人くさい名、坊主くさい名はことわりたい。立派な日本語を用ひたい。從つて名は訓でよませたい。

五、親戚に似た名のあるのは避けたい。

六、最後の文字は字畫の多い、そして座りのよい字を選びたい。活字にしても美しいやうな字を。

七、しかも子供が小學校のお習字のとき困らないやうな面倒でない字。

八、親のつけたやうに他人が讀んでくれるやうな名。

九、姓の發音によく應ずる發音にしたい。

十、音（オン）で讀まれても品のわるくない名。

大體以上のやうである。一々あげてみればみな尤なことばかりで同時に又大して珍らしいこともない。しかしいざわが子に命名といふことになるとどうも親はあわてゝ、以上の誰でもが子供のために守らねばならない自然の約束を忘れ、親の興味趣味を中心にわりだした名前をつけるやうである。だから一番いゝのはやはり自分に希望があるならそれを言つて他人につけて貰ふのが一番いゝと思ふ。自分の子の名は自分がつけるといふのがいゝのかも知れないが昔から名付親といふものがあつたことからみるとどうも自分では駄目らしい。わが子なるが故に他の人に名をつけて貰ふといふことも考へられることである。

（佐々木彦一郎）

地名と民俗

地名の起原は千差萬別であるが、こゝには何等かの民俗に由つて負ふた地名に就き、想ひついたもの二三を記すことゝした。

▼お仙ころがし　房州小湊から上總の勝浦に至る間にお仙ころがしと稱する斷崖がある。俚傳に昔お仙と云う女が轉び落ちて死んだので、かく地名になつたのであると云ふてゐる（日本週奇談）。今でも急な坂ではあるが自動車が往復してゐて、注意せぬと難所と知らずに往き過ぎてしまふや

うになつた。そして斯うした地名は特別の事情で起つたものであるから、さう無暗に何處にも此處にも在るまいと思つてゐると中々に左様ではない。野州の鹽原には朝仙ころがしと云う坂があり、こゝでも朝仙と云う者が轉び落ちて死んだので、斯く稱するやうになつたと土地の者は傳へてゐる。但し前者は女で後者は男であるから性は異つてゐるが、名はよく似たものだと思はざるを得ぬのであつた。然るに不思議なことには房州や野州からは海山二百里を隔てた伊豫國新居郡大保木村大字中奥山に法仙かへしと稱する岩がある。此の法仙と云う者は頗る情義に厚く日脚が西に傾き太陽が此の岩陰に隱れると、それを刻限として日雇ひの使用人を家へ歸したので法仙かへしの名が起つたと云うてゐる(同郡誌)。併しながら此の地名傳説が事を好む者の附會であることは多言を要しない。成る程、日雇人の勞働時間にはその土地限りの種々なる變つた習俗があり、現に私の郷里である野州足利市外の農村などでは『日雇と雨風はお天道さま限り』と今でも云うてゐるが、斯うしたことが法仙かへしの由來にならうとは考へられない。やはり大昔に法仙と云う者が此の岩のある所から轉落したと云うやうなことが、こんな風に語り歪められたのでは無いかと思はれる。かへるところぶ、何だか赤の他人では無いやうに受とれる。それでは斯うしてお仙、朝仙、法仙と、いやに仙の字の付いた者ばかりが轉落するのは如何なる譯かと云うに、これに就いて想ひ起されるのは紀州高野山のお萬ころがしの故事である。同山は古く自治制が許されてゐて死刑に處すべき犯人の出た場合は、夜分に此の崖の上から突き落して殺したので、かくお萬ころがしと稱したと傳へてゐる。即ち犯人が地上に達するまでに萬度も轉回して死ぬと誇張して名じたのであらうと察しられる。此のお萬ころがしの故事を知つてお仙ころがしや朝仙、法仙かへしの地名を考へると、何やらその間に一脈通ずるものがあるやうに思はれる。そして、それは各地に殘つてゐる棄老傳説の一轉訛では無いかと信じたい。

▼姥がふところ　各地を通じて數へきれぬほど澤山ある地名であるが、その土地限りの傳説が付き纒ふてゐて、何が何やらさつぱり見當がつかぬ。別段に物識りぶつてその一々の御披露にも及ばぬことであるが、これを要するに風除けのある、そして日當りのいゝ、俗に山ふところと云う地形を斯く稱したものと見れば、大した過ちは無いと思ふてゐる。然るに土地の人は中々こんな事では承知が出來なかつたものと見え、種々様々なる理由を捏ち付けてゐる。岩代國大沼郡本郷村の向羽黑山の下に姥懷の清水と云うがある。乳に乏しい婦人がこれを飲むと効驗があると傳へてゐる(新編會津風土記)。これは姥と乳母の國音の相通に由る

俗信である。豆州賀茂郡下河津村大字澤田の林際寺の裏山を姥ヶ懷と稱してゐるが、これは大昔に山崩れのあつた折に一人の婦人が子を抱いてゐたので地名となつたと云う（南豆傳說集）。併しこれなどは全くの出鱈目であつて、姥ヶ懷から思ひついた浮說である。尾州春日井郡瀨戶村は天下に聞えた瀨戶燒の產地であるが、此の燒物の土は祖母山の祖母懷の土を用ゐることになつてゐたので、江戶期には他の者が此の土を採ることを官禁してゐた（尾張志）。これなどは祖母山にあるから祖母ヶ懷なのか、それとも此の反對に祖母ヶ懷があるので祖母山なのか、その本末が判然せぬけれども姥ヶ嶽と云うのは九州の尾形三郎維義を以て有名なのがある程ゆゑ、山名の方が先きであつたやうに考へられる。こゝで筆路を一轉して、然らば何の理由で祖母ヶ嶽とか祖母山と云う地名が起つたかと云うに、これに就いて想ひ出される記事がある。それは眞澄翁の「雪出羽路」平鹿郡猿田村智惠ヶ澤の條に『信濃にちいが澤あり、是は姨が懷とて風あたる事なく、いと溫かなる山陰にて、山賤らの男女集りて行末を契るより云ふ名なり』云々と記し、更に信州の田植歌一首を載せてゐる。記事が簡古であるために判然せぬ所もあるが、察するに智惠ヶ澤は爺ヶ澤の意であつて、信州で云う姨ヶ澤と同じく、男女の契約する場所だと云う意味と考へられるのである。然るに是れだけなれば姥ヶ懷を此の種の目的に用ゐた場所だとは信じぬのであるが、更に「播磨鑑」に出ると是れよりも大仕掛な、そして神秘的の性的神事が姥ヶ懷に於いて行はれるので少しく分別に惑ふのである。こゝにその概略を述べると、播州加古郡氷丘村大字大野の日岡神社では、毎年、舊正月亥ノ日より巳ノ日に至る七日間を亥巳（忌）籠の神事と稱し、その氏子は音曲を停止し雇人は故鄉に歸し、犬は他村に繫ぎ雞は山中に放ち、家の戶障子には溝に油を塗り、柄杓の類は藤蔓を卷き、言語は耳に就いて云ひ聲を出さず、嚴重に忌籠をした。そして忌の滿つる夜に、日岡山中の乳母ヶ懷に籠つてゐた神主は其處を出て田中の松、石の神盥より一の鳥居へ出仕する。これを俗に御子放しと云うが、古くは日岡大神が子神を生むのだと稱してゐた。是等の記事に從ふと姥ヶ懷と云う場所は、何となく性行事に由緣のあるやうに考へられるが、併しこれだけの手掛りで結論めいた事も云へぬので更に材料を集めてから出直すとする。

▼うたふ坂　武州入間郡岸村の北端に善知鳥坂と云うがある。准后道興の「廻國雜記」に『河越より勝呂へ至る間うたふ坂と云へる處にて、うたふ坂越えてくるしき行末を、やすかたと鳴く鳥のねもがな』とあるは此の坂なるべしと傳へられてゐる（武藏風土記稿）。此の歌材が奧州で名高い善知鳥安方の故事であることは云うまでも無い。更に善知鳥

寄合咄

とはアイヌ語なるべしとの說もあるが、私はこれに關しては何事も知らぬ。たゞ私の知りたいと思ふことは、此の善知鳥坂は古く謠ふ坂か又は謳ふ坂であつたのを、後に奥州の故事を附會したのでは無いかと云う點である。そして、その旁證とも見るべきものは、備後芦品郡服部永谷村の讀み坂の由來である。俚傳に昔一馬卒が空樽を馱して歸へるさに一男子に逢ひ、此の書狀を屆けかしと授けられ、此處まで來て書狀を讀んでもらひしに、空樽つけたる人の腸一具進上致すとあり、河童の仕業なるべしとて迂路して其の危難を免れたので、それより讀み坂と云うとある（福山料）。此の民譚は水界說話として種々なる內容と形式で語られてゐるが、兎に角に讀むと云う事が話の中心となつてゐる點は、各民譚に共通してゐる。そこで私の捏ぢつけたい所は、此の讀み坂は黃泉坂であつて、何か古くは「出雲風土記」に載せた黃泉坂のやうな俗信のあつたのが、後に讀み坂となり河童傳說にまで發展したのではなからうかと思ふ。そして、それが武州に於いては讀み坂よりは更に一段と發展して謠ふ坂になつたものと考へたい。併しこれは捏ぢつけゆゑ餘り强い自信は無い。

民俗に由來する地名は、まだ此の外に數かぎりもなく存してゐる。殊に沓掛、伏し拜み、花立などは面白いと思つてゐるが、寄り合ひ噺に長い物は禁物と思ひこれで擱筆する。（**中山太郎**）

資料・報告

熊野下里の童戲

松本芳夫

一

和歌山縣東牟婁郡下里町大字下里字高芝において、凡そ明治三十年頃から同四十年頃にいたるその前後の時代にかけて行はれたもので、童戲と言つてもやゝ意味をひろくとり、子供がどんな遊びをして一年を送つたか、言ひかへれば遊びを通じてみたる子供の生活についてのべようと思ふ。今から考へてみると、この時代は或古いものが將に滅びて新しいものが行はれやうとしてゐたらしく、こゝに記述するものは大體筆者の經驗を主としたものであるが、しかし記憶が曖昧になつて充分その性質を明かにしがたいものもあり、さういふものは多くこの時代の初期にだけ行はれて、間もなく滅びてしまつたもののやうである。

二

さて童戲の分類にはいろいろあるであらうが、こゝでは季節に關係あるものと、ないものとに分け、まづ前者からのべよう。

凧あげ　冬から春にかけてあげる。主として扇凧で、まゝカクダコもあるが、人ダコのごときは少い。センカ何枚張りとかいふ大きな凧も時々あつた。空中でくるくる廻つて高くあがらないことをテンカクラウと言ふ。鮮かな防風の新芽が白い砂地に萠えだす頃、大濱で凧をあげるのは樂しかつたけれども、ふと糸が切れて白い凧がふはりふはり遙かの沖へとんでゆき、鳥のやうに霞の中に消えてゆくのを、渚に立つて茫然とながめてゐることがあつた。

ゴンパチ採り　野山の摘草のうちで蓬摘みや蕨摘みは必ずしも子供にかぎらないけれども、ゴンパチ採りは主に子供であつた。ゴンパチとはイタドリのことであつて、畑の畔などに生ひ茂る細くて葉の多いのはイヌゴンパチと言つて誰もかまはないが、谷や池邊などの濕地に生へる太くて長いものを喜ぶ。枯れた褐色の古木を見當にしてゆくと、ほんのり紅色を帶びた小さなメゴ（芽子）が濕つた土から僅にでてをり、それを樂しみにのこして數日後にゆくと、もう他のものに折りとられて、水々しい莖の根元だけがのこつてゐることがあつた。子供にとつては『見つけておく』といふことが恰も先取權を意味するかのごとく思はれ、それ故『見つけておいた』ものが他人にとられてゐると、この先取權を犯されたやうに憤慨した。一體野山のものについては自分ひとり秘かにそのゆたかな幸をたのしむ秘密の場所をもつ場合がある。子供にはあまり關係がないけれども、秋の松茸などになると誰々のアジロと言つて、當人だけが知つてゐて他のものが一向知らない豐かな採集地がある。

ゴンパチは表皮をむいてそのまゝ折つてたべるが、時として煮てお菜にもする。しかしあまり成長しすぎて堅くなることをタケルと言つて、たけたものはとらない。ついでに言ふが、野原にでた時路傍の雜草の穗をしごいて指でもち、連れのものをしてそれをぬきとらし、『カヽマ（母親）のベベの毛（陰毛）を抜いた！』と言つて笑ひはやした。またツバナのことをツンバラといひ、『ツンバラ抜け、こぬけ』と唱へつゝツバナをぬいた。

女郎蜘蛛かき　三田文學昭和二年八月號で紹介したから、こゝでは簡單にのべる。四月の末頃から初夏にかけて野山に捕りにゆく。これをカキにゆくといふ。松の枝、畑の隅、崖の蔭などにヘー（網）を張つてゐるのを、木の枝をもつてかきとり、さうして一尺ばかりの細い竹棒や小枝に二匹とまらし、兩端からすゝめて格闘させるので、これをマキアハスこいふ。テナガと言つて胴體がしまり手足の長くて太いのがつよく、胴體が肥滿して手足の短くて細いドブといふのは弱く、また背中の斑紋がをかしな模樣になつてゐるブンヂョラウといふのも至つて弱い。

山からもち歸つてそれを庭に放ち庭木の枝や垣根の隅に網をはらせる。すると次第に肥大してきた蜘蛛が、一朝にしてげつそり瘦せ衰へて見るかげもない姿に變つてしまふ。しかしその巢の隅の方に太鼓のやうにふくらんだ黄色の袋がかゝつてをる。これは蜘蛛がお產をしたので、これをタイコハルといひ、タイコハルことは飼主の大なる誇りであつた。

ミヅアベ（水泳）　南國の夏はいつも早い。夏の遊びとしては水アベ（水泳）、潮アベ（海水浴）が最も面白く、氣の早い子供になると五月頃からさかんにシホアベルのである。河にある小さなエビの子をなまのまゝのめば、泳ぎが達者になると信じられてゐた。今でこそ神傳流や水府流や觀海流や、或はクロールなどが敎へられもするが、以前は全くの我流で、自然に會得した。飛込には手足を伸ばして矢のやうに頭から先きにつき入るツッコミ、或は頭から先きに一回轉して水中に入るサッコミなどといふのがあつた。いざ水に入らうとする時、水が汚いと、

『牛のばばァ（糞）あっちゃ　へゆけ
馬のばばァこっちゃ　へこい』

と唱へて汚水を手で流しやる。立つたまゝだんだん深みへ進む時には、兩手を左右にひろげて水面をたゝきながら、

『春に春に立つまで　おちおんば』

と唱へる。泳ぎ疲れると河原や材木の上で日光浴をする。これをミーホス（身乾す）といふ。さうして、

『色々河原の碁石』

と唱へながら、熱した小石を拾つて紫色や灰色になつてゐる唇にあててこれを暖めた。いよ〳〵アガル場合には、

熊野下里の童戲（松本）

『きっときっと、しうぎのおんま』

と唱へて最後の泳ぎをすました。

河にはインガラボシ（河童）があつて、それに尻をぬかれると信じられてゐた。インガラボシは頭に皿三枚かむり、小さな猿の如くであると言はれてゐる。字下里のトリアゲババ（産婆）であつたおかめ婆がインガラボシを生んだところ、頭がかんかんしてをり、庭にひきこかして（引き倒して）ヨキ（斧）で皿を破つたとか、仲屋のみきゑ様がまゝごとをしてゐて河に落ち、尻をぬかれたとか、天滿屋の人が船つなぎに行つて、やられたとか、大井（川上の上太田村）の倉元の島の上に、子坊主となつて遊んでゐたとか聞くけれども、これらはいづれも古老の話であつて、筆者どもの時代には現實に見聞したものは一つもない。

シホアベ（海水浴）の場合では、

『めん波おいて
をん波ござれ』

と唱へ、沖からつらなり寄せる大きなうねりの波をことさら選つて、それをめがけて突進した。字高芝の灣が遠淺でないために、波は岸邊に押しよせて碎けるので、大きな半圓を描いて將に倒れやうとするその瞬間をねらつて、波の腹に突進するのを快とした。しかし時として波に足たさらはれて泡立つ渦卷のなかでもみくたにされた。これをマイコマサレルといふ。泳ぎ疲れると、燒きつくやうな白砂や小石の上にミーホシながら、地上に落とす雲の影を追うて、

『天滿（向側の小字）日ァかげれかげれョ
こーちゃ日ァあたれ
藪の中の源四郎や
ひよ鳥濱烏糞つかめ

鼠のよつたの赤いの、黃いの……』

などと唱へた。

時とすると數人もしくは十數人一團となつて、波のうちよする渚に砂をつみあげて軍艦をつくり、軍艦遊びをした。船の長さは三間餘りもあつて、ミヨシ（ヘサキ）の前に更に波ヨケを作つた。大きな波が押しよせて波ヨケの下部をさらつてゆくと、年下（トシシタ）の水兵どもは直ぐさまとび下りて杙を打つたり、砂をつみあげて修繕した。よく働いたものに對しては年上の艦長から厚紙を切つて赤や靑で彩つた勳章をくれた。また隣の軍艦の連中といろいろの競技（以下に記述するケンジユツとかアシダカのごとき）をした。

鰻とり　夏の遊びとして單に子供にとつてばかりでなく、一般によろこばれるのは魚釣りであり、それには磯釣りや河釣りなど種々あるが、その中で鰻とりには特有の方法がある。即ち（一）サシボ釣り。三尺ばかりの細い眞直ぐな竹棒を切つて差棒をつくり、手前の二三寸のところに三角形の穴をあけてこゝに緒を通し、その緒に鰻釣り特有の長目の針を結びつけて（スゲルといふ）それを差棒の先端にかけ、餌は專らメメズ（ミミズ）を用ゐ、これを穴のなかにさしこむのである。もし穴に鰻があつてコツク（餌をくひにかゝる）ならば、差棒だけを穴からぬいて緒をにぎり、いよく針にかゝればそれをひき出すので、そのコツは仲々むつかしい。（二）河に大水の出たやうな場合或は夜間ハゼの釣道具でつりあげる。（三）ズズ。大水の場合に、蚯蚓を澤山珠數のごとくにしてそれを四五尺の眞直ぐな竹棒に結びつけ、針なしで釣る。（四）モドリ。細い竹で編んだ長い圓錐形の籠で、一旦鰻が中に入れば再び出ることができない。その籠の中にカバシと言つて蟹のつぶしたのとか、或は魚のハラワタなどを入れ、川のよどみ、淵などの底に沈めて置き、翌日とりあげる。（五）ノウ。長さ一二町もある緒に一間位の間隔で釣針をつけて、それを長く河の底にながして置く。（六）蓼もみと石灰の投入。小池、溝、井戸などに蓼をもんで投げ入れたり、石灰を投入すると、鰻が水面にうき上り、それを捕へる。（七）イサリ。闇夜に松火をもやしながら川を上下し、ヘシ（魚突き道具ヤス）をもつて河底に横はれる鰻を突きあげる。

熊野下里の童戲　（松本）　　　　三八〇

熊野下里の童戯（松本）

以上の方法は大體大人も子供も用ゐるものであるが、次の二つは專ら子供の捕り方である。（八）ブンブツ。一尺五寸から二尺位の長さの太い竹筒（ブンブツといふ）を淵などに沈めて置き、底にもぐつて（アマニイルといふ）兩端の入口を兩手で押へながら上つてくる。鰻はその中に身をひそめてゐるのである。（九）ワク。干潮には河水が干上がつて河原になるとか、ごく淺くなるところを選んで地を少し掘り下げ、その上に拳大以上の小石をピラミッド型につみあげる。干潮に際してその小石を一つ一つくづしてゆく。これを石ハグルといふ。このつみ重ねた小石の中に鰻が入つてゐるので、大きな期待をもつて一つ一つ石をとりのけてゆく時の緊張した心持は他人にはわからない。もし鰻の入つてゐることがわかれば、殊に愼重に石をとりのけ、さうして小さなヘシ、もしくは二尺位の棒に縫針を數本結びつけたものをもつて、小石と小石との間から僅かに見せてゐる鰻の脊中を突きさすのである。

胴體に黑の斑點のあるものはイモウナギで、これはヤマノイモの化したものと言はれる。また二三寸の小鰻はチンチロといふ。

モウクロコウクロ　東京ではほとんど見ないヤマモモとか桑の實は六七月頃熟して、子供達の野性をそゝのかしたが、木實をもつてする遊びとしてはモウクロがある。これはウマベ（ウバメガシ）の青い實をいふ。まづ地面に直徑三寸ばかりの擂鉢形の穴を掘つて、二人以上各々相等しい數の實を出し合つて穴に入れ置き、別に各々一個の實の腹に長さ四五寸の細い竹棒を差しこんで杵形のものをつくり、これをもつて交々穴の中の實をはぢき出し、その數を爭ふのである。

蜻蛉つり　民族第參卷第壹號をみよ。たゞかしこに書き足りなかつた點を補つておきたい。飛びあそべる蜻蛉に對して

『とんぼとーまれ
畑のぐーるで
蠅とつてくーはそ』

と唱へる。さうして木の葉や杙などにとまると、前方から指を廻はして圓を描きつゝ進み、近づくにつれて指の速度を早

め、蜻蛉の大きな眼をきよろつかせて捕へる。

七夕遊び 當日よく繁つた枝ぶりのよい竹に色とりどりの短冊をつけ、河に小船をうかべてその竹を飾り、

『れーんにぃーちーどーのー
たなばーたさーまはョ
かーはをへーだーてーて
こひをーめすョ
はりわいどんどんョ
こりわいどんどんョ』

と唱和しつゝ、太鼓をうち河を漕ぎ廻つた。これだけのことがまるで夢のやうにかすかに筆者の記憶にのこつてゐるのみで、多分間もなくこの慣習がほろびてしまつたらしい。

サルビ採り 秋の山はにぎやかである。栗があり、椎がある。が殊に子供達をひきつけたのはサルビ（ムベ）であつた。サルビの實は楕圓形で熟しても口があかないけれども、アクビ（アケビ）の方はやゝ細長く熟すると口が開いた。サルビは雜木林の高い梢にまではひ上つてゐる場合もあり、或は萱、茨、羊齒などの生ひ茂つた山のヘラ（斜面）などにこんもりと繁つてゐる。雜木のてつぺんに僅かに一つあこんだ（アコムは熟する意）のをみつけてのぼつてゆくと、鳥などに半分ばかりも食はれてゐて大いに失望することもあれば、或は一つの繁みに幾十といふキンカリコ（赤く熟したもの）の照りかがやいてゐるのがあり、さういふ時には全く有頂天になつてドヤゴ（叢林）もかまはず突進した。しかし採取したものは多くの場合同行者のナカマ（共有）で、歸途池の堤とか松の根元にしやがんで公平に分配した。熟しないのはアヲロクといひ、これを米櫃の米の中に入れておくと、數日にして柔かくたべられるやうになつた。

百鳥かやし カヤスとは囮を用ゐて捕へることを言ふ。囮の目を縫うてとまり木にとまらせることだけの記憶はあるが、

熊野下里の童戲（松本）

その他のことは忘れてしまつた。

キンノコ祝ひ　高さ五六寸の楕圓形の石の中央の周圍に笹の葉と菊の花とを繩で卷いて飾りつけ、二條或は三條の取繩を附して地搗きの石の形となし、二人もしくは三人一組となつて、夜家々のカンド（門前）で石を搗く。その時の歌は、

『ゐんのこ祝てくらんし
祝ひ目出度の
若の松さまは
枝もさかえるノホホ
葉もしげる
おもしろや
いそのーのへうたんぢや
えーりとやつさのやーえのえ』

といふ（其他は熊野民謠集にあり）。さうすると各戸で密柑とか餅などをくれ、それを首にかけた袋に入れて歸つた。

目白かやし　晩秋から冬にかけての面白い遊びの一つ。澄みきつた靑い空に白い息をふきながら霜の小道をふんで山に入る。雜木林の恰好のよい枝に囮を入れた鳥籠をつるし、數本のハゴ（細い眞直ぐな二三尺の小枝を切りとつて、それにモーチ＝モチをぬつたもの）を籠の周圍にかけて置き、數間へだてて身をひそめる。冬の山は至つて靜かで、鵯がピーと鳴いて向の谷へとんでゆき、木葉がはらはら肩に落ちかゝる。囮は梢から斜にさす朝の光に氣持よく鳴く。すると遙か向ふの山から目白の聲がして、囮となきかはしつゝ次第に近づいてくる。さうしてチュンチュンととんできて籠の上にとまつて囮と見かはしたり、近くの枝をとびまはる間、子供達は全く息つまるやうな緊張で身がまへる。そのうちばたりとハゴにとまつたと思ふと、すぐに身を倒に垂れる。この時始めて空山の寂寞が破れるのである。身を倒に垂れるのは、モーチから

のがれんためである。かくて捕へた目白は、半紙の中央に小さな穴をあけてそれに首を通らせ、身體を紙で卷いて手にもつた。時としてチャッチャ（笹鳴の籔鶯）がモーチにとまることがあるけれども、これはひどく毛嫌ひされた。

目白は鳴きやうによつて四種類に分けられた。宇高芝ではチウジン、チヨチョ、チヨ、チー、宇浦神ではチウジン、チウチ、チウ、チであつて、いづれもチウジンが最も重んぜられ、最後のチーはほとんど顧みられなかつた。暖い日南に籠をかけておくと、目白は囀の聲を高めてくる。これをタカナハル（高音張るの意か）といひ、更に一段と烈しくなるのをアゲルと言つた。飼料は菜、糠、ナマヘ（干沙魚の粉）或はイモ、水などであつた。が間もなく目白は益鳥保護のために自由にとれなくなつた。

鰯、或はサエラ（サンマ）拾ひ 民族第壹卷第四號をみられたい。

三

以上は子供の遊びの中季節に關係あるものの主要なものを選び出したのであつて、季節に關係があるといふことは自然との接觸が深いといふことであり、從つてこれらによつて山野河海を舞臺とした自然人としての田舍の子供の生活の一面がうかがはれるだらうと思ふ。つぎに擧げるのは季節に關係なきものとして述べるけれども、實際は或季節に多く行はれて、他の季節には行はれ難いといふものが多く、槪して言へば四季の中冬と夏、殊に冬に行はれるものが最も多いやうで、この點は南國と北國とで異なるかも知れぬ。

まづ勝負を爭ふもののうち、個人的のものからあげよう。

テンマリ（テマリ） 多くの場合女兒の遊戯であるけれども、男兒もしないことはなく、それには中に海綿を入れてかたく糸でまきしめ、その上を赤、靑、黃などの色糸でかがつたテンマリが用ゐられ、つよくつくと屋根の軒以上に高く上つた。男兒の場合では手鞠唄を唱へながらやさしくつくといふやうなものでなく、五つ目か十目に當つて鞠を高くつき上げて置いて、それの落ちきたるまでに身體を右か左かにぐるぐる三つも四つも廻轉することを主とし、長くつゞけばいいので、もし手鞠唄を唱へるとすれば、

『へーざえもん　すいもん
波も風もあらいのに
ちっこの子の子供衆は
杖をついてはしらかす
それはさっとなんきましよ
そりゃ一千ついた』

などのごときもので、その歌詞も調子も女兒のものとはやゝ異つてゐたやうである。其他の手鞠唄は熊野民謠集をみられたい。

ショヤ（メンコ）　庄屋（旦那）と獵師（鐵砲）と狐とを描いたものを示し合つて、勝負を決するもの、地面や板の上で相手のものをすくつたり、裏返へらせたりして勝負を爭ふものなどがあつた。いづれもボール紙製のものであつて、後者の方法によるものにおいては、よく滑らすために油を塗つたり、或は裏面の外邊を石でこすつて薄くした。

バイ　ボン（茣蓙を一尺ばかりの幅に折りたゝんだもの）を盥の上にのせて中央をくぼませ、その上で二人以上數人一時に紐をもつてバイを廻はし、はぢき飛ばして最後に殘つたものが勝ちであつた。但しその最後に殘つたバイもとりそこなつてはいけない。

バイはバイといふ貝の上部をとり去り、まづ人指指と中指とではさんで板の上で廻はし、正しく廻はらないのはゴサバイといひ、蠟をつめてゴサを直した。何もつめてないのをカラバイといふ。鉛を澤山流しこんだ最も大きく、從つて最もつよいのはドウガン、それについでチウヶ、ケイコ、チビリンなどと鉛の量の多寡に應じて名稱が異なつた。宇浦神灣の

一部で干潮に際し船をたでる地面から掘りだされた赤くやけたバイを特にタデバイと言つた。中には下部の尖端を少し磨つて穴をあけ、それにとがつた竹棒、金棒をさしこんでシンとなしたものがあり、それぞれボウシン、カネシンの名があつた。カネシンになるとボンの隅にとまらせて、他のものがかち合ふのを高見の見物をして奇利を博することがあり、これに反してよく荒れ廻はるものになると、ヤマオロシドテンヂョウと言つて、ボンの高所から中央の谷間めがけて駈け下り、敵をはぢきとばす強いのがある。もし數人の中で最後に二人のこつて勝負の決しない時には、ボンの幅をだんく狹めてゆき、一寸ばかりになると、たゞバイをその上に入れることができるかどうかで勝負を決した。勝負がすつかりすんだ後は、勝者からボンチ（莫蓙代）としてボンの貸主にいくらかのバイを與へた。

オクソ　雜木を五六寸から一尺位の長さに切り、一方をとがらし、他端を握つて地上に打ちたて、相手のものを倒せば自分の所有となり、その數を爭ふ。

マルトビ（チンパ）　地上に數個の圓をつらねて畫き、手前の一つを出發點としてこゝから小石を前方の圓内になげて置き、片足でとんで中央の圓と最先方の圓とでは兩足で立ち、出發點に戻るとき小石を拾つて歸り、順次先方の圓内に小石をなげて故障なく全部をすませばアガリである。なげた小石が圓の線にかかつたり、足が線をふまへたりしてはいけない。

イシケリ　數個に區分した圓もしくは矩形を地面に畫き、出發點から小石をなげ、一の區劃から他の區劃へその小石を立てる片足の趾頭でけりすすみ、石が區分線にかかつたり、足が線をふまへることなく、全部その區劃をすまして出發點に歸ればアガリである。但し石のけり方は多くの場合一蹴にかぎられた。

ホケキヨ　薄くて扁平な小石を拾つて、おだやかな海や河の水面に滑るやうになげる。さうすると石は水面をピョンくはねて遠くへゆく。そのはねる回數の多くして遠くへいたるのをよしとした。

イシナゲ　渚から海上に向つて石をなげ、その遠きにいたるのをよしとした。

オテダマ　一寸五分乃至二寸平方の袋に小豆とか豆大の小石をつめたものをいふ。これを二個もしくは數個、片手或は兩手で交互にほりかはしてうけとる。また濱のムギイシ（花崗岩）の圓く磨れた恰好のよきものを拾ひ集め、一個を手にとつてほりあげ、その暇に地上につみおける他の石をつまみあげて、ほりあげた石をうけとり、これを順次くりかへして地上に積みおける石を多くとつたものが勝。さうして石をほりあげて再びうけるまでに、

　　『かたぐぅの一ぐいの
　　かたぐぅの二ぐいの
　　…………………』

と唱へる。これは主として女兒の遊びだが、男兒も往々にしてした。

熊野下里の童戲（松本）

鼻々遊び　二人向ひ合つて座し、一人は人指指をもつておのれの鼻をうちつゝ『鼻々々、、、』と何回となく唱へる中、不意に口とか眼とか唱へてそれと異つた箇所を指し、もし相手がそれに應ずれば負である。

個人的優勝を目的とするのでなく、團體的勝敗を爭ふものをつぎにのべよう。

アシダカ　アシダイコともいふ。二組に分れ、片足でとびながら敵と格鬪し、片方の揚げてゐる足が地につけば敗であつた。

ケンジユツ　守勢、攻勢の二組に分れ、守勢組は或地點を選んで身をひそめ、攻勢組はこれを襲ふので、兩方衝突すれば各人兩手をもつて斬り合ひ、相手のいづこかに手がふれればよかつた。物かげから不意にとび出して背後から斬りつけるものもあり、一人に對して數人かゝる場合もあり、まるで劍劇そのまゝの有樣であつた。夏涼み臺の下にひそんでゐて奇勝を博することもあつたが、そんな時には『喧しい！』といふ聲とともに水をかけられて追拂はれた。

トリコ　數間以上の同じ間隔で平行直線を三條書き、兩方の外線に甲乙二組が分れて並列し、もしその線をはなれて內側に出れば、必ず中央の線に足をつけに行かなければならない。それを追駈けて捕へるのであつて、もし捕へればそれを

トリコとして圍の中に入れて置く。かくて敵のものをすべて捕へてしまへば勝となる。たゞし敵のものが味方の監視を犯して圍のなかのトリコを捕へれば、それは助けたことになつて敵陣に連れ戻る。

ウマ 一人の男の背後に左右二人立ち、右方の者は左手をもつて前方の男の首筋の襟をつかみ、右手は前方の男の右手と組み、左方の者は右手をもつて前方の男の襟をつかみ、左手は前方の男の左手と組み、かくてその左右兩側の組合せた手を鐙とし、襟をつかめる二人の左右の手を鞍として更に一人その上にのる。これをウマといふ。或は甲の股間に乙が首を入れてその兩肩に甲をのせるのをテングルマ(肩車)といふ。さて二組に分れて各々ウマもしくはテングルマを組み、乘者同志が格鬪して相手を地上に落さんとする。

中喧嘩 兩方に分れてほんとうの喧嘩にいたらぬ程度にはげしく格鬪する。

角力 個人的優勝をも志すけれども、また東西に分れて爭ふから、便宜上團體的勝負の中に入れた。昔から村全體が角力のさかんなところで、殊に字高芝では高芝角力の名があつたほど代々强い男があらはれ、また今から五六十年前には子供角力ができて、番付を版木にするほど盛んであつた。從つていろいろ面白い話が傳つてゐる。字高芝の鬼太右衞門がまづ日下開山ともいふべき人で、素人角力の關取とか、俠客などが力をさづかるために、この人の墓石を缺きとり、今日では全く角がとれてしまつてゐる。この人の持ちあげた力石が東京の淺草にある筈だと村の古老から聞いたが、果して殘つてゐるかどうか。字下里の里の海が船乘として淡路の港に行つた時、八十貫餘の大碇を肩にかついだまゝ長い間辻に立つてチョンガレ節を聞いてゐたといふ。字浦神に某々といふ兄弟あり、船乘として或港にゆき、荷上げしようとしたが、先着の船が邪魔になるのでどいてくれるやうに交渉したけれども、應じないため兄弟大いに怒り、兄が船にのこり、弟が陸に上り、兄が米一俵づゝとり出して『ソレゆくぞ!』といひながら、先着の船を中にはさんだまゝそれを越して投げると、岸の弟は『ヨシ來た!』と言つてそれを受取る有樣に、先着の船が怖れをなして忽ち逃げ去つたといふ。筆者の曾祖父喜平爺も大力の大男で、七十何歲かの時或家の建前にゆき『おれの若い時には一番の碾臼を肘にのせて米一合ひいたもの

熊野下里の童戲　（松本）

だが』と言ひつゝ右手で碾臼の下部の石をもちあげて、水平に折り曲げた左腕の肘の上にのせ『おや、まだのる』と言つて更に上部の石をものせ、若い大工どもを驚かしたといふ。また或男は碾臼の金の心棒を齒でくはへあげたまゝ井戸をのぞいたとも言はれてゐる。かういふ話はいづれさういふものだけをまとめたいと思つてゐるが、筆者の少年時代にはかゝる巨人はでなかつたけれども、子供の遊びとして角力はやはりさかんに行はれた。

四

團體の遊びであるけれども、その中の一人が鬼となる形式のものにつぎのごときがある。

オハヘゴ（鬼ごつこ）　最初に鬼をきめる方法にはいろいろあるが、その中の一に、

『雨か日和か提燈か』

と唱へながら、片方の草履を投りあげて、地上に落ちた場合裏になつたものが鬼となる。その鬼が他のものを追つかけ、捕へられたものが次の鬼となる。

カクレンボウ　鬼をきめる方法は各々左右どちらかの手を握つて前方につき出して列び立ち、そのひとりが掌でそのつきだした拳を輕くうちながら、

『かくれんぼうするものぁ
早よこいとうこい
東西がくれに
袂を合はして
おうちくなゝやの
こやとんぼ』

と唱へ、最後に打たれたものが鬼となる。さうして他のものが身をかくして、

『ひとり言ふたら
みなよっしゃ』

との合圖で探しだす。もし遊戲中何かの故障が起つた時、ヒヤーと唱へれば、その男だけ免かれる。このヒマーが後にはマヒーと倒に唱へられるやうになつた。これは單にカクレンボウの時ばかりでなく、其他の場合においても適用される。

メーネブリ 目隱しのことで、鬼が目をつむり、或は手拭などで目を被ひ、他のものを追ひて捕へ、その名前をあてる。但し逃げるには一定の範圍があつて、もしそれを越すときには、そのものが鬼となる。

ザウリカクシ 鬼の草履を石垣の穴とか木の枝のかげなどにかくしてそれを探しあてさせるので、鬼がその附近にちかづくと、

『目くそ鼻くそ
ちょうろちょい』

と囃し、もし鬼が探しあぐねた時にはアゲと言ふ。それは鬼の負である。

子買ひ 兩組に分れて對ひ立ち、つぎの文句を唱へ合ふ。

『子買ばう〳〵
子買うてなすりや
鯛買うて飯くはそ
骨がたつぞ
みしってくはそ
小骨がたつぞ

熊野下里の童戲（松本）

砂糖饅頭

熊野下里の童戯（松本）

そりゃ虫の大毒じゃ
蒲鉾こさへて飯くはそ
それもよかろに　どの子をほしぞ
○○（人名）をほしぞ』

名指されたものは走り出て向ひ側に至らんとするのを、鬼が追つかけて捕へる。

五

勝負とか鬼などのない單なる娛樂だけの遊びとしては次のごときがあつた。

カーラキブスブス　數人一列縱隊となり、各々前の者のうしろ帶を兩手でにぎり、すべてしやがんで左右に搖れながら

『かーらきぶすぶす
足のかいだるいぶすぶす』

とくりかへし唱和しつゝ前方に除行する。さうしてしばらくして先頭のものが、一

『あとのあとの糞がきよ
一寸前へ來い』

と呼べば、最後の者が先頭の者の前に行つて問答をする。が殘念なことにその問答、及びその問答の結果を筆者は忘れてしまつた。東京の『芋虫ころ〳〵』と形式は同じであるが、問答はちがつてゐたやうに思ふ。

ローソクノシン　數人手をつなぎ合し『ろーそくの心　ろーそくの心』と唱へながら、一人を中心としてそれをぐるぐる卷きかこみ、最後に『しやぐれ、しやぐれ』と叫んでもみ合ふ。

輪廻し　二尺ばかりの竹棒に二三寸の枝の突起二本をのこし、それをもつて樽、桶などの金輪や竹輪を廻はす。酒樽の竹輪は重くてどつしりしてゐるので、時として他のものの輪と正面衝突させて倒し合ひをした。

竹馬　駈けたり、一本でとび歩いたり、地上のものを拾ひ上げたり、或は立ち止つたり、いろいろ曲藝らしいことをしたり、或は高さ四五尺もある竹馬にのつたりした。

ハチブーブ　幼兒のたあいない遊びで、二人お互に相手の手の甲をつめり合ひ、『一羽刺いた』、『二羽刺いた』と次第にすゝみゆき、最後に『蜂ぶーぶ』と叫びながら打ち合ふ。

六

以上の外なほ指角力、腕角力、足角力、座り角力、マ、ゴト、芝居ごつこ、巡査ごつこ、綱飛び、ぶらんこ、器械體操などがあり、其他筆者の忘れたものも可なりあるだらうと思はれるが、特にこゝにのべたいのは**テニス**である。この新しいスポーツが行はれるやうになつたのは筆者の少年時代からで、最初の中は板でラケットをつくり、たゞボールを打ち合ふ程度のものであつたが、後小學校でほんとうのラケット、ネットをとゝのへて正式にやりだした。ところが昔からその頃にいたるまで筆者の村の少年と隣村太地(タイチ)の少年とは至つて仲が惡く、こちらから太地へ行つても、太地からこちらへ來ても、いつも村はづれで待ちうけて喧嘩をしたものであつたのに、テニスが小學校でやりだしてからは、太地校と對校試合を始めるやうになり、その結果子供同志の鬪爭心がこの對校試合に轉向されたものとみえて、あれほど根づよかつた不和がいつの間にか和げられて、喧嘩は今では一つの昔の話となつてしまつた。これは遊戯が子供の心理に與へる影響の最も著しいあらはれであると思ふ。

紀州堅田八幡のヤツハタウチ

雜賀貞次郎

紀州田邊に近い西富田村大字堅田の八幡神社は紀伊續風土記に

八幡宮　境內森山周二百八十間
　末社二社　三所權現社　若宮　拜殿
　上の坊にあり一村の產土神なり

とあるだけで、堅田といふ地名については續風土記に『堅田の名義詳ならず、田地堅確の意か又は海へ近く片田の義か近江の湖邊にも同名あり』と記してゐる。堅田では傳へいふ、富田荘保呂鳩巢城主たりし堅田式部太夫善行が南朝に味方し落城の後ちこの地に來り住む地名を堅田といふはそれに因る、又式部太夫もしくはその父祖は近江堅田の出身で、八幡宮は近江の堅田から勸請したものだ、と。式部太夫は興國三年に歿したといひ、その屋敷址は小名を善行といひて今にあり、その裔孫と稱するもの堅田氏を名乘り現に數戶ある。續風土記の地名考は少し文字に捉へられた感あり、又、元祿になつた紀南鄕導記には『高瀨より半里ばかり西に堅田邑有、此所にも要害山と云て古城跡有之、是は山本主膳が家頼堅田式部と云もの當村を知行し百二十餘年以前永祿年中まで居城せし地と云へり』とあり山本主膳は天正十三年豐公南征に亡びた土豪で此地方に勢力を張つてゐた、堅田式部は主膳だつたことは明かで、從うて南朝に味方した云々は歿年の興國の年號からきた附會かも知れぬ。そんな譯からこゝの堅田氏は近江の出でなく、熊野別當族の岩田氏系の片田氏でないかとも思はれるが、こゝにはそれらの詮索を省いて岐路に入るを避け、とに角、こゝの八幡神社が近江の堅田から勸請されたといふ口碑のあることおよび

昔、堅田に福田佐太夫といふ者あり、神さまが、『おれは近江の八幡である、この土地に祀られたいから明日白鷺に乘つてくる、勸請してくれ』と告げると夢み、翌日善行前の田へ行くと白鷺がおりてゐた、不思議に思つたが其のまゝ歸ると、午睡の夢に『何故祀らぬか』といふ。佐太夫は『この土地は蛭が多いから、おそれ多くてお祀りできぬ』と答へると、『蛭の口は封じてやる、祀れ』と示

されたので、お祀りしたのが八幡さまである。それから後、堅田の蛭は人に吸つかぬ。(拙著牟婁口碑集)といふ傳說あることだけを申して置く。さてこの八幡神社は明治維新まで八幡大菩薩といひ、例祭を『堅田法事』といひ、當日神輿渡御より歸り式終るまでは氏子は精進して魚肉を一切口にせず、神輿の渡御所は地藏堂であつたといふ。この神社の祭禮で興味をひくのはヤツハチウチ又はチゴ(稚子)の舞といふ稚子のことだ。何でも寶曆前後に當時の庄屋堅田喜太夫といふが態々近江か京都かへ出懸け、習得して歸り創始したものと傳へられる。以下ヤツハチウチのことを少し書かう。

一、稚子は四人　ヤツハチウチとは何の意か分らぬが、稚子が祭禮の時胸にかけた小さな太鼓をヤツハチといひ、それを打ちつゝ舞ふのでヤツハチウチといふのかとも思ふ。この稚子は四人あり、月輪、日輪、猩々、雇ハレに別つ。毎年一人づゝ補充し、最初の年の祭禮には月輪の帽子を冠りて出で、二年目には日輪の帽子にて出で、三年目には猩々の冠をかぶりて出で、四年目には雇ハレとて補缺の役となり他の三人に差支へあるときこれに代り、雇ハレを終れば稚子を退く。(雇ハレは方言で責任の地位になく補助、手傳をする意味に使用される)即ち稚子の任期は四年間である。この稚子は四五歲から七八歲までの男の兒とし、氏子として生れた者のうち、兩親揃ふて在世する者で、希望者の中から神籤によつて定める。但し氏子といへども堅田のうち小名上の坊、中の坊など坊の字のつくところに住む者は除外され又他より父母に伴はれて移住してきた子供は、氏子として生れた者でないから資格がない。稚子を定める神籤は舊曆六月一日に行はれるが、神主は一月から十二月までの何月と書いた籤十二本を神前に供へ、希望者はこれをひき、月の最も若いのを引きあてた者を當籤とする。一家から稚子を出すことは氏子としては非常な光榮とし、その家の譽れであり誇りであり村人の羨望の的ともなる。

二、稚子の物忌み　稚子に當籤すると、當日神主がその稚子の家に赴き、稚子に當籤したことを告げる式あり、これを『髮置』といふ。この髮置を終れば昔は以後四年間、期間を終るまで髮を剃らなかつた。今でも散髮はするが剃刀を用ひない。それから四年間、月經その他の忌み穢れある者の煮炊した食物は一切口にせず同じく穢れある女の裁縫した着物は一切着ず自家又は緣家に死人などあれば他の家に避け葬式の供などには一切加はらず、すべての觸穢は嚴重に避ける。殊に祭禮の月に入ると概ね家族と寢室をも異にする。それで稚子を出す家は老婆があり家屋中に別棟の室ある家でなくば、稚子の世話に困難であるとされてゐる。俗にこの稚子を『神さんの子供』ともいふ。

ヤツハタウチの圖

紀州堅田八幡のヤツハタウチ(雜賀)

第一圖

第三圖

第二圖

三、稚子の勤めと衣裳　八幡神社の祭禮は以前は舊暦八月十五日、明治に入りて陽暦十一月十五日に改む。さて稚子の祭禮奉仕は十日にナラシ三番うち、十二日にナラシ三番うつ、ナラシとは習シ、即ち豫習を意味する方言、この兩回の服裝はナラシ着、すなはち豫習服を着く。次いで十四日には正裝にて十五番、十五日は神社にて三番、御旅所にて三番、途中にて三番うつ。うつといふは稚子のうち月輪、日輪の帽の二人が胸につけたカシコ(方言、小さな鼓)をうちて舞ふのでいふらしい。舞には片おろしの手と、式の手の舞と二つあると聞くが、昭和六、七兩年の祭禮に見たいと思ひながらその機を逸し、こゝに記し得ぬは遺憾である。そのうち一度は實地に見たいと思うてゐる。さて稚子の衣裳を寫眞によつて示すと。寫眞の(第一圖)の椅子の上に立つてゐる子供は初年の稚子で、その後に立つは四年目の雁ハレの稚子である。初年の稚子の冠つてゐるのは月輪の前立ある帽子で、ドンスでつくり菊の花は赤である。帽子の下にはトキ色の麻の手拭を卷いてゐる、胸にかけてゐるのはカンコで手甲をかけてゐる。雁ハレの方はトキ色の麻の手拭を卷き手甲をかけたゞけである。これは他の稚子に支障ありて代理する時、その帽冠を臨時に冠るのだ。(第二圖)は二年目の稚子で日輪の前立ある帽子で菊花は白である、帽子には共に長い垂れが左右に二つづゝある。(第三圖)は三年目の

紀州堅田八幡のヤツハタウチ（雜賀）

ヤツハタウチ（第四圖）

ヤツハタウチ（第五圖）

稚子でこれは眞紅の上衣を羽織り、猩々の毛ある冠りものをする、この冠りの前は日の丸の印ある扇子である。それから稚子はいづれも顔を白粉でぬり額と兩頰に燕脂（べに）で紅點をつける（以上の寫眞は昭和六年祭禮の際寫したもので、初年と四年の稚子は堅田重作氏の息、一家に同時に二人を出すは稀らしいと言はる。二年の稚子は尾崎嘉助氏の息、三年の稚子は井潤惣兵衞氏の息）。この稚子の冠ぶる帽子と冠りは神視して尊び、これに手をふれず、メン竹の長さ二尺ばかりのものに白紙をまき水引で括つたものを稚子の父親が持ち、渡御の列その他の式に加はり、稚子が帽冠を脱ぐときはその竹にて捧げもつ。稚子の舞にはこの外に老人の太鼓うち一人あり、又神輿渡御の際には稚子は人の肩に乘りて列に加はるが、この稚子を負ふ役を『馬』といひ氏子中の兩親揃ふて生存する若い男から撰ばる、行列中『馬』は稚子を必らず左の肩へ乘せるを例とする。こゝに稚子の舞ふ舞臺と行列の一部を寫眞で示す。寫眞の（第四圖）は稚子の舞ふ臺の上で父親たちが共に立つて撮つたもので左端に見えるのが太鼓うちの老人である。（第五圖）は神輿が渡御から神社に歸つたのち、稚子と馬と太鼓うちと稚子の父親たちが紀念に撮つたもの、父親たちの手にもつてゐるのが帽冠をさゝげもつ竹である。第四圖・第五圖は昭和七年の祭禮の日の撮影である。なほ稚子が祭禮につとめる事を『ショウドウに出る』ともいふ。

四、ヨウジモチのこと　稚子四人のうち、雇ハレを除いた三人の實家では、祭禮の際、白餅をつき、これを三箇づゝ楊枝につきさしたのを神前に供へる。これをヨウジモチ（楊枝餅）といふ。祭禮の式終ればこれを一串づゝ稚子の親、馬、それから區長その他村の要職が分配を受く。一般の氏子はその人々から又その餅のスソワケ（配分）を請うて珍重に保存し、病氣の折この餅の極めて少量をいたゞけば平癒すと用ゆ。普通のオゴク（神前へ供へた餅）よりも遙かにかつ特殊に尊ぶのである。それから祭禮の翌十六日には稚子四軒の家族は氏子全體から社務所に招待されて非常の歡待を受く。又、稚子は祭禮中に氏子各戸から殆んど漏れなく菓子一袋づゝを贈られ稚子一人にて贈らるゝ菓子は略ぼ二百圓位のものに上るといふ。この八幡神社の祭りは獅子舞や衣笠や幟やがあるが、このヤツハタウチの稚子が中心をなすものであるらしい。

五、稚子のト占　稚子が祭禮に用ゆる帽冠は平素は神社に保管し、氏子は前にも記したごとく神視して尊み、稚子がこれを冠つてゐる間は新らしい敷物を敷いた上でなくば起臥せしめぬ、又稚子以上にはこれに手をふれない（前記の竹で捧げる）この帽冠をいたゞかせて貰ふと惡魔を拂ふといふ。それから一年中氏子に隱れ人があるとか、病人があるとかいふ際はこの稚子に問ふを例とする。譬へば病人ある時、東の方の醫者を迎へるがよいとか西の方の醫者がよいとか惑ふ時、稚子に尋ねてその何れか稚子のいふまゝに從ふが如きである。兩三年前、村のある底能、白痴に近い若者が突然行方不明となつた時、稚子兩人に尋ねたところ、何れも『お熊野さんへ參つた、今は炭燒小屋に寢てゐる』といふ。一同は隣村（南富田）の熊野神社であらうと往き探したが見當らず、炭燒小屋はその邊にないので不審としたが、兩三日後熊野本宮の熊野坐神社（官幣大社、俗に熊野さんといふ）へ參詣してゐて、稚子に尋ねたころには、途中で疲れて炭燒小屋に寢てゐたことが知れたといふ例もある。病人が助かるか助からぬか（癒るか死ぬか）など問ふと、悉く稚子の言ふが如くになり、また稚子は自家に死人ある際數日前に豫知するものか、親戚等へ遊びに出かけ家へ歸らぬが例であるといふ。

丹後舞鶴の手毬唄

（自二至四）——第五卷第四號のつゞき——

（二）

山王のお猿さんは赤いおべゞが大お好き
テテシヤミ／＼
昨夜（ユーベ）惠美須講によばれて行つたら
小鯛の吸物小鯛の濱燒き
一杯おすゝらすうすら
二杯おすゝらすうすら
三杯目には魚がないとご
名無しの權兵衛さんがお腹をたてゝ
はてな／＼はて／＼はてな
桃栗三年柿八年柚は九年の花盛り
梅はすい／＼十三年
まず／＼一こ貸しました。

（三）

ひーふの三吉
晝は馬追ひ夜はくつうち
お姫さま方道中双六
はやしてん／＼手まり唄
うたの中山四六六六
十七七七　十八八八
十九の茶碗で一寸ふせられて
あんまり良い子が三人ござる
一で良いのは糸やの娘
二で良いのは人形屋の娘
三で良いのは酒やの娘
酒屋娘はきれうがようて
京で一番大阪で二番
嵯峨で三番吉野で四番
四番五番のあれさん達は
京へ上つて櫛買うてもろて
櫛は何ぐしたいまいのくし
かどへほかせば守子が拾ふ
川へ流せば柳にとまる
柳きりたや大柳小柳
まず／＼一こかしました。

（四）

昨夜（ユーベ）生れた龜の子は
朝とう起きて髮結うて
障子をからりと開けてみて
西の方をきつと見て
東の方をきつと見て
築山くだいて宮たてゝ
宮のぐるりに胡麻蒔いて
胡麻は佛の嫌ひ物
油は佛のおみあかし
一おけ二おけ三おけ
櫻の枝に鳶とまる烏もとまる
烏の首はれぢやけた首で
おちよろに問へば
殿樣お馬奥樣お籠
猫は槍持よう槍もつな
われの家は何處じや
一軒長屋の板屋をたてゝ
白豆黒豆つつぱいポーン。

（淺井正男報告）

三浦半島民俗の一片

太刀川總司郎

半島の民俗を報告したいと思つて、先づ附近のものから書いて見る。民間の信仰に關する樣なものを、はじめにあげる。

一　眼一ッ小僧

毎年師走の八日の晩には、眼一ッ小僧が來るからと云つて、家の屋根へ、めざるをのせることをする。これは、ざるは眼が多いから、眼一ッ小僧が驚いて退却するからだと云ふのである。今は追々此の風がすたれていつて、土地に古くから住んでゐる人のみがやつて居る樣である。公卿町堀ノ內、山崎方面である。

二　森崎の食節供

衣笠村森崎の妙覺寺の表坂に、牛頭天王社があつた。今は衣笠神社へ合祀されてしまつたが、尙、石の祠が四ツあり、右端は分らぬが右から二番目は高さ三尺位で、元祿十四年の字が彫つてあるが、これに牛頭天王と書いた木札が入つて居る。其の左は二尺程のもので稻荷社であり、之には赤飯と油揚が藁の苞にのせてあげてあつた。其の又左は護世四天王とある。こゝにお宮があつた頃は、村の鎭守で、その祭禮は五月の節句だつたといふが、この日一村は鍋釜を伏せて、一切煮たきはやらず、皆此の宮に集つて、こゝで鱈腹飮食する。もし客がくると、皆でこれに馳走し、かへる時、下を向いて腹物をはけば、まだ食へる筈だといつて、又ひつぱり上げて食はせたといふ。今は宮と共に此の風も止んだ。

三　日尭樣

同じ村の小矢部の、丘の麓に小さい木で造つた祠があつて、高さ之も四尺位だらう。中央に石碑があり、大聖日堯上人と彫つてあり、側に、元祿十四年十二月二十二日とある。

これは、前記妙覺寺の高德な僧で、今は厄除の信仰が厚い。この石碑の左右には、粗末な小さい五輪塔が、一基づゝあり、祠の左にも、同樣のものが三基、寶篋院塔が一基ある。

こゝへは、線香はあげるが、水や湯はあげずお茶をあげる。しかも濃いのがよいとされてゐる。赤や白の奉納手拭の古いのや新らしいのが、いつもヒラヒラしてゐる。

四　牛祭り

浦賀町の吉井に大塚山と云ふのがある。この邊に珍らしい瓢形古墳と二つの培塚があるがこの古墳のほとりに小さい石の祠があつて、これを牛宮樣と云つて居り、毎年八月三日に祭禮を行ふ。神體は例によつて東浦賀の叶神社に合祀されて居る。土地の人の話では、牛を祀つたのではないと云つてゐるが、又、牛の靈を祀つたのだと云ふ人もある。

五　海水を汲む

横須賀市公卿町の堀ノ內、山崎附近の、もとは漁業をしてゐた人等の家では、正月の若水を汲むのに、海水を用ゐる風が今でも殘つてゐる。早朝、桝をもつて海岸に行き、海水を之に汲んでかへり、色々な淨めに用ゐ、尙又其の小量を雜煮の汁に入れるのである。

六　雜煮箸

前記の樣な家では、神に供へるのも、家人が使ふのも雜煮の箸は自製である。山へいつて櫨の木を切つて來る。之を削つて箸を造るので、この木を箸の木とも云つてゐる。この木を取る爲には、どこの山へいつても叱られぬことになつてゐる。これは、半島內木古庭方面でも行はれてゐる。

七　子安石

浦賀町大津の諏訪神社境内に、子安石といふのが祀つてある。小さい祠の中に安置されてゐて、新風土記にも出てゐるが、瓢の樣な形で淡黑色である。長さは一尺三寸程、周りは一尺位。安產守護の石だといふ。これと同樣な石が、浦賀町久比里の若宮神社の椽の下にあるが、これには產に關する信仰はない樣で、昔から久比里の下駄祭といつてこゝの祭には必ず雨がふると云ひ傳へられてゐる。

八　安房口樣

これは東日紙上にも揭載されて、相當に有名なものだが、新風土記にも記されてゐる。

浦賀町吉井の淋しい丘陵の頂上に、長さ六尺あまり、幅三尺程の大體の形が方柱をなした凝灰岩の大石が、橫たはつて居り、其の柱底が房州の方に向いてゐると云つてゐる。こゝの處に深さ七寸位、周り一尺二三寸の圓形の穴があつて、その中に丁度石斧を長くした樣な、大きさ一尺程のと七八寸のと二個の石が立てゝあつて、男石女石と稱へてゐる。

この大石は、安房の洲の崎明神に龍神が獻じた二つのうちの一つで、忽然こゝへ飛んで來たと云ふのである。これは風土記にあるし叶神社にある由來記にもあるから省略するがこれが雨ざらしになつて居る。社殿を造つても暴風にこわされたり、狂人に燒かれたりしたので、神がお嫌ひになるんだらうとて今は立派な石の玉垣にかこまれてゐるだけであるけれども、參詣の人がポツ〳〵ある。

この石のまわりには、地藏樣のまわりの樣に、小石が澤山積まれてゐる。產をする前に安產の願ひにこの小石を一顆おかり申して行つて、產後之に今一ッ小石を添へてお返へしするのだ。ある時男石女石が紛失して、一年の餘も見えなかつたが、きれいになつて戻つて來た。誰か願かけをして之を借りたものらしい。

九　き瓜と小麥團子

田戸の天王樣（切繪圖には八坂神社とある）には今獅子頭が一對あるだけで、御神體は、例の春日神社に合祀されてゐる。此の御神體は何でも裝束の切れとか云つてゐるが、ある時厄病流行の時、逗子の櫻山の天王樣が靈驗がないとて、田越川へ神樣を流してしまつた處、田越村のものが、これを肥柄杓ですくひ上げた。神樣と分つたので急いで祠を造つたが今でも肥柄杓の大きなのを社に上げるといふ。この田越の神樣の御分體をいたゞいたのが公御町田戸の人々だが、其の頃村には、適當な神座がないので、きれいなものならと云ふので、重箱に入れて村を練つたとさうな、處で此のお祭りが七月十五日なのだが、それまでは、きうりを食はぬと云ふ風習で、之は田戸でも田越でも櫻山でも同樣であり、殊に田越では一生きうりを食はぬ家もあると云ふ。それから祭禮の時神輿が出る假宮は、小麥のからで屋根を葺き、小麥のネヂキリ團子を供へることに定まつてゐる由、この由來はまだたしかめて居ない。

此の類の資料がまだあるが、調査不充分の故にこゝらで打切つて、次に云ひ傳へられた話をとりまぜて書いて見る。古いのもあれば新らしいのもある。くだらないのが多いかも知れないけれど、追々に忘れられて行くのが惜しいから、兎も角、書きとめたもの。

一　石渡家の話

石渡と云ふ姓は半島に多い。姓の分布は目下調査中だが、此の石渡家は市內公鄕町字堀ノ內である。當主より三代程前には大した豪農であつたといふが、其の頃の當家の主人であつたのは、文右衛門といふ人だつた。此の家が巨富を得た因緣として次の樣な話がある。

小夜の中山に無劍山と云ふ寺があつた。此の寺の鐘をつくと百萬長者になれると云ふ事を聞いて、文右衛門は寺を訪ふた。すると、住職は「此の鐘つきを望む人々の誰にでもする樣に、握飯一ツを出して、これを寺內の池に投げ入れさせた。この握飯が水の中で、こわれて、飯粒が一ツ一ツにはなれると、それが又一ツ一ツ蛭になつて、池一ぱいにひろがつた。これを見た文右衛門は、恐ろしさ氣味わるさに、ふるえ上つた。住職は「死後此の樣なものに苦しめられるのが承知ならば、あの鐘をつきなさい」と云ふ。大抵の者ならば恐れてやめるのを、文右衛門は思ひ切つて、鐘をついた。其のために忽ち土地で一二を爭ふ長者になつて、田植の頃には見渡す限りの己が田圃に、幾百の男女が節面白く歌ふ田植歌を聞きながら、愉快な生活を樂しんだ。妻も娘も美しく着飾つた姿で、この人々の働くのを眺めたさうな。家はいよいよ盛んになつて幾年間もたつたが、文右衛門も年をとつて無事に生涯を過して大往生を遂げた。世間ではもう此の頃、鐘をついた話は忘れてゐた。所が葬式の日、この日はうらゝかな日和であつたが、いざ出棺といふ時に、俄に空が曇つて來て、やがて電光雷鳴すさまじく瀧の樣に雨がふつて來た。此の時、導師になつた、金谷村大明寺(日蓮宗の寺院、現存)の住職は周圍の人々に向つて「文右衛門さんのなきがらは、もう棺のうちにはあるまい」と云つたが、かき出すと果して棺は空の如く輕かつた、而して大きな門の前に、なくなつた人の片腕が落ちて居たといふ事である。この話は、武山村字大田和の淺羽仁右衛門といふ人の家にも、やはり同家主人の事になつて傳はつてゐたといふ。無劍山は無間山で、南方先生の續南方隨筆二五〇頁にこの鐘の名が出て居り同じく二九一頁にもあるが、こんな話はなかつた。

二 春日樣の蛇

横須賀公郷町の鎭守は春日神社であるが、この神社の由來を友人が切りに調べてゐるが、この宮はもと東京灣內、軍港近くにある猿島にあつた、猿島は一名豐島(トシマ)ともいふ。舊の八月の下旬(新曆九月十五日ともいふ)の例祭には、村の人々は必ず舟を浮べて參詣したが其の祭の前後には、毎晩のやうに上總の鹿野山から猿島へかけて、白波をたてゝ泳ぎ廻る蛇があつた。それは春日樣を守護する大蛇が、猿島の洞穴(實際ある)から出て來たので、この洞穴は江の島の辨財天の窟まで通じて居ると云はれてゐた。或人が、お祭りの時に島に上つて囃子の笛を吹いてゐたら、其の音にきゝほれてゐた蛇を見たといふ話も、まだ新らしい事の樣に云はれてゐる。しかし、此の社を猿島から今の所へうつしてからは、蛇がわたるといふ話は無くなつた。大蛇の話はこの半島には幾つもある。折を得て、それだけを又まとめて見る積である。

三 大津馬鹿の話

大津とは浦賀町大津である。今海水浴場として盛んに宣傳されてゐる。

ある時大津と堀ノ內とで、猿島の所屬に就いて爭つた。處が大津では濱から島へ繩を張つて、近いから俺の方のだと云ひはつた。所が堀ノ内は、近いか遠いか、お互ひに舟を出して見やうと云つた。隣の田戸も亦此の競爭に參加すると云ふ事になつて、三隻の船が各々の土地から猿島へ向つた。勿論堀ノ内が最も近いから勝つた。大津は一番遠いのに苦勞して繩を張つたといふので其の愚を笑つて、大津馬鹿といふのだ。と堀ノ内の石渡玉吉老人が語つた。

四　爲朝様

浦賀町の東に爲朝様といふ小祠がある。今は宮ノ下の叶明神に合祀されてゐるが、それでも尙、元の祠に參詣が絶えぬ。この祠は流行病を除けるといふ信仰がある。信仰の方は又別に資料を集めてあるから追て報告するが、昔、ある漁師が沖に出たが、ちつとも漁がないので歸らうとすると、海中から其の漁師の名を呼ぶものがある。いくら探しても姿は見えないので、思ひ切つて網を入れると、かゝつたのは一箇の古い木像であつた。今まで、夜々海中から光を放つたのは之かと思ひつゝ陸に來て色々と鑑定を乞ふと、それは爲朝様だといふので、急に祠を造つて祠つたといふのである。此處のお祭りの日には、必ず一粒でも雨が降ると云つてゐる。何故か分らぬ。爲朝様の御神體は蓑笠をつけてゐられる木像だとの事である。

五　角(ツノ)なし榮螺

これは、あまりに有名な話であるが、土地の事だから書いて置く。昔し日蓮上人が安房から渡つて來られた時、船が岸につけられなかつた。浪が荒れたので。そこで、土地の漁師が之を負ふてあげて、水を渡つた處が、さゞえに足をさゝれて負傷した。上人はひどく氣の毒に思はれて、以後此の海の榮螺には角が出ない様になされた。此の時負ふた人の家が今、公郷町山崎の石渡波太郎氏で、此の人の先祖孫右衞門といふ人が、負ふてけがしたと云ひ傳へてゐる。此の家は附近では、孫右衞門といふ名で通つてゐる。この角なし榮螺の動物學的解釋は分り切つてゐる事だが、軍港市では、最中や煎餅に此の名を冠してゐるもの、又はこの形をとつたものを多く賣つてゐる。又山崎堀ノ内等は勿論この周圍には法華の信者が多い。

六　湯山様

三浦半島民俗の一片（太刀川）

公郷町字神金(カリガネ)丘陵の中腹に小祠がある。

余は稻荷樣かと思つたら、切繪圖には湯山社とある。御神體は堀ノ內の春日神社へ合祀されたのだが、今尙參詣があり、附近に老人の行者が住んでゐて、むし齒の祈禱をする。

昔、このあたりから湯が湧いてゐたが、土地の妙眞寺（現存）の住職が、田圃に害があるし、農民の苦の種だと云つて、封じ込めてしまつたさうだ。處が、前記の行者が云ふには封じ込めたものなら、行力によつて再び湧き出る筈だと云つて、こゝに住んで頻りに修行をこらしてゐる。此の話は新らしいだけにまだ擴がつてはゐない。湯の話は多分湯山さまといふ名から附會したらしい。

此の位にして止めたいが、民間信仰の例を思ひ出したから、ついでに書き添えて置く。浦賀町の馬堀(マブリ)に馬頭觀世音があり、小兒百日咳(セキ)に効があるとて有名である。それから同じく小兒の咳(セキ)に靈驗があると云はれてゐるのは東浦賀のシャゴジン樣といふのである。これは小さな祠で、御神體は分らぬが、奉納の手拭ひか、旗をさいて、之を患者の頸に卷いて置くと癒る。全快したらば御禮に新らしい旗なり、手拭ひなりを上げる。といふ事になつてゐる。民間の信仰は種々であり例も頗る多い。もつとよく調査してから、まとめて、後日報告したいと思つてゐる。本篇は三浦半島民俗のホンの一部を書いて見ただけである。

胡瓜と小麥團子の項の胡瓜は、八坂神社であれば、當然のことではあるが、堀ノ內、浦賀の方でも、毎年胡瓜の初物(ハツモノ)を海に流してから、家で食べる風がボツボツ殘つてゐる。（終）

ベルトルド・ラウフェル

『マンモスに關するフォルクロア及びマンモス象牙交易』(Berthold Laufer, Ivory in China, P. 24-37)

山下昌孝

古代支那人はマンモス（Elephas primigenius）に就て或る程度の知識を有してゐた。然し細い點は、誇張談と混淆し、正確な觀察に基くと云ふよりは寧ろフォルクロアーの領域にはいりこんでゐるのである。注目に値するのは、マンモスに關する支那の傳説がシベリア民族のそれと非常によく似てゐる點である。漢（B・C・一四〇―八七）武帝の相、東方朔の記す所と傳へられる奇談の蒐集書「神異經」[註1]に次の如き句がある：「北の方、國土延々一萬里、結氷相重り、その厚さ一千尺「磎鼠」とよぶ齧齒類あり、氷の下地下に住す。その肉一千貫、干肉として食用に供すべく、身體を冷すに食ふ。毛髮その長さ凡そ八尺、縟を織りて寢具とすべく以て寒を防ぐ、皮は鼓を張るべく響千里の彼方に達す。毛髮よく鼠族を寄す。その在る所鼠群集す。」

マンモスを表す他の言葉は「鼢」であつた。その名は寧ろ土龍類（Scaptochirus moschatus）を表すと云ふべきであらう。又一に「隱れた齧齒類」（隱鼠）とよばれた。有名な醫師であり、名の聞えた道士であつた陶弘景[註2]（A・D・四五二―五三六）、及び第八世紀の初期に「本草拾遺」を著した陳藏器[註3]は「鼢」と云ふ名で呼ばれる二種の動物に就て述べ、兩者を分つて一を小さな土龍である「鼢」とし、他を、マンモスに當ると思はれる水牛大の「鼢」としてゐる。古代の辭書「爾雅」[註4]に記された如く、古人は「鼢」獸を定義して「地中に生棲する獸」と云つてゐる。マンモスに就いて同じことが

「マンモスに關するフォルクロア及びマンモス象牙交易」（山下）

想像されてゐる所を考ふれば、穴居の土龍を表すこの言葉が轉化して、地下に棲むと云ふ共通點を有する動物へ流用されるに至つたと云ふことは容易に理解し得る。然し支那の如何なる傳說にも象牙の取れる牙を暗示したものがない事は注目に價する。

多少支那人は化石象牙をも知つてゐた。その本草は「龍の骨」「龍の齒」として有名な二つを記載して居り、藥種屋で賣られてゐたのである。前者はD・ハンバーリー（Hanbury）が顯微鏡で調べた結果、少くとも或場合は、化石象牙であることが證せられた（Science papers, p. 273）。スインホーの Stegodon orientalis の化石骨は四川省から大きな破片として齎されたのであり長鼻類の大化石骨の網組織を示す。この骨の痕を示す石灰石の母岩の一部は骨そのものと共に賣られた。これは粉にされて瘧、發熱、出血、下痢に用ひられるのである。「龍の齒」は普通四川省の沼澤地、その他陝西省、山西省に出土し "Rhinoceros tichorhinus" "Stegodon sinensis" "Stegodon orientalis" の化石齒 "Chalicotherium sinense" の角、"Hyla sinensis" の齒、及び馬、乳齒象、象、河馬の臼齒などより成るのである。それは肝臟に利くと云はれ、又興奮劑、鎭靜劑として大効ありとされてゐる。私が一九〇二年ニューヨークのアメリカ博物學ミューゼウムに齎した多くの龍の齒の中には一本の乳齒象の齒、五本の犀の齒、二本の三趾馬の臼齒及び未發見の三趾馬の齒一本があつた。山西省の太原及び直隷省の深州出土の龍の骨はその古きこと唐時代（A・D・六一八——九〇六）のものと云はれてゐる。

尙支那人は化石獸骨發見を暗示する數種の物語を傳へてゐる、特に雲南省及び四川省に多く、それを土人は仙人、精怪の遺物としてゐる、宛もヨーロッパのフォルクロアーに巨人の骨と云ふのがあるのと同じである。勿論この話は漠然としてゐてその骨がどんなものであるかを定める事が出來ない。尙他に支那人の記す所に支那の土中から出る奇怪な獸類に關するものがあり、これを以て或ヨーロッパ人は有史時代の支那人は自らマンモスを知つてゐたと論じてゐる。然しこれは非常に疑しい事であつて兎に角支那人はマンモス及びその他の化石骨を工業に用ひたと云ふ事が明かでないから考古學的興味は存しない。「龍の骨」及び「龍の齒」は醫藥には用ひられたが他の目的には用ひられなかつた。

一七一二年から一五年に亘つて支那使節はシベリアを横斷してヴォルガ河に至り當時ロシアの保護のもとに其地に定住してゐたカルミユック民族に屬する土爾扈特人を誘つてその故郷たる支那邊境に歸らしめんとした。使節となつた滿洲人圖理琛はその回想錄中にイエニセイスク地方（Yeniseisk）を記して曰く「この北國、最寒の地に地下に穴居する獸類の一種あり、太陽及び外氣にふるれば即ち死す。形、巨大にして重さ一萬貫に及ぶ。その骨飽く迄白く象牙の如き光澤を有す。性、力弱くして兇惡ならず。概して河岸に發見さる。ロシア人この獸の骨を集めて椀、楪、梳篦その他の小間物を製る。その肉甚だ冷にして食して以て病熱を去る。獸の外國名は『摩門褰窪』〔即ちマンモス〕にして我國の『硋鼠』なり」。譯字はロシア語 "mamontowa" （即ち "kost" 「骨」）に基いてゐる。支那文献に委しかつたこの滿洲人の役人がシベリアで耳にしたマンモスと昔話りに云ふ地下を彷徨する動物とを同一視した才智は注目に價する。上海商務印書館で出版した近代支那百科辭典「辭源」は「鼢」と云ふ言葉はマンモスを指すのであると云ふ證據として彼の記事を引用してゐる。

博物學に親しまれた康熙帝は一七一六年書して曰く「古書に曰く、北方極寒の地、結氷百尺、春夏尙觧くるなしと。今日この地は實在の地として知らる。尙『淵鑑類函』に次の句あり『重さ一萬貫に達すと傳へらるる『硋鼠』は今日尙發見せらる。形、象に似、その牙は象のそれに同じと雖も黃色を帶ぶ』この二點よりするに古書の云ふ所信じ得べし」。更に一七二一年、その在位六〇年度に於てこの至上の君は大臣に書を寄せて同じ事を繰返へしてゐる、「古書傳ふる所盡く信じ得べからざるも、尙或は誤にして一笑に附すべき事ならんと雖も確實なる根據を有せる記錄存す。例するに東方朔は遙か北方の地にては氷その厚さ一千尺、冬夏常に消ゆることなしと記せり。今年ロシア人我が朝に入貢の際彼等その國の北極を去る二〇餘度の地に北極海とよぶ所あるを告ぐ。氷固く閉し、人の行くを妨ぐ。かくして初て東方朔の云ふ所の眞なるを證し得たり。尙彼東方朔は北地の氷下に齧齒類に屬せる巨大なる獸類の住せると、その肉一千貫なるを述ぶ。名付けて『鼢鼠』と云ふ。そは地下に穴居し日月の光に會ふ時は直ちに死すと。而してロシアの北氷洋沿岸の地に象に似る齧齒獸あり、地下を行き、もし外光又は外氣に觸るれば直ちに斃る。その骨、象牙に似、土人これによりて椀、鉢、櫛、ピンを製る。朕これを親しく見るに及びてはじめて昔語りの眞なるを信ずるに至れり」。

後アムステルダムの市長となつたオランダの學者ニコラウス・ヰツェン (Nicolaus Witsen) は一六六六年モスコーを訪れ、この地で一六九四年公にした "Noord en Oost Tartarye" のための資料を集めた。本書が始めて西ヨーロッパに「マンモス」なる名稱を移入したのである。ヰツェンは象屬の齒牙がシベリア諸川の河岸で少からず發見される狀況を述べ「この齒牙は內地人（シベリアに移住せしロシア人）に "mammouttekoos"（ロシア語 "kost" は『骨』を云ふ）と云はれ、獸そのものはマンモートとよばる」と附記してゐる。ルドルフ (Ludolf)（「ロシア文法(グラマティカルシカ)」九二頁一六九六年版）はロシア人がマンモスの齒牙は地下に棲む獸類のものであつて、その獸類は地上のあらゆる動物より大であると思つてゐると記してゐる。それは醫藥上一角魚の角（一角魚牙）の代りとされその使用目的も同じである。ロシア人の中でも知識のあるものはこの齒牙を以て象のであるとし遙かノアの大洪水に迄溯るものとしてゐる。

"mammoth" と云ふ言葉の源は不明である。ロシア人は "mamont" 又は "mamut" と書く。シュトラーレンベルヒ (Strahlenberg) はこの語はアラビアの "mehemoth" を仲介とし "behemoth"（以下原書六三頁參照）から出てゐると提唱する。ホワァース (Howarth) はこの說を取つてゐるが、これは決して確定的のものでない。バイロン (Byron) ("The Deformed Transformed", III, 1.) は二つの獸を對立せしめてゐる。

When the lion was young,
　In the pride of his might,
Then 'twas sport for the strong
　To embrace him in fight;
To go forth with a pine
　For a spear, 'gainst the mammoth,

Or strike through the ravine
At the forming behemoth;
While man was in stature
As towers in our time,
The first born in Nature,
And, like her, sublime!

サモエード人の考へる所によれば、マンモスとは地中深く潜む巨大な獸で自ら暗黑の通路を穿ち土を食としてゐるのである。彼等はそれを「土中の種馬(スタリオン)」又は「土中の主」と云つてゐる。彼等はその死骸が全く新鮮でよく保存されてゐるのに對してその獸が今も生きてゐるのであると說明を附けるのである。然し彼等は次の樣に云ふ。不幸にして地中の主の骨に途中遭遇すればその者は死を免かれる事は出來ない、もしこの祟を逃れんとすれば馴鹿を犧牲として惡魔を祀らねばならぬ。こうすれば骨は自分のものになり使用するも賣るも勝手であると。

イルチシ河畔のオストヤーク人の地方ではマンモス骨は時々地滑り後急勾配の河岸で發見される。オストヤーク人の或る者はそれを水の精とし或る者は「土牡牛」とする。このものは白日には耐へず地表に出れば死すのである(上記、同樣の支那人の考へと比較すべし)。諸川の河畔から出る石炭はマンモスの肝臟とされてゐる。彼等は木根を食ひ、ために地を穿ち、河岸に堀當て之れをくずせば遂に死するに至るのである。彼等は亦好んで谿流や湖水の深淵に棲み、その所在は水騷ぎ、渦卷くのでわかる。河中のマンモスの棲處とされた場所は神聖な地點とされ網を投する事を禁ぜられるのである。彼等は飲用水すら其處から引くことを喜ばない。冬此獸は時に水の表面に浮び氷を破り途轍もない音を立てるのである。彼等は人に害を加へないがその事業、健康に不吉である。然し旅にあつて彼等に犧牲を献すれば地滑り、破氷を防ぎその旅を恙なからしめる。他の動物も年を經ればマンモスに化身する事が出來るのであつて大鹿、馴鹿、又熊でもマンモスに化身する事が出來るのであつて、大鹿、馴鹿、叉熊でもマンモスの角が生へれば姿を變へて深淵に棲むに至るのである。劫を經たパイク魚は時には湖の深所に行き其處で苔が頭に生ひ角が額に生えるに至るのであると云はれ、つまり劫を經たパイク魚も段々にマンモスに化身すると云ふことになるのである。これを彼等はパイクマンモスと云ふ。

サモエード人はマンモスを「土牡牛」又は「土中の牡鹿」と呼ぶ。前の名稱はフィノ・ウグリアン（Finno-Ugrian）族たるウォーグル（Wogul）人も用ひてゐる。蒙古人、滿洲人は「氷中齧齒類」を語り傳へてゐる。蒙古族の一派でバイカル湖畔に住するブルヤート（Buryats）人はマンモスを"arslan"（獅子）或は"arsalyn zan"（獅子・象）と云つてゐる。彼等はその骨は破摧された龍のものであると思つてゐる。龍が年を經ると土中に隱れるのである。尙この動物はバイブルの大洪水物語に附會され、體大なれば絕滅の恐れなしと言ひ放つて箱船に入ることを拒んだと云はれてゐる。數日泳ぎ廻つたが遂に溺れたのである。故にその骨が今尙土中に發見されるのであると。外バイカル州のロシア人にも同じ說話があり、更に附言して言ふにマンモスが浮泳してゐたとき鳥は乾いた場所を求めてその「角」に止つた。かくて數日尙洪水に抗したが遂に鳥があまりに多くなつてその重みに耐へ兼ね力盡きて日ならずして亡びてしまつたのであると。

一六一一年英國航海家ジョナス・ローガン（Jonas Logan）はサモエード人の地を訪づれ、土人から得た象の齒牙を齎してロンドンへ歸つた。これが多分始めて英國へ將來されたマンモスの牙であらう。スコツトランドの旅行家ベル・オフ・アンタアモネー（Bell of Antermony）はトボルスク（Tobolsk）からエニセイスクに至る間を通過した時、大抵の町で土人の云ふマンモスの角なるものを見た。その中あるものはたゞ色が黃色と云ふ點を除けば有らゆる點で最上の象牙に酷似し、しかも新しいものであつた。又他のものは端が腐り、鋸で小さく引くと奇麗な斑があつた。土人はそれで嗅煙草入れ、櫛及びその他の旋盤細工品を造るのである。尙彼曰く「予は大なる齒牙一にマンモンスの角を英國に齎し吾が畏友ハンス・スロン（Hans Sloane）に献ぜり。彼それを彼の有名なる博物館に陳列し、それを以て象類の齒牙なりとせり。この齒牙はオビ河畔のスルグート（Surgut）の地にて發見せるものなり」。ロシア人は十八世紀の後半から盛にマンモス象牙の交易を始めた。丁度商人リアコフ（Liakhoff）がコータンガ（Khotanga）河とアナディル（Anadyr）河の間にマンモスの骨の豐富な埋藏所を發見し、その獨占發掘權を得た時である。シベリアからヨーロッパの市場に送られた化石象牙の量は莫大な額に上つてゐる。一八二一年或る象牙涉獵者はヤクツク州から二萬ポンドの象牙を持ち歸り、各牙の平均重量は約一二〇ポンドであつた。ロンドンの市場では一ヶ年一六三五本の大量なるマンモス牙が賣られ、その平均重量は一五〇ポンドであり、全數中一四パーセントは最良品、一七パーセントは劣等品であり、半數以上は商品價値がなかつた。シベリアのロシア拓殖以來化石象牙產出額から見れば全マンモス數は四萬近くであると計測される。

マンモスに對する漠然たる暗示は中世アラビア人の記錄の中にも朧氣に窺はれる。即ちアル・ベルニ（Al-Beruni）（A・D・九七三—一〇四八）は次章に於ても見らるる如く主として海象の牙を指す「クーツ」（khutu）なる物を述べ、それはキルギスの地に棲む牡牛の額の角であると云つてゐる。西紀一〇七六年編まれたアラビアの一年代記には象の牙に似た齒牙の事が書いてあり、それは當時ヴォルガ河畔に住したブルガール（Bulgar）人の地で取れたものとしてゐる。この齒牙はその地から花剌子模（今の基華）へ輸出されて、櫛、小筥及びその他のものに造られるのである。アブ・ハミッド（Abu Hamid）は西紀一一三六年ブルガール人の地を訪れ、次の如きものを見た。「長さ四スパン（三十六吋）、幅二スパン（十八吋）の齒牙及び宛も圓蓋の如き或獸類の頭蓋骨。地中よりまた發見されたる齒牙は象の牙に似、白き事雪の如く、重さ二百メン（menn）に達す。如何なる獸類のものなるやは不明なり。象牙の如く細工に用ひらるるもより丈夫にして碎き難し。」

二三の學者の云ふ如くこの地にマンモスの牙が在ると云ふ事は可能である。しかし又それは單に象の牙であつたとも云ひ得る。P・S・パラス（Pallas）（露國各地旅行記第一卷一四〇頁一八〇一年版）はヴォルガ流域地方で象の骨を、いくつか見、その頭蓋骨すら或る細流の岸で發見したのである。シンビルスク（Simbirsk）で彼は、その地で發見された象牙から造つた細工品を見それは「通常」の象牙と何等變らなかつた、たゞ齒牙の先端に幾分暇がかゝつてゐたに過ぎない。上記細流河岸で發見された或象のは非常に黃色を帶びてゐたと云つてゐる。同樣の發見がブルガール象牙の供給を生んだのかも知れぬ。

支那人は既に唐時代に花剌子模を知つて居りその地では牡牛が引く乘物があり商人はそれに乘つて旅をなす西アジア唯一の國である點を强調してをる。西紀七五一年その地の王は支那に入貢した。その國の昔の首都玉龍傑赤（ウルヂエンチ）は一二二一年蒙古人に陷された。花剌子模一名基華汗國の首都基華は古の玉龍傑赤を去る東南一〇〇哩の地にある。もし花剌子模が中世に於るマンモス象牙交易の中心地であるならば、かくして如何にしてマンモス象牙は支那へ齎らされるに至つたかと云ふ事を知る手掛りが得られる。一七三〇年ストックホルムで公にされた碩學フィリップ・ヨハン・フォン・シュトラーレンベルヒ（Philipp Johann von Strahlenberg）の著述に徵すれば白いマンモス象牙が非常に多くシベリアから支那へ賣込まれた事を知り得る。シュトラーレンベルヒはスエーデン將校でチャールス十二世に仕へポルトヴァの戰にロシアに捕虜となり流されて十三年間シベリアで暮した。たゞシュトラーレンベルヒがこの支那へ輸出される齒牙を白色とするのはおかしい、彼は同箇所でマンモス牙を黃色とし、或るものは椰子の實の樣に褐色であり、黑青のものさへあると述べてゐるのである。ためにランキング（Ranking）はこゝに云ふ齒牙は海象のものであると考へてゐる。

「シベリア北部にマンモス牙夥しく、多年に亘りて東は支那、西はヨーロッパ兩方面へマンモス象牙の定期輸出をなし得たるなり。」（N・N・ハッチンソン（Hutchinson）著、絕滅したる怪獸、一八三頁）然しこの說は或種の條件を附してのみ是認し得るのである。現代を溯る前三世紀にだけ就いて云ふならこれは正當であつて何等疑點はない、しかし一七世紀以前に溯るなら斷言を憚るのであつて的確なる考古學上、歷史上の根據はない、シベリア考古學は可成明瞭になつてゐるが墓その他の場所で象牙が發見された事は未だ聞かない。上述のアラビア人の記錄にはヴォルガ地方で發見された牙に就て述べてあるがアラビア人はシベリアのマンモスに就ては何等知る所はなかつた。次章に見る如くアラビア人が交易したのは主として海象の牙であつた。支那人の場合は謎の狀態にあり、彼等はマンモスを一種の獸とする傳說及び記錄を有するがその牙、象牙に就ては何等暗示してゐない。僅に一七一六年に至つて康熙帝が象牙の取れる獸類のあることをロシア人から知り得たのであつて略同時代に使節闖理琛はシベリアの眞中に來て始めて同樣の事實を知るに至つたのである。然しそれ以前文獻に徵する限りに於て支那人はマンモス象牙を少しも知らなかつたのである。ホワァースは云ふ「昔よりマンモス象牙シベリアより支那へ送られ往古より支那人のシベリア及びその產物に通ぜしことは、他の點よりするも信じ難き事ならず。」とし更に續けてカルピニ（Carpini）の所謂寶石商コスマス（Cosmas）の手に成る蒙古の貴由大汗の象牙製の玉座なるものは疑ひなく化石象牙製のものであり化石象牙は十三世紀に於て蒙古で洽く知られてゐたものであるとしてをる。カルピニはラテン語の本文でたゞ「象牙」（ebur）と云ふ語を使用し、それで蒙古帝國に象が多く養はれてゐたことを述べるだけで（本書一八頁參照）貴由の玉座は普通の象牙でこしらへたものでないと云ふことの理由にはならない。ホワァースの云ふ如く昔から支那人はシベリアの住民及びその產物をよく知つて居たと云ふ事は正しい。事實ロシアのシベリア占領以前吾々が此問題について知る全ては支那の官撰年代記その他の記錄によつてをる。彼等は屢々シベリア產の黑貂、貂、狐、山猫、海狸類の上質の獸皮に就て傳へてゐるが、シベリア民族が象牙を用ひ、又は支那へ輸出したと云ふことは云つてない。何等の記述のないのは偶然でなく以上の說が旗色の惡いことを示すのである。シベリア前住民の移動、移住を見るにその極北の地に非常に早くから人間が住つたと云ふ事は有り得べからざることである。この荒凉たる地方は强力なる隣接民族のために漸次北方へ追はれた弱少民族の唯一の安住所であつたのである。大抵マンモス遺跡はツンドラ地帶かシベリア北方又は東北方の沿海地方に發見され、而も民族の北方移動後にのみなされるのである。

何故マンモス象牙交易の歷史が絕對的確實性を以て書かれなかつたかと云ふ理由は尙他にある。現存する記錄は混同をなしてゐるのであつて、多くのものはマンモス、海象、一角魚等の牙、更に化石した犀の角迄も混淆し、手のつけやうもない狀態にあるのである。これ等種々の產物はシベリアでは「角」なる商業語のもとに一括されてゐる。例へばヤクート人はマンモスと海象の象牙を一樣に「角」（muos）と稱してゐる。動物に就て明確な觀念をもつてゐる吾々から見れば斯くの如き識別能力缺除は一寸變に思はれるが上記の畜產物のシベリアに於る發見時の情況を見れば直ちに這般の事情を解し得る。マンモス、犀の骨の大推積は多量なる海象或は化石一角魚牙と共に北部の海濱地方に蓄積されて居り、寶物漁りの手によつて手當り次第蒐められるのである。海象、一角魚は生獸としてはたゞ海に親む民族にのみ知られて居て奥地に住む民族は全然知らない。而して化石としてのみ發見されるマンモス、犀は如何なる民族にも生獸としては知られず從つてその骨も區別されないのである。大抵象牙渉獵者の手に扱はれる牙や角には滿足なものは無く、ただ細片として取引される。保存のよい部分を切取れば腐蝕部や穴の個處は不用として棄てられる。殘存部が尙相當の大きさであれば更に小さく鋸を入れて駄馬運搬に適する樣にされるのである。此等の點も考慮せねばならぬ。この貨物を購ふ遠方の商人や更に原產地を遠く距たる消費者は產物の眞の出所に對する明確な觀念を得る手段に苦しみ、況んやそれが取れる動物の習性に於てをやである。これが「角」に就て種々の荒唐無稽な想像が逞しうされる所以となる。この名稱は次章に於て例證する如くヨーロッパ各地にアラビヤ人の間に、支那に、朝鮮に、日本に於て、海象又は一角魚の牙を表すに用ひられる。

譯者註1　北方層氷萬里厚百丈有磎鼠在氷下（按御覽磎作鼷鼠）土中焉形如鼠食草木肉重千斤可以作脯之已熱其毛八尺可以爲褥臥之却寒其皮可以蒙鼓聞千里其毛可以來鼠此毛所在鼠輒聚焉　（神異經　北荒經）

註2　陶隱居云鼷鼠一名隱鼠一名鼢鼠而山林中有獸大如水牛者亦名鼷鼠說者以爲即飮河者鼷鼠有二物異名同然　（古今圖書集成（一〇三六）禽蟲典第八十二卷）

註3　陳藏器云今之鼢鼠小口尖者陰穿地中行見日月光則死深山中林木下有之蓋鼢伯勞所而又能化而爲駕季春之月田鼠化爲駕　（古今圖書集成（一〇三六）禽蟲典第八十二卷）

註4　鼢鼠（地中行者）　（爾雅卷下　釋獸第十八）

註5（鼢）　俄羅斯近海北地。有獸似鼠。而身大如象。穴地以行。見風日即斃。其骨亦類象牙。土人以之製椀楪梳篦。俄羅斯名摩門橐窪。華名鼢鼠。見〔幾暇格物編〕按當即太古之象。斃於冰原者。西伯利亞等處。常於冰層內發見之。　（辭源　下卷亥一三三）

ダヴイ、モスのポトラッチの研究の概要

土屋文吾

北米大陸の北西海岸即バンクーバー島からクイン、シャルロット島を經てシトカに及ぶ海岸地方に居住する民族は、彼等固有のポトラッチなる制度を有する。此の制度に就いては前世紀の末頃から今世紀の初頭にかけて、アメリカ人種誌學の人々、ボアズ、スワントン、バルボー、及びその他フレーザー、クラウゼの諸氏によつて種々の記述が提供せられた。ダヴイ、モスの兩氏は之等の資料に基いて此の制度の位置意義を明らかにする立論を試みた。

原資料を參考し難い吾々は殆んど之等二氏によつてポトラッチを知り得るのみである。

George Davy; La foi jurée
G. Davy et A. Moret; Des clans aux Empires
M. Mauss; Essai sur le don; (l'Année sociologigue Nouv. Serie tome I)

左に記すものは、右の三著に基く彼等の論旨の梗概に過ぎない。

元來ポトラッチなる語は、チヌック Chinook 族の言葉で贈與を意味する。簡單に言へばポトラッチは「財物の分配」である。「財物の分配」此の言葉は、根本的には交換に存し、分配に存するポトラッチの特性をよく表して居る。併し、それを偏へに經濟的現象とする事は、又同時にポトラッチの性質を失はせる事である。ポトラッチは、北西アメリカインデイアンの宗教的・法律的・政治的・藝術的生活を支配して居る。モスは、此のポトラッチの様に社會活動の凡ゆる要素を未分化に含む事象を全社會的事實と呼ぶ事を提唱する。此の提示には勿論其れ自身大した重要性はない。併し、デユルケーム學派の原始心理に對する考へ方は、當然に、此の樣な原始社會現象の見方を導く事を茲に併せて想ひ起す事が適當であらう。即、レビ、ブリユールの稱へる前論理的(プレロジック)なる心理、感應(パルテイシパシオン)の法則に支配される心理の所有者たる未開人の活動が又吾々の眼から見て、『全社會的』を以て限定せらるべきものである事を想ひ起す事が適當であらう。

扨ポトラッチを財物の分配(毛布)と言つたがそれは單に分配に終る一方的行爲ではない。即、此の分配に與つた者は、此の分配を受けた事の爲に、受けた二倍乃至三倍を

返却しなければならない。分配の性質を知つた吾々は茲にポトラツチを、此の分配を伴ふ一つの祭宴として考へる事が適當であらう。事實ポトラツチに於て、家族、クランは各々の聖歌を歌ひ、被り物、面等を發行し、家寶を陳列する等をなす。

出生、結婚、入社式、死、建造等すべてポトラツチを起す機會となる。例へば酋長の息子が秘密社會に入社されるとする。此の場合、父は一つの祭宴、即、ポトラッチを息子のクランに與へる。(北西アメリカインディアンの社會は異父相續であり、隨つて父と息子とは相異したフラトリーに屬し、相異したクランに屬す)此の祭宴に於て酋長は自己のクランの全財を消費する。息子のクランは、唯此のポトラツチを受けた事の爲に父のクランの負債者となる。隨つて、今度は息子のクランが父のクランにポトラッチを與へなければならない。若し此の負債が返濟せられない場合には負債側の酋長は名前を失ひ、自己の武器、トーテム、名譽、又、公民的・政治的・宗教的諸權利を失ふ。

此の祭宴が一定の儀禮によつて行はれる事は、又すべての未開社會の行事に於けると變りない。隨つて其處には宗敎的な現在或は殘存(スユルヴイヴアンス)の諸型式が、目まぐるしいばかりに錯入して居る。

遙か古代のカニバリズムの型式や、其他コンミユニオンの手段として行はれる儀禮は、多數ある樣であるが、其等は、ダヴイにもモスにも何等秩序的に再錄せられては居ない。

ポトラツチを起さうとする者は、人々から必要な丈の毛布を借り受ける。貸す者は、各自身分に應じて、多少の毛布を貸す。ポトラッチに招かれた者は祭宴の中途で、毛布の分配を受ける。(貸す者と招かれる者とは別である)此の分配も又身分に應じて、各人の受ける毛布の數は區々である。分配を受けた者はその三倍を一年間の中にポトラッチによつて返却しなければならない。隨つて最初のポトラッチ提起者は三倍の元利を得る。例へば百枚の毛布を以てポトラツチを起したとするならば一年の終には三百枚の毛布を得る。此の內二百枚を以て、最初ポトラッチを起した當時に借り入れた百枚に對し返濟を濟ませる。茲にも又小ポトラッチが存在する譯である。之は sous-potla'ch である。勿論、此のポトラッチ提起と云ふ一種の投資に際し毛布を貸與する者と貸與せられる者との間には豫め一定の所謂ば通商的主從關係が存在する。兎も角、ポトラッチを提起した者は、その結果として、社會的地位名譽を獲得する。茲にポトラッチは必然的に、社會―政治的な意義を有する。斯くして、名前、ダンスの獲得は必然にポトラッチを伴ひポトラッチは貴族社會即酋長等の殆んど專有の權利抗爭の手段となる。

順序としては、ポトラッチを提起せんとする者は、一定の日を定め此のポトラッチに招く人々（それは殆んど貴族）に使者を立てる。次に、此の指定の日に集つた群集の前に自身或は代人は此のポトラッチに參與する者の名前を宣言し、ポトラッチを提起する目的及び、茲に使用する財の總額等を公表する。招かれた側は、各自の紋章を公示したりダンス、歌・劇等によつて、承諾を示す。最後に祭宴が開かれて、茲で分配かが行はれる。

茲に注意すべき事は、此のポトラッチに參集する者は、招かれた者に限らない。證人の役目を果す觀客が又なければならない。

尚ポトラッチに於ける給付と之に對する反對給付とが時間的に距らずして一つの儀禮中に含まれる場合もあり、又此の兩給付の質が全然相違する場合がある。

兎も角、詳細は夫々の例に基いて述べる事として、記述を進めよう。

扨ポトラッチを行ふアメリカ北西海岸の諸部族から代表として若干のものが撰定されなければならない。ダヴイはポトラッチの三つの形態を比較する上に最適なものとして三つの部族即北から、トリンキット（Tlinkit, Tlingit）ハイダ（Haida）クワーキイウトル（Kwakiutl）を撰んだ。

（モスは、之に、ハイダとクワキイウトルとの中間に位するチムシアン（Tsimshian）を加へる）

×

先づ北方のトリンキットのポトラッチから述べるのであるがその前に一言御斷りしなければならないのは、以下に記されるトリンキットのポトラッチが、私が以上に述べて來たポトラッチの概要からは多少肯んじ難い點を含んで居るといふ事である。此の事に就いては後に精しく説明する。元來トリンキットに於ては部族は二つのフラトリー（Phratrie）即「狼」と「鴉」とに分たれて居る。此の二つのフラトリーは相敵對すると同時に協力する關係にある此の如き關係は、二元的な社會組織を有する社會に於て必然な相互關係である。例をオーストラリアに取るならばその最も原本的な姿を見る事が出來る。即ウアラムンガの二つのフラトリー、キンギリ及びウルウルは、夫々に起る正式な行事を慣行するに際し、相手のフラトリーの協力を求める。

トリンキットに於て、かゝる二元組織に基く「狼」と「鴉」との二フラトリー間の關係は、エクゾガミーの法則、婿と義母との間に課せられた禁忌、婿と義父との間の諸義務等によつて表明せられて居る。結婚、出生、死、入社式、文身等の場合に、於ける兩フラトリー間の協力關係も、勿論此の關係に外ならない。即、「狼」のフラトリーに屬する者が死亡した場合には「鴉」のフラトリーに屬する者は、勞務の提供をなし、此の勞務に對して、「狼」のフラトリーは、報酬として、財物の分配をなす。此の勞務の提供と之に對する財物の分配とは或る儀禮の中に含められて居る。例へば死者のあつた場合、葬の費用及び支度はすべて死者のフラトリーに非る方のフラトリーによつて擔當され、之に對して死者の親族から儀禮的な贈物の分配がなされる。此の分配がポトラッチの反對給付であると云ふ。即トリンキットに於ては、ポトラッチの給付は勞務であり、之等の兩給付は同一の儀式中に、含められて居る。併し此の場合、ポトラッチの特色である受けた以上に返すと云ふテームは明瞭には見られない。只、かゝる兩フラトリー間の關係そのものが既に、之を豫想して居ると云ふ。（此の關係は「尊敬の表示」と云ふ語によつて表明せられて居る）

死に關するポトラッチの一例を示さう。先づポトラッチを起さうとする酋長（「鴉」に屬すと見る）は、妻（外婚制により「狼」に屬す）をして「狼」のフラトリーの人々を迎へに遣る。妻は之等の人々と煙草によつてコンムユニオンを行つた後、之等の人を招いて妻は、彼等に饗應を與へる。（ポトラッチの給付である。）彼等は紋章を示したり、ダンスを行つたりして承諾を示す。此のダンスは「戰爭の舞

踊」（danses de guerre）と云はれる。茲で、恰も戰場への出陣を眞似た一聯の儀禮が行はれる。丸木船を艤して、之に戰備を施す。ポトラッチを起す側の酋長は、武裝して、招いた人々（狼）の所へ行つて戰爭の眞似事をする。酋長は、彼等に一本の箭を贈つて、贈物の競爭を象徴する。酋長は自己の紋章や、その他すべての徽章をつけて彼等の前に出で、次に彼等の紋章等が示される。而して、之だけ行はれると、招かれた側の者は負債者となる。彼等は財の分配によつて此の負債を支拂ふ。扨、之から此のポトラッチの主要な部に漸く入る。遺骨の陳列墓標の建立が行はれる。茲で招かれた側は「尊敬の表示」をなす爲に、勞務の提供を爲す。即招かれた側はポトラッチを起した酋長が、死者（複數であつて差支なし。普通には叔父）の所有した紋章、面、帽子、その他諸資格等の相續に對して持つ希望の證人とならなければならない。墓標が建てられる時、酋長は自分が相續しようとする死者の紋章財産を陳列する。要するに、酋長は之等を相手のフラトリーの者に示して、その所有權を認めさせる。最後に此の法的認定及び葬儀の爲に相手のフラトリーの提供したサービスに對して酋長は、多額の財物を分配する。以上の如く、トリンキットに於てはポトラッチの特性たる競爭性は頗る薄弱である。即一方此の法的認定及び葬儀に關する給付と、他方、財物の分配との間

の競爭性は、具體的な表現を持たないで唯「尊敬の表示」と云ふ言葉に還元せられる二つのフラトリー間の關係を引合に出して漸く了解せられる程度のものである。此のトリンキツトのポトラツチの特色は、飽迄もフラトリーと云ふ區分を境界として、ポトラツチの給付と反對給付とが一方のフラトリから他方へ、他方から一方へ流れて居るといふ事である。即ポトラツチは一フラトリーの內部に於ては、行はれずしてフラトリーと云ふ連帶を背景として行はれて居る。其の意味に於て玆のポトラツチは最も原本的な型である。隨つて、宗敎的な色彩が極めて強く、此の機會となるものはすべて宗敎的な行事に限られて居る。

かゝるトリンキツトのポトラツチは、南下してハイダに於て、何如樣な形式を持つか？

ハイダに於ては、ポトラツチは、二つの形態を持つ。即一方ポトラツチ・シトカと他方、ポトラツチ・ワルガルとである。ポトラツチ・シトカはトリンキツトのポトラツチと全然軌を一にする。連帶の背景に於て、死者崇拜との關連に於て、全般の宗敎的色彩に於て、全然同一である。併し、ポトラツチ・ワルガルは、然らず。ポトラツチ・ワルガルに於ては、敵對する相手のフラトリーの者と同時に、叉自己のクランの者も之に加入して居る。即、或る仕事は、反對のフラトリーの者に委ねられ、他の或る仕事は、提起者側のクランの者に委ねられて居る。即、トリンキツトに於てフラトリー間の關係の表明であつた『尊敬の表示」はクランの內部にも適用せられて居る。併し自己のクランの者に對してなされる分配は遙に些少なものである事を注意する必要がある。此のポトラツチに就いては、完全な例示がない爲玆には再錄され得ない。兎も角ハイダのポトラツチはポトラツチ・シトカに於て、トリンキツトの舊型を墨守すると共に他方、ポトラツチ・ワルガルに於ては『尊敬の表示』の關係を、クランの內部に引き入れる事によつて、對個人的な、社會的な意義を獲得した。

最後にクワキウトルに至つてポトラツチは完全に對社會的な用具となる。フラトリー間の『尊敬の表示』は個人間に擴充されると共にポトラツチ慣用の爲に暫定的にせよ安定を持つ酋長と衆個人との間の身分的關係を背景として、酋長對酋長の露骨な『挑戰』の形式に迄發展する。此の挑戰的ポトラツチ（Potlatch de defi）は、毛布の如き價値の低いものでなく極めて價値のコンデンスされた銅板、獨木船、奴隷の如きものの破棄、殺害によつて行はれる。私が概要に於て示した例はすべて、玆のポトラツチである。更に結婚と結び付いた一例を示すならば、先づ嫁を嫁らんとする者は嫁の父（舅）に多數の毛布を提供する（之はポトラツチの給付）嫁は持參金として父の特權を持參する。子供が出生すると此の特權は此の子に傳へられる。舅は婿を數度のポトラッチに招いて婿の提供したポトラッチの反對給付を玆に濟ませる。

之は單なる購買婚と見誤られ易い。併し特權は婿の爲のものではなく婿の子の爲のものである。ポトラッチの反對給付の一は嫁自身である。此のポトラッチは結婚と共に重要な法律的役割を果す。即、母系から父系への過渡期に際しては結婚は相續の手段となり。女婿が相續の仲介となる。結婚のポトラッチに於て婿が舅に提供する給付は隨つて此の相續的役割を果す爲の保證金と解せられ、此の保證金はポトラッチの反對給付により後日舅から返濟される。而も此の保證金の返濟を促す爲に一種の訴訟の手續として、出生兒の入社式が存在する。

兎も角ポトラッチは此の三つの社會に於て以上の如く變移する。

玆で吾々は飜つて、モス及びダヴィの稱へる全體的給付なるものを見よう。原始或は未開の社會には吾々の社會に於けるが如き單なる財物の交換は存在しない。即、之等の社會に於ては契約をなし交換をなすものは個人に非ずして家族、クラン、フラトリーの如き集團であつた。而して交換せられるものは所謂財物に限られずして、すべてのもの、すべてのことであつた。儀式、ダンス、祭典、婦人、大市等すべてのものが交換せられる。

彼等は斯く如き交換を、全體的給付と呼び、交換の最も原始的な型であると見做す。而して此の全體的給付の原本的な型は、前述のウアラムンガの給付及び反對給付であると云ふ。此の現象は極めて廣範に及ぶ。モスは、ポトラッチを此の全體的給付に基いて次の樣に定義する。即「競爭的な全體的給付」であると云ふ。隨つて、全體的給付とポトラッチとは、僅かに「競爭性」の有無によつて區別せられるに過ぎない。場合によつては此の兩者は殆んど同一視さへされ得る。ダヴィがポトラッチを三つの型に於て述べる時、最も原始的な型たるトウリンキットのポトラッチは殆んど全體的給付と同一視せられて居る。

兎に角、彼は、此の三つの型に於て何を說明しようとするか。彼は此の三つの型に於て現象の分化の程度を比較し此の分化を以て進化なりと斷言しようとする。而も此の「分化」と共に、共產的なトーテム社會が如何に變移するかを見究めようとする。

扨此の分化とは何であるか？　經濟的事象に就いて言ふならば、全體的給付と云ふフラトリー相互間の一種の分業組織を母體として、交換と云ふ現象が漸進的な分化、特殊化、個人化によつて生れ、隨つて又法律的には、フラトリー間に二元組織そのものの存在によつて必然に存在する分業關係が漸次、個人間に反映し、擴充される事によつて、所謂ば契約化が實現せられる。ダヴィの著には、「契約關係の形成」と云ふサブ・タイトルが附せられて居る。而して彼の著の前半には、家族、親族の人々の間に存する義務的關係を記述し、此の義務的關係に陥れる事によつて、血による共同、或は結婚が契約的機能を果す所以を説明する。彼は、茲に契約關係の起源を求めると共に他方、此のポトラツチ的關係或は全體給付的關係即、二元組織に含まれたるフラトリー相互間の關係の中に契約的關係の原本を見る。彼の撰ぶ三つのポトラツチはかゝる契約關係が進展する三つの段階を示す限りに於て、吾々に契約關係の源泉を暗示する。

換言すればダヴィがポトラツチの三つの型によつて、示さうとするものは一面に於て、師デュルケームの分業論の論旨の實證である。それは丁度家族親族の縮小が契約的觀念の發展の説明に利用せられるのと同じ意味に於て、社會の最大の共同的連帶たるフラトリー、クランの崩解の過程は、之等の集團が原本的な集團である限り契約的觀念の説明に重要な基礎を與へる。ダヴィの撰ぶ三つのポトラッチは、此の崩解の過程を示す爲に記される。

而して他方此の三つの型はポトラツチそのものの起源を示すに充分である。即彼によればポトラツチの起源は、明らかに二元組織による全體的給付、更に遡つては二元組織そのものである。

併し、吾々は其處に充分警戒の眼を見張らなければならない。

ポトラッチから、二元組織による全體的給付更に遡つては二元組織そのもの、斯うしたポトラッチの源泉は、ダヴィによつても、モスによつても説明せられたと言ふよりは指示せられたに過ぎない。換言すれば彼等は師デュルケームが原始社會組織に關し説く半ば假説的な、半實證的な説（社會學年報第一卷「近親婚の禁止」參考）に之等の説明を憑據せしめ樣とするものである。隨つて彼等の説明の不充分に對しては又一面師に加へられると同一の批判が加へられ得よう（昭和六年一月號「宗教研究」誌上に發表せられた赤松智城氏論文參考）

吾々はかゝる輕微な保留の下に彼等のポトラッチを見なければならない。

扨此の現象の分布であるが、その前に尠くも事實上に於ては、全體的給付とポトラッチとが極めて區別し難い點を注意しなければならない。本來の姿に於ては全體的給付は秩序の表明でありポトラッチは、秩序の表明であると共に更に重大な意味に於て秩序の創造である。併し、實際に於て單に秩序の表明に終り得る全體的給付は存在し得ない。此の意味に於ては全體的給付も充分にポトラッチであり得る。ダヴィの混淆は此處にあつたのではなからうか。換言すれば、彼はポトラッチの結果を重視し、結果によつてポトラッチを見過ぎたのではなからうか？ 此の點尙曖昧を免れないとしてもモスの與へた「競爭的」の限定を選ばなければならない。而して此の「競爭的」に吾々は極めて積極的な目的的な挑戰的な意志を讀む事が適當なのであらう。

モスによればポトラッチの分布は極めて廣汎に及ぶ。北米の北西部の諸部族のみならず更に北方アラスカ地方に居住するエスキモー族ベーリング海峽を越えて西比利亞、東北部、メラネシアのドロブリアン島附近、ニュー・カレドニア、パプア島、ニユウギネアのメラシアン（英）獨逸ニウ・ギネアのメラネシアン・フィジ島等（數へ上げればメラネシアの殆んどすべて）が擧げられよう。

その他にはトラキア、古代ギリシヤ、ゴール族等の間にもポトラッチを見得る。

北阿に於てはカビリに存在する。

以上の分布の中最も著名なものはマリノフスキの研究によつて紹介せられたトロブリアン島附近のクラ（Kula）ルネ・モニエの紹介するカビリのタウサ（Taoussa）であらう。

Hawkes ; Eskimos Canadian Geological Survey Anthropological Series)

Bogoras ; The Clukchee (Jesup North Pacific Expedition ; Memory of the American Museum of Natural History vol 7.)

Malinowski ; Argonauts of the Wertern Pacific. 1922.

Lambert ; Moeurs des Sauvages Neo-Cal.doniens 1900.

Maurice Leenhardt ; Anthropologie : 1922.

Williamson ; The Mafulu, a mountain People of British New Guinea

Neuhauss ; Deutsch-New-Guinea

Seligmann ; The Melanesian of British New-Guinea

Thurnwald : Forschungen auf den Salomon Inseln 1912. vol III

Brewster ; Hill tribes of Fiji 1922.

Revue des Etudes Gregrues XXXIX (M. Mauss) Anthropologie 1924. 284. page ;

R. Maunier ; Recherches sur les échanges rituels en Afrigne du Nord (l'Annee sociologique nouv. Serie II)

モスは之等の書に基いて右の分布を說く。勿論「競爭的」の程度に於てアメリカのポトラッチと比較すべくもなく相異する。

次に此の現象の社會的條件を彼等は如何に描くか？ 彼等はポトラッチの存在する社會をポトラッチ社會と呼ぶ。此の社會は共產的クランから王國への進化の過程にある過渡的社會である。確かに此の過渡は實に空漠たるものである。併しそれは社會の內外を根本的に一新する。共產から私有へ、母系から父系へ、クランからヴィレーヂへ、或は賣買制度の發生、主權の發生等すべて此の過渡に多少づゝ用意せられる。ポトラッチは將に、此の過渡の中樞的機關として經濟的には、賣買制度の前驅として、前貨幣とも目さるべき銅毛布等によつて前賣買制度を實施し、法制的には、身分の轉身として契約の機能を果し、政治的には、權力の集中化を促進する。

先づトーテミズムに就いて云ふなら、彼等はデュルケームと同じく、トーテミズムを以て最原始的なる宗教となし、イギリス人類學派に對立して、集團的なるトーテムを以て最古とする。而して一方クランを以て最原始的なる集團となす。クランの連帶を基礎づけるものは同一トーテムの共有と云ふ事に他ならない。而も、すべてのクランは必然的にトーテミツクである。此のトーテム的クランに於ては成員間に何等の差別優劣なく勿論所有權も何等認められて居ない。彼等によれば斯の如きものが純粹なる形に於けるトーテミツク・クランである。而して斯かる純粹さの中に閉ぢ籠れるトーテミズムは、單なる神話的象徵としての僅少の物化をしか有しない大體に於てオーストラリアに於けるトーテミズムは、之に近いものと云はれる。然るにアメリカのポトラッチ社會に於けるトーテミズムは、遙かに複雜化し、物化されて居る。玆にポトラッチの實施に必須なる條件としてのトーテミズムの變遷が見られる。最北のトリンキットに於ては、未ださしてその必要を持たないとしても、クワキュトルに於ける如く、ポトラッチの個人化せる所に於ては、トーテムが取得せられる爲にトーテムは極端な物化を經た。それは旣に一つの紋章記號乃至宗教的財となつて居る。玆にトーテムの新奇が生れる卽トーテムは益々具體的な標の下に考へられ隨つて玆に二重性を表し來る。換言すれば傳統的な宗教性と共に此の新しき性質に結び付く社會的結果として貴族性を具有するに至る。此の貴族資格は世襲には傳達せられずしてポトラッチによつて獲得せられる。かくて「共產的」—「トーテム的」を原理とした社會組織は次第に變形して體統を導くものとなる。此の如き體統はフラトリ間に初まつた事は確かである。トリンキツトに於ては、大體に於て體統はフラトリー間にのみ存在し、ハイダに於ては、個人間にも體統が導かれ、クワキットルに至つて益々此の個人間への擴充が達せられる。隨つて半面に於てはトリンキットに於ては、フラトリのトーテムはその宗教的性質を喪失しハイダに於てはクランの內部に於て、旣にクランのトーテムはその宗教性を喪失して夫々社會的な特權と化しつゝある。かくてクワキットルに至つては、トーテムは酋長の私有に歸し、トーテム的クランに於てクランの各員が齊しくトーテムを所有したるに反しトーテムを私有する酋長の許可仲介によつて初めてクランの成員はトーテムに參與する。即茲に、トーテム的クランより漸次變遷して體統的封建的クランが生ずる。かゝる體統的クランの聯合が即、コンフレリである。コンフレリ（同胞團）は普通秘密社會と呼ばれるものである。共產的平等的クランに對し體統ある環境として、又トーテムの禮拜に代るべき精靈の禮拜を可能ならしむる適應の環境として秘密社會は存在する。（モスは此の秘密社會の名稱の不當を理由として之にコンフレリなる名稱を與へる事を提唱する。）クランに對し此のコンフレリは權力の統一化及び集中化へと進歩を示すコンフレリの成員は異れる地方的クランよりの出身なるにも拘らず同時に又一種親族として相互に目せられる。而して前述する如く此のコンフレリの組織は體統を有し、個人は順次イニシアトンによつて此の體統の段階を昇る事が出來る。

而して此の體統の段階を上る每に新なる精靈の所有が與へられ、最後のイニシアシオンによつて最高の段階へ到達する事が出來る。クワキウトルに於ては此の組織は冬期間中のみ存在し、夏期々間中には、元のクラン組織が行はれる。但し茲に言はれるクラン組織は最早トーテム的クランではなく地緣化してクラン・ローカルとなれるものである。此の地緣化は、又デユルケム學派にとつては、母系より父系への變遷に伴つて地緣的にのみ達成され易き權力の集中化を助成する重要なる要素である。

大體に於てコンフレリは、男子のみの二次的集團と目せられる。それはクランの諸行事を決定する政治宗敎的集團である。此の點に就いてはダヴィ及びモスはウェブスターの見解を取る。即、コンフレリはトーテミズム及び親子關係の變遷等に伴つてトーテム的クランの內に混沌たりし共同的權威が効力を失ひ權力の個人化並びに體統化に適應する秩序が要求せられる際にクランの政治的役割を引受くるものであると。臆つてトーテム的クランと、コンフレリと、トーテミズムと。體統的トーテミズム（即、精靈の崇拜）とを體跡的に考察する場合に、最もよく此のコンフレリが了解せられよう。トーテミズムに於ける變遷としての個人的トーテム即精靈化せられたるトーテムの發生に照應してトーテム的クランに於ける變遷として體統的、個人的トーテムクラン即コンフレリの發生を考へる事が出來る。此の如き社會組織の變遷は又一方に於て、母系より父系への親子關係の變遷によつて助長せられる。デユルケーム學派はトーテミズムに於ては集團的トーテミズムを原始的とし、且つトーテム的クランを以て原始的社會集團としたる如く、親子關係に於ては母系を以て、父系に先行するものなりと決斷した。斯の如き諸決斷の當否は兎も角、彼等は此の三つの進化、變遷をクランより王國への進化の過程に排列する。而もアメリカ、ポトラッチ社會の撰ばれたる三つ、トリンキット、ハイダ、クワキゥトルが、夫々のポトラッチ發展の程度に應じて、右の三樣の變遷の過程に位する。詳細を省略するならば、南方のクワキゥトルに於ては母系より父系への變遷を最も多く越え、トーテミズムの殘骸を殘し乍ら、他方に精靈の崇拜を有し、コンフレリの發達を見るに反し、此方トリンキットに於ては、トーテミズムは未だ多くの進化を經ずして、オーストラリヤに於けると大差なき硬直さと、宗敎性とを保存し、コンフトリの發達も見られず、僅かに漸くフラトリのトーテムの失墜を見たるのみであり更に親子關係に於ては純然たる母系を保有して父系への過渡の微弱なる兆候を見せるに過ぎない。勿論ハイダは此の兩者の中間に位する。即、トリンキット及びハイダに於ては母系の原則であるにも拘らず父がその愛情の標として息子に紋章を與へる事は許された。ハイダに於ける名前の傳達は父系の祖父から孫に傳はり母系の中に父系制度の何物かを持ち來つて居る。トリンキットに於て男子による傳達は先づ考慮に入れられる事より始まる。而して次にはハイダに於て法律的効果を持つものとなつて現れ來る。特權や名前等の傳達が結婚によつて爲され純粹の母系相續が一歩を讓つて女婿の手に委ねられる事となる。斯くしてクワキゥトルに於ては母系或は父系の慣習的相續制度は存在せずして、結婚或はポトラッチの如き代用機關にその職能を委ねて居る。此の如き累進的變化は三つの社會に於て、トーテミズムに關しても、コンフレリに關しても見られ得る。斯の如き社會條件の變遷はその孰れもが社會の體統化に有利に行はれて居る。此の體統化を助長するものは勿論ポトラッチの實施である。その最高發展にあるクワキゥトルに於ては、社會の體統化はポトラッチによつて代表される程である。ポトラッチに於て取得せられる銅、毛布はマナのコンデンスとして權力そのものを代辯する。隨つて此等の社會は、一種のオリガルシー（金力政治）を實現する。ポトラッチ及びその社會條件は要するに以上の通りである。北米に於けるポトラッチは多少特異なものであるが、その源と社會條件とを考察する時には、かゝる現象の一般的存在を吾々は充分に首肯し得る。

要するに彼等の說明の骨子は各人相互間に存在する競爭的心理の歷史的起源を二元組織に求むる事に外ならない。併し玆に考へ合す必要のある事は全體的給付との區別である。吾々相互間に存在する、受けたる贈物に對する返禮の義務或は一定時に贈物をなすべき義務等の起源として說かれる全體的給付とポトラッチは如何にして分離を生じたるか？　ポトラッチと全體的給付とが、明白に區別し得られない意味に於て、又、ポトラッチの起源と全體給付の起源とは判別し難いものなのか？

扨此の全體的給付或はポトラッチは何故契約に役立ち得るか？　勿論、全體的給付、或はポトラッチは與へられた者に對し返禮する義務を課する以上、之等は一つの契約である。併し此の契約は吾々の契約の如き自由なる活用を許されない所謂ば固定せる契約手段であるに過ぎない。ポトラッチに於ては與へる者と與へらるる者とは自由なる契約によつて、相互に法的關係に陷るのではなく、ポトラッチと云ふ固定せる身分關係に立つ事によつて相互にその法的關係を受納する。併し、法的關係が或る意味に於て創造せられる點に於ては契約である。此の契約は、之を起す側にとつてのみ意志的であり、之を受ける者にとつては不任意的である意味に於て古代に於ける血によつて盟はれたる契約より遙かに契約として退歩的のものである。

兎もあれ此の契約の義務は何によつて保證せらるるか？　玆に於ける義務の履行は儀禮中に定位置を占めて不動とされる事によつて保證せられる。

最後に此の制度の經濟的側面を見よう。全體的給付は、全社會的現象としても勿論代表的なものである。例としてはオーストラリヤのウァラムンガが擧げられた。併し、オーストラリヤを出て、メラネシアに入れば全體的給付に代つて贈與-交換が存在する。贈與-交換に於ては、全體的給付に於て交換されたる如き大市、勞務の如きものは交換せられずして贈與と云ふ形式に適合し得る物種のみが交換せられる。更にアメリカのポトラッチに至つては同一物種が交換せられる程に特殊化する。而もポトラッチによつて體統を競ふ事の爲に體統を競ふべき手段たる諸財の間に、ポトラッチの毛布或は銅板は價値の標準として役立ち得る。クラ・システムに於けるスラヴァ（Soulawa）及びムワリ（mwali）も之と同樣な結果を齎す、吾々は之等を前貨幣と呼ぶ事の正當を信ずる。否機能的に見るならば、玆に貨幣の語を使用する事は何等差支ない。ボアズがクワキゥトルの結婚を目して購買婚としたのは一面に於て當然である。此の前貨幣を貨幣に、ポトラッチ制度を賣買制度に對立せしめて考ふる時、吾々は意義深い暗示に直面する。

たとへば、スペンサーに依つて購買婚の一派生と目せられた服役婚の制度の如きは、ポトラッチ或は全體的給付の如き貨幣制度に先立つ交換制度の所產として目せられる場合よりよく了解せらるゝのではないか？　此の點に就いては、服役婚を賣買制度に先行せしめたウェスターマークが選ばれなければならない。何故なら既存する賣買制度に於て勞務が支拂はれずして購買婚を服役婚によつて代用せしむる如き迂回を制度として、必要として考へ得ないから。

兎もあれポトラッチの大要は以上の通りである。

此の大要を通じて吾々に最も疑問として殘されるものは、

やはりポトラッチと全體的給付とに關する彼等の見解である。トリンキットに於て認められるポトラッチの如きものはやはりポトラッチであらうか？　給付と反對給付とが物種を異にすると云ふ事に於ては給付を交換する兩者の間に嚴密な意味で「競爭」があり得るであらうか。同じトリンキットに於ても酋長が或る酋長を相手取つて或る數の自己の奴隷を殺し、之に對し相手の酋長は之以上の奴隷を殺して競爭すると云ふ例が記載せられて居る（ダヴィ）之は確かにポトライチである。併しダヴィは勞務に對して支拂ふと云ふ形式のものにもポトラッチを認めて居る。モスの云ふ樣に之等は全體的給付の殘存ではないのか？（贈與論一〇九）全體的給付がポトラッチの源泉である事の主張は何等差支ない。併し兩者の混同は許されない。ダヴィが說くポトラッチの三つの形態はポトラッチの比較ではなく、此の中に全體的給付を混へて居るのではないか？　トリンキットのポトラッチ或はポトラッチ・シトカは、ポトラッチではなく全體的給付なのではないのか？　之等のポトラッチと右に引いた奴隷を殺して行ふポトラッチとは餘りに相違する。之等は同一の秩序の事象ではなく、一方は現在の文化狀態を示すものではなくて過去のそれを示すスュルヴィヴァンスではないのか？　併しダヴィの斷定の背後には、クラウゼの斷定がある。原資料を眼にするのでない故に確實な事を云ひ得ないとしても、凡そポトラッチの身上は全體的給付より特殊化せる點にある。隨つて此の特殊化せるポトラッチを、トリンキット或はハイダの一部に於て、再び退化せしめる事は了解し得ない。トリンキット或はハイダに於てはポトラッチが單獨に存在せずしてスュルヴィヴァンスとして存在する全體的給付と結び付いて居る爲に此の如き混同が見られるのか？　何れにしても可成な疑問を與へ得る。

附記　ポトラッチの如き制度を支持する心理的背景はマリノフスキによつて display（誇示）と表現せられた。而も彼は之を社會的必要（Social need）と觀破した。吾國の言葉に「借りる八合返す一升」と云ふのがあるが之もその樣な意味に取る事は出來ないのであらうか？

朝鮮民家型式小考（一）

孫　晋　泰

古代の朝鮮民家には四つの型式があつたらうと大體に於いて想察せられる。竪穴型民家、天幕型民家、穹廬型民家、累木型民家等それである。これらの中で古記錄上にその存在を認められるものは穴居と累木型とである。先づ穴居に就いて述べて見よう。

一、竪穴型民家

「三國志」馬韓傳に「其俗、居處作草屋土室、形如冢、其戶在上、擧家共在中」と民家の型が記るされてあるが、果してこれが如何なる型のものであつたかは少しく疑問でなければならない。十九世紀初の韓致奫は其著「海東繹史」卷二九・民居の條に此文を引き彼自身「謹按、此卽窨也、今處處有之、京城則靴匠喜居其中、以其煙且取明也」と說いてゐる。窨は於禁切音蔭、「說文」には「地室也、今謂地窨藏酒曰窨」とある。朝鮮に於いても穴居・穴藏の類を何れもウムと云つて同じく地室の意味であるが、このウムといふ朝鮮語が果して窨の支那音の轉訛か否かは問題である。(崔世珍の「訓蒙字會」中卷にも既に窨をウムと訓じてゐる。)それは姑く置き、韓致奫が謂ふ窨とは朝鮮のウム卽ち竪穴住居を指したに相違なからうと思はれ、又京城其他の處々にも穴居があると云つてゐる。これは信ずべき記錄であり且つ大體に於いて正しき見解であらうと思はれる。

「三國志」の云ふ草屋土室を一應吟味して見るに、それは土石を以て室を作りその上に草屋根を葺いた家のやうにも解される。現在でも南鮮貧民の間には屢々そのやうな住居があつて土墻家（heuk tam chip）と謂はれてゐるからである。けれども、それでは「形如冢其戶在上」が解けなくなる。それは決して塚に似ず、又戶も屋上に在り得ないからである。韓氏說の如く之を窨卽ち竪穴住家と見れば、それが如何に「三國志」の記述と酷似してゐるかを知るであらう。唯だこの場合土室は之を地室と解すべきであらう。

（附圖參照）

さて私は附圖に就いて若干の說明を試みよう。私は十年程前、京城東小門外に於いて所謂る窨（ウム）なるものを七八戶發見した。それらには何れも草靴造りが住み赤貧の生活をしてゐた。韓氏の所謂る「靴匠喜居其中」とはこのことであらう。彼等は決して好んで斯る家に住むのではなく、又斯る家が彼等の職業上に何等の必要性があるわけでもなく、彼等は唯だ貧乏者なるが故に最も粗末なる斯る住家を作るものであつて、彼等の中には妻帶も能はない獨身者も少からずあつた。彼等は地面を二三尺程方形に堀下げ、その上

四二九

に藁と棒とを以て屋根を作り、安平又は筵などを敷いて之を居室とし、居室に續いて臺所を有してそこが出入口になつてゐる。屋上には南の方に小窓を開き、それが採光の窓となつてゐる。第一圖は八年前私が黄州邑に於いて見たるもの、林檎貯藏用に造つたものであるが、穴居に倣つたこと言ふまでもなく俗に苹果窖（サックワウム）と稱せられ、採光の窓は南側に、入口は北側にある。第二圖は昨年五月京城市外の高陽郡崇仁面安岩里に於いて見たるもの、やはり屋上の窓は南にあり、入口は東側に在つた。これは居住用としてではなく、飾を造る職場として造つたもの（故に俗に飾窖（チェウム）と稱せられる）であるが職人達はこの中に起居すると言つた。深さ地下五尺許、室の長さ四間許、廣さ二間許であつて、六七人の職工が飾だの笊だのを編んでゐた。概して斯る穴居は夏涼しく冬暖かいといふ。第三圖は同じ日私が崇仁面新設里に於いて見たるもの、貧しき職工夫婦の住居にして採光の窓は屋上南側に、入口は東側にあり、一尺許り地下を堀下げ室には溫突を造つてゐる。これは單に窖（ウム）又は窖家（ウムチブ）と稱せられる。第四圖も同日安岩里に於いて見たる乞食の住居にして、窓は東側に、入口は南側にあつて室は地下二尺許、俵筵などを敷いてその上に起居した。やはり窖又は窖家と謂はれるものである。第五圖も同日安岩里に於いて見たもので、窓は南側、入口は東側にあり、豆もやしを造る所として建てたのである、故に豆萌窖（コンナムルウム）と稱せられた。室は地下四尺位であり、數名の職人がストーブを炊き乍ら豆萌を培養してゐた。

斯る穴居が稍々發達すると第六、七、八圖等に於いて見る如く、地下の深さを五寸乃至一尺位に短縮する代り、地上に一尺五寸乃至二尺位の高さの土石の垣を築きその上に屋根を造り、入口を高くしてそれより光線を採るやうになつてゐる。第六圖は昨年七月海洲邑外に於いて見たる貧民の住居、第七圖は昨年六月寧遠郡溫倉に於いて見たる貧民の住居、第八圖は同月江界郡別河に於いて見出せる貧民の穴居聚落（七戸）であるが、それらは何れにも溫突が造られ、屋上の窓は廢せられてゐる。殊に溫倉のそれは地上の壁を果木を以て二尺位の高さに造り土を以て外部より之を塗つて風雨を防ぐやうにしてあつた。

第九圖は食糧貯藏用の穴藏（ウム）にして、これは朝鮮の到る處に見られるが、寧遠郡清幕嶺中の火田民家内に於いて見出せるものである。深さ六尺餘、頂きの開口より梯子を以て出入し、中には現在母指大の甘藷が僅か數升殘つてゐるのみであつたが、秋の收獲期には種々の野菜類・果物類・穀類等によつて滿されるであらう。此の穴藏に就いて我々の特に注意すべき所は、農耕のなかつたもつと古い時代に於ける穴居の型式に之に類似したものがあつたのではなから

かと思はれる點である。と言つても、半島の昔に左樣な穴居があつたかどうかは保證の限りでない。けれども古への挹婁・肅愼・靺鞨等の穴居は(1)恐く之に類した型のものであつたらうと想はれる。第十圖は穴居に無關係であるが、孟山郡朱浦里の路傍に於いて見出せるものにして、絕崖の下に數本の棒と數枚の俵とを以て避身所を構へたる一種の住居である。これは普請中の道路工夫の臨時的構へであつたが原始的光景である。

(1)「三國志」三〇挹婁傳云「處山林之間、常穴居、大家深九梯、以多爲好」。「後漢書」百十五挹婁傳云「古之肅愼國也、在夫餘東北千餘里、東濱大海、南與北沃沮接、不知其北所極、土地多山險、人形似夫餘、而言語各異、……處於山林之間、土地極寒、常爲穴居、以深爲貴、大家至接九梯」。「魏書」卷百勿吉傳云「築城穴居、屋形似塚、開口於上、以梯出入」。「北史」九四勿吉傳及「隋書」八一靺鞨傳云「築土如堤、鑿穴以居、開口向上、以梯出入」。「舊唐書」一九九下靺鞨傳及「新唐書」二一九黑水靺鞨傳云「居無屋廬、堀地架木於上、以土覆之（新唐書、負山水坎地、梁木其上、覆以土）如丘塚然、夏出隨水草、冬入處」。

○此文は昭和七八兩年度帝國學士院の學術研究費補助に依る「朝鮮民俗資料の蒐集並に其研究」の一部である。

附圖第一・苹果窨・黃海道黃州邑所見

附圖第二・飾窨・京城市外高陽郡崇仁面安岩里所見

附圖第三・窨・高陽郡崇仁面新設里所見

附圖第四・窨・高陽郡崇仁面安岩里所見

附圖第五・豆腐窨・高陽郡崇仁面安岩里所見

附圖第六・窨幕・
黃海道海州郊外所見

附圖第七・果木窨幕・
平南寧遠郡溫和面溫倉里所見

附圖第八・窨幕・
平北江界郡城干面別河里所見

附圖第九・穴藏（ウム）・平南寧遠郡溫和面淸幕嶺火田民家内所見

附圖第十・崖下の避身所・平南孟山郡元南面朱浦里所見

呼寄せ塚

特殊部落とその方言

本誌二巻十二號の學界消息欄（六九九頁）にもある様に、セをシェ、ゼをジェと發音する地域は隨分廣く、東奥から九州まで、殆ど全國にこの音が分布してゐるらしく、昔は日本のサ行音はシャ行音、ザ行音はジャ行音であつたらうと言ふ學説が出てゐる程である。

私の郷里の地方（紀州那賀郡西北部）はどうかと言ふと、一般にはこの音はない。が唯、エッタと稱する特殊部落の人達だけが之を發音してゐる。シェ、ジェの音は、全國的には珍しいものではないかも知れない。けれども、紀州では（熊野地方はいざ知らず）一般に聞く事の出來ない音を五六軒から百軒二百軒まで、あちらこちらにぽつりぽつりと散在してゐる部落の人達だけが、發音してゐると言ふ事は、確かに珍らしい現象ではなからうか。

今では段々同化されつゝあり、又上流の家庭では努めてその復正を志してゐる。中學校の友達には全然聞いた覺えはない。併し尚、ジェニジユッシェン（錢十錢）シェンシェハン（先生はん）こんな言葉は度々聞く事が出來る。私の友達に、アラモノヤと言つて、まるで村のデパートとも言へる様な、おそらく都會の人には想像も出來ないであらう程、凡そ日用品と言ふ日用品は、何から何まで揃へてゐる店の息子が居る。彼子供の頃、お盆と暮の決算期には、家の手傳ひで掛取りに、さうした村へもよく行つたものださうだが「アニイ、マケトカンシェ」等言はれた事を時々話す。このマケトカンセ（負けて置きなさいの意）は此の地方では決して珍らしい言ひ方ではなく、

丁と張らんせ若し半が出たら、私を賣らんせ吉原へ

等と同じで、書カンセ、讀マンセ、買ワンセ、見ヤンセ、寢ヤンセ――併しどつちかと言ふと、古い言ひ方で、今では老人にだけ稀に聞き得る語法である。その「セ」を彼等は「シェ」と呼ぶのである。

このシェの音を一般には嫌ひ、どうかして音韻變化で當然それに、或はそれに似た音になりさうな時にも、無意識の中にそれを避けてゐる様な傾向さへ見せてゐる。

彼等の方言の特異性はこれだけではなく、大きな相異が少くとももう一つある。

「居る」と言ふ言葉は、イル、オル、二つの呼び方があつて、之が東西兩方言區劃の一つの目安になつてゐる。即ち、關東はイル、關西は大體オルである。

紀州は面白い事に、オル系の地方は案外狹く、今私の分つてゐる限りでは、伊都郡と、日高郡の一番山奥の山路地（さんぢ）方とだけが之で、「居る」をオルと言ふのは勿論、見トル、見トッタ、書イトル、書イトッタ等と言つてゐる。之は大和吉野郡の大峰山脈以西（以東は伊勢へかけてイル系らしい）と一致するので、或はこのあたりが、同一方言圏であつて、紀州の西海岸地方のイル系と對立するのではないかと思つてゐる。

他の地方は、熊野の方はよく知らないが、和歌山から日高郡へかけての西海岸地方には、トル、トッタの言ひ方は全然ない。實はこの地方にはもう一つ珍らしい言ひ方があつて、「有る」と言ふ言葉が非常な勢力を持ち、人間まで、ある、無いと言つてゐる。日高は最もひどく、見タル、見タッタ、書イタル、書イタッタ等と言ふ。だから「筆で書いてある」と言ふ言ひ方も「今手紙を書いてゐる」と言ふ言ひ方も、もう一つ「俺が書いてやる」と言ふ言ひ方も、カイタルである。又、見ヤル、見ヤッタ、書キヤル、書キヤッタと言ふのもある。之は mi-aru＞miyaru の dissimilation である。このタル、タッタ及び、ヤル、ヤッタはイル系、オル系に對してアル系とも言ふべき言葉であらう。

併し和歌山地方では、こんな言ひ方は聞かない。唯、人があるとかないとか言ふだけだと思ふ。那賀郡にはそれも極く稀な言ひ方で、あつても、それは和歌山の言葉を眞似た、氣取つた言ひ方である。

そして之等の地方、即ち、山間部と熊野を除いた地方は、全部イル系の、見テル、見テタ、書イテル、書イテタを使用してゐる。

この樣に、那賀郡ばかりでなく、紀北の大部分がイル系の言葉を使用してゐるのに、その間にあつて、前述のシェ、ジェの音を持つ人達だけが、オル系のトル、トッタを言つてゐるのである。

最近極く小さな單語に氣がついたが、之も伊都郡の言葉と一致してゐる。

あられ餅（細く賽の目に切つた餅）を一般にはアラレ或はアラリと言つてゐる。嘗て中學の東洋史の時間、たま〳〵釋迦の項に及び、灌佛の甘茶とアラレの話になつたが、伊都郡の人達はそれを解する事が出來なかつた。聞いて見ると彼等はアラレ餅の事を、キリコと言ふとの事だつた。そのキリコを、シェ、ジェを發音し、オル系の言葉を使用する人達も言つてゐる。

「さうかい」「見て來たかい」等と言ふ輕い疑問の言ひ方のカイを、カエとも言ふのが一般で、彼等はもう一歩、ケと短く言つてしまう。之が又一つの相異點で目立つて聞える。併しこの言ひ方は、今度は伊都郡ではなく、有田郡の言ひ方で、生石村、五西月村等では盛に使ふ。山一つ越えた那賀郡の野上地方ではもう使はない。

擧げて行けばまだまだ細いちがひがあり、アクセントの上にも非常に目立つた、ぢやなく耳立つた相異がある。

何故こんな相異が出來たかは直に言へなからうが、武家と町人とで言葉がちがつてゐた樣に、矢張り、言葉に階級があつた頃の名殘りであらう。だから昔はもつともつとはつきりした區劃があつた事と思はれる。

此の地方のお父さん、お母さんは、一般にはオタン、オカンと呼ばれ、中流以上はオトッツァン、オカサンを使用してゐた。今でこそ、どんな小さなあばらやにも、オトッツァン、オカサンが出來てゐて、之から生れる子供は、もう決してオタン、オカンを言はないだらうとさへ思はれる位であるが、少し前までは、地主や家主へ對しての氣兼ねから、オトッツァン、オカサンと言つては、旦那がたや奥樣がたにすまない、と言つた樣な氣持ちが動いてゐたものらしい。所が、以上言つて來た樣な部落では、オカンはあるが、オタンは全然なく、皆んなオトッツァンだと言ふ事を聞いた。言葉の階級撤廢は先づ、彼等から叫ばれ、實行されてゐるのだ。

思へば奴隷經濟時代に端を發し、皮、肉、屍を取扱ふ關係から、佛教思想の不當な蔑みを受けて來たものであらう

が、維新以後その區別がなくなり、今では、教育の程度も生活の程度も、文化の程度も、なべて一般と變りはない。併も尙、職業の上にも、多少の區別が殘り、言葉の上にも以上の樣な差異が殘つてゐる。傳統の力強きを感ずる、或は千年の事實の改革には千年の歲月を必要とするのかも知れない。

此の地方には尙、シユク、オンボ、ミコ等もあるが、それ等の言葉についても、又縣下の他の地方のさうした部落にも、同じ現象があるかどうか等、調べたいと思ひ乍らはたさずに居る。以上言つて來たのは、那賀郡西北部の極く一二の部落についてのみである。こんな貧弱な材料で、敢て誌面をけがしたのは、同じ樣な事が他にもあるかどうかを知りたいからで、大方の御教示を仰ぐ次第である。

（八、三、二六、與田左門）

杉浦氏の爲に

杉浦氏が本誌五ノ一、二に於て「露西亞に於ける最近の民族學の傾向」を紹介し批判されたことは私をして頗る興味を喚起せしめた。氏の――既に初めから結論が出來てゐてそれに都合の良い資料を工合よくならべたに過ぎない――のだとか――革命を擁護する御用學問――だとかいふ

子供らしい氣焰は讀んでゐても甚だ愉快であるが、氏が隨時に挾まれた批判程度では辯證法的唯物論に就いての理解は知れ切つてゐる。「民俗學」には以前にも誰かの反宗敎運動に對する批判があつた樣に記憶するが現在の民俗學研究者の主として所謂學徒と誇稱する輩が反動的陣營に參加しつゝあることは私をして注目せしめてゐる。このまだ發生的な、發展の初期にある民俗學が一般狀勢に影響されて自由主義的な進展をさへ拒否されて反動化しつゝあることは學自體としても忌むべき傾向でなければならない。

私はこゝで杉浦氏の一々の批判を再批判すべきであるが徹底的な批判は本誌では困難だし、その効果に就いても考慮しなければならないから、何れ他日更に精細なソビエートロシアに於ける民俗學的狀勢の報告と共にすることにしよう。

だが次のことだけ指摘しておこう。即ち民俗學を虐待するロシアが各地に地理、民俗の探檢隊を派遣するのに（研究の自由なはずの）我が日本ではそれ處か過去の研究を整理し將來の研究に協力する企てさへ聞かないのは如何したことだと慨歎してゐられる樣であるが、これこそがプロレタリア××の御用學問（――といふならば）とブルジョア御用學問のどちらが正しいのかハッキリした事實ではないか。こう云へば氏は、民俗學は――氏自身の――超階級的なものでブルジョア御用學問でもなければ、プロレタリア御用學問でもない云々と河合敎授ばりで論辯されるか知らぬが、こんなことが科學的ナンセンスでしかないことは今日では常識だ。ブルジョア國家が能率の格段に優秀な紡織機の發明を失業者が增加するからといつて特許權を與へなかつたり、鑛業に就いての進步的技術者を自國で採用することが出來ないにもかゝはらず、その渡露を禁止したりしてゐる。文化科學方面では往年の自由主義者尾崎行雄氏でさへ「墓標の代りに」で古代日本の科學的研究が神話的傳說に代置されてゐることを指摘してゐる。これが民俗學に關連しないか、否、中山太郎氏は「日本巫女史」に於いて原始神道の徹底的な研究は彈壓されねばならぬと述べてゐる。中山氏の如きブルジョア民俗學者にしてそれを感じてゐるのだ。かくの如く、これこそ虐待されてゐる。それは日本の狀勢が所謂「殘存物」のより神聖化に依存してゐることと照應してゐる。即ち社會の機構そのものゝ差違なのだ。ロシアでは國家及び地方豫算のうちから一九三二年には二億五千二百八十一萬留以上の金額が科學的研究に支出されてゐるのに日本では軍費には惜し氣もなく費消するが科學的研究の爲にどれだけの金額が支出されてゐるか？又一方では五ヶ年計劃の完成につれて研究が科學的に躍進してゐるのに日本精神文化研究所では「何くそッ」の哲學だの赤ン坊の「いや〳〵」に日本男兒の特性を發見しかねない樣なナンセンス的逆行をやつてゐる。こうした具體的な事實からどちらが正しいか明瞭だと思ふ。

沖昭三氏が次の如く指摘して――すべての學問、特に民俗學のやうた資料が時間的にも空間的にも極めて廣汎多岐に亙る學問の研究には共同研究は致命的な必要條件だ、ブルジョア科學に於いてもこの必要は痛感されてゐるけれども悲しいかな、研究が商品である事と共同研究とは根本的に矛盾する。その上經濟恐慌の深刻化は研究者を益々封建的な組織の中に追込んで了ふ。(唯物論研究、第五號三六五頁)――と批判されてゐる意味をよく玩味されたい。

最後に杉浦氏にたとへ一冊でも良いから確實な文獻を精讀されることをお勸めする。それも唯机上で理解することなく現在の社會狀勢一般と照應せしめて實踐的――的にだ――に理解されたい。かくいへばとて私達は素朴極まる實證主義者ではない。參考雜誌としては「プロレタリア文化」「プロレタリア科學」と高度な理論的雜誌としては「唯物論研究」がある。これらに就いて系統的に研究されることを希望する。反宗教的理論研究としては最近ルカチエフスキーの無神論教程、第二部(宗教の起源)が刊行されることになつており、雜誌としては「戰闘的無神論者」があるから一讀をお勸めする。

尙プロレタリア民俗學研究者並びに戰闘的無神論者にはエスペラント語を通じて全世界的に資料を蒐集調査し共同研究を爲す企圖がある。勿論、技術的にも理論的にも幾多の障害があるのは當然であるが、プロレタリアートなるが故にそれらが科學的に解決し得る可能性が確實であることを報告して進歩的民俗學研究者の參考に供する。

(一九三二、三、一五、栗山一夫)

猫の尾の毒

――毒を感知する鳥から――

昔花輪町に井上長左衛門と云ふ大家があつて其家では猫と鷄とを飼つてゐた。或る日その猫が主人のお膳の上をぽんと跳ねて尻尾をぷるぷるつと振つた。猫の尾つぽには毒があつて振るとその毒が落ちるもんだと云ふ。それを見た鷄は梁の上から羽根をばつためがして塵を落しその御飯の中に入れて食はれなくして仕舞つた。二度もそんな事をしたので、其處の主人は怒り鷄を氏神さんのお堂さ持つて行つて放して來た。

その晩、旅の六部が來てそのお堂に泊つた。そしたら鷄が六部の枕がみに立つて「こう云ふ家の猫がこうこうして主人を殺して自分が其處の主人になほる氣になつてる。俺ァそれに氣附いて邪魔したば此のお堂さ持つて來られで棄てられで仕舞つた。今朝も早ぐ行がねァば主人が殺されるがも知れねァ。早ぐ行つて助けで吳ろ」と云つた。六部は眼を覺ましてみだら、枕元に夢で見だのと同じ鷄が羽ばだぎしてゐた。これァ本當の事がも知れないと思つて聞いた通りに其家に尋ねて行つた。「お早やがんし」と入つて行くと「六部さんお早やがんし」と其處の主人は家の中に上げてくれたので、爐邊に坐つて默つて見てゐた。そしたば丁度朝飯になる處で主人のお膳を持つて行く時に其傍さ寄つて來た猫が其膳の上をぷんと跳ねて尾つぱをぶるぶるつと動かした。それを見だ六部はこれだなと思つて「そのお膳を一寸控へで吳んだえ。先づその飯を犬に食はせで見でくんだえ」と云つた。その通りにしたば、犬はくるくるつと廻つてころつと死んで仕舞つた。そごで六部は鷄が枕がみに立つた事を皆に話した。それから鷄は又其家に連れで來られて死ぬ迄養はれた。

鷄は恩を忘れず、猫は恩を仇で返すもんだと云ふ。（以上昭和六年六月十二日、秋田縣鹿角郡尾去澤村　栗山てる氏談）

此の昔話は靜岡縣駿東郡長泉村地方では次の様に語られて居ります。

昔或る家で一匹の猫を長い間養つてゐた。その猫は家人の居ない隙を見ては鍋の蓋を取つて尾を振つた。或る日それを其家の老母が見付けて不思議がり、猫が外へ出る時後をつけて行くと裏の竹藪に入つた。そして一本の竹の切口に尾を入れて又家の方に行つた。老母はその竹の切口を見て驚いた。少し水の溜つた切口の中には一匹の死んだ青蜥蜴が入つて居た。猫はその蜥蜴の水を尾につけて來ては鍋の中に垂らして居たのである。（加藤わい子氏報）

（内田武志）

參考、本誌第四卷第九號七〇五頁（石田幹之助氏）、同第拾號八貳五頁（佐々木精一氏）、同第拾貳號壹〇壹參頁（淺田勇氏）。

呼寄せ塚欄復活について

こゝを紙上問答欄に代へる意圖もありますが、從來の談話室でありたいことには、變りありません。こと民俗學のトピツクに觸れられるものなら、何んでも結構ですから、議論でも、希望事項でも、書物の批評でも、郷土又海外のニュースでも、或は探訪旅行の際のエピソホド、失敗談、ゴシツプ等、又寄合咄からお話がはずむこともありませうし、どうかどし〳〵御遠慮なく御投稿下さいまし。お互に打寬いだ座談を取交すつもりで、そして此處を同人寄語の、讀者欄といふのには惜しい類の、談話室として、育つべき問題の埋れ木となりませぬやうに、お話の花をお咲かし下さることを、希望いたします。

（編輯室から）

書評

村の人文地理（佐々木彦一郎氏著　古今書院發行）

佐々木さんが「村の人文地理」と云ふ書題の本を出したことを新聞廣告で知つたとき二重の意味で期待を持つてゐました。

一つは日本の民俗學的資料を用ひてなにか書きたくてもなんだか恐ろしく、反つて外國の飜譯紹介で息をついてゐる私にとつて君がどんな風に日本の材料をこなして行くかと云ふことでした。君の最近の學風は日本の民俗學的地理材料を巧に取り入れられてゐるようです。これは全く柳田先生の影響によるものと考へられますがつくづく美しいと思ひます。

二つには村と云ふものをどんな方法で研究の對象としたかと云ふことです。

村と云ふ社會形態は我々日本人にとつては客觀的な地域團體であると云ふ以上にもつと人間的な親和感情をもつた歴史的生活共同體です。この歴史的に成立した――文書に記錄されないところの、又クロノロジーを正確に決定し得ないところの―― 生活共同體としての村の「生きた姿」を知るには民俗學的資料による外に方法はないのですが、この所謂村の持つ文化の地理的制約を君は何う云ふ風に分析したかと云ふことでした。

植物と環境との相關關係を研究する學問を ecology と云ひますが最近人間と環境との相關關係を研究しようとする human, cultural, or social ecology と云ふ名稱の學問が社會學の一部門に稱へられて印度や米國學者が熱心に種々の業績を發表し又文化相似又は相違の地域的分布相關關係を研究する colology と云ふ名稱の學問も起きようとしてをります。獨逸のケルンの社會學者フォン・ヴィーゼも其の學生と村の共同調査をやつて其の關係學（ベチーウングスレーレ）の實地檢證をやりました。

村と云ふ社會形態は從つて地理學者の興味の對象となつてゐるのみならず又社會學者の興味の對象でもあるのです。云ひかへれば地理學的素養と社會學的理解がなければ村の本質はつかめないのです。佐々木さんは幸にもこの二つの學問を兼ねてをられるのです。

だから村の研究者としては最も適任であり從つて其の研究は最も權威あるものと信じてよいでせう。

この書物は先づ人文地理學と民族學との關係から始めてゐます。

第一部

河童は居ない動物である
居ないものであるにかゝはらず
何處にでも河童の話がある
そして誰でもが興味を持つてゐる
これには意味がなくてはならないことだ

第二部

河童の話は何處にでもある
しかし同じ話は一つもない
土地によつて皆少しづゝ違つてゐる
これには意味がなくてはならないことだ

二つの學問の關係を以上の言葉で代へるならば民族學は第一部を人文地理學は第二部を課題とすべきものではなからうか』と暗示的な言葉で結んでをりますがこれは判つたようで一向判らない言葉です。そして——通俗を旨としたと云へばそれまでゞすが—兩學問の交渉を論ずるに極限概念を明白にしない一寸とずるい逃げ方だと思ひます。

第二章では人文地理學の課題として萬國地理學會の研究綱領を紹介し第三章では村の成立として我國の村の多角的なること、地域の特性と調査項目、「字」と飛地との數にあらはれた村の歴史、畠作と水田耕作、飛地の發生、土地利用の發展と地名の增加、村の成長、島なる地名、住家の交替、入會と地境、入會地の分化、村の精神的生活の中心としての氏神と墓地、家名、地名の關係等を簡單に述べられ村の成長の章では島村を典型的なものとして一つ擧げてをられるがこれは島の村以外に多角的に山又は海岸の村の成長も述べて欲しいと思ひます。我々にとつて最も便利にして且つ親切なのは村の調査項目及び調査方法です。これは經驗と學理から滲みでた民俗學研究の規準が示めされてゐます。

尚ほ村の變遷、村の家、村の生態、村の吟味、村の境、村の環境と條件、郷土と地誌、東海道の旅、西小國村等の記述がありますが主に例示的、紀行的であつて全面的、包括的にこの各個の條件を分析してゐません。從つて實に面白く引きづられて讀んで行きますが、嚴密な意味に於てまだ充分組織のある科學的體裁を具へてゐないのは殘念です。殊に村の文化接觸、文化交叉及びそれに基づく文化反應と云ふようなかなり重要な問題が省略されてゐるのはどうしたものでせうか。然しこれは著者の恐らく本書に企圖したことでないでせうから望む方が無理かも知れません。然し河童の話の相違は單なる地理的條件だけでは解けないでせう。

兎に角一度讀んで損のない本です。そして誰が讀んでも面白い本です。ほんとうです。提灯に云ふのではありません。そして最後に著者の學的精進を心から敬服し村の體系的研究を期待してゐるものであることを附加へさせて貰ひます。（定價一圓二十錢）

（小山榮三）

民俗學談話會記事

前號に於て豫告いたせし民俗學談話會は四月廿二日午後六時半より、東京驛八重州口にあたる中樹の千疋屋樓上に於て開催されました。昨春金田一氏がユーカラの研究によつて學士院より恩賜賞を授與せられましたをお祝ひして『金田一先生の會』を催しましてから、其間二度の大會はありましたが、談話會は、暫く振りにお集り希つたのでした。

孫氏のお話は數多の寫眞とゝもに、本誌に發表されることになつてをります、こゝには其概略を記述するにとゞめてをきました。最初に石田幹之助氏が孫氏紹介の言葉をかねられて、開會を致し、孫氏は南鮮の出身であり、早大の史學科卒業後、東洋文庫にあつて朝鮮の原始信仰の研究を專攻してをられること、此日のお話は主として昨夏の三ケ月間、學士院の研究補助費を得られ、その困難な地方の旅行をなして採訪し得しところの民俗學的資料であるとの挨拶あり、直ちに孫氏のお話に移つた。

孫氏は地圖を示して朝鮮の南北を走つた大山彙の、中央より以北、黃海道平安道咸鏡道の接觸面にあたる地方に於て、その踏査せし道筋と、その地理の概念を與へ、その地は朝鮮の人々の間にも非常に未開辟の土地と考へられて居ることを述べて、咸鏡道と平安道との接觸地域に住する火田民を語つた。生活程度の低きこと一年の生活費が一家換算してみてせい〴〵五六十圓前後を示すだらうといひ、二十三里も隔てた咸興へ綿を背負つて賣りに行つた若者等のことを尋ぬれば、わづかに八圓ほどを得て歸つて來るのが彼等の主な收入となつてゐた。その生活は木材の使用を潤澤にし、煙突を始め器物が皆木製のものなりしを述べ、更に奥地の江界附近に於て、或る期間を山中に入つてテント小屋に住む一種の集團的な、邑里に居るとは全くちがふ宗敎的な禁忌に從ふ、野生人蔘採集者を語り、その採蒐期に於ては日本の狩獵民が狩詞を使ふ如く、採蒐者も邑里の家族も、忌言葉を使用し言葉を愼む等興味多い事實を指摘された。それより黃海道の島嶼の龍神信仰の事、平安道の巫の事へ話題を轉向し、この地の巫は南鮮のそれと特殊であり、古文書のみ伯氏・博氏と傳へてゐる男巫(覡)がをること、これが女裝の如きをなして女性的生活をなし、女性とみなされてをる事、祭文、イニシエイション、呪具等を語り、娛樂機關に乏しいこの地の民衆にとつて、巫はこの不足を補ふ樂器使用者なれば、其弊害は認むるも、これが禁止の困難な實情にある事等、紀行のまゝに話題を觀照の細部に抽出し、又『男歸女家』の風習が存在し勞働力配供・奴隸の使役の關係からこれが消長をたどり、古文獻に見えてをるもの〻既に南鮮にはなくなつてしまつたこの一種の婚姻制が北鮮になほあり、又婚禮に痕跡を遺存すること、併びに、家屋の構造に南北二つの型式が認められる事を古文獻に比し、而してドルメンの新發見の事及び、之が民俗學的考察、その構造と信仰の關係等にわたり、種々の推定を以てその社會の概念の記述と民俗學的再現とを試み、朝鮮の民俗の一半を刻明になしえて終つた。

この日、孫氏のわが民俗學會に示された御厚情を謝し、併びに委員と參會の諸氏の交歡を全ふせられたことを記録するものであります。(村上記事・明石文責)

ハンガリー青年學者の東蒙古調査

松本信廣

最近ブダペストのリゲチ君から「一九二八年より一九三一年に至る支那領蒙古に於ける踏査旅行豫備報告」と云ふ冊子を送られた。リゲチ君とはパリ滯留當時の友達であり、氏はペリオ氏に師事して專心蒙古語の研鑽に從事されてゐた。ついで一九二八年蒙古旅行の心願を立てハンガリーの文部省及び學士院の補助の本に、支那に來り、比較的歐人に知られることうすき內蒙古土人の言語、歷史、宗教を調査されんとした。先づ一九二九年の初め張家口から歸化城まで至つたが內亂の爲引返し、八月再出發をなし、察哈爾熱河各省在住の蒙人を調査し、翌年七月北京に還つた。更にその八月三十一日北滿洲に赴き海拉爾を中心としてその附近の蒙古土人を調べ、翌年六月に北京に歸來した。本書には簡單な旅行の筋道を初めとして、內蒙古の地理略說、蒙古語にて記せる文獻に就ての綿密な解說、著者の持歸れる資料等に就て述べ、最後に寫眞を添へてある。豫備報告であるから多くは望めないが、險路を犯して先づ資料を蒐集してから徐ろに研究にとりかゝらんとする西邦東洋學者の勇氣を先づ推奬したい。ハンガリア人の中からは最近印度ムンダ語のフィノ・ウグリアンに屬する事を立證し、又イースター島の繪文字と印度モヘンジョ・ダロ新發見の文字との相似を指摘したド・ヘヴェシイ氏を出してをる。同國の曾つて生んだ東洋學者チョーマの餘澤なほ大なるに驚かなければならぬ。（書名 Rapport préliminaire d'un voyage d'exploration fait en Mongolie Chinoise 1928—1931, par Louis Ligeti, Budapest, 1933）

學會消息

○**『大和の傳說』**（奈良縣童話聯盟・高田十郎氏編修、奈良市不審ヶ辻町大和史蹟研究會發行）

大和に現に行はれてゐる傳說の一斑を蒐めたもので、「大和は國の始」を卷頭に、奈良市添上・生駒・山邊・磯城・宇陀・高市・北葛城・南葛城・宇智・吉野十郡の土地別に配列し、別に「雷の落ちない處」・「蛙の鳴かない處」・「靈泉」・「法力のしるし」・「黃金千枚の埋藏地」・「金雞の鳴く處」・「動植物の由來」の題目別がしてある。其上土地別の中にも、例へば、磯城郡の「ホイホイ火」については一說を並べた外に、同じ事件を扱つた山邊郡の「ジャン／＼火」・「首切地藏」を一所に集めるとか、吉野郡の「蟻通ひ明神」には、參照として磯城郡の「蟻通しの宮」を擧げるとか、いつた類の、今の處では丁寧な分類がなされてゐる。けれども、今新に、山の尾根傳ひに、川の流れに、神の移動を思ふ喜びも、編者のいふ此四百五十四に止まらない二期三期の報告に、加へられることであらう。

此處に一つ不審なのは、南葛城郡の「土蜘蛛塚」にある「日本紀に據る」といふ註記であつて、而も磯城郡の「箸墓の由來」については、それがない。（吉野郡の「國樔の翁」、山邊郡の「布留の名の由來、布留の神劍」などの忘却、推移、改良の見えるのは、私共の待ち兼ねてゐるものであつて、何等不審はないが）これから受ける採訪者への失望が、編者の鉈作用の御努力を殺いでゐるのは惜しい。

柳田國男先生の序文「大和の人々に」には、大きな待望から、喜悅のほころびへの御注意が見え、この點を重からしめる所以の、據るべき所が暗示されてゐる。日本の北の果でも南の隅でも、それ／＼その傳說を採集して、この「百帝の都の國」大和の傳說の、本になつて出ることを、久しく待つてゐたのである。萬葉人の心の生活を辿らうとする人達の探究の步みに、この『大和叢書』が、大和巡禮の憧憬から進んで、日本常民史學への導きになることの、心構へには大切である。

尙、**『大和叢書』**では、この書を始めとして方言・童謠・民謠・年中行事に關するものが今の處、發表されてゐる。

○**『中村鄉土資料』**（大和丹波市町別所　東洋考古學會發行）

此は、同じ大和の、中央部中和地方に殘る年中行事・傳說・俗信・童戲・方言・人物・民謠・風俗習慣等十項に汎つて、崎山卯在衞門氏の、いちはやくも著はされた新刊である。

○**『北安曇郡鄉土誌稿』**第四輯**「俗信俚諺篇」**（信濃教育會北安曇部會編）

卷頭にある柳田國男先生の序文「俚諺と俗信との關係」は、先生の假說、俚諺武器說に存する問題の、來たるべき國學の概要なる對象の一つである事を指し示してゐる。

此策に收錄された俗信・俚諺は、總て四千五百件、此が衣、食、住、產、死、身躰、夫婦、嫁姑、氣象、農事、夢合、まじなひ・祈願・呪・唱へ言、酒落・輕口、其他の十五種類に分類されてゐる。

俗信のうちの禁忌が、先生の「民俗の採集と分類」のうちの第三部門として、眞の鄉土研究に俟つべきものとされてゐることは、同じ神樂舍ノ叓のものされた「俗信と禁忌」（「鄉土研究」七ノ一所載）と共に、鄉土人の、學問として考へねばならぬ事である。

○**「柿本人麻呂」**（折口信夫氏、『萬葉集講座』第一卷「作者研究篇」所載）

質在の個人柿本人麻呂と、柿本人麻呂を以て呼ばれた、群衆の神佮柿本族人との、古代社會に於ける位置に就いて、說いてある。

柳田國男先生の、小野神の布敎の考を、育てた柿本氏人の巡游の事を初めとして、敍事詩の撒布・短歌成立の一面・呪詞の飜譯・代作歌・漢文學發想の效果・創作詩などに汎つての、「國文學の發生」論の創意の、數々のものを經て熟して來たものが、今此處に新に、一貫せられてゐるのである。

○「大嘗の神樂」（小宮豊隆氏、東京朝日新聞四月二・三・四・五日所載）

東北地方に殘る此神樂は土地によつては、山伏神樂とも法印神樂と呼ばれ、元來は山伏を職業とした者によつて、今日まで演じられて來たと傳へられてゐる。

其式舞に於ける衷舞が、其表舞の中に滑稽の要素を導きいれ、表舞の嚴肅に、甘味と寛ぎとを與へようとしたものゝやうに見える、といふのは、日本の藝能の發生の上での大筋悟の一左證である。

此式舞の外に、座外といふ猿樂能を思はせるものがある。此神樂のもとだといはれる岳といふ村は、昔妙泉寺があつた所で、今は早池峯神社がある。此座外と式舞との關係は又神事舞から能藝への進展を見せてゐる。尤此と柳營式樂の申樂能との交渉は、今輕輕しく論ぜられるものではない。

此舞臺はひやま能を思はせるものがある樣だ。此地に、とにかく殘つてゐる南部神樂・番樂・延年能と共に、いろんな繋りを考へて見なければならぬ。（鈴木）

○『方言』三ノ三

蟻方言の變化——音韻事象の考察（七）—— 柳田國男
「國語音韻論」論評 小林英夫
莊內方言に於ける相關詞 齋藤秀一
「あまりに音聲學的な」の辯 佐藤鶴吉
「ショッツチュー」について 松川弘太郎
種子島方言集 鮫島松下
昭和七年方言資料目錄 大田榮太郎
「かいもち」の調査 野村一彦
「島根縣に於ける方言の分布」について（新刊紹介） 大田榮太郎

○『設樂』四月號

藥師頭屋のこと——三ッ瀨舊事—— 原田清
家名しらべ 高橋正
圍爐裡端雜記 續 佐々木嘉一
火を換へろ・衝立と猫箱・火箸・可愛い子は桶尻に置け・おあたりておくれませう・ゆるぎで燃さぬ木、燒かぬもの・石を燒く
足瀨の杜・引田の阿彌陀堂 西林喜久男
斷片 佐々木嘉一
植林の事・名倉三藏の事・凶作の時の食物・さきやまの話・よきたての法・大工の話・職人に關する資料
『こうや』の話をきいて 杉林巳六良
庚申待緣起 山本隆
名倉砥の由來を讀みて 同
明治初年神社御改の時の書物 杉林巳六良
褒狀のこと 杉林巳六良
若衆壁書之事 岡田松三郎
斷片 片桐作左衞門
山犬・サトリ男・火柱・御幣餅・馬をれかす

○『播磨』二ノ二 民俗號

夢前川漁獲習俗雜記 太田陸郎
加西郡童謠集（一） 栗山一夫
月の童謠五 和宮ヒサ郎
加古川アクセントの型再檢討 玉岡松一郎
飾磨郡谷外村庄の「トント」古俗 淺田茂
神崎郡田原村辻川の方言 藤本静枝
加古川下流地方の童戲（二） 山本愼一
むかしばなし二 松屋秋太郎
とんびの話 島田清
播磨民俗資料目錄 玉岡松一郎
編成の目的に關して
一、二月
三月（二ノ三所載）
姬路採訪奉納小繪馬記錄（一）其他

○『旅と傳說』六ノ三

年中行事標目　柳田國男
緒言・大小二つの正月・大正月の飾り物
年男と其役目・年禮と祝言・大正月の事
始・初山と若木迎・松の内

住吉踊考――附、願人坊主考――　中山太郎
住吉踊と願人坊主との關係・俗信を看板
の物貰ひと願人坊主・願人坊主の起原と
その由來・願人坊主の渡世の本業・住吉
踊の發生と願人坊主との交渉・住吉踊は
田樂からの派生である・住吉踊からヤア
トコセ節踊へ

車窓地理學の提唱　小田内通敏
ル・ド城塞に纏る傳說　島井幸子
東紀州「シバタバコ」の話　高橋文太郎
ロシヤの東侵と我が北國警備の頃　田中喜多美
僞神の譚　土橋里木
酒呑童子傳說考　淺井正男
そはせぬ森緣起　市村宏
周防の大島(八)――日良居村――　宮本常一
出雲大原郡地方の童謠　市場直次郎
各地の俗信
備後の俗信　小笠原俊郎
鳥取縣の俗信一束　近藤喜博
房總地方の動物に關する俗信　齋藤源三郎
埼玉縣越ヶ谷地方の俗信(附、俚諺、比
喩法)　福島憲太郎
加賀と越前の國境　宮本謙吉
「旅と傳說」の任務に關して　栗山一夫
朝鮮の掠寡習俗補遺　孫晉泰
「だいしこ」便り補遺(中市謙三)チ、ンプヨ
プヨの惡い爺さん(中里雅堂)奈良茶粥の事
(宮武正道)其他

○『旅と傳說』六ノ四

年中行事調査標目(二)　柳田國男
六日正月・七草と鳥祭・餅あひ・節分行
事・鍬入れと初市・花正月・よろづ物作
り

年中行事
石見(千代延尚壽)・大阪府豐能郡田尻村
(洞繁太郎)周防大島(宮本常一)

近松の新釋古事記――文學の中を行く
(一)――　島津久基
六所神起原考　藤原相之助
阿蘇谷の農業土俗　松本友記
岩手農民速製玩具　田中喜多美
フリヤー・ヌ・カム(厠神)　岩崎卓爾
出羽莊内の「タイマツ」祭り　矢澤克己
周防大島の昔話二つ　田村豐吉
屁の話四篇(甲斐)　石川綠泥
大和の傳說と野神さん　崎山卯左衞門
鳥取縣八頭郡山形村の俗信と呪術　近藤喜博
備後の挨拶應答語　今村勝彥
武藏南多摩郡川村のおしやもじ樣　武川乃鄰
其他

○『人情地理』一ノ五　目次抄

常民婚姻史料(四)　柳田國男
村人の承認・若者酒・聟いぢめ・部屋の
生活・親類成り、に關するもの

耳で聞いた話
彌七の豆太鼓　深町礀平
人の生れ變る話　吉川芳秋
一眼一足　逸名氏
死んだ娘に遇つた話　鈴木美枝子
力の強い人の話　松本友記
增間の馬鹿　館山育男
小僧と鱶　小田泰秀

町家地方色(二)　榛内吉胤
仙臺・盛岡・青森・弘前・秋田・本莊・
鶴岡・長岡・新潟・高田・甲府・名古屋
關町・

年中行事まつりごよみ(五月)

大津宿の或る紛爭──德川時代社會組織に關する一考察── 中村 直勝
原始舞踊の一斑 光吉 夏彌
首狩の渴望と崇拜 里見岬一郎
サボテン儀禮 古野 清人
出雲時代の佛と日本魂 小谷部全一郎

○『豐後方言集』 第一輯 大分縣立第一高等女學校內 國文會編

天文・地理・動物・植物・人倫・肢體・衣食住・器物・人事・年中行事・雜・代名詞に關するものが、蒐められてゐる。

○「曾我傳說と國文學」（『國語と國文學』第百八號 特輯）

曾我物語の展望 高木 武
曾我物語に於ける史實の檢討 後藤 丹治
流布本曾我物語に原據あることを論じて物語の典據ある詞句を擧ぐ 御橋 悳言
幸若の曾我物 島津 久基
近松曾我物考 高野 正巳
曾我物の淨瑠璃 守隨 憲治
浮世草子に現れたる曾我傳說 吉田 澄夫
赤本・黑本・青本・黃表紙中の曾我物 小池藤五郎
洒落本に現れたる曾我傳說 山崎 麓
川柳にあらはれし「曾我」 田中 辰二

○**柳田國男氏** 四月廿二日中國地方に約二週間の豫定にて旅行される。

○五月初旬、壹岐より東上の**山口麻太郎氏**を迎へて、同氏の歡迎と方言の座談とを兼ねた會合を催すことが、山本靖民氏や國學院大學方言研究會の有志の人々によつて企劃されて居る。

○**國學院大學方言學會講演會**が五月十三日同大學に於て開催される筈である。講師は丁度其頃學士院會議出席のため上京の新村博士であつて、講題は『何んのために方言を採集するか』といふのである。前講演會に於て、柳田國男氏が同樣な題目によつて方言研究は言語學よりは寧ろフォークロアーに裨益する所大なりといふ所說を述べられたに對し、言語學の立場からそれの批判を試みられるといふことである。

○**第七回全國舞踊民謠大會**は既報の如く四月十四日より三日間日本青年館に於て催されたが、尙この會に出演した一々の種目についての斯道の方々の座談會が二十四日の晩同館に開かれた。その速記錄は何れ同館發行の雜誌『青年』誌上に發表される筈である。（村上）

○**日本學術振興會の活動。** 昭和七年十二月廿八日に創設されし日本學術振興會の設立は、過去數十年以前よりその必要を唱へられ昭和六年一月十四日に至りその具體的表現につとむることゝなり第五十九議會に建議案を通過し、十月國防關係及び產業關係有力者の共鳴あり、その目的を具體的に顯揚したるが如く、則ち本會は學界と軍部實業家との共同の意慾に出づるもの、如し。昭和七年文部省が具體的方策に焦慮せる時に、八月二十日叡慮に出づる學術振興せしめられん御補助として御下賜金、百五十萬圓の御沙汰あり、こゝに齋藤首相を會長に戴く日本學術振興會の實現の、その廣大なる組織を以て表現されしことの速かなりしはひとへに『模擬ヲ戒メ創造ヲ勗メ』られし勅語の精神を奉ずるものなることの傳達が、昭和八年四月十五日民俗學會にあり、學術振興のためにその申請者の推薦あれば補助金を與へらるゝことある可しと通達せられた。

而して申請期日は二月末日、八月末日の年に二度であり、第一回のみは四月末日であつた。（明石）

民俗學的五ノ一「中國民俗學運動的昨日和今日」正誤

面數	行數	字數	誤	正
一	(細目)六	四二	(失落)	三
同	(同同)七	一	續	續
二	三	二三	(失落)	牠
同	同	二六	大	太
同	七	四	Folk-lore	Fo'k-lore
同	九	六	祗	底
同	同	二六	此	北
同	一二	一八	(失落)	，
同	一六	二	之	此
三	八	一九	已	巳
同	一一	五	鐘	鍾
同	一三	三八、三九	揚過	辦過
同	一四	一三	韻	衦
同	同	一七	(失落)	，
同	一六	二二	妻	姜
同	一七	八	願	顧
同	同	三二	科	料
四	一	一五	蛋	蛋
同	五	一	鐘	鍾
同	八	一四	則	行
同	八	二三	(失落)	例
同	一〇	一	鐘	鍾
同	一五	一	鐘	鍾
同	同	一	情	淸
同	一六	六、一七	(移下)淮安	淮安歌謠
五	二	六	討	封
同	三	三	桂	桂
同	五	二	予	子
同	同	九	逝	浙
同	七	一二	簿	傳
同	一八	三六	已	巳
六	一	六	抗	杭
同	四	一	抗	杭
同	同	二六	浣	浙
同	五	六	鐘	鍾
同	六	二七	(移上)有	叢書有

面數	行數	字數	誤	正
六	七	四	揚	辦
同	一二	八、九	目打	邢
同	一三	三〇	梁	樑
同	一七	三六	鐘	鍾
七	一	四	已	巳
同	同	一六、一七	(對調)沒是	是沒
同	同	四一	壽	謠
同	七	八	鐘	鍾
同	一〇	九	(失落)	譯
同	一四	七	秋	林
同	同	九	盧	盧
同	一八	一八	番	畲
八	一九	九	(失落)	運
同	(細目)三	二六	鐘	鍾
同	(同同)四	三七	則	行
同	(同同)五	三八	揚	楊
同	一〇	一四	曾	層
同	同	一六	下	不
同	一一	二〇	做	做
同	一三	三二	係	人
同	一五	三七	，好	好
九	二	五	分	今
同	五	一二	漢	漢
同	同	二八	漢	從
同	七	三九	鐘	鍾
同	九	四五	己	巳
同	一二	一三	(失落)	，
同	一六	二九	貴	貴
九	正文後	題名	揚	楊
一〇	正文前	題名	匡子妻	妻子匡
同	四	三〇	匡子妻	妻子匡
同	同	三五	Ganap	Gunnap
同	六	二	Foek-lore	Folk-lore
同	七	一六	Fo'k-lre	Folk-lore。

○寄稿のお願ひ

○種目略記　民俗學に關係のある題目を取扱つたものなら何んでもよいのです。長さも御自由です。

(1)論文。民俗學に關する比較研究的なもの、理論的なもの、方法論的なもの。

(2)民間傳承に關聯した、又は未開民族の傳說、呪文、歌曲、方言、謎諺、年中行事、生活樣式、習慣法、民間藝術、造形物等の記錄。

(3)民間採集旅行記、挿話。

(4)民俗に關する質問。

(5)各地方の民俗研究に關係ある集會及び出版物の記事又は豫告。

○規略

(1)原稿には必ず住所氏名を明記して下さい。

(2)原稿掲載に關することは一切編輯者にお任かせ下さい

(3)締切は毎月二十日です。

編輯後記

松村武雄先生のご論文はこの號で終りました。幾多の示唆と暗示とを民俗學の實修の上に投じた推論であつたと思ひます。

支那の民俗學的雜誌目錄は先月にて一先づ終りでした。印刷の不鮮明のため「終」の字がかすれてをりますことおわび申します。

山下昌孝さんのラウフエルの譯は松本信廣氏の指導によるもので、君は慶應義塾西洋史學科在學中の眞面目なひとです。マンモスのフォルクロァが、かうして知られることはわれ〳〵を啓蒙することが多い。この譯文は次號にもつゞくことになつてをります。

土屋文吾氏のポトラツチの研究の照介からは、多くの反響を豫想したいものです。

來月號から、資料に九洲地方のものがのることになりました。又、本田安次氏が奥羽の山伏神樂の大部な報告をよせてくれますが、早く皆樣の前にお示しいたしたいとあせつてをります。夏休暇頃を期として雪國の資料をお寄せ下さることをお希ひいたしたらばいかゞでせうか。讀者の皆樣の御援助にまつものであります。

明石貞吉　今井晉　杉浦健一　鈴木太良　村上清文

△原稿、寄贈及交換雜誌類の御送附、入會退會の御申込會費の御拂込、等は總て左記學會宛に御願ひしたし。

△會費の御拂込には振替口座を御利用ありたし。

△會員御轉居の節は新舊御住所を御通知相成たし。

△御照會は通信料御添付ありたし。

△領收證の御請求に對しても同樣の事。

昭和八年五月一日印刷
昭和八年五月十日發行

定價金六拾錢

編輯兼發行者　小山榮三　東京市神田區表猿樂町二番地

印刷者　中村修二　東京市神田區表猿樂町二番地

印刷所　株式會社開明堂支店

發行所　民俗學會　東京市神田區駿河臺町一丁目八ノ四　振替東京七二九九〇番　電話神田二七七五番

取扱所　岡書院　東京市神田區駿河臺町一丁目八　振替東京六七六一九番

MINZOKUGAKU

OR

THE JAPANESE JOURNAL

OF

FOLKLORE & ETHNOLOGY

Vol. V May 1933 No. 5

CONTENTS

PUBLISHED MONTHLY BY

MINZOKU-GAKKAI

8, 1-chome, Surugadai, Kanda, Tokyo, Japan.

民俗學

第五卷　第六號

昭和八年六月

民俗學會

民俗學會會則

第一條　本會を民俗學會と名づく

第二條　本會は民俗學に關する知識の普及並に研究者の交詢を目的とす

第三條　本會の目的を達成する爲めに左の事業を行ふ

イ　毎月一回雜誌「民俗學」を發行す

ロ　毎月一回例會として民俗學談話會を開催す

但春秋二回を大會とす

ハ　隨時講演會を開催することあるべし

第四條　本會の會員は本會の趣旨目的を賛成し（會費半年分參圓壹年分六圓）を前納するものとす

第五條　本會會員は例會並に大會に出席することを得るものとす講演會に就いても亦同じ

第六條　本會の會務を遂行する爲めに會員中より委員若干名を互選す

第七條　委員中より幹事一名、常務委員三名を互選し、幹事は事務を執行し、常務委員は編輯庶務會計の事を分擔す

第八條　本會の事務所を東京市神田區駿河臺町一ノ八に置く

附　則

第九條　大會の決議によりて本會則を變更することを得

委　員

石田幹之助　宇野圓空　折口信夫

金田一京助　小泉　鐵　小山榮三

松村武雄　松本信廣（以上在京委員）

秋葉　隆　移川子之藏　西田直二郎

（以上地方委員）

前號目次

昭和八年六月十八日發行

民俗學

第五卷

第六號

目次

資料・報告（九州地方資料其の一）

書評

チャムの椰子族と「椰子の實」說話

（印度支那トーテミズム研究の一節）

松本信廣

曾つてフランス一流の支那學者が支那に於けるトーテミズムの存在は立證せられてをるが印度支那に關する限りは未だ確たる實證があがつてゐないと云ふ意見を表白された。成程支那のトーテミズムに就て若干の文獻が世に出てをることは事實であるし、自分も前からトーテミズムの支那存在肯定論者であるが、然し此問題に一石を投じたラウフェル氏も支那人に關する限りは之を將來の硏に委ねて居り、最近東亞の人種問題に關心を持ち始めたペール・コッパース[二]の如きは、トーテミズムの支那に於ける存在に疑念をさしはさんでをる。同氏の考說は、誤謬を含んで居り、何れ機會を見て反駁したいが、たゞ此處では此問題が一概に論證濟みと斷言し去ることが出來ぬと云ふ點に注意を請ひたい。之に反して印度支那の方が支那より以上に其文化原始時代に近く、從つてトーテミズムの存在も可成り色濃い痕跡を殘してゐる樣である。自分は印度支那の材料を特に涉獵したわけではないが、たゞ目に觸れた二三の事實に就いて鄙見を述べて見たい。

一體トーテミズムの文獻を全世界にわたつて網羅したフレーザーの大著「トーテミズムとエキソガミイ」は、東亞に就ては極めて僅少な資料を擧げてをるに過ぎぬが、殊に印度支那に就ては、ビルマの印度支那語族の多くが動物、卵、自然物より祖先の發生した傳說を有すること、而も此類の話は、トーテミズム存在の理由にならぬと云ふことを僅か一頁記載してをるに過ぎぬ。[三]然し同氏はインドにはトーテミズムの存することを縷々詳述し、その中に中央印度のムンダ族アッサのカシ族を擧げて居る。こういふ種族は、所謂オーストロアジア語族に屬して居り、此語族の本據は印度支那で、其處から各地にひろがつたとされて居る。從つてトーテミズムが、此地居住のオーストロ・アジア系民族の間に往古行はれてをつた事を推定しても差支へあるまい。其上印度でトーテミズムの最もよく行はれて居るのはドラヴィダ族の間である。而して印度支那は、南方印度ドラヴィダ系の殖民によつて印度文化を輸入せられてをる。是等の殖民者がたとひ既にアーリア化してゐたとて幾分のトーテミズムの痕跡を印度支那に傳へたことを想像出來る。尙又印度支那の初期石器時代住民は骨骼上から云ふとメラネジア、インドネジア兩系統の種族が大部を占め、然して是等の人種の今日太平洋に存するもの何れも立派なトーテミズム所有者である。こう見てくるとトーテミズムが曾つて印度支那に榮えたことは極めて蓋然性に富んで居ると云はねばならぬ。

第一圖　ゴクリユの銅鼓

また考古學上から云つても印度支那の靑銅文化の特色たる「銅鼓」は、トーテミズム的文化と緣故の深い文化遺物だと論ぜられて居る。一體銅鼓は、南支那から印度支那、インドネジアにかけて分布して居り、その性質について學者の說區々として一定してゐない。その銅鼓の中例へば一九〇三年にHa-nam 州 Ngoc-lu で購得され、今日東京河內の極東學院の博物館に保存されてをる一銅鼓、（上図参照）ラオスの水田から發掘され、一九二四年同じ博物館の所藏に歸した一銅鼓、一九二四年から一九二八年まで安南の最北部 淸化Thanh-hoa州の Dongson で發掘された漢代の墳墓から出土した銅鼓を交ゆる一群の靑銅器等の表

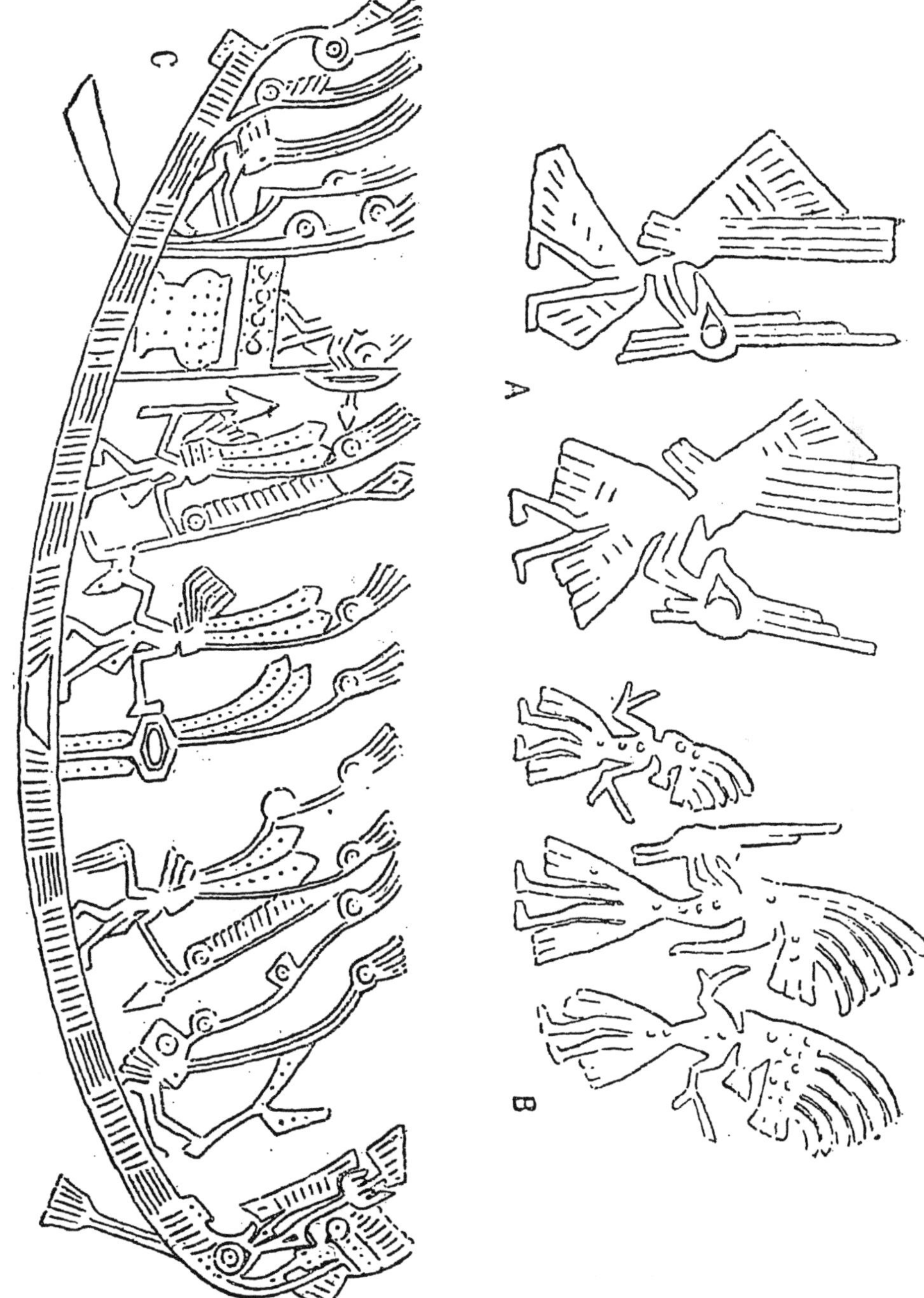

第二圖

A Ngoc-lu 銅鼓に表はれた笙類似樂器吹奏者の圖

B ドンソン青銅斧に表現された笙及び四ツ竹の樂人

C Ngoc-lu 銅鼓に表はれた船の圖（ゴルトベフ氏論文より轉載）

第三圖　ダヤク族の魂船（ＡＣＥ）及び極樂圖（ＢＤ）

ボルネオのダヤク族はその祖先の初めて此島に到來せし時の乘船「金の小舟」今日死人の魂を「雲の湖」の中央に存在する極樂島に送る䑺となると信じて居る。その船長は Tempong Telon と云ふ精靈で梶を司り、船の首尾は、Tingang と云ふ鳥に象り、舟の名もその鳥名に因んで居る。羽毛で飾ったマストは、魂に伴ふ鳥のとまり木となり、後尾の屋根式の覆の下には銅鑼が懸けられ、上には砲手が乘って居る。全て印度支那の銅鼓の上の船圖に類似し、たゞ銅鼓が銅鑼に、弓手が砲手に變って居る等の瑣細な變化を見るに過ぎないと云ふのがゴルーベフ氏の意見である。本圖の原圖は、P. Te Wechel et Grabowsky の Internationales Archiv für Ethnographie, t. II et XXI に公刊した所により、ゴ氏の、BEFEO, XXIX, pl. XXVIII に復寫したものに據る。

5

第四圖

ドンソン出土の青銅人物像・舞人に跨れる樂人

面に表れた人物像からゴルーベフ氏は、その「東京及び北安南の青銅器時代」(四)と云ふ論文の中に次の如く論じて居る。Dong son 發見の靴型青銅斧の表面に刻されて居る鳥に象れる異様な人物が、笙型の樂器を吹き、四つ竹を鳴らして居る圖は、(第二圖B)恐らくトーテミックな踊をなして、その動物の同名の氏族のものが該動物の態度運動を眞似てゐる光景であらう。また河内の銅鼓の上に見ゆる同樣な人物が、船首と船尾が鳥の首尾に象つた船に乘込み、武装を調へ、船出する圖は、(第一圖C)北ボルネオのダヤク族の靈魂を冥界に運ぶ船の圖(第三圖)と多くの類似點あり、恐らく同樣の埋葬式の光景が銅鼓の上に表されたのであり、乘員が鳥に装ふのは、戰闘的の氏族が己れを鳥のトーテムに合致せしめんといふ意圖に基いたものであらう。恐らく銅鼓を殘した人種は、ダヤク同樣なインドネジア人種で、その遺裔は、今日印度支那の山地に殘つて居るモイ族であらう云々。此種の鳥人の巨大な頭部裝飾に就ては、既にパルマンチエ氏もその「古代青銅鼓」(五)と云ふ論文の中に、之とニューギニアのトーテム部族が葬式或ひは宗教的の儀式に於て頭部に着ける巨大な飾と比較して居る。また最近プシルスキィ氏も Dong son 出土の笙型の樂器を吹奏する樂人が膝を屈曲させて跳躍して居る舞人の背上に跨れる異形青銅像を(第四圖)論じて次の如く云つて居る。恐らく之はトーテム氏族員がトーテム動物たる鳥か何かの歩き方その鳴聲に象つた舞踏をなせる光景であらう。始めは一人で該動物のはね方、叫聲を眞似して居たのを、樂器の進歩に伴ふて、同じ人が笙を奏し、かつ跳躍することが不可能となり、其處で樂人を舞人の背に跨らしめ、同一役割を折半したのであらう。即ち此像は、舞と樂が一つものであつた原始形式から、技術の進歩が奏樂團と舞踊團との分離を促し、しかも宗教的情操が、依然その神的動物の統一を望み、從つてとりあへず神の體を二人の人間から構成させて、此相矛盾させる二傾向を調和させたのであらう。然しこういふトーテミズムがドンソンの宗教の起原に存して居るからと云つてその宗教がなほトーテミックな段階にあると斷言することは出來ない。或いは此像は、部族のシンボルを表現したのではなくして寧ろ或神を模したものであるかも知れぬ云々。(六)以上はプ氏の意見の要略であるが、ドンソンの宗教が可成高度のものかも知れぬと云ふ疑ひをさしはさんで居るのは注意しなければならぬ。ゴルーベフ氏が主な資料として使用した河内　ラオス出土の銅鼓、ドンソンの

S

青銅器の上に見ゆる動物は、鳥の外に蛙、龍、鹿、守宮、鱶、鼬の類であるが、その中で人間が假裝して居るのは鳥のみである。云ふまでもなく靈魂が鳥になると云ふ思想、所謂靈魂動物の思想は天の鳥船の考へと共に弘くインドネジアに擴つて居る。鳥が葬式にあづかる天の若日子式神話のエピソードはこういふ靈魂の鳥に化生すると云ふ信仰からも發生しさうに考へられる。古代東京（トンキン）の住民にトーテミズムの思想の濃厚に存在したことは極めて蓋然性に富んで居るがよしトーテミズムが存在してゐたとしても既に餘程高等な段階に到達してゐたことは疑ひを容れぬ。

自分は此處に東京（トンキン）地方を暫く離れて安南南部に眼を轉じ、此處に曾つて榮えたチャム族の傳承を通じ、そのトーテミズムの痕跡を窺って見たい。此處にこそ靈魂動物の思想と交渉のない植物トーテミズムの痕跡を見出だし、南太平洋ニューギニアの宗教との類似もたどることが出來るからである。チャム民族は、チャンパ即ち林邑の名の本に知られた帝國の建設者であり、その言語はオーストロアジア語に屬して居るが、インドネジア語との深い親縁を持つて居る。一部の論者は、彼等が海洋から後に印度支那に殖民して來たインドネジア系種族であることを主張して居る。アリスチド　マルと云ふ佛國の學者が、Madjapahit et Tchampa（七）と云ふ論文の中に Sadjarah malayou と云ふマレイの年代記の中からこのチャンパに關するマレイの所傳を紹介して居る。此文獻の正確な年代は不明であるが、チャンパがその末期にマレイと關係を持つてゐたことは確かであるからチャンパ王國の古來の傳承がたまくその末期にマレイ人の手に採錄されたものと見るべきであらう。

之によると昔チャンパの王宮の傍に一本の檳榔樹があつた。之がすばらしい苞（spathe）で包まれた花を持つてゐた。人々は其開花を待つたがどうしても開かないので王樣は、その臣下に樹に登つて苞の中を見さしめた。臣下は早速その苞をとつて王樣の前にもたらしたので、王樣之を二つに割ると中から小いすばらしく美しい男兒が出て來た。此苞の皮から王の楯を作り、その尖端からチャンパの王劍が製作された。王樣は悦んで此子供をとりあげ、之を Radja Pô-Klong と名づけ、女達に乳を飲ませることを命じたが子供はどうしても乳を飲まぬ。そこで王は、王宮の五色の牝牛の乳をしぼり、之を子供に飲ませたのに、子供は不思議に之を吸ひ、すこやかに成長した。今日までチャンパの國人が牝牛を殺し食はぬのは此理由からである。Pô-Klongが大くなるとチャンパ王の王女と結婚し、父王の死後王位に即き Bal の都を建設した云々。話はチャンパの滅亡まで續くが本題と關係ないので暫く略して置く。

以上の傳承はけして後世の創作でなく、却て古い傳統から糸をひいて居る。チャンパには由來檳榔樹のクランと椰子樹のクランと二大名族が對立し、後者も前者と同じ樣なたゞ檳榔樹の花を椰子の實に變改したに過ぎぬ傳説を持つて居る。此二氏族は、チャンパの最も有力なクランであり何世紀かの間その優越を血腥い爭鬪によつて爭ひ、また或時は屢々同盟を結んで交戰を終息させた。檳榔樹のクランは Pāṇḍuraṅga 國の支配者であり、椰子樹のクランは北部地方の支配者であつた。檳榔樹のクランは、その種族のより純潔なるを誇りとしてゐた樣で、例へば Harivarman 三世(1074—1080)の如きも、父は椰子樹クランに屬してゐながらも、その母がチャンパ國の名族檳榔樹クランに自分を生んだことを誇りとして居た。(八)

斯樣に印度のキャストや父權の輸入にも拘らずチャム民族は、其固有のトーテム氏族制や母系制を依然として保有してゐたのである。

エイモニエも、現代チャム人を調査し、その「チャム人及び其宗教」の中に次の樣な記述をして居る。(九)「カンボヂアのチャム人は、古き國民的信仰の薄弱な痕跡を保有して居り、時々家内で祖先の神靈を崇める。僧侶は、家に招かれて祈りをし、一方家人は黑、或ひは白又は赤の鷄を祖靈に獻ずる。鷄の色は家毎に古來から定つて居る。ついでその鳥肉を頒ち食ふ。病氣の場合或時は白、黑その他の菓子を獻じて祖靈をなだめる。また或種の動物、栗鼠、蛇、鰐魚等に對してはごく漠然かつ一般的な迷信的恐怖を抱いて居る。そういふ動物は家族によつてことなり、その族員は、之を尊敬し、殺すのを避け、その名を呼ぶことさへ謹しみ、呼ばねばならぬ時は宮人とか高官と云ふ稱號をもつてする。彼等の信念によればその家の胎兒、月たらず子の靈魂は、こう云ふ動物の身體に宿るのだと考へられて居る。」

チャムの王室は、他の全ての東南アジア諸國の王室と同樣龍族と親密な緣故を持つてをる。これは七世紀代の碑文からも證明されるが(十)現代の傳說からもエイモニエは次の樣な二話を採錄して居る(十一)。一一五一年から一二〇五年頃までの間チャンパを支配したPo-Klong-Garaiの母は海の泡から生れた女で、貧しい老夫婦に拾はれて成長する。所が彼女は成女期に達すると岩の間から不思議に湧き出した水を飲んで姙娠する。月滿ちて生んだ子は瘡の一杯出來た息子であり、長じて水牛の番人となつてゐた。すると或日龍が赤い樹木の形で示現して、此兒のすばらしい運を豫知せしめた後、彼の身を嘗めてその瘡を治癒してしまふ。その後若者の超自然的力が啓示され、王の卜官長は、彼の運勢をみぬいて之に王女をめあはせる。白象が彼を首府に導き、此處で彼は王樣となると云ふのがPo-Klong Garaiの由來談である。

今一人のPo-Romé と云ふ王は、一六二七年より一六五一年までBinh-Thuanに追ひつめられたチャム人を治めてゐた。彼の母も亦奇蹟的懷胎で之を姙娠し、兩親は不名譽として放逐してしまふ。野邊に棄てられて一人淋しく母はPo-Romé を生んだ。然し父無し兒として輕蔑され、彼は故鄉に居たたまれずPanrangに來り、其處で王の水牛の番人となる。此處でも龍が木の幹の形を借りて示現する。王の卜官長は、此兒の運勢をみぬいて王の婿たらしめ、王はたゞちに之に王位を讓る。

以上の話に龍が守護神の役割を演じてをるが、之がいつも樹木の形式をとつて示現するのは注意に價する。

Po-Romé の治世は、安南人の侵寇により次の如き悲劇的徑路で終つてしまふ。チャムの王室は、其時守護紋章としてKrêk と呼ばれる鐵木（Mesua ferrea）を尊崇してゐた。安南王は、チャム人を滅すため奸計に訴へ、チャム王にその王女Outを與へる。王女は、父の指圖に從ひ、夫の愛を充分かち得てから假病を裝ひ、之をクレク樹のたゝりだとあざむく。王憤激して樹を伐らせるが、誰の斧も刄がたゝず、王自ら斧を振ふに至つて神木は倒れる。樹の神威地をはらつて後安南人は、忽ち侵入し來り、遂に王は捕へられてしまふ。以上の話はBinh-Thuan地方の傳說であるがカンボチア地方の一異傳では、此時王は、姉妹達の諫爭にも拘らず、安南王女の愛に溺れて木を伐つてしまふ。忽ち安南王が襲來するがチャム王は、勇戰して幾度も之を擊滅する。然し新手の軍勢が續々倍加して押寄せて來る。姉妹達の忠告に從つて王は、伐り倒したクレク樹をもつて帆も櫂も無くて自山に進む軍船を作る。安南人は鐵の鎖を河口に張つて此舟の進行を阻んだので、王怒り船首をきるとその瞬間にチャムの全艦隊は覆滅してしまふ。王は陸上に逃れ、蜥蜴の穴に隱れ、安南軍に發見されて首をとられると云ふ筋である。

王室が或樹木の保護の本にあり、之が伐られると共に運勢が衰へると云ふ話は、チャムの或王室に曾つて祖先の檳榔樹や椰子樹より生れた傳承を傳へ、そういふ樹木から王室の資が作られてゐた話、またそういふ樹木の名稱を附した氏族の存在した事實から矢張り同樣のトーテミズム的思想の名殘りと見てよいだらう。チャム人の間にあつては動物と相並んで植物のトーテムが並存し、しかも有力な役割を演じてゐたことが推定出來る。

マレイの年代記に採錄されたチャムの檳榔王の物語は、傳說の部類に屬する話であるが、之と極めて緣故の深い一說話が、ランドによつてチャム人の間から採集されてゐる。(十二) その梗概を次に記すと、昔或處に貧しい男と幼い娘が住み、一日山に薪を採りに入つた。すると娘が岩の間から湧き出る水を見、之を飲んだ所、歸つてから姙娠し、椰子の實の樣な丸い子を生んだ。日に日に大くなり、七日目にはもう話が出來、一年目には森に遊びに行き、三年目には羊を飼ふことが出來る樣になつた。或日此子供母に王樣の水牛の番人として雇つて貰ふことを賴む。手も足もないお前がどうしてそんな事出來るものかと云ふ母を無理矢理に說得して王樣の所に赴かせ、ついに王の三十萬頭の水牛を放牧する番人となる。晝頃季の王女が晝飯を「椰子の實」の所に持つて行くと何處にも彼の姿が見えないので「椰子の實」さん、何處に居ると呼ばはると、ころ〱と王女の足本に轉つて來、米を貰つて食べた。夕方になると「椰子の實」は一人で水牛をまとめ、王宮に歸つて來る。次の日になると王は「椰子の實」に鉈をわたし、これで見當り次第葛をきつて水牛の角に卷いてきてくれ、宮殿の柵の修理をするからと依賴する。王女は例の通り晝飯を持つてゆき、手も足も無い「椰子の實」がどうして葛をきることが出來るのかと密かに窺ふ。見ると「椰子の實」は、無數の從者を作り、それに水牛の番をさせたり、葛をきらせたりしてをる。王女は「椰子の實」が魔法を知つてゐることを知つたが、此秘密をそつと胸に疊みこみ、素知らぬ顏で、「椰子の實」に辨當の來たことを知らせる。大急ぎで彼は、その從者を地の中に潜らせ、王女の所に轉つて來て米を食ふ。そして夕方には水牛の角に澤山の葛をまきつけて歸つて來た。

次の日も王女は、こつそり晝時に藪原に來て「椰子の實」の動靜を窺ふと彼は、秀麗な姿でその椰子の實の殼から拔け出し、多くの從者に奏樂させて樂んでをる。王女は、之を見て戀心を起したが一方「椰子の實」も王女の來る時刻と察つしてもとの姿に歸り、王女の呼聲にころ〳〵また轉つて來て王女の手から米を貰ふ。王樣は王女が度々遲れて王宮に歸るので今度はその姉達二人に辨當を屆けさせやうとする。二人は「椰子の實」を嫌がつてどうしても之を引受けぬ。そればかりか「椰子の實」が夕方に葛を澤山とつて歸つて來、火にあたらうとすると、二人でさん〴〵嘲弄する。翌日王は「椰子の實」に竿をきることを委託したが、彼は例の通り從者を出だして百車にあまる程の材木を伐採して、王を驚嘆させる。かやうにして十五日間王に仕へて水牛の番をした擧句「椰子の實」は、自宅に歸り、母に王樣の末の娘を貰つて吳れる樣無理にせがむ。母がよんどころなく王宮に來て王に其旨を申し上げると、王は早速三人の王女をよびあつめ、誰れが「椰子の實」の嫁になりたいかと聞く。姉娘二人は一言の下に之を拒絕したが、末の王女は之を承諾する。そこで盛大な結婚式が行はれ、國中大いに歡喜する。一躍して王の婿となつた「椰子の實」は夜になると衣をぬいで立派な青年と變る。密かに覘き見た姉娘は、末娘の幸運を切りに羨望するが後の祭りである。ある夜「椰子の實」が、その皮から出た時、妻は、こつそりその皮を地中に埋めてしまふ。始めの中男は、大變寒がつたがついに慣れてしまひ、すつかり尋常の人間になつてしまふ。

其後「椰子の實」は舟を艤裝して妻をつれ貿易に出る。此時胸に一物のある姉娘二人も請ふて同船し、沖に出ると、末の王女が指にはめてをる夫から貰つた金の指環を見せて吳れと云つて手にとり、爭ふ眞似をして水中に落してしまふ。王女は、之をなくして夫の愛情を失つては大變と海中に飛び込んで指環の後を追ふと姉娘達は、素知らぬ顔で、之を見殺しにし、舟が太洋に乘出てから、「椰子の實」に事實を曲げて報告する。彼は悲嘆して早速舟を歸し、妻の兩親と共に日夜慟哭して姉娘の求愛にも耳を傾けぬ。一方王女海中にあつて指環を取りかへし、その功德で眞珠貝の中に嬰兒の形で生れかはる。一年の間汐にゆられ、ついに渚に漂ひ着くと、貧しい夫婦の漁師が來て此貝を拾つて歸宅する。王女は、宿主の不在の時貝から出ては調理をし、二人を驚かせる。或時彼等は、こつそり陰に隱れて窺ひ見、貝から出て來た王女を捕へて、之を天の與へと自分の娘にする。一日王女は頭巾を作り、宿の女に之を王宮に賣りに行かせる。宮廷の人々はなくなつた王女の作つたものによく似た頭巾を見て驚き悲み、かつ女の指に、王女の昔はめてゐた金指環と寸分たがはぬものを認め、喫驚し、「椰子の實」は、早速女と共に其宿に來り、ついにこがれぬいてゐた最愛の妻と再會する。そして之を王宮につれ歸り、再び國內歡喜に蘇り、父王の歿後「椰子の實」が芽出度王位を繼承すると云ふ物語である。

此話は、世界流布說話 la Belle et la Bête 及びキュピツドとサイキの類話に屬することは云ふまでもないが、「椰子の實」と云ふ形でヒーローの前身が說かれて居るのは、たとひもとが外國種であつても印度支那の國土で從來の傳承の深い影響を蒙つたことを明示してをる。異常な子が椰子の實を被つてゐると云ふエピソードは、小さな子が迅速に成長すると云ふ所に其子の神聖を認めたわけでなく、矢張り椰子の木そのものの靈威が、民衆に知られてゐた時代に根ざした話と見るべきであらう。此點マレイの年代記に出て來る檳榔樹の花や椰子樹の實から生れたチャムの王樣の話と毫も變りはない。王となるのに入婿の形式をとるのも、母系制の存してゐたチャムで始めて自然的に考へられる。三人の女の中一番末つ子に「椰子の實」が選ばれるのは、世界流布說話のありふれた興味本位の形式であるとしても、結婚が、主人公の人間に還る機緣となるのは、此說話の奧底になほ深い意味がひそむことを察つせしめる。かつ「椰子の實」が末娘の手から米を食ふと云ふエピソードも見落すことの出來ぬ一場面である。異類である夫が妻たる女の力で人間の姿に還る。此形式は、矢張り各國に流布してをるが、佛國の民俗學者サンチーヴは、その著「コント・ド・ペロー及びその類話」の中に、此形式

第五圖　マヨ秘密祭祀に於ける新加入者の扮装

の說話に、成年式の名殘りを認めやうとしてをる。(十三)未開社會に於ては成年式は結婚と混合してをる。成女式は女にとつては結婚への準備である。また成年式の儀式或ひは祕密結社の加入式に動物の假裝が屢々用ひられ、之が異類轉身の物語を生んだのではないかと云ふ。此サンチーヴの推斷は未だ人をして充分首肯せしむるに足る程例證を擧げてゐないが、我「椰子の實」說話に關する限り古への椰子樹トーテム團體の成年式と關係づけて考へられそうである。印度支那にそういふ成年式の存在したことは知られないが、海を隔てゝ南ニューギニアのマリンド・アニム族に行くと、此處には立派に今でもかゝる儀式が存在して(十四)をる。卽ち此種族ではゲブ・ゼとサミ・レクの二大部族が對立してをるが、之はもと椰子と沙穀椰子との二大クランから發達して來たものであり、前者の椰子成育のための儀式が今日マヨの祕密信仰の祭として五ケ月の間盛大に行はれ、此際結社員の亂淫が行はれる一方、新加入の式が、聖地の中で嚴重に行はれる。此際各クランの未成年者は何れも椰子の葉で作つた衣を全身にまとふて新生の兒にかたどり(第五圖)、いろ〳〵の植物又は動物に假裝した結社員に種々なトーテム的神話の實演を啓示せられ、その度に該動植物の食ひ方を教はり、以後これを食料とする許容を得る。こういふ試練が終つて始めて子供等は成人の列に入り、椰子の衣をぬぎ村に歸つて結婚が許されるのである。

あへて突飛な比較を試みるわけではないが、一體ニューギニア、パプア系の人種は、印度支那石器時代の住民であり、彼等の祭の際の風俗は、印度支那の銅鼓の圖に出てくる鳥人の姿そつくりである。またチャム人は印度支那人種の中でも比較的インドネジアの人種と緣故の深いものである。ニューギニアの住民が大洋州で比較的古い文化の保有者であるとすれば、その文化が曾つてインドネジアにも存在し、往古のチャム族も之に似たものを持つてゐたことを想像しても差支へあるまい。チャム人がかつて椰子と檳榔樹の二氏族に分れてゐたことは事實である以上、こういふ氏族の成年式として子供がそのトーテムに合致する假裝が行はれたこと、それが神話化し、傳說化して、檳榔樹王椰子王の物語となり、更に「椰子の實」說話の成立に影響したことが考へられ得る。またチャム人が南齊書五十八卷に見ゆる樣に「貴レ女賤レ男」の風俗を有し、結婚にも「婦先遣レ聘求レ婿」であつたとすれば、宗教上の儀式に於て女性の强力であつたことが充分想像出來る。成年式の際こういふ女性の干與したこと、それによつて子供が成人になり得た事が、女によつて夫が異類身を離れるエピソードと關係ありはしまいか。かやうに此類の說話の發生をトーテム信仰に結びつけ、その特色を成年式の場面から說明して行く方法は、此チャムの「椰子の實」說話に關する限り大體許容せられそうである。[十五] 印度支那が、印度や支那の文明を受けて可成複雜な文明を形成してをるので、その說話研究の困難なことは既に述べたことがあるが、然しそれと共に意外に古い固有文化を併せ保存し、却て印度と支那の發達した文明の機構を說明する鍵を此處で發見なし得ることを忘れてはならぬ。

【註】(一) Berthold Laufer, Totemic traces among the Indo-Chinese (The Journal of American Folk-Lore, October-December, 1917) なほ此問題に就ては「民俗學」四卷八號六三七・六三八兩頁拙文參照、その中にエルケスが始めて動物タブーの支那に於ける痕跡を示したと記したが、あれはそれより先、マスペロ氏が「古代支那」中に論じてをり、エルケス氏はそれを孫引してをるに過ぎなかつた。此處に訂正する。

（二） P. W. Koppers, Die Frage des Mutterrechts und des Totemismus im alten China (Anthropos, XXV, 1930)

（三） J. Frazer, Totemism and Exogamy, II, p. 337.

（四） Victor Goloubew, L'Age du bronzes au Tonkin et dans le Nord-Annam (Bulletin del' Ecale Française d'Extrême-Orient, XXIX, 1929, p. 34—45)

（五） Parmentier, Anciens Tambours de bronzes, XVIII, 1918)

（六） J. Przyluski, Notes sur l'âge du bronze en Indochine ; 1, Danseur et musicien, 78—80. (Revue des Arts Asiatiques, VII, No.2)

（七） Centenaire de l'Ecole des Langues Orientales Vivantes, Paris, 1895. p. 93—113.

（八） Georges Maspero, Le Royaume de Champa, p. 21—23.

（九） M, E. Aymonier, Les Tchames et leurs religions, Paris, 1891, p. 110.

（十） J. Przyluski, La princesse à l'odeur de poisson et la Nāgī dans les traditions de l'Asie Orientale, p. 276. (Etudes Asiatiques)

（十一） Aymonier, ibid., p. 35—38.

（十二） A. Landes, Contes tjames, Saigon, 1887, p. 9—33.

（十三） P. Saintyves, Les Contes de Perrault et les récits parallèles, Paris, 1923, p. 430—437.

（十四） Dr. P. Wirz, Die Marind-anim von Holländisch-Süd-Neu-Guinea, B. II, Hamburg, 1922—1925.
マヨの儀式に就ては二卷一頁より廿五頁まで參照。

（十五） 拙著「古代文化論」一〇四―一二〇頁。

第一圖・

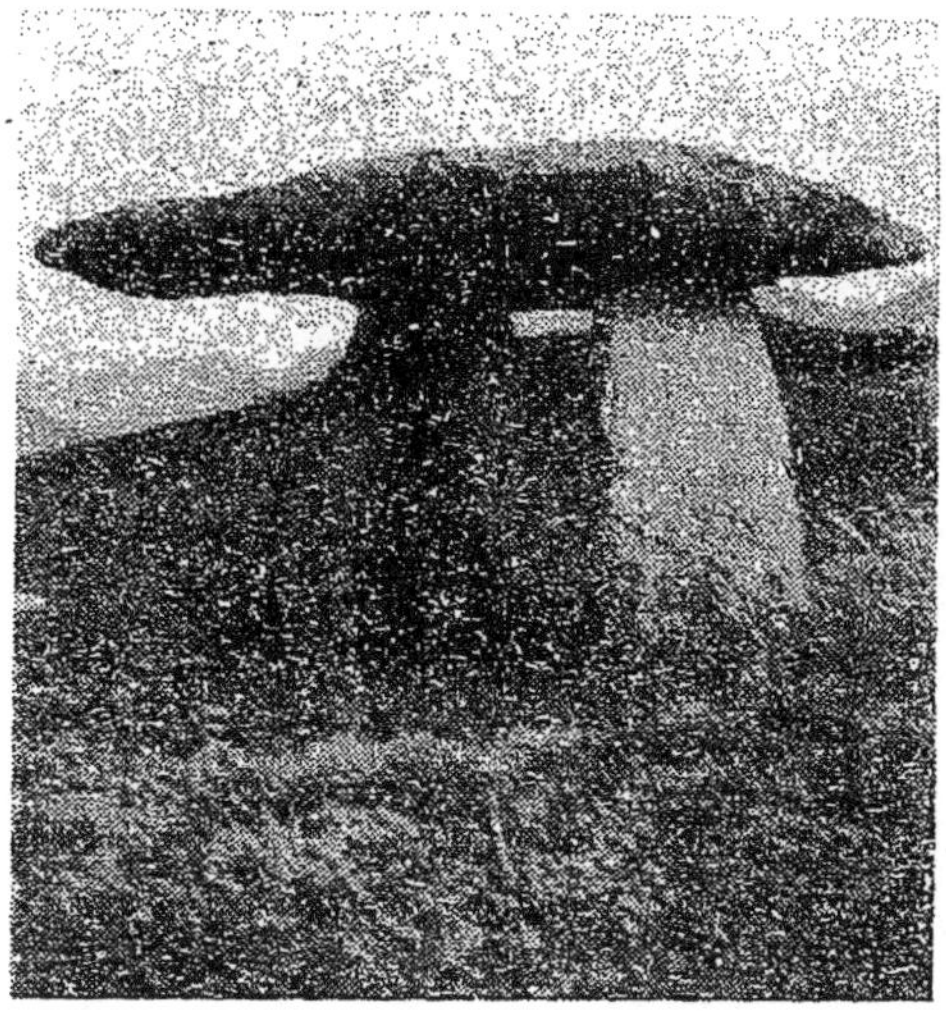

平南江東郡江東面文興里發見三個ドルメン中のA石側面觀。

第二圖・

同上石前面觀。二支石間の後方に白く立つて見えるのがB石の西側支石。

第三圖・

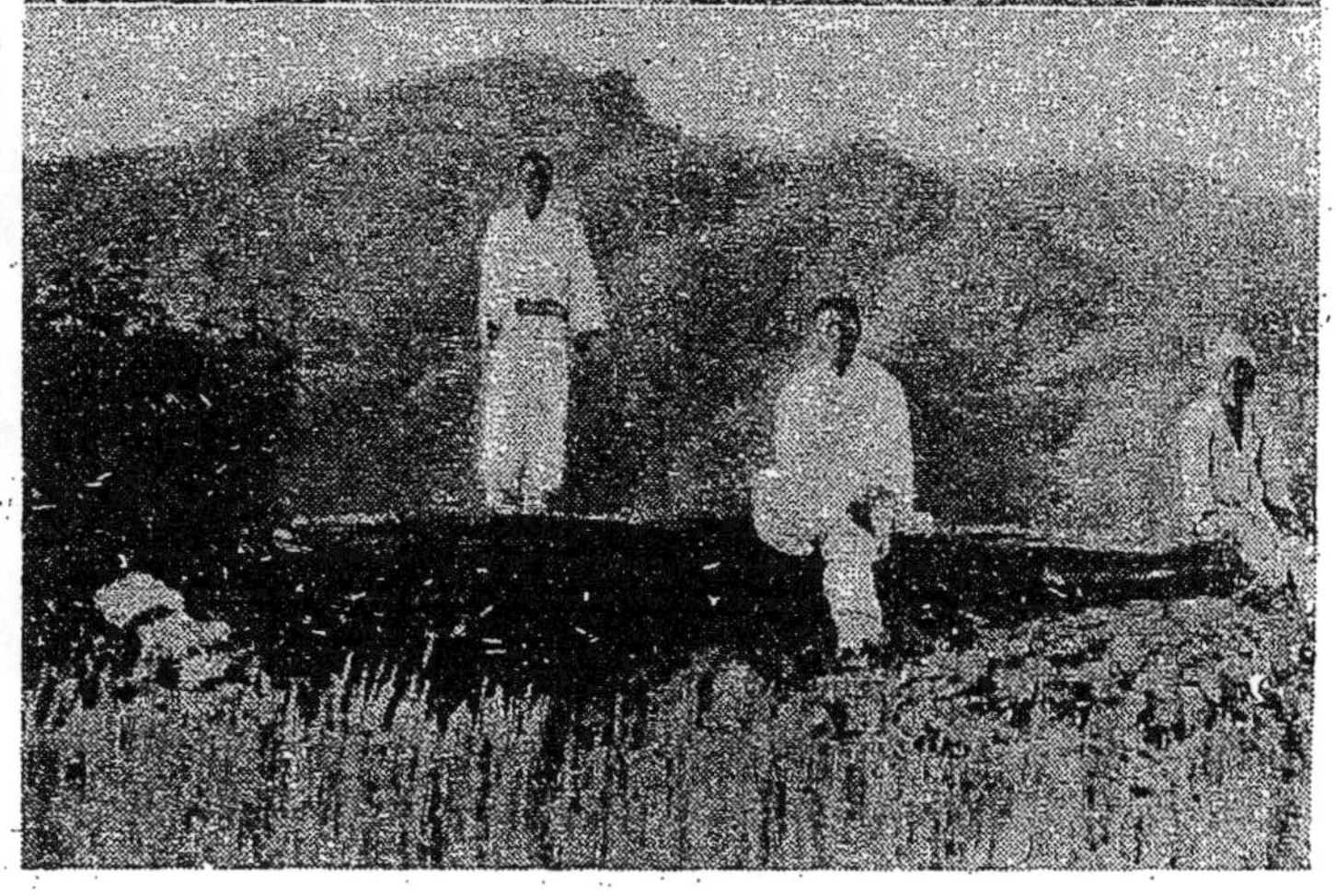

平南成川郡大邱面泉洞里瓦洞ドルメン。

第四圖。

成川郡大邱面信長里倒毀ドルメン。

第五圖。

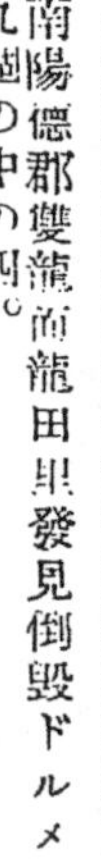

平南陽德郡雙龍面龍田里發見倒毀ドルメン九個の中の四。

第六圖。

陽德郡化村面文興里下支石街三個ドルメンの中の二個にして、向つて左側の完立せる者は第八圖のと同一の者で左側のは倒毀せる者の中の一。

第七圖・ 陽德郡化村面文興里上支石街の倒毀ドルメン

第八圖・ 陽德郡化村面文興里下支石街發見三個ドルメンの中の完立せる者。

第九圖・ 陽德郡化村面文興里上支石街路傍の半傾ドルメン。

第十圖。 陽德郡化村面昌介里倒毀せるドルメン八個の中の一。

第十一圖。 平南孟山郡元南面達泉里ドルメン四個の中その完立せる者。

第十二圖。 孟山郡智德面松岩里ドルメンと朴秉奎老。

第十三圖。 孟山郡孟山面上倉里二十一の倒毀ドルメン中の一。點在する雜草の茂生せる所は何れもドルメン又は累石墳墓の破毀せる者。

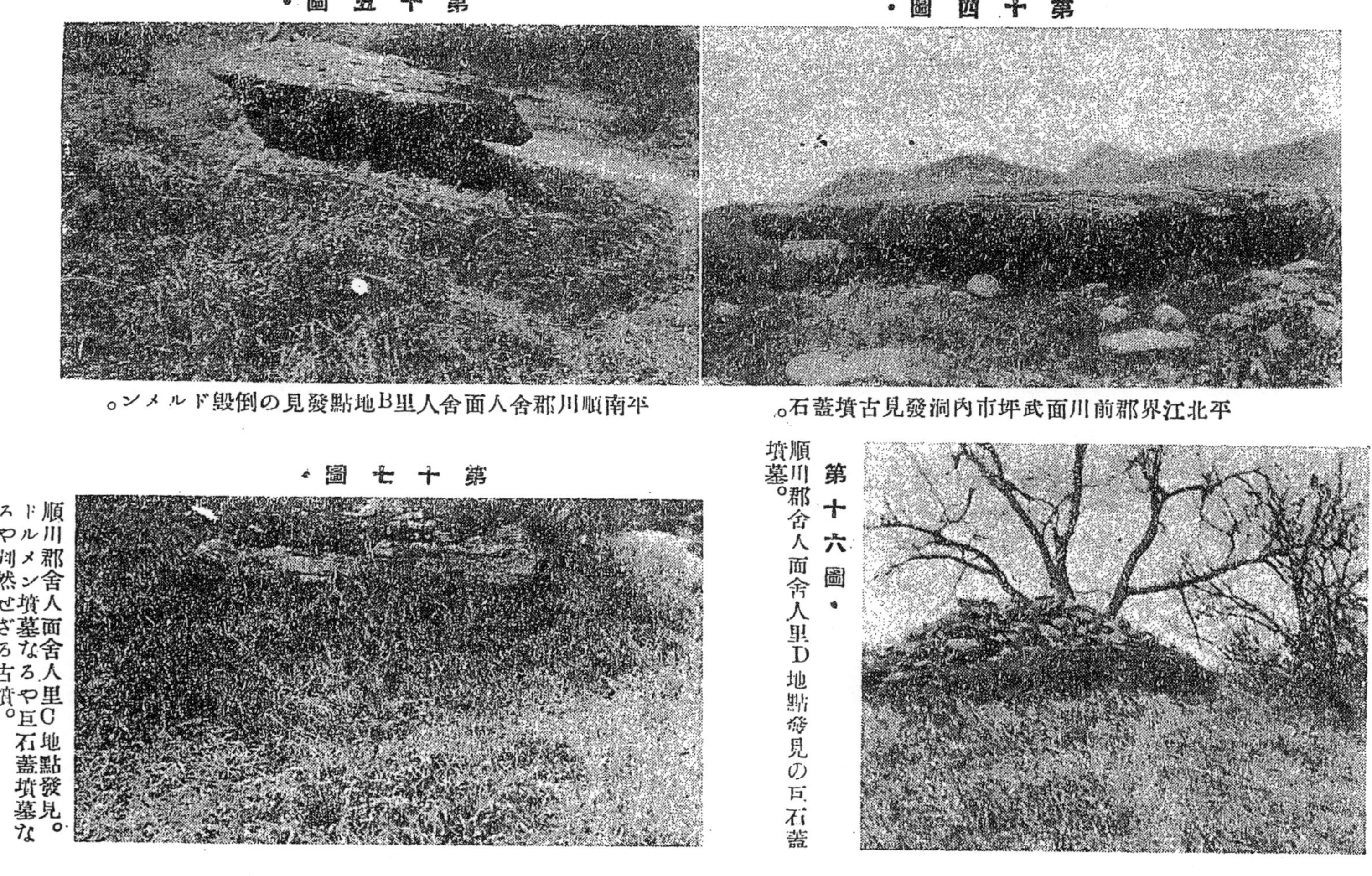

第十四圖。

平北江界郡前川面武坪市内洞發見古墳蓋石。

第十五圖。

平南順川郡舍人面舍人里B地點發見の倒毀ドルメン。

第十六圖。

順川郡舍人面舍人里D地點發見の巨石蓋墳墓。

第十七圖。

順川郡舍人面舍人里C地點發見。ドルメン墳墓なるや巨石蓋墳墓なるや判然せざる古墳。

21

第十八圖・

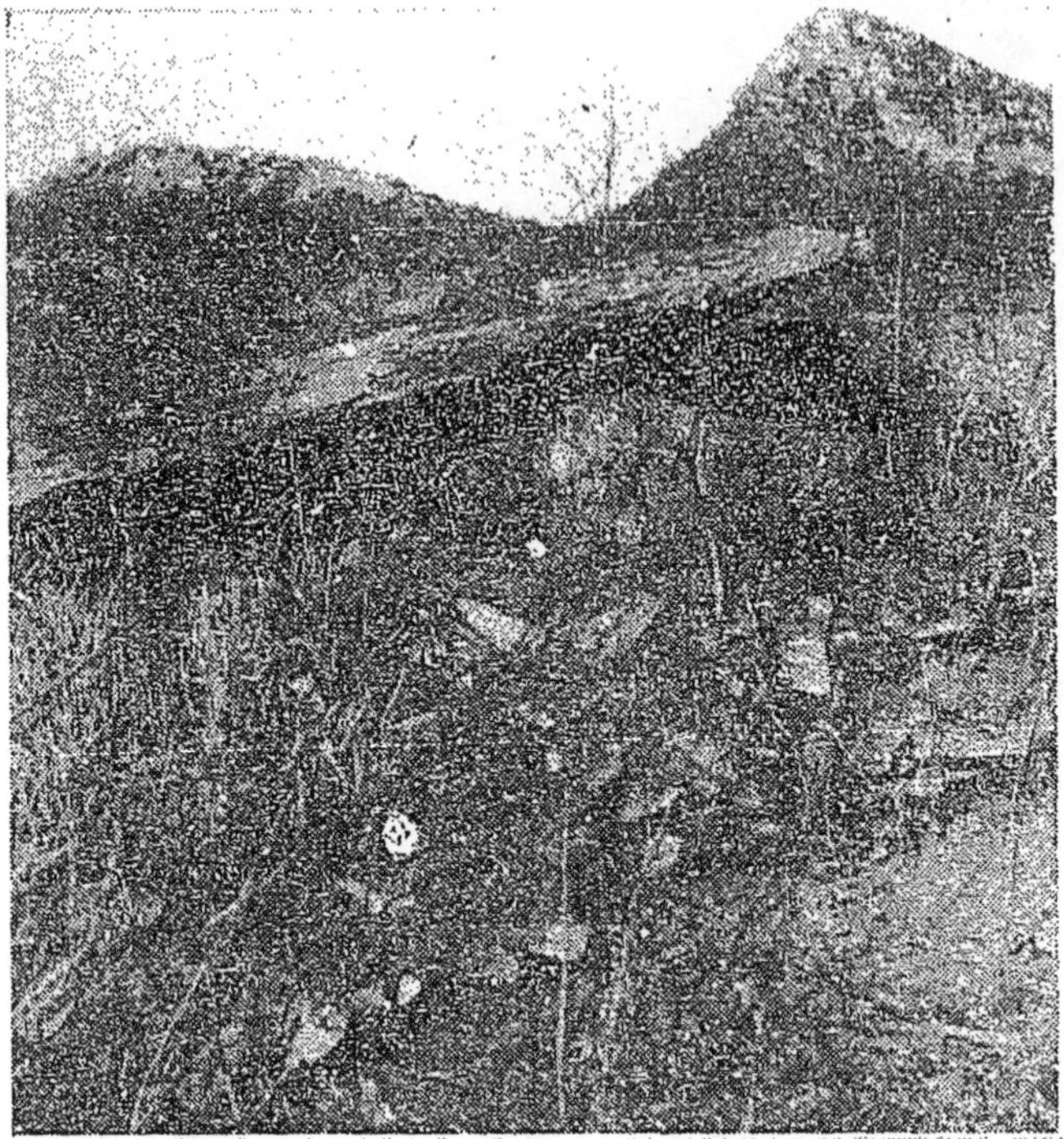

順川郡舍人面舍人里E地點發見。
破壞古墳上露出ドルメン。

順川郡舍人面舍人里D地點發見。
半毀古墳上半露出ドルメンの前部。

第十九圖

第二十圖・成川郡靈泉面柳洞里の巨石蓋墳墓。

第二十一圖・

東萊溫泉場の後畑中のドルメン(?)。昭和八年三月二十七日撮影。

これがドルメンなるか自然岩なるかを決定すべき支石そのものが人工的とも自然的とも判然せず、從つてドルメンとも否とも斷じ難い。私は支石と支石との間に於いて新羅の昔より今日に至るまでの種々の土器陶器等の破片を發見した。新羅の豆(土器)、新羅末高麗初の黝色土器、李朝初の古三島陶器、刷毛目土器並に近世の陶器、今日の和製磁器等の破片が散在した。西北間面に向つて擧げられ、蓋石は前面の厚三尺、西北面の長十三尺、西南間面の長十四尺、東北間面の長十五尺の略ぼ三角形を成し、東北最長十八尺、東西最長十五尺、東南間面なる後部は其底地面と密着して高(卽石厚)六尺、前面(擧面)は蓋石と地面との間の高さ三尺。支石は二個の圓き自然石にして、其北側の者は稍々平たく高一尺三寸、幅三尺。西側の者は高二尺、幅一尺、廣二尺なるも寫眞には見えず、寫眞に西側の支石なるが如く見える者は毫も蓋石を支へてはゐない。

朝鮮の Dolmen に就て

孫晉泰

一、緒　言

朝鮮のドルメンを最も早く發見した人は W. R. Carles 氏であつた。氏は一八八五年京城より元山に向ふ途中、京畿道抱川郡の某處に於いてその一つを見出した。[1] 同時に氏に隨行した Allen 氏も亦抱川郡内に於いて他の四五のドルメンを見出し、[2] その後 W. Gowland 氏は同じ抱川郡の松隅里附近に於いて一個、[3] Mrs. Bishop は江原道金化郡白楊江附近に於いて二個、[4] E. Bourdaret 氏は黄海道鳳山邑近くに於いて二十二個[5]のドルメンをそれぞれ見出したと報じてゐる。此の後やうやく朝鮮のドルメンは日本の學者の間にも注意されるやうになり、之に就いて報告なり說を爲せる者決して數三に止まらない。けれども就中之を全鮮的に調査しその結果を發表せられたるは鳥居龍藏博士である。博士は咸北・平北を除く朝鮮全道の諸處に於いてドルメンを發見せる旨報告せられ、且つ此等朝鮮のドルメンには二つの異れる型式があつて、全羅道及慶尙道のそれは棊盤型、その他諸道のそれは卓石型であることを謂はれた。しかし乍ら遺憾なことには、それらドルメンの一々に就いてその發見せる里名地點・倒立の與否・周圍の狀態・測定等の詳細なる記述が一切省かれてゐて、我々は唯だ朝鮮全道にドルメンが存するといふこと以外殆ど何事をも之に據つて知り且つ窺ふこと困難である。

私は昨夏及今春平安南道地方を旅行し、順川・江東・成川・陽德・孟山等の地に於いて多數のドルメンを發見した。それでこゝにその報告を書かうとするのが此文を起稿する目的の全部である。終りに若干の愚見を述べようとするけれども、これは固より門外漢なる私の一愚論に過ぎないであらう。

二、平安南道に於いて私の發見せるドルメン

昨年の五月三十日私は江東郡江東面文興里に於いて三個のドルメンを見出した。文興里は俗に支石酒幕(コインドルスルマク)と稱せられ、江東邑より平壤に向ひ西約二十五六町の所にあり、此等ドルメンは文興里の北小丘の上にあり、南に水晶川を望んでゐる。その中二個は既に倒毁されてゐるが、一個は尙ほ完全に立つてゐる（圖一と二）。この完立せる者をA石とすれば、A石は三枚の片麻岩偏平單石より成り、南北兩面が空き、東西兩面が閉塞されてゐる。蓋石は南北の長さ十二尺二寸五分にして其の最長部分は十四尺七寸五分、東西の幅は九尺七寸乃至九尺九寸五分、その厚さ六七寸乃至一尺四寸五分。東側の支石はその底部の長さ南北八尺五寸五分、頂部の長さ五尺一寸五分（有破痕）、厚さ四寸。西側の支石は底部の長さ八尺四寸、頂部の長さ六尺三寸（亦有破痕）、厚さ三寸三分。室はその高さ五尺六寸、奥行南北八尺五寸、幅東西四尺八寸である。B石はA石を距る北三十餘尺の地點にあつて、原型は四枚の支石と一枚の蓋石とにより成れるものなるを想はしむる所があるが、現在は唯だその西側の支石一枚だけが完立してゐるのみであつて、東側及南側のそれら二枚の支石は底部を遺し、半部より以上は片々に破碎されて周圍にその破片を遺してあり、北側の支石は僅か數寸許高さの底部のみを遺したゞけで完全に粉碎されてゐる。而してその蓋石であつたと思はれるのは原位置より東北二十六尺許の地點に落在した。此のB石

は恐く落雷に會つたものかと思はれ、その流落せる蓋石は長さ南北最長二十三尺二寸、中部十八尺、幅東西最長十尺一寸、中部六尺八寸、最短二尺八寸であり、完立せるその西側の支石は長さ底部南北十一尺二寸、高さ五尺九寸。支石と支石との間は奥行南北十尺許、幅東西五尺五寸許である。これに由つて見ればB石はA石よりもその原型は遙か大きかつたらうことが想察せられる。C石はA石を距る南二十餘尺の所に唯だその破碎せる東西兩側の支石二枚を原位置に遺し、南北兩面は空き、その蓋石であつたと覺ぼしきものは十尺程距てたる地點に流落されてあつて、前二石とは比べものにならず遙かに小さく、蓋石の長さ十尺內外、幅七八尺のものである。B石を距る十數間の北に於いて私は同じ片麻岩の一大偏石を見出した。これは第四項に於いて述べようとする私の所謂「巨石蓋墳墓」の破毀されたるものゝ蓋石であつたに相違なく、此は四項に於いて詳述しようと思ふ。文興里民達の話を綜合すれば、彼等は今A石の蓋石上に洗濯物・唐辛子等を乾したり、往年は葉莨の乾燥用にも之を用ゐ、夏はその中に或はその上に於いて凉を取るといふ。又江東郡內には此の外に、晶湖面花岡里にやはりドルメンが存すると江東郡廳員某氏は語つた。

こゝに一寸斷はつて置くが、私は記述の煩を省くため一々のドルメンに就いてその材を片麻岩單偏石と記るすことはすまい。私の見出せる凡てのドルメンは何れも同じく片麻岩の單偏石三枚以上により成つてゐたからである。又私は私の見たる一々のドルメンに就いて悉くその寸法を記るすやうなことも避けたい。それは、その悉くに就いて私が細かい測定を試みたわけでもなく、又その必要もないからである。私はその特に大きい者又はその必要を認めたる者以外、普通型(長さ八九尺乃至十尺位、幅六七八尺の蓋石を有する者は極めてありふれた普通型のドルメンである)の者は殆ど大部分その測定の徒勞を省いた。而して又私がこゝに謂ふ蓋石とはドルメンの覆蓋を成せる石のことであり、支石とはその蓋石を支へる支柱石の謂ひである。ドルメンの朝鮮に於ける文字上の俗稱である支石と私の謂ふ支石とは決して同一概念のものではない。

六月三日私は成川郡大邱面泉洞里瓦洞に於いて更に一個のドルメンを發見した。面書記金炳弼氏の案內にて、大邱面事務所所在地なる別倉より陽德に向つて大道を東に約半里許り行くと、右側の川邊麥畑の中にそれがある。その周圍には畑中に散在してゐた無數の小石が百姓達によつて集堆せられ、ためにその支石等は之を外部より識別すること困難なるも、その蓋石のみは明かに露現されてをり、又その周圍の堆石を若干取除いて見れば全くその完立せるものであるが明かに知られ、西面が空き、支石は三枚、蓋石は長さ東西十三尺、幅南北七八尺、厚さ三寸乃至五寸の稍圓味を帶びたものであり室の現高は四尺許、幅四尺五寸許にして、奥行は東西八尺位に想はれた。（圖三）

六月四日別倉を距る半里許の大邱面信長里の河岸畑中に於いて發見したドルメンは既に倒毀せるものであつたが、開口は東北間面であり、普通型にして蓋石の長さ約十尺、幅七尺許、支石は三枚の單石であつた（圖四）。この外成川郡には四佳面支石里・通仙面南山里、三德面長上里及び三德面文源里等にドルメンの存することを聞いた。六月五日私は陽德郡雙龍面龍田里の河岸、專賣局の煙草倉庫兩側に於いて都合九個のドルメンを發見した。その中三個は崖下に墜落してをり、六個は畑中に倒毀されてあつたが何れも普通型にして、蓋石の長幅は大概約十尺・七八尺位のものであつた（圖五）。

六月六日私は白石里を距る東約一里程の陽德郡化村面文興里の小川兩岸の畑中に於て都合五個のドルメンを發見した。其所は俗に支石衙（コインドルコリ）と稱せられ、文興里と月明里との境界をなす小嶺の下であり、支石衙は更に上支石衙と下支石衙とに區別されて、月明里に向つた方を上支石衙、白石里に向つた方を下支石衙と云つて、前者には四五戶、後者には一戶の民家があり、兩者の間は僅かに一町程の距離であつた。上支石里衙には二個のドルメンがあつて、その一個は民家の前の路傍に半傾の狀態を保つて、蓋石の長さ十尺許、幅七八尺許、厚さ五寸乃至七八寸あり、南側が空いてゐる。元來は支石三枚より成つてゐるが北側の支石は半ばから壞れて地面にその破片を遺してゐる（圖九）。而してその對岸の畑中にあるドルメン一個は既に倒毀し、蓋石上には畑中の小石が累積されてあり、元型は支石三枚より成りたるものであるが北側の支石は殆んど粉碎され南側の支石も大分壞されてゐる、東西が空いてゐる（圖七）。成川・陽德・孟山地方の畑の中には無數の小石が見られる。農民達はそれら小石を畑の一隅又はドルメン蓋石の上に累積するのであつた。次に下支石衙には民家後の畑中に三個があつて、其中の二個は倒毀してゐるが一個は完立してあつて、東面が空き、石室は高さ五尺二寸許、奥行東西五尺五寸、幅南北三尺七寸許、蓋石は若干菱形を帶びてその長廣共に長き部分十尺許りのものである（圖六・八）。

六月七日孟山郡と陽德郡との境を成す俗稱地境江の左岸、陽德郡化村面昌介里の畑中に於いて八個の倒毀せるドルメンを發見した。何れも茂草によつて覆はれ、普通型のものである（圖十）。同時に私は地境江の右岸孟山郡元南面達泉里の畑中に於いて又四個のドルメンを發見した。その中三個は倒毀してゐるが、一個は殆ど完立の狀態である。西北間面が空き、蓋石は普通型にして長さ十尺許、幅八尺許、室の現高四尺許りであるが、周圍は小石によつて沒せられ、蓋石だけが露現されてゐる（圖十一）。

同日夕陽私は孟山郡元南面朱浦里と孟山面上倉里との境を成す俗稱獐項（ノルノキ）といふ小峠の上の、その上倉里に屬する部分の左右兩側の畑中に於いて各々三個づゝの倒毀埋沒せるドルメンを發見し、又直ぐその獐項峠の下を流れる小川の兩岸及び、それより孟山面紅門里に至る約一里餘の間に於いて三十個、都合三十六個のドルメンを孟山面内に於いて發見した。上倉里より孟山邑に至る流域は約二里に亘り、その兩岸に孟山郡内最大平原の一つが展開されてゐる。それでこゝに孟山邑が設けられ、人口も比較的殷盛である。とはいふものゝ、これは孟山の如き山邑に限つて言はるべき話であつて、その所謂最大平原といふのが實は極めて狹小なる小平原に過ぎないのである。次に前述三十個のドルメンに就いて順序に之を記るせば、獐項峠を下る直ぐそれに續いた小原の中に倒毀埋沒せるもの二個があり、川を距てゝその左側の對原に二十一のドルメン群があるが、殘念乍ら何れも既に倒毀し、半ば破壞せられたる高句麗累石塚の間に混在してゐる（圖十三）。此の小原はまるで古代共同墓地の觀を與へ、村民はその何れもを胡墳（トエムトム）と云つた。ドルメンや累石塚の上には雜草生繁り、一見その孰れがドルメンであり、孰れが累石塚であるかを判別するに困難であつた。ドルメンの倒毀せるは私の見た限り、その地盤が砂地であるためであつた。上倉里のそれも、成川信長里・陽德文興里・昌介里・孟山達泉里のそれも、又次に述べんとする順川舍人里のそれも總てその地盤が砂地であるためかと思はれた。此の二十一個のドルメン群から孟山邑に向つて行くと、約一町程の路傍に一個、それより更に五六町の所の路傍畑中に又一個、又それより一町許りの所に一個、何れも倒毀されてゐる。次第に孟山邑近く來たりては、孟山面花里一番地唯一軒の離れ家である車某の家の後路傍に一個倒毀埋沒されたのがあり、此民家水車小舍前の川中にも六枚のドルメン偏石の流散されてゐるのが現はれてゐた。花里を距る二三町の孟山面紅門里河岸民家の前に於いて私は又半傾せる一個のドルメンを見出した。東南間面が空き、普通型である。現高三尺許。

六月九日孟山郡智德面松岩里の朴秉奎家の後の畑中の累石塚の間に於いて私は略ぼ完立せる一個のドルメンを發見した。朴老の話に依れば、五六年前までこのドルメンは完立してゐたが以來少し傾いて來たといふ。普通型のものにして蓋石の長さ東西十尺許、幅南北七尺許、厚三四寸、室は現高四尺許、東の方が空いてゐる（圖十二）。これより私は寧遠・德川・熙川・江界等地を步いたが、ドルメンがあるといふことを聞かず、又それを見出すことも出來なかつた。

今年三月三十日私は平南順川郡舍人面舍人里區內に於いて實に四十九個のドルメン及び巨古蓋墳墓等を畑の中に發見したが、その完全なる形態を地表上に識別し得るものは僅かにドルメン十餘個、巨石蓋古墳十七八個に過ぎず、その餘は殆ど地下に埋沒されその上に雜石雜草等堆積茂生して兩者の中その孰れに屬すべきかを判別するに困難であつた。しかし乍らそれらが何れもドルメン又は巨石蓋古墳であらうことには少しも疑ひがなかつた。次に此等四十九個の所在地點を逐次記述すれば、舍人場を距る西約四町の大路傍北側民畑中A地點に巨偏石一枚。Aを距る西約二町の路傍民畑中B地點に倒毀せるドルメン一個。Bを距る西約四町の路傍C地點に半毀或は全毀せるドルメン及び巨石蓋墳墓十一。Cを距る西約三町の路傍民畑中のD地點に倒毀せるドルメン十二及び巨石蓋古墳一。Dを距る西約二十間の路傍民畑中のE地點に巨石蓋古墳並にドルメン合せて二十三個、都合四十九個である。

同日私は舍人面臣培里（君臣里の一部）民家附近に於いて多數の散在せるドルメン偏石を見出した。臣培里は舍人里と隣接し、舍人場を距る西約一里の所にある。舍人里のドルメン及び巨石蓋墳墓に就いては次の第四項及五項に於いて詳述する心算りであるからこゝには省略するが、その普通型なる一つのドルメンに就いて測定せる所を記るせば、それはB地點に在る倒毀せるものであつて、東面が空き、三枚の支石は何れも一部分埋沒されてゐるが、蓋石だけは完全に現はれ、その長さ東西十尺九寸、幅南北八尺一寸、厚さ七寸乃至一尺の楕圓味を帶びたるものであつた（圖十五）。上述ドルメン發見地名及び其の數等を次に表示せば

地名	數
江東郡江東面文興里	三個（一完一碎一毀）
同　晶湖面花岡里	一個（未見）
成川郡大邱面泉洞里	一個（完）
同　同　信長里	一個（倒毀）
同　三德面長上里	（未見）
同　同　文源里	（未見）
同　四佳面支石里	一個（未見）
同　通仙面南山里	一個（未見）
陽德郡雙龍面龍田里	九個（三墜崖下六倒毀）
陽德郡化村面文興里	五個（一完一傾三毀）
同　同　昌介里	八個（悉毀）
孟山郡元南面達泉里	四個（一殆完三倒毀）
同　孟山面上倉里	三十個（悉毀）
同　同　花　里	三個（一倒毀二流散）
同　同　紅門里	一個（半傾）
同　智德面松岩里	一個（殆完）
順川郡舍人面舍人里	數十許（自古墳露出者有三）
同　同　君臣里	ドルメン偏石多數散在

以上私の見たる平南のドルメンが悉く片痲岩偏石より成れることは既に述べた通りであるが、この片痲岩の朝鮮俗稱は青石であり、平南の到る處に於いて私は此石を見ることが出來、殊に順川郡の舍人里附近の山には無數の片痲岩を見ることが出來た。この青石は朝鮮溫突（オンドル）の敷石として最も重用せられ、成川・陽德・孟山等地の民家の屋根葺石としても多く用ゐられてゐる。而して此の片痲岩偏石のドルメン石は原岩より剝取りたるものを殆どそのまゝ用ゐたものらしく（若干の人工は加へられたであらうが）特に人工を加へたる顯著なる點を見出すことは出來なかつた。

三、ドルメンの名稱並にそれに關する信仰及傳說

ドルメンの朝鮮俗稱はコインドルであつて、W. G. Aston 氏が既に說破せる如くコインは支へる、トルは石の朝鮮語であつて、支へる石の意味である。[7] 而して又鳥居博士が既に指摘せる如く、文字の上では里名の中に支石又は撐石と書き現はされ、斯る地名の所には必ずドルメンが存するやうである。[8] 完立せるドルメンをコインドルと云ふのは全鮮共通の名稱のやうであり、平安道に於いては之が少し訛つてコエンドルと發音されてゐるが、倒毀せるドルメンに對しては平南土民は決して之をコエンドルと云はず、胡墳（トエムトム）又は都墳（トムトム）或は餅岩（トクパウ）等と稱してゐる。倒毀してゐても支石等を地表上に見ることの出來るものは之を胡墳又は都墳（多數の人を一所に衆葬せる墳墓の意味）と云ひ、蓋石だけを見る場合は之を餅岩といふらしい。餅岩とはその形が餅を搗く偏石に類似してゐる所より類稱される名であり、胡墳とは胡人即ち滿洲蒙古支那等北方外民族の造れる墓といふ意味である。彼等は又高句麗の累石塚をも之を胡墳（トエムトム）と稱し、兩者は何れも北方外民族のものと考へられてゐた。

次に、平南に於いて見聞せるドルメンに關する俗信を見るならば、部落的又は共同的に之に向つて土民が祭儀を行ふやうなことは無く、專ら個人が各自布帛の片れ、粟豆の如き穀類その他の餅・果・飲食物等を以て、主として咳と小兒の病とを之に祈るのであり、それに祈る理由は大體二つに區別して考へることが出來る。一はドルメンが倒毀されてゐる場合、彼等はこれを將帥の墓であると考へるので（下述）その中に葬られたる將帥の偉勇性に對する崇敬の念よりして之に向つて祈禱を爲すものであり、二はドルメンが完立されてゐる場合、彼等はそれを痲姑の家又は將帥の建造せる不可思議なるものと考へてゐるのでその歷史的久遠性並に巨石的偉大性に對する崇敬の念よりしてそれに向つて祈禱を爲すものであつた。ドルメンに限らず平南の民は高句麗古墳・巨石蓋古墳・巨岩・大石等に禱病・祈子其他の祭事を爲すことが多い。巨岩に祈つて子を得た場合、彼等はその生子に多く岩（パンウ）といふ兒名を附けるとのことであり、又私が別倉で見た治咳石（キチムテナントル）といふのは

人家の前にある普通の青石であつて、咳に苦む兒童は少量の穀類又は飲食物を小皿に盛つて往き、それを青石（治咳石なる）に打つけつゝ「咳を治ほしてくれ」と叫ぶとのことである。その時若しその家の者に「馬鹿野郎うるさい」などゝ怒鳴られると更に効驗を加へるものであるといふ。私は完立せるドルメンの中に於いて民婦祈禱の遺物を見出すことは出來なかつたが、前述の如き信仰の存することは言ふまでもなく、半傾せるドルメン及び倒毀せるドルメンの中に於いては屢々その痕跡を見ることが出來た。一例を擧ぐれば、陽德龍田里のそれ及び孟山達泉里のそれには、蓋石と支石との間及び室內に壞れた陶器の皿並にそれに盛られたる粟・黍等の穀粒を見ることが出來た。

ドルメンに關する傳說も決して數三に止まらず、Carles 氏の記るせる所に依ると、それは日本人が侵入せる時（朝鮮人の所謂る壬辰倭亂、卽ち豐臣秀吉の役を指すものであらう）朝鮮の地氣を壓するためにそれらを造つて去れるものであると云ひ、鳥居博士の調べたる所に依ると、往古朝鮮には將帥（力士のこと）が多く出て困るので支那人が朝鮮の地氣を壓するため之を建立したとも、又一說には、天上の將帥達が地上に降るときそれ等を頭上に巧に載せて降り、後そのまゝ之を放置して去つたものであるとも云ふ。私は未だ以上三說を聞かず、私の平安・黃海二道に於いて聞いた所は次ぎの四說であり、最初の二說は完立せるドルメンに就いての傳說である。

一、麻姑住家說　これは平安・黃海兩道を通じて最も普遍的な傳說である。卽ちドルメンは往昔麻姑の住居であつたといふのである。しかしその傳說的潤色に至つては地方に依つて多少の差違があつて、江東・成川地方に於いて聞いた所では、麻姑婆さんのために將帥が之を造つて與へたものであり、陽德文興里に於いて聞いた所では、麻姑自身將帥の如き大力家であつて、自から大石を運び來つて造つたものであり、孟山邑に於いて聞いた所に依ると、麻姑は極めて慈悲深い婆であつて、貧しき者達に上衣を惠み裳を施し袴を與へ、遂には最後の內衣まで渡してしまつたので赤身のまゝでは外を出步くこともならず、恥かしくて堪らないので、之を造つてその中に蹲居したものだと云ひ、黃海道鳳山地方の傳說は、麻姑婆さんが平たい石を一枚は頭に戴き、一枚は背に負ひ、二枚は兩腋に一枚づゝ抱へ來つて造つたのがこのドルメンであるといふ。

二、地理說　山川が雄大であると將帥（力士）が出て謀叛を起すので、その地氣を抑壓せんとして之を建立したとも、又或者は、その場所には寺を建てゝはいけないといふのでそこにコインドルを建てたともいふ。これらは江東及成川に於いて聞いた所である。

三、胡墳說　完立せるドルメンを胡墳だといふ說を民間に聞くことは出來ないが、倒毀せるものは前述の如く何れも胡墳といふ。或者は胡將の墓だともいふ。これは高句麗の累石塚より屢々甲冑その他の武具が發掘される所より兩者を混同視して言ふ者の說ではあるまいかと思ふ。

四、都墳說　やはり倒毀せるドルメンに就いての傳說であつて、前述の如く衆人を合葬せる處だといふのである。此說を主張する者の話に依ると、胡墳(トェムトム)は都墳(トムトム)の訛音であつて、昔日戰死せる將卒達を合葬せる墳墓即ち都墳であると云ふ。此說に注意すべき點は、彼等が之を都墳と主張する理由が、倒毀ドルメンの中より屢々多數の人骨を發掘し得たる實際の經驗に據つてゐることとである。

四、巨石蓋墳墓

次項に於いて述べんとするドルメンの變展を說明する上の必要上、私はこゝに巨石蓋古墳に就いて述べなければならない。我々が常識上高句麗古墳といふのは無數の大小偏石にて石棺又は木棺を覆ひ、その上に封土を加へたものであるが、それらは決して長廣十尺餘の巨石ではなく、數三四五尺の偏石を唯だ無數に積累ねたるものである。私のこゝに所謂る巨石蓋墳墓といふのも恐く高句麗古墳の一種の型式であらうと想定されるにも拘はらず、ドルメンに使用する長廣十餘尺の巨偏石を墳上に覆ひ、堂々とその巨蓋石を現はし、その支柱は小石を積累ねて作つてゐる。これを私は假に巨石蓋墳墓と名附けたのである。

私は斯る巨石蓋墳墓を今年三月三十一日成川郡靈泉面柳洞の畑中に於いて一つ發見した。里民の語る所を綜合すれば、昨春或者が寶物を得んとて之を發掘し、その中より大豆粒大の金の珠一個を得たとも、又何物も得ることが出來なかつたとも謂はれ、約六尺程堀下げた處に於いて多數の人骨を發見してそれが個人又は夫婦の合葬せる墓に非ず、必ずやその都葬墳墓なることが判つたと云ひ、又私の見た所、その蓋石を支へる支壁は花崗石・片麻岩等の小石を長方形に築上げて造り、墓の中には石灰を高句麗累石塚に見られるそれの如く使用してゐる。發堀者は南側を發き、土を再び原所に充塞せるため玄室の現高は三尺五寸位であつたが、その奥行は南北六尺餘、幅は東西四尺であり、蓋石は南北長さ十二尺二寸、東西幅七尺五寸、厚さ四寸乃至八寸の楕圓味を帶びたる片麻岩單偏石である。墓は蓋石以下完全に封土を以て覆はれ、蓋石を除いては普通の古墳と外形上全く同一であり、その大さは東西幅二十一尺、南北長さ三十尺、高さ六尺餘であつた。そして私は玄室の中に於いて民婦祈禱の遺物である皿の破片及び穀粒等を發見した(圖二十)。

これより一日前の三月三十日、私は順川郡舍人面舍人里の第二項既述CD及E地點に於いて二十餘の巨石蓋古墳を發見し、その中の最大なる者二つに就いて測定を爲した。この二者の中D地點に存する者は今尙ほ其の原型を完全に遺存し、一見してその古墳なることを識ることが出來た。私は一寸これをドルメン古墳ではないかと疑つたが、封土が蓋石の中央に於いて蓋石と接してゐる所より察じて、それがドルメンではないだらうといふ推定を得た。ドルメンならばその支石を隱すため封土は殆ど蓋石全體と接してゐなければならないからである。而してE地點のそれは殆ど墓形が毀れてその蓋石だけを地上に現はしてをり、又C地點には何れも普通型大の蓋石を用ゐたもの許りあつて、或者は全く破毀され、或者は半毀、或者は僅かに原形を保つてゐた。さて、D地點のそれは蓋石の長さ東西十尺許、南北の幅六尺五寸、厚さ三寸乃至九寸の似圓似方の片麻岩單偏石より成り、その上には小石が累積され、後には樹が立つてゐる。墓は土饅頭型のものにして東西の長さ南北の幅共に十七八尺、高さ地上七尺位であつた(圖十六)。E地點のそれは蓋石の長さ南北十四尺、幅東西十二尺、厚さはその四邊は二三寸乃至一尺に過ぎないが中央は非常に厚く略ぼ三尺位に思はれ、方圓形の片麻岩偏石であつた。

朝鮮の Dolmen に就て（孫）

尙ほ私が舍人里のA地點畑中に於いて見出した片麻岩の一大偏石は、その下に支石を見る能はす、若干圓味を帶び、その長さ十尺六寸、幅九尺七寸、厚さ五寸乃至七寸の片麻岩であつたが、斯る自然岩より剝取されたる巨石が自然的に畑中に單獨存在する理由は考へられす、且つ又その附近に多數の巨石蓋墳墓やドルメンなどの存する所より推して恐くこれも巨石蓋古墳の蓋石であつたらうと想定される。こゝに於いて想出されるのは昨年六月十九日私が平北江界郡前川面武坪市外南約三里俗に內洞（アンコル）といふ民家數戶の河岸畑中に於いて見出した片麻岩の一大偏石である（圖十四）。似圓似方の長廣十尺乃至十二尺位にして厚さ二三寸乃至七八寸の、その下に支石を見る能はざるものであつた。これも恐くは巨石蓋古墳の蓋石だつたものであらうと思はれる。而して又、前述江東郡文興里のドルメン近傍に於いて發見した片麻岩偏石一枚もやはり巨石蓋古墳の蓋石でありたるべく、形は方形に近く、南北の長さ十二尺三寸、東西の幅八尺五寸、厚さ五六寸乃至一尺四寸のものであつた。

五、朝鮮のドルメンを建造せる目的・民族・時代並に其の原型と民俗學的意味

朝鮮のドルメンを何時どの民族が何の目的にて建造したかといふのは實に至難な問題でなければならない。Gowland氏は唯だ無難に "they were built by an early tribe, ancestors of the present Koreans" (p. 321) と云ひ、關野貞博士は「朝鮮古蹟圖譜」第二冊末に黃海道殷栗郡北部面雲化洞のドルメンを收載し、高句麗時代の「露出石棺」と解題され、鳥居博士は「通古斯族なる穢貊民族の祖先が先史新石器時代に墳墓として建造したるものであらう」といふ意味の言を述べられてゐる (p. 99) けれども兩博士共に遺憾乍らその論據とせる所を述べて居らす、唯だ漠然とその感じを述べられたものと察せられる。

歐洲に於いてもJames Fergusson, 'Rude Stone Monuments in all Countries; their Age and Uses'. London, 1872. 以來さしたる權威ある研究著はれずして、略ぼそれは墳墓であらうといふことに歸着してゐるらしいけれども、必ずしも

之が決定説となつてゐるのではないやうである。のみならず、同一又は類似する建造物なり又其他の物にして、それが民族によつてその目的・用途及びその作造時代等を異にすることの有り得べきことは言ふまでもなく、同じ民族に於いても時代によつてその目的・用途を異にすることの有り得べきこと、及び同時代にあつても階級に依つてその目的・用途の異ることあるべきをも豫想しなければならない。故に我々は朝鮮のドルメンに就いても一應之を他民族のそれと切離して考へ、然る後之を更に他民族のそれと比較研究しなければならないと思ふ。

私は未だ嘗つて朝鮮全道に亘つてドルメンの實地調査を爲したこともなく、又此の方面には全く門外漢である。それ故に今私がこゝに大膽な臆説を發表しようとすることは誠に僭越の至りと言はざるを得ない。けれども今までの自分の見聞に依つて、その考へる所を世に問ふことは斷學のため決して無意味であらうとは考へられず、敢へてこゝに數言の愚見を述べようとするものである。

今日まで發表された諸家の記述並に私自身の見聞に據れば、朝鮮のドルメンは數三の特色を有してゐる。第一それは大多數の場合必ず一方又は兩方空面を有してゐる。これは恐く朝鮮全道に於けるドルメンの共通特色の一つであらう。第二に朝鮮のドルメンは歐羅巴のそれに屢々見られるが如き石籬（Stone circle）を伴はず、又累石塚の石棺の如くその上の累石又は封土等を伴ふことなくして、個々獨立せるドルメン（free standing dolmen）を成してゐる。第三に、忠清道以北のそれは大體二枚或は三枚の支石（稀には四枚の支石を有するものもあつたかに思はれるが）より成つてゐてその室は數人以上を容れ得ること、第四にこれは山上に發見されることなく稀には河流附近の小丘上に、多くは平原の中に建立されてゐることなどである。

こゝに於いて、若し我々が一切の先入觀より離れて朝鮮ドルメンだけに就いて考へるならば、これを造つた目的には大體次ぎの三つのことが漠然想像される。第一は宗敎的崇拜物又は祭壇等として、第二には一種の住家型式として、第三は古墳の石室又は石棺の露出せるものとして。然るに、第一の想像は、それが屢々群を成して發見せられることだけに依つて見ても決して論を成さないことが判る。けれども第二の想像に就いては、前述の如くそれが開面を有すること、數人以上を容れ得ること及び山上にそれを見出すこと無きことなどに依つて若干その可能性を認め得るかに思はれないこともない。もしそれが墳墓であつたならば、それは四面閉塞されてゐさうでもあり、且つ又それは山上にもあり得さうであるからである。唯だこゝに難點となるのは、その中に於いて屢々多數の人骨が發見されること、並に稀には四面閉塞されてゐたかに思はれるものゝあることなどである。しかし乍らこれらに就いてはまだ抗辯の餘地もあらう。卽ち Gowland 氏が抱川松隅里で發見したそれに就いては、最初よりその一面が破碎されてゐたのであらうとも言へるだらうし、私の見た江東文興里のB石に就いても同樣のことが言へないこともあるまい。又村山智順氏が其著「朝鮮の風水」四二五頁に於いて、朝鮮ドルメンの一方或は兩方の空いてゐるのは土民がそれを發堀せるに出るものであると簡單に說斷せられたことに就いては尙更承服し難い。といふわけは、若し果してそれが發堀の際取去られたものであるならば、その除かれた石は必ずやそのドルメンの近傍に遺されてゐなければならない。假りにその除去された石の或者は溫突敷石用・屋蓋用等に運去られたであらうと想像するも、總ての場合必ずそれが運去られたであらうとは考へられない。然るに今日まで發見された資料に據つては一つとしてその近傍に除去石を發見することは出來ないのである。尙ほ鳥居博士は朝鮮ドルメンの支石は三枚或は四枚より成ると言はれたが、遺憾乍らその四枚なる者の發見地點を一つも明示されてゐないから遽に之を信ずることは出來ない。けれども、倒毀せるドルメンの中から屢々發見される多數の人骨に就いては一寸抗爭の言葉に窮しなければならない。しかし乍ら、斯く朝鮮のドルメンを住家の一種と見ることにも決して一理がないとは言はれまいと考へられるのである。

然りと雖も、私は此の住家說に全く致命傷を與ふべき新資料を、今春三月末、順川郡舍人里のD地點及E地點に於いて、倒毀せるドルメン並に巨石蓋古墳の叢中に各々一個づゝ發見した。それはドルメンが半毀せる古墳の中に露出してゐるものであつた。D地點に於いて見出したそれは、明白なる半毀古墳の中に、蓋石一枚、支石三枚の片麻岩より成れる完立せるその巨體を半ば露はして、東が空き、室は現高三尺三寸許、奥行東西七尺、幅南北三尺五寸許であり、その蓋石は長さ東西十尺、幅南北十尺の似方似圓形のものにして、その厚さは七寸乃至一尺許であつたが、支石は何れも半ば墓の中に埋れてゐる（圖十九）。そして又E地點に見出したそれは新道路の直ぐ側にあつて、明かに土民發堀の半毀古墳の中に、やゝ片麻岩偏石の三支石及一蓋石を殆ど完全に露出完立してゐるが、唯だその蓋石の東端一片は破碎されて數尺の距離に流落半埋され、又西側の支石も若干破碎されてゐた。しかし乍ら蓋石の大部分及び南北兩側の支石は尙ほ完立して、東の方が空き、蓋石は楕圓味を帶びた長さ東西十五六尺（現存十二尺、破落せる部分の長さ約三四尺）、幅南北最長十三尺五寸、厚さ七八寸乃至一尺のものであり、南側の支石は長さ東西十二尺、高さ地上三尺五寸、厚さ四寸八分。北側の支石は長さ十尺、高さ地上三尺四寸、厚さ四寸五分である。室はその高さ現に三尺五寸許であるが發堀後原土を亂塡せる形跡一見明瞭にして、奥行は東西十三尺、幅は南北七尺であつて圖十八）、私の發見せるドルメンの中、江東のB石を除いては最大なる者であつた。私は寡聞にして未だ嘗つて斯る半露出ドルメンの發見されたることを見聞しない。

此の兩者の發見に據つて、私は朝鮮のドルメンが古墳石室（私はこれに石棺といふ稱を避けたい）の完全に露出せるものであらうことを推斷せざるを得ない。（南鮮の所謂碁盤型ドルメンなるものは姑く之を置く。）果して然らば、我々はこゝに於いて、ドルメン石室を有つた墳墓が漸次その支石を廢しその代りに小石を築きてその支壁とするやうになつたのが私の所謂る巨石蓋墳墓ではあるまいかといふ推測を許容しても宜くはないかと思はれ、又巨石蓋墳墓上の蓋石が廢せられてからは專ら所謂る高句麗の累石墳墓を造るやうになつたのではあるまいかとも思はれる。と言つても私は決してこゝに、累石墳墓が巨石蓋墳墓にその起源を有するものであると謂ふのではない。累石墳墓も或はドルメン以上の古き歷史を有するものかも知れないからである。

次に、ドルメンの建造時代に就きての Gowland 說、關野說、鳥居說等は既に紹介したが、私は不幸にしてその何れにも遽かに承服することが出來ない。今の私の考へでは、これは穢貊時代より高句麗初に亘つて穢貊・高句麗等通古斯族に依り造られたものではあるまいかと臆測されるのみである その由る所は、ドルメンの中から屢々多數の人骨が見出され、それが殉葬の行はれたる時代に建造されたものではあるまいかといふ感を起さしむるからである。私自身これを發掘したことはないけれども、都墳傳說の條に於いて既に述べた如く、人骨發見のことは恐く信ずべきことにして、成川郡柳洞里の巨石蓋古墳より發見せられたる人骨のことは姑く置き、孟山郡達泉里に於いて私が親しくそれを發掘せる里民に就いて聞いた所に依ると、彼は達泉里の對岸なる陽德郡昌介里のドルメン八個の中その數個を發掘したが、何れもその中に多數の人骨を藏するのみで、その外何物をも見出し得なかつたと云ひ、又都墳說を執る者は孰れも皆同樣の理由に據つて之を主張した。果して然らば、之は決して鳥居說の如く新石器時代穢貊族の祖先が造つたものだらうとも思はれず、又關野說の如く高句麗の如き割合新しき時代のものとも考へられない。殉葬は廣い意味に於ける奴隷制度の存在を語る、それ故に私は穢貊時代より高句麗初に亘つて造られたるものであらうと見るものであるが、此の問題は遽かに解決さるべき事にあらず、將來の考古學的硏究にその判斷を俟たなければなるまいと思ふ。

次に、朝鮮のドルメンは當時如何なる階級が之を建造し、又その原型は果して如何であり、巨石を使用せる理由は奈邊に存し、又その一面或は兩面を開放せる理由は何か、といふやうな問題が生じて來るのであるが、これら疑問の大部分は殆ど謎に近いと言はざるを得ない。けれども今假りにこゝに私の臆測を許して貰へるならば、斯る巨大なる建造物が一般民衆の普通の墳墓に使用されたであらうとは考へられず、又當時の死體處置方法が必ずしも石室の中に之を納むることに限られてゐたらうとも考へられないから、ドルメンは當時有力階級の建造したものであり、從つてそれに往々殉葬が行はれたものであらうと思はれる。而して又そのドルメン墳墓の原型に就いての只今の私の考へでは、ドルメン石室内に死體を入れ（木棺などに納めて）、然る後その周圍に封土を盛つたのであるが、その蓋石だけは、恰も今日尙ほ巨石蓋古墳に見られるそれの如く、墳上に露出されてあつたのであらうと思はれる。言ひ換へると、ドルメンは決して石棺といふべきものにあらず、蓋石の上にまで封墳を高く造つたものではなかつたらうといふのである。これは成群せるドルメンを實地に見た者の殆ど直感的に推斷し得られる所である。若し蓋石上にまで封墳を造つたものとすれば、それは可なり高大な墳墓でありたるべく、兩ドルメンの間は如何に狹くとも二三十尺位は隔てゝゐなければならない。ドルメンの高さが四尺乃至六尺もあるからである。然るに實地を觀察するに、順川舍人里のD地點などは百坪餘の地域内に、十數個のドルメンがあつて、その隔り僅々十尺以内のものも決して少くはなく、陽德郡昌介里の八個の如きに至つては殆ど五六尺位しか相隔てゝゐない。江東郡文興里の三個に就いてもさやうな感を抱いた。のみならず今たとひ此等のことを全然論外に置くとしても、舍人里のD地點及E地點發見の既述せる二個の半毀せるドルメン古墳の底部測定によつてそれは明白である。D地點のそれは蓋石の長さ十尺、ドルメンの高さ地上六尺八寸(石室だけは現高三尺三寸許)なるに對して底部の長さ十六尺、幅十五尺であつて、封土が蓋石以上に達してゐなかつたらうことは一見明瞭である。E地點のそれは底部が壞れたゝめ正確な測定は出來なかつたが、その四壁に殘留せる封土の曲線より察してやはりそれが蓋石下に止まつたらうこと明かである。果して然らば、朝鮮のドルメンがその蓋石を特に墳上に露出させた理由又は意味は奈邊にあり、又その原型に於いて支石は幾枚であつたらうかといふのが次に殘された問題であるが、私の考へでは、巨蓋石を露出させた理由は、恐く死骸に附いてゐる死靈の脫出を防壓せんとする咒術的意味に由つたものであり、支石は最初より二枚三枚稀には四枚を用ゐてその數必ずしも一定してゐたのではなかつたらうと臆測される。斯く言つたゞけでは或は之を荒唐な一片の空想に過ぎずとして斥け、且つ又、ドルメンが最初より一方或は二方の空面を有したものならば、それは寧ろ死靈を怖れなかつた時代（死靈を怖れたならば四面密閉してゐさうにも思はれるから）に、唯だ死者に立派な死後の住居を造り與へるといふ意味で之を建造したものと見るべきであらうといふ反對論も言ひ得るであらうし、又實際に於いてドルメンは死者の住居としても、餘他の墳墓に就きての考への如く、恐く考へられたであらう。しかし乍ら、原始的咒術思想にありては、一木一石が能く部落全體を惡靈の侵入より防護し得る例も幾多あり、又門扉上の一瓢一繩が能くその一家を惡靈の侵入より防ぎ得たのである。而して又、ドルメンが死者の住居であるといふ觀念と死靈脫出防壓のためといふ觀念と、一見頗る矛盾する此の二つの觀念が往古に在りては何等の矛盾もなく並存し得るのである。であるから今日の我々の思想に準じて古き呪術思想を論議することは出來ない。それ故に、巨石を墳墓の上に覆うたといふそのことだけが死靈脫出防壓の呪術的意味の全部であつて、その下の支石が二枚であらうと三枚四枚であらうと、それには單に實用的支柱の意味以外、さしたる宗教的又は呪術的意味はなかつたものであらう。それ故に彼等は支石は廢し得ても蓋石だけは必ず之を特に墳上に露出させてゐたのではあるまいかと考へるものである。支石は現在見られるその姿が（破壞の痕の認められるものは別として）即ちそのまゝ元の型であつたらうと言ふより外に今のところ言ひやうがあるまいと思ふ。（追記、此文と大體に於いて同一の拙文が近刊の「朝鮮民俗」第二號に朝鮮文を以て發表される豫定であるが、西洋人の記錄に就いての紹介だけはそれに稍々詳細である）。

【註】

(1) W. R. Carles, Life in Corea, London, 1888, pp. 55-6.

(2) Gowland 氏の下出論文に依る。

(3) W. Gowland, Notes on the Dolmens and other Antiquities of Korea. (The Journal of the Anthropological Institute of Great Britain and Ireland, Vol. XXIV. 1895, pp. 316-330.)

(4) Mrs. Bishop, Korea and her Neighbours, London, 1898, Vol. I, p. 149.

(5) Émile Bourdaret, En Corée, Paris. 1904, p. 203.

(6) Riuzo Torii, Les Dolmens de la Corée. (Memoirs of the Research Department of the Toyo Bunko 東洋文庫, No. I, Tokyo, 1926, pp. 93-100.)

(7) W. Gowland, op. cit., p. 320.

(8) 普通の地名辭典より私の調べ得た支石・撑石の名を有する里名を擧ぐれば左の如し。

（全羅道）康津郡道岩面支石里。光州郡大村面支石里。扶安郡上西面支石里（今入嘉五里等）。錦山郡珍山面撑石里（今入晩樂里、高敞郡大山面支石里。益山郡に往年支石面があつた。

（慶尚道）統營郡沙等面支石里。

（忠淸道）青陽郡雲谷面支石里（今入厚德里）。舒川郡鍾川面支石里。扶餘郡忠化面上支石里・下支石里。忠州郡薪尼面支石里（今入化石里）。鎭川郡郡中面支石里（今入聖石里）。沃川郡東二面支石里（今入石灘里等）。

（江原道）淮陽郡泗東面上支石里・下支石里。淮陽郡府內面支石里。

（京畿道）坡州郡瓦石面上支石里・下支石里。利川郡新屯面支石里。龍仁郡邑三面上支石里・下支石里（今併爲上下里）。

（黃海道）安岳郡大杏面撑石里（今入石雲里）。信川郡弓興面撑石里（今入龍川里）。鳳山郡岐川面撑石里（今入嶴川中里）。長淵郡候南面撑石里（今入谷井里）。長淵郡樂道面支石里（今入石長里）。新溪郡村面支石里。新溪郡麻西面支石里（今入三巨里）。

（平安道）成川郡四佳面支石里。中和郡看東面支石里。

圖版目次

第一圖、江東文興里ドルメン　**第二圖**、同上　**第三圖**、成川泉洞里ドルメン　**第四圖**、成川信長里ドルメン　**第五圖**、陽德龍田里ドルメン　**第六圖**、陽德文興里ドルメン　**第七圖**、同上　**第八圖**、同上　**第九圖**、同上　**第十圖**、陽德昌介里ドルメン　**第十一圖**、孟山達泉里ドルメン　**第十二圖**、孟山松岩里ドルメン　**第十三圖**、孟山上倉里ドルメン　**第十四圖**、江界武坪市古墳蓋石　**第十五圖**、順川舍人里ドルメン　**第十六圖**、順川舍人里巨石蓋墳墓　**第十七圖**、順川舍人里ドルメン墳墓　**第十八圖**、順川舍人里古墳上露出ドルメン　**第十九圖**、順川舍人里古墳上露出ドルメン　**第二十圖**、成川柳洞里巨石蓋墳墓　**第二十一圖**、東萊溫泉場ドルメン（?）

○此文は昭和七年度及八年度帝國學士院の學術研究費補助に依る「朝鮮民俗資料の蒐集並に其研究」の一部である。

鏡山考

中山太郎

一

今回「九州特輯號」を發行するので、何か私に九州に關するものを書けとの注文があつた。よし、心得たと引受けては見たもの丶實は少しく荷が勝つてゐた。九州で生れたではなし、九州へ往つたではなし、ほんの二三冊の書物で九州の横顏の又その横顏を知つたほどの私に、斯うした注文を出す編輯者の氣も知れぬし、それを又心易く引受けた私も、餘ッぽど變だと云はなければならぬ。今になつて後悔の臍を嚙んでも追ひつく筈が無いので、こゝに耻を曝すことゝなつたのである。

全體、九州には、民俗にも傳承にも九州に限られたもの、又は九州に發生して全國に及んだものが、尠からず存してゐる。八幡神を邦家の第二の宗廟とまで隆盛ならしめた、その種蒔きをした仁聞菩薩は先づ大達物であるが、これは私の學問の力では齒が立たぬので、如何ともすることが出來ぬ。更に八幡神と炭燒藤五との關係、及び藤五と朝鮮との交渉に就いては、既に先覺の高説が發表されてゐるので、今更に私などの出る幕でないと引きさがるより外はない。此の外に天滿宮の鷽換への神事、開聞嶽の獸蹄であつた貴妃の傳説、生目神社と景淸との附會、心頭に想ひ浮かぶものは相當にあるが、いづれも書き古されてゐるので、二の足を踏まざるを得ぬのである。どうせ無理な注文なのだから、さう大した期待が懸けられてゐる譯でもあるまいと考へたので、こゝに標題の如きものでお茶を濁すことゝした。勿論、この問題は九州に限られたものではないが、出來るだけ多く資料を九州に覔めて記述することゝし、そして私の責を塞ぐとした。

二

私の話は肥前國の鏡ノ渡の故事から始まるのである。「肥前國風土記」松浦郡の條に、宣化朝に大伴挾手彥が韓國へ赴く途次、篠原村で弟日姫子と婚を成し、別離の折に鏡を姬に與へたが、姬は啼きながら栗川を渡るとき、鏡の緒が切れて川に沈んだ、それで鏡ノ渡と稱するやうになつたとある。此の話は有名なものだけに誰でも知つてゐるので、わざと原文を省略したのであるが、さて、此の話には種々なる異聞が存してゐる。近刊の「肥前風土記の研究」に由ると、その異聞は十種にも達するさうである。併し、さうした異聞を一々こゝに紹介する必要は無いが、たゞ一つだけ擧げると「童蒙抄」には『婦わかれの悲しひを抱きて、栗川を渡り、與ふるところの鏡を抱いて川に沈みぬ』云々とある（詞林採葉又同）。風土記の本文には鏡を落し沈めたとあり、童蒙抄に引く風土記には姬が鏡と共に沈んだとある。然らば、どちらが本當かと云うに、私には、どちらも本當で無いと考へられるのである。

鏡ノ渡の故事が、風土記の通有とも云うべき地名傳說であることは、私が改めて說明するまでも無い話である。從つて此の渡の名が弟日姬子の事件以前より、鏡と云はれてゐたのである。私にさう考へさせた手懸りは、同じ弟日姬子が挾手彥との別れを惜んで、褶（ヒレ）を振つたので褶振山の名を負うたとある山が、古く鏡山と云うたので、これに源流を發するか、又はその近くを流れるので鏡川と云ひ、更にその渡を鏡と云うたのではあるまいかと、斯う揑ぢつけたいのである。勿論、舊刊の「太宰管內志」や近刊の「鏡村史」などを見ると、私見とは反對に、古く褶振山と稱し後に鏡山と云うたと記してゐるが、現に此の山の古墳から發掘されてゐる鏡鑑は、宣化朝以前に輸入された漢鏡であることからも（鏡村史）、さうでない事が察しられるのである。

私の立場から云うと、我國における鏡山、又は鏡池と云はれてゐる所は、概して墓地である。鏡のやうに人の姿を映す岩があるとか、明鏡の如く澄んだ池とか云う意味で、鏡山鏡池の地名を負ふたものゝあることは勿論だが、その以外に墓地なるが故に此の稱のあつたことも注意せねばならぬ。肥前風土記の鏡ノ渡は、墓地である鏡山に緣を引いた地名である。

「今昔物語」卷十六に、藤原廣嗣の怨靈が僧玄昉を蹴殺したので、その怨靈を祭り鏡明神と稱したと載せ、どうやら鏡山の名これより起るやうに記してゐるが、これも鏡山に祭つたので鏡明神と見るのが穩當である。

三

これから鏡山が墓地である證據の二三を擧げるとする。日向國兒湯郡米良鄉に鏡山と云うがある。古傳に、神寵に漏れた磐長姬は、いたく顏の醜いのを耻ぢて、父神が與へた鏡を乾の方に投げたところが、不思議にもその鏡は米良山中の龍房山の絕頂の大木に懸つた。それで此の山を鏡山と云うやうになつた。此の山の南面に墓石が三つあり、大山祇命、大山童子と記してある。里人は磐長姬の薨去の遺跡と傳へてゐる（日向の傳說）。此の傳承には更に後日物語がある。序に荒筋だけを記すとする。それは應永頃に吉良民部大輔兼續なる者が此の米良鄉に來て、靈鏡の光りが山野に輝くと云う話を聞き、絕壁をよぢて山頂に登り、大木の枝に半ば食ひこんでゐる古鏡を獲て氏を銀鏡と改め、後に神鏡を祀り銀鏡神社を建てた。その後に南朝の忠臣菊池重次が、家寶の征西將軍懷良親王の御鏡を此の神社に合祀した（菊池氏中心の米良史）。此の話は誠に怪奇を傳へてゐるが、所詮は鏡山が墓地であることを物語つたに過ぎぬのである。それから「雄略紀」三年の條に、齋宮稚足姬（雄略帝第一皇女）が讒せられ、神鏡を五十鈴の川上に埋めて薨じた事が載せてある。これも鏡と墓地との關係を考へさせる手掛りになる。

更に「萬葉集」卷二に『從二山科御陵一退散之時、額田王作歌』と端書して『八隅しゝ我が大君の、かしこきや、御陵仕ふる山科の、鏡の山に、夜はも夜のあくるきはみ、晝はも日のくるゝまで、ねのみを、泣きつゝありてや、百敷の大宮人は、ゆき別れなむ』の長歌一首がある。此の鏡の山は即ち天智帝の山科の御陵である。また同集卷三に『河內王葬二豐前國鏡山一之時、手持女王作歌』と前書して『大君のむつ魂あへや豐國の、鏡の山を宮とさだむる』の短歌一首が載せてある。これは明白に鏡山が墓地であることを示してゐる。

四

今度は更に別な方面から、鏡山が墓地であることを證明する記事の二三を擧げる。薩摩國薩摩郡東水引村大字五代に、鏡野とて周圍六十間許り圓く草の色異る土地がある。土俗に天孫が八咫鏡を藏め給ひし場所なりとて崇敬し、毎春この野を燒き五穀の豐凶を占ふ。圓く燒殘れば吉、否らざれば凶と云うてゐる（薩隅日地理纂考）。此の鏡野と稱する圓形の地下に、石棺が埋めてあるために草の色が異つてゐるのは、他の『月ノ輪』と稱する地名の解釋からも、立派に證明することが出來るのであるが、これに就いては長文になるのを惧れて今は省略する。紀伊國伊都郡信太村大字嵯峨谷字鏡ヶ宿は、楠正成が遠見して鏡を埋めたので、鏡ヶ宿とも楠遠見の壇とも云うのである。然るに此處に土中に穴の形ありて石で覆ひ、村民こゝで雨乞祭をする例となつてゐて、此の石を取り除けば雨降るとて雨蓋と云うてゐる。更に此處を八國がつと稱するのは、これへ登ると紀泉河阿淡攝播和の八ヶ國を望み得るからである（紀伊續風土記）。此の土中の穴形なるものが古墳であつて、そこから鏡が出たので地名を鏡ヶ宿と負ふたことは、多言を要せずとも納得の往く話である。尾州西春日井郡楠村大字味鋺の郷社味鋺神社は、元六所明神と稱し由緒の古い社である。口碑の傳ふ所に由ると、神武朝に宇麻志眞治命が物部を率ゐて此の地に來り、御子味饒田命を葬つた陵墓を二子山と稱し、外に從屬の諸墓一千八十餘ヶ所ありと云ふてゐる（治神社志料）。併し此の口碑が那邊まで史實を傳へてゐるか、それは容易に決定されぬ問題ではあるが、兎に角に此の六所神の社地が大昔には、墓所であつた事だけは疑ひ無いと信じてゐる。それは同國の碩學である天野信景の實査記の一節に『味鋺郷天永寺の藥師像、帳を開きしと聞えし程に、川渡りなんどして行きぬ。昔鏡ノ池より出現せし金銅の像ありしを、大僧正行基三尺の吉祥如來を彫り、その中に藏められしとかや、いとゆゝしき像なり』云々とある（百卷本鹽尻）。これも鏡の池の墓所なりしこと、即ち古く此處に水葬の行はれたことを有力に示唆してゐるのである。そして、斯うした類例は、まだ各地に亘り夥しきまでに存してゐるが、類例は別段に多きを以て貴しとせぬから、先づ此の程度にとゞめて次の問題に移るとする。

五

それでは、何故に墓地から鏡が出るのであるか。勿論、これは死者に鏡を副葬したからである。然らば何故に鏡を副葬したか、これには三つの理由がある。第一は死者生前の愛好品を持たしてやると云う思想、第二は死者の行くべき冥土の途を照らすと云う考察、第三は惡魔の憑依を拂ふと云う信仰である。そして、此の三者のうち最も力強く活いたのは、第三の拂魔の信仰である。

鏡山考（中山）

鏡の咒具としての用法は、諸方面に及んでゐるが、こゝには拂魔の一面だけを述べるとする。「常陸國風土記」久慈郡河内里の條に『東の山に石鏡あり、昔、魑魅（オニ）あり、萃り集ひて、鏡を翫び見て、則ち自ら去りき。俗に曰く、疾き鬼も鏡に面すれば自ら滅ゆと』載せてあるのは、鏡が魔を拂ふと云う信仰の古い記事である。それから景行紀十二年の條に、天皇の九州行幸を迎へた油津姫が船に『磯津山の賢木を拔りて、上枝には八握劍を挂け、中枝には八咫鏡を挂け、下枝八尺瓊を挂け』て行粧を整へたのも、同紀四十年の條に『爰に日本武尊、則ち上總より轉りて陸奥國に入りたまふ。時に大なる鏡を王の船に懸けて（中略）、横に玉浦を渡りて蝦夷の境に至る』とあるのや、更に仲哀紀八年の條に、天皇の筑紫行幸と聞き崗縣主が『五百枝の賢木を拔取り、以て九尋船の舳に立てゝ、上枝には白銅鏡を掛け、中枝には十握劍を掛け、下枝には八尺瓊を掛けて』參り迎へたのも、共に鏡の威力により船に憑り來る魔を拂ふためである。

併し、斯うした耳遠い話だけでは會得しにくいので、もう少し手ッ取り早い話を載せるとする。伴信友翁の記事に『田舍人など夜道行には、鏡を領にかけて鬼を恐れしむる料とするは、古き由あるならむ』とある（寶鏡秘考）。これに就いて想ひ起されるのは、俗に丑ノ刻參りと稱する妬婦が、殆と言ひ合せたやうに頭に鐵輪を頂いて灯を點じ、胸に一枚の明鏡を掛けることである。此の鏡も所詮は拂魔のためである。又しても話が耳遠くなるので元へ引戻すが、今に家屋の棟上に鏡、麻、五色の布、扇、女の髮などを用ゐるのも此の信仰に外ならぬ。先年、上野公園の東照宮社頭の五重塔を修理した際に、頂上の室より五面の鏡と通用錢と毛髮が現はれたが、これも拂魔の方法であつたことは云うまでもない。まだ此の外に妊婦が火事を見る折に、鏡を懷中せぬと胎兒にが痣出來ると云うやうな話も澤山あるが今は省略する。

古代人は死者に惡靈の憑くことを恐れて、それを拂ひ防ぐために鏡を副葬した。そして、此の鏡が墓探しに興味を有してゐる者によつて、發掘されたことは幾千面の多きに達してゐる。鏡山が概して墓地であることは、これで十分に證明されたことゝ思ふ。猶ほ筆の序に記して置くが、聖德太子の河內の磯長の御陵の內部を拜見した記事と云ふのが、「古事類苑」の禮式部に收めてある。その挿圖によると槨內に大きな鏡が一面かけてある。それから東京の帝室博物館に藏してゐる陶棺には、鏡の模樣が四ヶ所まで燒きつけてある。是等も供に鏡を拂魔の咒具とした信仰の現はれである。

六

それでは死者に鏡を副葬する習俗は、我國の固有の事か、それとも外來の事かと云ふに、これは太古の我國には鏡が無くして、支那から輸入された點から見るも、支那のそれを學んだものと考へられるのである。

我國の太古に鏡の無かつたことは、今日では考古學的にも證明されてゐる。併し、その鏡がいつ頃支那から我國に舶載されたかは、紀年的に知ることは出來ぬけれども、悠遠なる大昔であつたことだけは想像される。そして、支那にも此の死者に鏡を副葬する習俗が、古く行はれてゐたことは勿論である。これに關しては多くの記錄が殘つてゐるが、こゝに一つだけ擧げると「癸辛雜識續集」卷下、棺蓋懸鏡の條に『今世有大殮而用レ鏡懸ニ之棺蓋一、以照ニ尸者往々一謂取ニ光明破暗之義一、按漢書霍光傳光之喪賜ニ東園溫明一、服虔曰東園處此器以鏡置ニ其中一、以懸ニ尸上一然則其來尙矣』云々とある。これに由ると死者の行路を照らす必要から鏡を尸上に掛けたやうになつてゐるが、鏡に拂魔の呪力ありとは支那でも古く云うてゐる所ゆゑ、かう見ることも許さるゝ筈だと考へる。また述べたい事も少し殘つてゐるが、以上で大體を盡したので擱筆する。（完）

寄合咄

資料採集の潮時

民俗資料採集の目標が、資料としての純粋素云ひ代へれば、より單純性を索める欲求から、出來るだけ文化の浸潤の淺い部面に置く。この事は、見方に依つては、學問の對象が交通不便な山村又は離れ小島にあつた結果ともなる。事實文化の影響の尠い程資料としての價値は高かつたのだから、皆人山村孤島に注意が蒐ることゝもなる。必ずしも奇習異俗を逐うて居たのではないが、結果から言うてさういふ觀察も成立つ。

以上は總て對象を平面的に横に觀た場合であるが、一方時間的に縦に取扱ふと、或一つの土地に就いて、現在よりも過去に、少くもより以前の形に向つて視野が偏し勝になる。之は現實の上に過去の或形を盛つて見るのだから、不合理のものでは無い。從つてより古い形とか姿を捉へやうとする。眼前からは既に失はれた、所謂故老・物識りの經驗乃至見聞に耳を傾けると、問題以外の存在は總て影を匿して、或形態だけが展開されるから、魅力を持つて居るのは自然である。

斯の意味から、外形的に、新文化の色彩の濃厚さを斷定、させる生活様式に觸れると、假りにその奥に、外形とは似もつかぬ傳統的現象が潛んで居やうとも、そこ迄探り出す氣がしなくなる。木曾の薗原から、湯舟澤の森林を拔けて、霧ヶ原の部落から一氣に山を降り、美濃の中津の町の、輝やく電燈の光に接した時は、もう何一つ尋ねて見よう氣もしなかつた。之は採集者の我儘乃至は身勝手で、態度としては大いに誤つたものである。或は一種の懷古趣味に、しらず知らず陷つて居たとも云へる。

秋田縣の舟岡村（河邊郡）などで、二月と師走の九日に、家の軒先に竹竿を立て、それに飾を揭げる風習なども、類型は各地にあり、格別珍らしくも無いが、玆三四十年前迄は、その下に筵を敷いて供物を飾り、家人の或者が其處に寢て夜を明かしたと謂ふ。如何にも物質を離れた古典的信仰生活が目に見えるやうで、他の總ての生活迄が、其處に制約される心地がする。

漫然と斯うした事實を拾つてゆくと、玆三十年或は五十年前に遡ると、例へば婚姻とか誕生、葬制等の風習なども、吾々の豫想以上の例がざらにあつて、資料としての純粋素に大いに惠まれたらうと考へる事もある。村の祭に現はれた作法なども、失なはれたものは、その古風さに於て、淡い憧れすら抱き勝である。併しそれを現實に、目のあたり見たとしたら、果して淡い夢は破られなかつたとは斷言出來ぬ。さうして別のもつと力强い存在を握み得たかも知れぬ。後に談話として語られる程に、理解の點で單純ではなかつたらう。問題に依つては兎も角、信仰關係などは、一部の形が古風だからと言うて、採集の効果がそれに比例して惠まれたらうとは斷じられぬ。或は眼前に失はれて居たことが、却つて効果の上によい結果を齎らさぬとも限らぬ。

新潟縣三面(岩船郡)等は、その地理的環境から云うても、又歷史的交渉にも、村としての生活條件等も、民俗學的に一つの標本のやうな土地である。其處に今も行はれて居る狩獵生活に於ても、特有の原始的獵具、中世の武士階級の傳統的趣味を現はしたとも思はれる服裝から、狩獵生活の機構乃至雰圍氣から云うても、他の地方に於ける斯の種の生活から、五十年或は八十年を引放す事は決して無理ではない。鐵砲などにしても、或場合に依つては、之を使用する事は、一種の冒瀆のやうに考へる氣持が未だあるらしい。鎗と鐵砲を、神を祭る場合の、硏火の火とマッチの火の違ひ位には少くも考へて居たやうだ。

處が一度その機構の内部に入つて、お互の間に交される狩詞の一つを求めても、殆ど聞き出すことは出來ない。最も方法に依つて、例へば酒とかその他のトリックを利用する事から、對手を一時的に欺きでもすれば、不可能ではないかも知れぬが、さうした場合に直面すると、個々の問題を拾ひ上げるよりも、それ等が機構を形作つて居る雰圍氣に對する魅力の方が大きかつた。第一先方を欺くなどは、よく／＼民俗そのものに無理解でない限り能ふもので無かつたと思ふ。

神棚の前で牛肉を食ひ、石油のランプを灯して居ても、尚一歩山に入ると、そこは未だ輝かしい傳統の世界であり聖地でもある。それを村人全體が護つて居たのだ。

土地の所謂山詞は、狩の宰領を成すヤマサキに依つて統制されて居て、里に在つては口外を堅く戒しめて居る。從つて一度山に入れば山神との交渉が生きた存在であつて、里の生活とは全く緣を斷つて別個の社會が成る。行動用語等も別となつて、ヤマサキ即ヤマオヤカタの權威は絶對であつた。之を神といふても敢て不合理の感は與へ無い。狩詞のカウザキなどといふのも或は關係を思はせる。その日常は寡言で、一種暗默の理解が、山の生活の大きな基調であつたらしい。

之を要するに、斷片的事實の採錄の爲には、果樹の實は未だ靑かつた事になる。自然に熟れて、手を伸べるものに應へるには時期が尚早かつたのだ。併し何れにもせよ、結果としては明かに採集は失敗であつた。實を言ふと同じ失敗であつても非常に横着な失敗で、其處には全く手が下せな

寄合咄

いのでは無い。山入りの仲間に加はつて、その社會の一員となれば宜しかつたらしい。此點は些くも果樹は一部熟れて居たのだ。之を里の座敷に座つて居て求めやうなどは、木に依つて魚を求めるに近い。恰度祭り以外の期に、神の來臨の神秘又はその聲を聽かうとするやうなもので、假りに或種の方法に依つて目的を達したとしても、それは全體的に著しい缺陷のある事を豫期せねばならぬ。

日本海上の粟島を訪れてもさうであつたが、釜谷といふ部落などでは、生活の個々の事實を知らうよりも、村人の外來者に對する態度や、一種の昂奮した氣分を感得する事に關心が奪はれ勝になる。之も或意味に於て、未だ作業の潮時に達して居なかつた事にもなる。

そんな恁んなを思ふと、時に依つて、作業時期の手後れを云々するものゝ中には、例外を認める心要もあつた。形が崩れて、始めて求められる場合もある。一概に早急に手を差伸べる事が、成功の全部とは云へないと思ふ。併しそれは、斷片的事實の蒐集が目的の全部であつた場合だけに言ひ得ることで、勿論採集の意義は、それのみでなかつた事を前提としてゞある。六月四日（早川孝太郎）

毒を感知する鳥

近刊の「日向の傳說」を繙くと、七折村の深角神社の祭に、織田重美と弟の杢之丞とは、藩主有馬氏の不興を買ひ、兄は深角に弟は平底に幽閉された。その後に代官の粗忽から此の兄弟を殺したが、或日、重美は鳥の啼き聲を聽き番人に向ひ『あの鳥は、弟が毒を飲まされて、今や死なうとしてゐると啼いてゐるのだ』と語つた。その如く杢之丞は毒殺された。深角神社は此の兄弟の幽魂を祭つたものだと載せてある。（西山東水）

前號第五卷第五號、資料　雜賀貞次郎氏の『紀州堅田八幡のヤツハタウチ』の中に、「ヤツハタウチ」と「ヤツハチウチ」と混在してゐて、どちらが誤にはあらずやとの注意を再三受けてゐるが、どちらも原文のまゝである。

資料・報告

アテといふ事・舳の事ども

櫻田勝德

アテといふ事

アテといふ語を知つたのは、ほんの近頃だ。氣付いてみると漁人達はしきりに此語を用ゐてゐる。どうして今まで氣付かなかつたか、不思議な位だ。

小生が實地に之を聞いた土地は、薩摩出水郡と甑島、筑前の糸島糟屋兩郡の海岸で、此外大正十五年の豐前漁具調査報告といふ縣水産課の報告にも記載されてゐるから、九州では廣く用ゐられてゐるものと申して良い。

アテとは吾船の所在を知り、船の方向を定め、又海中の礁の所在らを記憶してをく爲めに用ゐる目標の事である。その內就中山アテといふ語を最も屢々耳にする。山アテとは山の重なり具合離れ具合、或は山上の一定の樹木と岩鼻との配置のさまなどを、日頃心に銘記してをいて、必要に應じ前記の事を知るに利用する目標の事である。それで一つの山アテによつて方角を悟り、二三のアテによつて船や瀬の所在を知るといふ風にしてをる。筑前の上記兩郡では此山アテを見定めるに際し、山と山とがケヌキアワセになつてゐるとか、ヤグチになつてゐるとか、サシアイになつてゐるとかいふ言葉を使つてろる。ケヌキアワセとは鼻と鼻とが殆ど引つきさうになつてゐて、しかも僅かに隙のある狀態を云ひ、サシアイとはその鼻と鼻の突端が觸れ合つた時の事を言ふ。又ヤグチになつてゐるとは、山が重なつて、後の山が一寸顏を出してゐる狀態を言ひ、此外喰ひ合せになつてゐるとか、ピッタリしてゐるなどと言ふ。ピッタリしてゐるとは山と山とがすつかり重なつて、一つに見える時の事をいふ。漁人はかういふ山アテを殆ど無數に記憶してゐるらしい。

山アテを知るといふ事は航海上必要な事勿論だが、多くの漁にも亦必須のものである。魚群(カチ)を發見して突嗟に魚を圍む旋網漁の類では、それほど肝要でもあるまいが、瀬もの〻漁には是非共之を精確に知つてをく必要があるやうだ。之を知らねば一樣に蒼い海の底の瀬の所在も知る事が困難であるからだ。恐らくは大敷大謀らの定置漁業の網代選定にも、此知識は入用なのであらう。漁師らは艪を押しながら或は煙管などくはへ乍ら、何時も此アテを研究してゐるといふ。研究と言つても多

こんなのがケヌキアワセ

くは絶えざる復習であらうが、それだけに是だけは、始終實地に當つてやつてゐる俺達でなくちやあ、到底判りつこはありませんよと彼らは言ふ。それは全くその通りだ。さうして漁人にとつで之ほど大切な知識は、さうたんとはあるまいと思はれる。

北九州の海岸線は屈曲極り無く、島や岬も甚だ多い上に山が皆水になつてしまふ灘中(なだなか)も尠いから、陸前の金華山のやうに大きな航海の標準山になる山が在るかどうか、私にはよく判らぬ。しかし大よその山影が水平線下に沒し去つても、尙殘る一點の山嶺が、船人の胸裡に深く刻み込まれるのは當然で、かういふ有難い山アテになる山は、金華山や富士山の外にも、方々に在る事だらうと思ふ。四國の西南端の漁人たちは、篠山をかういふ標準山にしてゐる。確か此山を御山(オヤマ)とも稱してゐたやうだつた。甑島人が遠い南の海上から歸つてくる時、始めて見る故郷の姿は、何時も此地のオヤマの山頂一點であると云ふ。かういふ山頂に尊い神の在し給ふわけは、單にかうした點からだけでも察せられる。糸島の人達は沖合では雷山を山アテにしてゐるといふ。可也山(カヤサン)（筑紫富士、小富士、オヤマともいふ）特徵ある姿だから、斜の沖からは良い標準になつてゐる事だらう。玄海では一寸見當がつかぬが、沖の島小呂島白島鐘の岬などは隨分注意されてゐる事と思ふ。

しかし山アテは山の見える間だけの事で、星のきらめく夜になると、折角の此心覺えも通用せぬ事になつてしまふ。尤も月明なれば至極結構だが、月はなくても星さへあれば、船人は砂漠の旅行者のやうに、星アテをたよる。殊に夏から初冬にかけての夜焚き漁は、もと〳〵火影を慕ふ魚を捕るのが眼目だから、月があつては却て商賣の邪魔になる事が多い。それで月の明るい晩なれば、月出前月沒後に沖へ出るので、專ら星アテを賴らざるを得ぬわけである。

此夜商賣に注意される糸島での星は、北斗星(キタボシ)、七夕、昴(スマル)

（甑島ではスバイ）、夜明の明星らで、ヨコスギといふ桝に柄をつけたやうな形の星座も標準にされてゐる。ヨコスギはスマルよりも一時遲れて上つて來て、スマルの通る筋よりも少し下の條を、スマルを追ふて西に沒する星だといふ。かういふ星をアテにして漁人たちは、船の所在や潮の滿干をも察知してゐる。

しかし暗憺の夜や霧の深い時には、磁石を使用せぬ昔は困つた事だらう。甑島では次のやうな咄を聞いた。十數年前の事であつたらしい。霜月か神無月の頃、鰯のボーケ網漁に出かける時であつた。之は中甑灣内の漁ではあつたが、此夜は甚だ霧が深くなり、遂にはトモにゐてオモテにゐる人さへ見えなくなつた。それで流石の地元の船も迷つてしまひ、飛んでもない方角にさまよひ出て難澁したものも多かつた。しかるに話者の乘つてゐた船には幸に老人が乘組んでゐて、波の行き具合即ち波アテによつて徐に汀に近寄る事が出來た。正しく中甑に近づき得た船數艘には、いづれも經驗ある老人が乘込んでゐたといふ。それでは老人はどうして近寄り得たかといふに、波といふものは何時も岸に向つて打つてゐる。だから波の行く通り船をやれと云つたと云ふが、唯之だけでは到底中甑に近づける事は出來ぬと思ふ。やはり老人は永年の經驗で此灣内の波の工合を熟知してゐたのであらう。それが口に出して説明の出來るものならば、老人も若い者によく敎へたらうが、どうにも説明のしやうが無く、默つて一人肚の中に納めてゐた類のものであつたかもしれぬ。波アテといふ事はまだ外では聞いてゐぬ。

追記

海のアテについてせい／＼洗ひざらひ書いたつもりでしたが、度忘れしたのが一二ありました。

鯔の習性の關係であらう、他處では殆どその夜焚漁をやらぬらしいが、九州では盛んに行はれてゐる。殊に八田網といふ敷網が廣く行はれてゐて、此指揮者を古風にベンザシと呼んでゐる。ベンザシは火船の篝火の下に座をしめてゐて、常に此處から海中に紐（ヨマ）を垂れ、魚群のヨマに觸れる具合によつて、網入れ、繰り網作業を指揮する。此ヨマを明治廿九年長崎縣編纂の漁業誌によると、アテヨマと云ひ、アテヨマの沈子をアテ石と稱してゐる。又キミナゴの掛り網漁にも、アテ竿といふものを使用した由で、アテサヲはアテヨマと同樣のもので、ヨマが長さ二尋半ほどの竹棹に變つただけの事である。此[魚長]漁はやはり夜漁であるさうだが、何故か月明に限られてゐたといふ事だ。

アテといふ事・舳の事ども（櫻田）

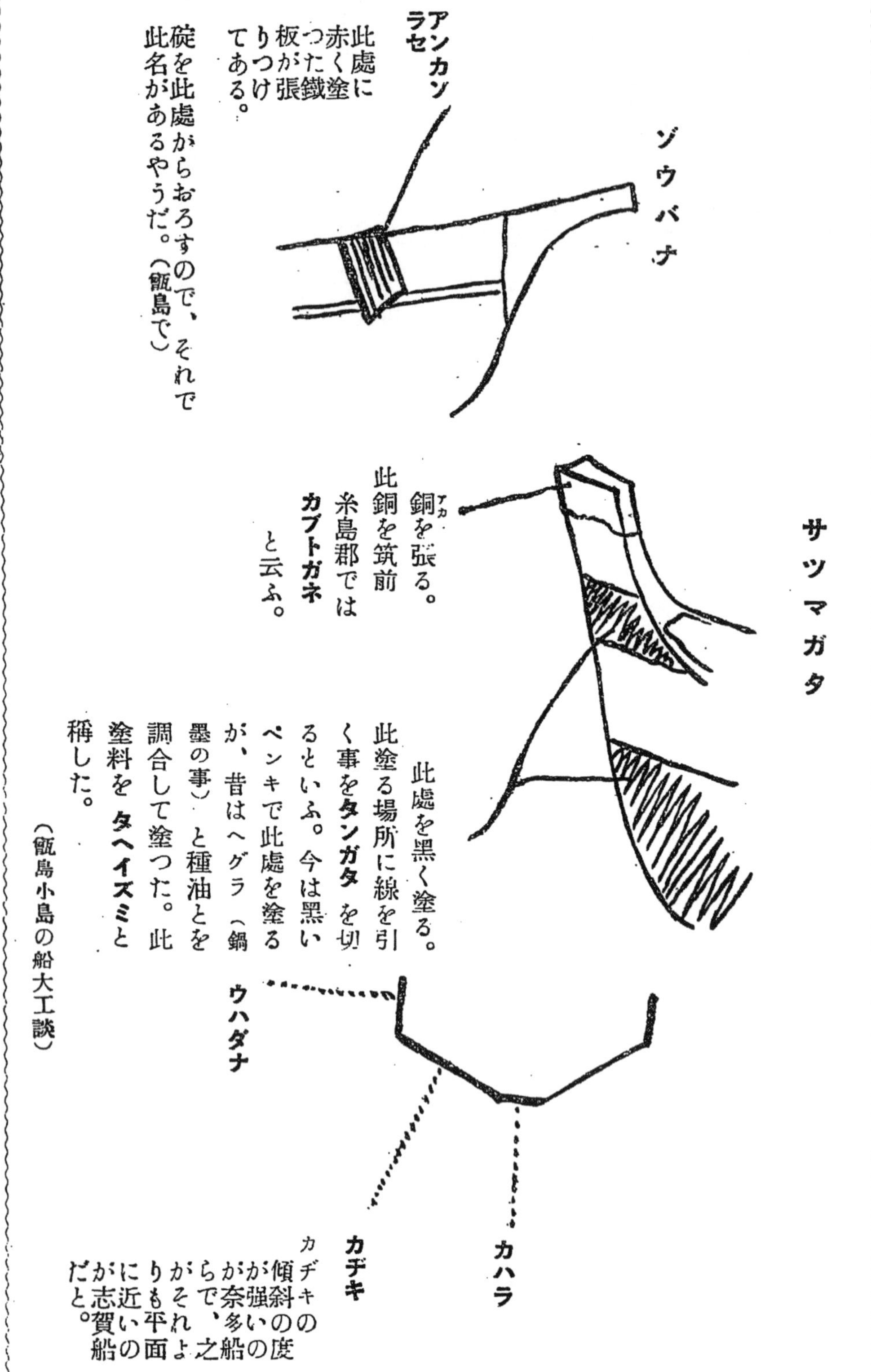

舳の事ども

當地方では船の舳をミヨシといふ。之は何處でも通用する樣だが、筑前相島ではミユーゼと云つてゐた。ミヨシの外にタテビ、タテギといふ語も併用されてゐる。九州の北ではタテビといひ、南へ下るとタテギと云ふてゐる樣だ。尤も筑前姫島ではタテベと稱してゐた。南五島ではタテビとも云へばタテギともいふてゐた。

ミヨシの形はいろ〳〵と在るらしい。船が違へばミヨシも異つてくる。しかも同じ樣な船でも、それの出來た土地によつていくらかの相異が在るらしく、關西船とか出雲造り、薩摩型、北浦造り、矢玉造りなどいふ地名を以て呼ばれる船型は、つまりその產地によつて呼ばれたものらしい。しかし上甑島の船大工の話では薩摩型を上方（かみがた）ではクロニヨシ（此人ミヨシといふてゐるつもりらしいが、こつちにはニヨシとしか聞えない）と呼ぶと云ふ事であつた。

それから筑前ではあまり聞かぬが、インコロシといふ船名も廣くあるらしい。之も漁船らしいが、薩摩型の如くどつしりとはしてゐぬ。つまり船の肩巾がせまくミヨシが細長い。さうして艫が絞つてあるので速力は速いが、波に搖れる。何故犬殺しなどと云ふのかと尋ねてみたら、犬のやうに速いからだらうなどと云ふ。甑島の手打では此ミヨシをインコロ造りといふてゐた。所が同島の藺牟田だけが、之をトンカキとがトンカキ船と稱してゐる由である。此藺牟田といふ土地は、他とは餘程風の變つた所らしいが、風邪にやられたので自分は行つてみなかつた。あとで彼地では蜥蜴の事をトンカキといふのぢやないかと思つてみたが知らぬ。

テントウといふ小型漁船は九州全體でなくても、隨分廣く行互つてゐるだらう。此ミヨシはイサバ型だと聞いたが、果して何處でもさうであるかどうかを知らぬ。

それからチヨロといふ船が筑前には在る。所が名は同じでも船はどうも二通りであるらしい。相島のチヨロブネは、人がやつと一人乘つて、棹一本で擢いて行く小傳馬の名稱で、糸島郡の野北の浦のチヨロ又はチヨコと呼ぶ船も、話によれば確かに之の事である。所が姫島でチヨロ又はチヨキと稱する船は、長さ四尋二、三尺肩巾四尺の小船だと云ふから、紀州和歌浦のチヨロと殆ど同じであらう。又瀬戶內海の木の江の湊の遊女が來るといふチヨロ船も、きつと似たものだと思ふ。彼地で遊女をチヨロと呼ぶのは船名から出た事必定だ。所で姫島でチヨロをチヨキとも云ふと聞いては、いやでも江戶の猪牙を思はずにはゐられぬ。が、此船は素早くて猪の牙みたいで、一挺艪で漕いだといふ以外、何も知らぬ。しかしどうやらチヨロ臭い。

アテといふ事・舳の事ども（櫻田）

發動船にはどれだけミヨシの數があるか知らぬが、普通ゾウバナといふ語を耳にする。

追　記

チヨロがチヨキだといふ事は、昔の本にも二三出てゐるから珍しい事でもないやうだ。筑前志賀島にもチヨロ又はチヨキとよぶ船がある。此船はテンマでは無い。テントウの肩巾のせまい船で、ミヨシはテントウから見ると餘程短くみえる。しかしテントウとチヨキとの區別を明白につける事は、漁師には出來ぬらしい。志賀のチヨロは長さ四尋から五尋、肩巾は四尺から五尺どまりで、肩巾四尺のもあれば五尺のものもある。隣島の相島で小テントウと呼ぶ船は、此地の大型のチヨキではないかと思ふ。チヨロは最小型の漁船である。一體志賀島で和船と云へば、テントウとチヨロとテンマだけで、その中傳馬は漁網のカッチン染にしか殆ど用ゐられてゐぬから、テントウとチヨロだけだと云つてよい。他は皆機械漁船である。

咄がそれるが、志賀島村の志賀島といふ土地は、南を向いて博多に面し、發動船使用には至極便利が良い。外海の荒波が割引されずに打ち込む多くの漁浦では、餘程立派な波止場を築かぬと、發動漁船を自由に使ふ事は出來ぬ。和船なら嵐の前にはたやすくも濱深く船を曳上げる事が出來るが、機械漁船ではさうはいかぬ。此方は何時でも安全に泛べておく場所が、どうしても必要で、その設備が行屆かぬ多くの土地では、隣浦が盛んに機械船で活躍してゐるのを見乍ら、只指を啣へてゐるだけといふ有樣だ。つまり以前はどんな荒濱でも、大體他處と同じやうに漁をやつて行く事が出來たのだが、今はさういふわけには一寸いかぬ。志賀島は此點でも大いに地の利を得てゐるので、それで無造作に發動船を海に泛べてゐるのだ。

自分にはまだよく合點がいかぬが、志賀船（此地の人は此地の船をシカ船といふ）は博多灣內の奈多、筥崎、姪濱の和船と、その形を異にしてゐるといふ事だ。しかし殘念ながらその相異點を一寸口には說明出來ぬらしい。唯奈多姪濱らの船は內海のもの故、カイジキ（カヂキの事）が平らでなく立つてゐるといふ事で、即ち之等の船は志賀の船よりも復原性が弱いといふ事だけは判る。之はシカ船が常に外海で稼ぐからで、此地の船は玄海島の船と全く同じだといふ事である。所が同じ博多灣內の浦でありながら、奈多船と姪濱船とは大部趣が違ふといふ事で、奈多と筥崎とは同じだが、姪濱が異るといふのは、船大工の系統が違ふからだらうと想像するより外は無い。

阿蘇俚諺集覽

——〔その三〕阿蘇及び阿蘇山又本地方に關する特殊なるもの——

（分載・第一回）

八木三二

○豐後ぞー（dzɔ:）**波野ノぞー**

○豐後ぞーすい（雑炊）**又ぞーさい。**（雜菜）

阿蘇より波野のもの、豐後のものを、下なして云ふ言葉。豐後人は米の飯を食せず雑炊を食し、こまかく生活をなすより、それを嘲つたもの、又本郡波野は、その生活程度至つて低きより又かくのゝしられてゐる。用例「波野ノぞーが萱背馬て來よるぞ。」

○豐後雜炊身の衣裳、阿蘇谷のくれーどれ。

〔諺語大辭典三一九の上〕「京の著倒れ、大阪の食倒れ」に同じ。くれーどれは喰ひ醉ひ倒れの訛。

○宮地の著倒れ、内牧の食倒れ、坂梨の作り座れ。

阿蘇郡宮地町（阿蘇谷の中心聚落）、内牧町（温泉町）、坂梨村（嘗ての驛宿）、前項の句につゞけるに「堺の建（作り）倒れ」の類句。

○大分ん者の通つた後にや、草も生へぬ。

大分縣人（豐後人）の吝嗇を嘲りし句。〔壹岐國テーモン集民族三の四、七八四の下〕「佐賀ぬもぬの通った後にゃ草むをえぬ。」

○竹田女に阿蘇男。

○竹田女に日田男。

豐後日田及び竹田の男女を云ふ。

東男に京女。 飽男に雀班女の類句。〔藤井乙男著諺の研究一三四頁〕參照。〔諺語大辭典三〇三の下〕「杵築女に日田男。」

○阿蘇女に矢部男、南鄕鳥にあげ輩。

阿蘇女をアソンジョと訓ずる（國中即ち肥後平野のものが阿蘇者を下なして云ふ言葉。嘗て阿蘇者が熊本で屁をひった。「阿蘇ンじよがむぎ屁をひりひり」と云つて嘲られたので「さすが、城下の犬ほどあるぞ、麥屁、米屁をかぎわけた」とて應酬したとの笑話あり）のとアソオナゴと二通りあり、前者は阿蘇の者と云ふ程の意。なほ名詞、特に人稱代名詞の語尾のジョについては、〔方言と土俗第二卷二號、及、日向鄕土志資料第二輯及第四輯〕參照。本郡に近くの矢部に二あり、相、隣接する、肥後國上益城郡矢部と、筑後國八女郡矢部の二つであるが、此の後の句より推せば、恐らく前者を指すのであらう。第一句は前項の「東男に京女」の類句、それに附するに、南鄕（阿蘇郡南鄕谷）者を色黑き爲か、鳥に喩へ、あげ（阿蘇谷火口原の盆地床の水田耕作に利用されてゐる、自然な文化兩景觀に、『濱』と云ふ語が存するに對して、恐らく、それを圍繞する外輪山部をば、あげ、上げ、陸、（鳥取市の方言にて陸をあげと云ふ。鳥取縣立鳥取高等女學校々友會誌翠紅第八十八號、松下政藏氏の鳥取市の方言、二十三頁、特殊と思はるゝもの、名詞の部）、特に後者陸にあたる海洋語が、濱と共に、此の山間部に輸入して、この地形に適應されてつけられたのであらうと思はれる。又此の他に、特に西南日本にて、海洋語の岬の意に使用されてゐる、鼻なる地形の名詞が、東北地方の花輪のごとく、此の山間部にても、使用されてゐることは注意すべきである。）わくどとは、この外輪錐上にある、波野、產山村等の山裏地方の人を指し、彼等を嘲つて、蟇にたとふ。

○熊本ニジン毛ニジン、阿蘇ンデーコン毛デェーコン（kɛ́: dɛkon）**南郷ゴボ毛ゴボ。**

熊本胡羅蔔、阿蘇大根、南郷牛蒡。早口である。

○不都合千段畑、ビンタン内坪井、喧嘩上廣路。（熊本）

熊本市の難地名を口合せて聯られ、秀句としたるもの。

○阿蘇谷の夫婦火事。

阿蘇谷內に火事が一軒あれば、それより三日以內に、必らず又谷內に一度火事がある故注意せねばならぬとの意。

○（阿蘇の）七鼻八石。

阿蘇谷に於ける名所。七鼻とは、妻子が鼻（獅子が鼻とも云ふ、內牧町の上にあり。）古城が鼻（古城村）遠見鼻（古くは遠目鼻とも云ふ、山田村にあり）。獅子が鼻（坂梨村）、松が鼻（內牧町）、尾が鼻又は卯の鼻（坂梨村北坂梨馬場）。蹶落が鼻又は象が鼻（中通村）。又古城村にては、卯の鼻、古城ケ鼻、辨天ケ鼻、松ケ鼻、遠目鼻、猪の鼻、を云ふ。八石とは、的石（尾ケ石村的石）境石（色見村と宮地町との境）。疣石（坂梨村瀧室）。箱石（坂梨村字箱石峠）鷲石（中通村字鷲石）。硯石（阿蘇山上）はなぐり石（內牧町）、鏡石（阿蘇山上及び坊中西巖殿寺）、を云ふ。〔阿蘇郡誌三〇三頁〕。

○手野の七園八坂。

阿蘇郡手野村に於ける地名、七園とは、杉園、榎園、諸ノ園、塚園、はんた園、中園、下園。八坂とは宮坂、古坂、立山坂、平江坂、山下坂、土井（又はトエ）坂、下馬石坂、屋敷坂、又一說に、宮坂（金平さんを祀る）、立山坂、日ケ暮坂、屋敷坂、平江坂、山下坂、尾箭坂、下馬石坂、を云ふ。共に火口原と外輪錐上の所謂る、アゲ又はやまうらの村とを聯絡する交通路である。

○尾籠の手前の片隅。

謎じ、又尾籠の手前とも云ふ。尾籠及び片隅共に阿蘇郡古城村の所謂る古城彎の一隅にある字名。總ての事相方的でなくて一方的な行爲を云ふ。用例「あんじよはあんなんに尾籠の手前」（あいつは、あの女に片惚れしてゐる。）

○八反田米に雁鴨の汁。（宮地町、坂梨村）

阿蘇郡坂梨村大字馬場八幡、字八反田は赤土（マッチ壤土）でその米は美味を以て、聞えてゐるが、嘗てはこれを、必らず上納米卽ちお藏米とし、兵糧米に保存されてゐたのであるが、それに雁鴨の汁をそへて出せば、猶一層の御馳走となる。

○八反田米、日尾鶉に波野鳩。

阿蘇にての名物を云ふ。日尾は高岳と根子岳の裾合谷の地名で鶉、又波野は外輪山上にある村名で野鳩の名產地。近來は波野の鶉獵は內外に知られてゐる。

○豆札邊にをろうか、枳の木ィ登ろうか。

阿蘇郡坂梨村字豆札附近にては、人々よく働らき、ために仕事激し、其故に坂梨の豆札へ行くか、いげの多く出てゐる枳の木、

（からたち〔本草啓蒙〕げず（筑前、豊後）、じやきち（讃岐）じやきつ（阿波）じやけつぐい（備前）木草の枸橘なり俗に誤て枳殼とよび藩籬に作るものなり。）に登ろうかと思案するの意なり。

壹岐國テーモン集民俗學二の十一、六八七の上「三の段するかゲズの木イ登るか。」

○山田、山ン中、原ノ口チャ名所。

阿蘇郡山田村字山田に嘗て人家ほとんどなく同村字原ノ口には聚落多かりしかば字山田のものが、原ノ口を珍しがつてかく稱したりと。名所とは、名勝古蹟といふ意味には非らずして、都會にうけたところと云ふほどの方言。その用法、當阿蘇より熊本市へ出るのに、あんた、「名所へ行きなはるかたい。」

○山鹿千軒盥なし。（宮地町）

肥後國鹿本郡山鹿町は温泉町にて各所より、温泉出づる爲に、洗足などには盥の用なきよりかゝる諺生ぜり。

○肥後ンつればり。

○肥後ン一つちよ殘し。

出されたる菓子等を悉く喰べ盡くさずに一つ丈け殘すを云ふ。「肥後ンつればり」と同一系統のもの各地に類句多し。「關東のつれ小便」の各地方に假借適用されたるものゝ一つ。藤井乙男著「諺の研究」一三五頁。諺語大辭典六九六の中「土佐の連溺(ツレバリ)」を見よ。

○南郷高森りや女の夜這ひ。

佐敷水俣女の夜這。（佐敷水俣共に熊本縣葦北郡にあり。）の類句あり。阿蘇谷にても、谷内に鐵道開通以前迄は所謂る夜這も行はれたるも、現今は、へたつき、あげ方面を除いては、殆んど行はれず、それとても、主として男の夜這であるが、阿蘇郡高森町にては女の夜這も行はれたれば、この男のそれに比して、かく云はれる。俚謠に〽高南郷高森りや女の夜這ひ、男氣樂のあるところ。北安曇郡郷土誌稿第四輯三一一「池田大町女の夜這ひ、男樂して寢て待ちる」。

○大阪に阪なし坂梨に坂あり。

改造社現代日本文學全集第四編德富蘇峰集『阿蘇の煙』三六三參照。

○雨あられ降るバツテンがジンベンに阿蘇の煙はキヤー消えんたい。

キヤーについて、郷土研究五の七熊田太郎氏接頭語と肥後方言四二七參照又郷土研究五の一、六〇、けふれえまゝだ（ひなの一ふし津輕十五七ぶし）のけふれえのけふも同系と考へる。

○宮地女はどぜんの白根。

〔重訂本草綱目啓蒙卷之九〕土當歸（土救荒本草ニ杜ニ作ル）ウド、シカ 筑前 ドゼン 薩州 〔一名〕水白芷（獨活集解）香白芷（本草原始）とあり。〔木草和名〕獨活。和名宇止、一名都知多良とあり。當阿蘇にて獨活即ち土當歸、啓蒙に曰ふ獨活、羗活、けザシと稱す）の土より少し一二寸出づるを鹿の爪それより一尺位りになりたるを鹿の角これよりも大きいのをドゼン又はウドと云ひ、大木になりたるを鹿隠れと云ふ。ドゼンの語源土當の支那音（Tu'3 Tang'）の轉か。阿蘇郡宮地町の女の樣色をたとへて云ふ。俚謠に〽宮地女はどぜんの白根さほど良もなし、惡もなし。

○枳ノ木、竹原(タカワラ)に嫁(ユ)く程なら枳(ゲズ)ノ木登れ。（九二頁へ續く）

大隅國内之浦採訪記

高橋文太郎

一、まへがき

南薩摩の旅を終へて大隅の旅に移つた私は、恰度十一月十五日（昭和七年）に肝屬郡内之浦町に着いてゐた。鹿兒島市の友人赤星昌君の親戚にあたる内之浦字北方のフモト屋敷である久木元家に厄介になつて、赤星君と共に此の靜かな南九州の村の一つを採訪したのであつた（第一圖）。

鹿兒島灣の垂水から陸路約十七里をバスで一氣に内之浦まで來た。垂水から古江の浦までは濱に沿ふてゐる道が、此の浦からは山間を過ぎて半島を東へ横切る。或ひは肝屬川に沿ふた廣い田圃の平原が展開してくる。途中、フモトのある始良、高山などの部落を過ぎると、波見に着く。こゝは肝屬川が有明灣に注ぐところで、爰で始めて湖の大きなうねりを見た。もう之からは有明灣に臨むナダ道傳ひであつた。國見山をめぐつた山の端に沿ふて、一方は瞰下す限りセナミ（瀨波）の白く砕ける断崖であつた。折から赤橙色の大きく圓い月が恰度水平線を離れてゐた。路傍のダンチクの葉蔭から、その月を私たちは異様な氣持で眺めた。燈火の暗い瑣かな飯谷、小串などの部落を過ぎる。自動車の中には藥瓶を持つた二人の少年が自分達と同様揺られてゐた。高山の醫者まで藥を取りに行つた歸りなのだつた。福島のハナの燈臺の光りが微かに見えた。いくつかの鼻を廻つて、一段と道が下つてくると、そこに内之浦の部落が見えて來る。濱邊に三つ許り燈火の見えるだけで、外見は暗い町だと思つた。私たちがフモトの家に着く頃は、月の光りが明るかつた。

この内之浦は字北方、南方が最も人家が密集してゐて、爰に所謂士族屋敷のフモト、商人、漁師が集まり、農家は山の裾に傾斜を背にし田圃を前にして處々に小部落を作つて居る。タブ、クス、竹などの細やかな茂みに包まれた農家の構へは、何處となくおつとりとして居た。高屋神社の森を中心にして田圃が山の裾まで擴がり、それを取卷く山々

第一圖・內之浦町北方及南方全景

の傾斜には蜜柑畑や杉の植林などがよく茂り、又數年前火崎近くの津代（ツシロ）から崖崩れの爲め內之浦へ引越して來た農家の一團が開いたといふ燒畑などが見えた。町は鰤網の頃が最も景氣付くと言つて居た。字北方（キタガタ）の田中さんの話によると、明治三年頃既にフモト六十戶、町が六十六戶もあつて、以前島津家では薩摩の加世田、谷山邊から士族や農人を盛に此處へ移した。その後、フモトの人々は大分入れ代つたと謂ふが、現在古くから續いてゐるフモトは事實六十戶までは無い樣であつた。フモトを始め商家に至る迄、氏神樣を屋敷隅に皆安置してゐる。その御神體は細長く丸味のある小石であつた。

田圃を流れる小川には鰻なども多く、鴨、鴛鴦の類から獸に至つてはシシ（猪）が未だ多く棲んでゐる。カライモ（甘藷）掘りの頃になると、里へ出て來る猪を追ふ爲めに吹くホランケ（法螺の貝）の音が黃昏の野山に響き渡るといふ。町には婦人會などもあつて、新しい方へも大いに發展して居た。フモトの庭園の池には町で設備した水道管から水が落ちて居た。この他電燈、電話の設備なども具つて之等の諸施設に於ては模範村の樣であつた。其と共にフモトなどでは特に年中行事などの古式の慣習を簡略にして行くやうな傾向も亦多かつた。役場には時報のためにといふ釣鐘が備へてある。網曳の時にはホランケを吹いてアミコ

第二圖・火崎ミサキ社

を集めると謂ふ。私達がミサキ詣りをしやうと火崎へ行つた日などは、發動船が防波堤工事の爲めに殆ど出拂つてしまつて、漸く殘つた一艘を得る事が出來た程だつた。

宗教を言ふとフモトは神徒（高天原）が多く、その他一般に眞宗、淨土宗であつた。濱邊のフモトの墓は皆奇麗に整頓されて居る。墓前や家の祭壇に生花を供へることは實に鄭重なもので、祖先を思ふ心が窺はれて懷しかつた。自分は登校の際の小學女生徒が二人揃つて濱邊の墓に膝付いて、美しい花を上げてゐる可憐な姿を目擊した。然もこれが每朝の習はしであつた。

地曳網のオヤカタの一人田中さんの家を訪れた日は時雨の音の寂しい晩であつた。町役場に出てゐる青年の加藤清治君も同席して吳れて、田中老人を中心に榾火の赤いユロイ（爐）を圍んで、採ぎ立ての蜜柑を食べ乍ら、いろいろな話に時を移した。話し始めると病氣も忘れてしまふといふ此の話好きの老人と加藤君の好意の爲めに、私達は次の樣な多くの話を聽くことが出來たのである。

二、年中行事

ミサキ詣り 內之浦灣を抱く岬の突端に火崎（ヒサキ）といふ處がある。自分達は內之浦の町から船で津代（ツシロ）に渡り、舊津代部落の跡を通つて、萱原の尾根一つ超えた太平洋側の傾斜に下りていつた。途中、崖崩れの難から逃れた幾つかの畠が殘つてゐた。掘立小屋を建つて出稼ぎに來てゐる人達が、畠に出てカライモを掘つて居た。冬だと謂ふのに汗の滲み出る南斜面の靜かな日だまりに憩ふて、はるばると南の海を眺めると、直きそこに種子ヶ島が見えるのだつた。白い萱原の細い路を尚も下つた。サルトリイバラの實が眞赤に熟れて、目の前から鶉が跳び立つ。ミサキサマの北向きの野菊やツワッ（つわぶき）の黄色い花の匂ひに咽せながら、鳥居が愈々見えて來ると、南端に來たといふ感じが全く深くなつてゐた。荒磯から屹立した數十丈の斷崖の上に海原を臨むやうにしてミサキサマの石の祠が立つて居た。恰度蘇鐵の茂みに隱されてゐるやうだつた。そして、この附近の南向きの斜面には、蘇鐵と檳榔が幾本となく自生して居た（第二圖）。

舊正月二十日に內之浦を中心とした部落の人々がこのミサキ詣りをする。これをハツカミサッと謂ふ。此の日、神主が祠の傍にゐて、參詣の者に御札を頒つとの事だ。人々は此處の檳榔の葉を折つて、手に手に携へて歸つて來る。これは珍らしいから持歸るのだと言ひ又貯へて置いて實用に供する爲めだと現今は言つてゐる。ミサキ詣りをする日をハツカショウガツ（二十日正月）とも謂ふ。祠の御神體は如何なるものか見る事が出來なかつたが、聽く處によると、大漁祈願の爲め又は海上難破した舟の供養、遭難の最中海上から遙かに祈願して成就の御禮にと人々は此の祠を信念するのであつた。奉寄進、石倉章或は桃木鰤大敷網支配人中、昭和七年舊四月吉日などの旗や奉納稻荷丸など書いた赤白の細長い枕型の供へ物が見えた。

田ノ神祭り　舊二月及び舊十月の丑ノ日に行ふタノカンドン（田ノ神殿）の祭りである。其日ホイサ（神主）を招び田ノ神の祓ひをして貰ふ。每年廻り番で宿を定め、人々は其家に集まつて酒、肴、煮〆などの馳走に預かり、小豆飯を食べる。田ノ神樣にもこの飯を上げる（第三圖）。

第三圖・內之浦町字北の田ノ神

大隅國內之浦採訪記 （高橋）

三嶽詣り　ミタケメーといふ。國見山、クロソン、サ、ヲの三山への參詣で四月三日、八日に行ふ。サ、ヲには神馬が居て笹の葉を各々半分宛食ふと謂ふ。

ツノマツ　五月節句にはダンチクといふ自生して居る竹の葉で米團子を包み之をふかして食ふ。ツノマッ（キ）と謂ふ。

ノロオトシ　田植が濟んでからの行事で、人々は打揃ふて濱邊へ辨當などを持參して出かけ、ゆつくりと享樂する。慰安會だと謂つてゐる。

ホゼ　新十月九日、舊九月九日に行ふ。人々は甘酒などの馳走を作り隣近處に配る。この日はホダ（ホウダケ卽ち腹一杯の意）タモレといふ。

盆行事（舊七月十四、十五日）

アカスタキ　アカスはアカシで迎へ火をいふ。舊七月十三日にする。この日、表に白砂を播いて置くと死人の足跡がつくと謂ふ。

ショウロウダナ　精靈棚はフモトでは作らぬが町及農家では作る。障子などで位牌を圍む簡單な形式らしい。尙、夏野菜を微細に切り柿の葉に載せて米團子と共に墓前に供ふ

タノキネマツリ　田の祈念に踊る祭りとも言つて居るが或はオブイナサマ　マツリとも謂ふ。サネモリサマは稻の害虫を除いて吳れる。だからサネモリサマに稻に虫がつかぬ樣に踊りをして祈願するのだと言つて居る。然しこの踊りはもう十年許り途絕えて居る。棒踊りで二日續けて行つた。村の若衆がやるので、十日間も前から稽古をした。初日は神前、二日目は町を廻り金錢を貰つて步いた。

サネモリ樣の神體は丸味のある長細い型の石で、小學校の傍の臺場（黑舟の頃の大砲備へ付場だといふ）にあつたが、踊りをやらぬ樣になつてから、其神體も行方不明となつてゐた。其れからは急に田に虫がつき始めたと謂ふので、近頃は又その臺場の側に新しい石の神體を置いて祀つてゐる。

ヰノヒ　マツリ　舊十月亥の日に行ふ。家々では餠を搗いたり赤飯を焚いたりする。此の日は子供の遊ぶ日で、十四、五歲迄の者が次の樣な遊びをする。

子供の緣結びの日といふて、女の子男の子の名前を書いた紙のコヨリを多く取交ぜ、うまく組合つたもの同志を引拔いて、誰と誰といふ風に男女の名前を言ひ合つて遊ぶ。

又、石に繩をつけ子供達が曳き張り步いて家々に行き、そこで地面を搗く。之は其の家を祀つてやると謂ふ意味ださうで、家からは餠や金錢を貰つた。そして、イヌヒ　ノモーチ　ハ　クワントコセ。アレ（米の粉）ガノウシテクワントコセと唱へる。然しこの行事は旣に十年許り前から途絕えてゐる。

又、十月中に三回亥の日が來る時は一番百姓、二番商人、三番エッタの亥ノヒと謂ひ、初回の亥の日が最も好いとしてある。

ヒノカシコ　火ノ神講、正月二十八日
ヤマンカンコ　山ノ神講、正月十六日
タノカンコ　田ノ神講、二月丑ノ日
スイジンコ　水神講、八月二十五日

之等は一部落間の親睦會の様な催しで、毎年クジ引きで講宿を定め其家に集まり飲食をなし、それぞれ神様には酒燈明などを供へる。

二十三ヤマツ　二十三夜祭りで毎月二十三日の晩に其家に遠出の者があると、二十三夜の神祭りをする。佛壇に燈明をあげ酒を供へ、隣近處、親戚の者を招待する。月の出が遲くとも、其の人々は月が出る迄必ず寢ずに待つてゐて、月を拜んでから寢る。正月、九月、十二月の二十三夜の月は、特に心の眞直な者だけ目に付くといふ。

削りかけ　正月十五日に門の前、床の間、氏神祠、墓にあげる。材料は夏樹を用ひ特にカワタビ、ハギ、カジノカラなどがよいとさる。

三、師走カヅラの話

シワス　カヅラ　師走カヅラと謂つて、十二月の中はカヅラの木（蔓ものの總稱で特に如何なる名稱の草木をいふか聽き漏した）を爐にくべぬ事にしてゐる。之はカヅラは蔓で引廻すからで、例へば借金や惡事を來年まで持越さぬやうにだと言つて居た。

四、ヒノトツの話

ヒノトツ　大晦日の晩は惡魔を戸外に追出すために爐火を何時もより澤山焚く。ユロイ（爐）にヒノトッを埋めて翌元日まで保存し、その朝はマッチを使はず此のヒノトッから他に火を移す。即ち多くの薪の中特に一本大きいのを入れて火種木とするが、之をヒノトッと呼んで居る。農家では爐のヨコザの向ひ合をトッヂイと呼んでゐる。

五、婚姻習俗

ゴゼンケ　御祝儀をいふ。

ナカダツ　媒酌人をいふ。

ヘグロを塗ること　婿は嫁の家へ祝儀の當日迎へに行くが、歸りには別に婿だけ出かけ其際待ち構へて居た人々から水を掛けられ或はヘグロ（鍋の煤）を塗られる。そして婿は何處かへ逃げてしまふ。嫁入道具を擔ぐ若衆連は嫁の家を出る前既に、婿同様水を掛けられヘグロを塗られる。

アックタレを言ふ　嫁が婿の家へ着くと、外から近所の男女擧つて嫁のテックタレ（悪口）を言ふ。譬へば目尻の上つてゐる嫁の眼を許して、眼にアゲをしてゐる、或は男が次の樣に言ふ、ヨンベ　オレハ　ネッタ（嫁と一緒に寢たの意）。

三々九度の杯　何處かへ姿を隱して居た婿は酒宴が濟んで御客が歸つてしまつてから、自分の家へ戻つて來る。だから事實は三々九度の杯をやらぬ。最近極く新しい處ではこの杯の式をやるといふ。殊に近村岸良（キシラ）などでは古い型が多く殘つてゐて、三々九度の杯などは全くやらないとの話だつた。

六、墓の話

字北方のフモトでは、その家の者が死んでから一年の間は必ず其墓に朝晩詣で、水と御花（朝だけ）を供へ替へてゐる。然も墓前の掃除をなし燈明をつける。ハカイシ（石塔）を建てる迄はタマヤといふ屋根を持つ板の圍ひをする習はしである。勿論フモト以外の普通の家でも之と殆ど同樣な墓守をする。

その家の主人が死ぬとヨコザ（爐の主人坐の呼稱）があいたと謂ふ。

七、エビス・大黑の話

十日エビス　毎月十日に漁獵のある樣にエビスを祀り前祝ひをする。この日は燒酎を飲み肴を食ふ。

ナカヰの隅に安置すること　エビス樣大黑樣はナカヰ（爐の切つてある部屋及び臺所の總稱で、オスエともいふ）の隅に安置すると効能があると謂ふ。フモトの某家にはナカヰの大黑柱の處に大黑樣が安置してあつた。

エビスはカヅラを嫌ふ　網場（アンバ）で魚を貰ふ場合、カヅラ（蔓の總稱）で魚をくくつて持ち歸つた者には、それ以後魚を呉れぬといふ。カヅラでくくると其以後魚が獲れぬ、然もエビス樣が大いにカヅラを嫌はれるからだと謂ふ。

八、エビスと漁獵の話

御神體を定める法　網場（アンバ）ではエビス樣の御神體を定めるのに、アミコが目隱しをして海中に潜り、摑んだ石を持つて來て神體とする習はしである。暫く經つて魚が獲れなくなると、新しい御神體を探し替へることがある。然し方法は前同樣である。

魚が餘り獲れぬ時は、エビス樣をタヽス（怒らす）と獲れる樣になると言つて居る。

エビスが旅を喜ぶこと　よく魚の獲れる場所のエビス樣の神體は時々他部落の者に盜まれる。其を持つて來て祀つた場所では必ずよく獲れる樣になる。内之浦字南方のエビ

第四圖・字南方エビスヌ大黑祠

ス様（第四圖は備後から來た發動汽船の衆にオットラレタ（盗まれた）事があつた。其以來めつきり内之浦では魚獲がなくなつてしまつた。漸く御神體を搜し當てて持ち還つて元の場所に安置すると、又元通り獵が多くなつた。この出來事は今から十年許り前の話である。エビス様は他所に旅をする事を喜ぶと言つてゐる。南方のエビス様は現在大黑様と共に頑丈な石祠の中に安置されてゐる。之は盗まれぬ要心の爲めだといふ。

九、地曳網に關する話

オヤカタ・ムラギン・アミコ

一つの地曳網にオヤカタ一人、ムラギン十人、アミコ男女子供多勢がゐる。之は内之浦字北方についての調査である。北方だけでオヤカタが三人許り現在居る。收獲の魚は主にアヂ、サバ、ハガツヲ、イワシ、イカなどが多い。オヤカタは網、舟、仕入等一切を見なければならぬ。その年期は一期が二十五ケ年であるが、オヤカタ（網元）の權利は他人に讓渡する事が出來る。此場合は縣水産課の許可が必要である。

ムラギンはオヤカタの統率下にあつて、責任を以て網を管理する。網曳の時はムラギンの中一人が大將に選ばれ、濱に立つて網曳の狀態を監視する。この者をトウロウと呼ぶ。收獲物の分配割合はアミコに分けてやつた後をオヤカタ六分ムラギン四分である。金錢と魚の儘の場合がある。

カンダラ 網を曳いた時に、魚を盗むことをいふ。此場合にのみ使ふ詞で、他の物を盗む時はオットルと言ふ。

ブエンコツ ブエンコギで、獲つた魚を澤山の船で他地へ賣りにいく事の意だと謂ふ。遠くは大阪、廣島、油津方面まで出かける。

コデ 上（カミ）の方といふ意で、地曳網を曳く場合に上手（カミ）の方をコデといふ。譬へばコデ　デッといふ。上手の綱を曳く方はもつと出ろといふ意味である。この反對はシモである。シモ　デッと謂ふ。

十、鰤網の話

アカネ　カブイ　鰤壹萬尾を獲つた場合の祝ひである。壹萬獲る度に何度でも此祝ひをするのが原則であるが、或はアミがあがつてから後に纏めて行ふ場合もある。然もこのアカネ　カブイ(リ)は鰤網に限る。一つの鰤網のアミコは六十人乃至百人であるが、此アミコ全部が（但し男に限る）赤い頭巾に赤い着物を著て神樣へ御禮詣りをする。熊野神社其他鄉社村社などを皆揃ふて太皷を鳴らし乍ら廻るのである。四、五年前迄は此の服裝を用ひたが、現今では頭巾の代りに赤い鉢卷をして普通のハッピを着る。アカネを何時々々の年には何度カブッタといふ。鰤の網元は字南方に多い。

十一、餌　木

イカのエツ　内之浦ではイカのエッ（ギ）はクス、キリ、アマキ、タラ、白花の咲くクサギがよいとされ、又何の木でもシシ（猪）のかぢつた木はよいとしてある。（註、白花のクサギがよいといふのは薩摩、川邊郡坊之津でも聽いた）。

十二、景行天皇に關する話

小田の樟　内之浦字小田にある。山を背にし田圃を前にして、こんもりと茂つた此樟の森は何か由來を感じさせた。幹は根元近くから四本に分れ、直ぐ側に別に一本生えて同じ樹株の樣に見える。大きい方の根元は六抱へもあるかと思つた。この樹の下に石を御神體とする祠があつて赤旗が供へてあつた。何と謂ふ祠か遂に聽く事が出來なかつたが、後に記すオシャドンといふ石祠と全く同型のものだつた。此れを又別に小田の森とも言つて居る。

コラゼ（川原瀨）の上り瀨から上陸された景行天皇はキラヌ山で樟を伐らずに折つて來られ、小田の森で休憩されたが、この際その樟の枝を倒に立てた儘忘れて出かけられた。そこから芽が吹いて現在の樟にまで育ち、いまだに枝は倒に伸びると謂ふ（第五圖）。

カナフ岳　景行天皇は小田の森から南にオヂャルカ北にオヂャルカ考へられた末、先づ内之浦の地理を見やうと高い所に上られ見當をつけられた。今此の地をカナオ（叶ふ）岳又はミネヲカ（陸測五萬、内之浦にて小田と廣瀨川との間の一八七、一米の高所）と呼んで居る。其處を下りてから廣瀨川のシノメノワタリ（又はヒトメノワタリ）を渡り現在の高屋神社の處へ來られ、天子山と謂ふ森に安在所を構へら

第五圖・小田の樟樹

れた。

天子山の森　天皇は此の森から向ひ側の乙田（オッタ）の城に立籠るカワカミ・タケルを攻め征伐せられた。今に此の森には鹽を作つたといふ釜場の跡が殘つて居る。現に高屋神社の森の續きで、田圃の中程に、樟、椎、タブ、センダンなどの常綠樹がこんもりと茂り合つて晝尙暗い神域を現出してゐる樣は美しい。最近移植した檳榔樹が壹本交つてゐるのも人目を惹く。又この森には諸種の小鳥の囀りが絕えなかつた。

アコーの樹　榕樹のことで、高屋神社の境内にはハゼの樹の御神木の他に、この榕樹の老木が神木となつて居る。この樹の下から西北方を望むと恰度國見山（八八六米）が眞正面に見えるので、土地の人々は國見山に登る代りに此樹の下から其山を眺め遙拜する風習がある。根元は三抱へもある程の大木でメ繩が張つてあり、私が行つた時には小さな手製の弓矢、藁人形、旗などが供へてあつた。弓矢は國見山が戰の神だから神主が供へたのだらうと土地の人は言つてゐたが、其小さな人形は人々の想像以外のものだつた。

十三、天候に關する詞

風の呼稱

ミナミ　南風
タツミ　東南風
コチ　東風

大隅國内之浦採訪記　（高橋）

キタコチ　東北風
キタ又はアナゼ　北風
ニシ　西風
ハエ　西南風
アヲキタ　特に九月十月頃吹く北の風を謂ふ
（但し西北風は地勢の關係上無しと謂ふ）

天候俗信

キタコチは雨。

ハルミナミ　アキキタ（春南秋北）、此の場合、空に牛が一匹寢る程の隙間が霽れてゐれば天氣は好くなると謂ふ。春ミナミに池の底乾し（春は南が晴れてゐれば雨降らずとの意）。

稻穗の出る頃、ヨキタ（夜吹く北風）だと實がいらぬ、ハエ（南風）吹けば實がいると謂ふ。

スバエタデ　雨はフラヌ（スバエは時雨、その夜時雨れると翌日は天氣だと謂ふ）。

アメカゼ　シンマッ（風雨が荒い事をいふ）。

シケ（天氣が好くても波の荒いことに謂ふ）。

十四、石佛について

ゴシヤドン　内之浦町　大字南字大平見にある。恰度小田の樟と田圃を隔てて向ひ合つてゐる。南方から侍金（サブレガン）へ通す

る道路の脇の傾斜面に祀つてあつて、傍には蘇鐵が多かつた。祠は木造で別に藁葺の上屋が出來て居た。扉の中には花崗岩らしい石の御神體が三つ安置してあつた。扉の裏面の文字は讀みにくかつたが、奉新造立安政三年辰八月廿五日成就御遷宮御神樂也、庄屋久木元喜左衛門社司宮地勝壽などは解つた。此の祠を土地の人はゴシャドンと呼んで居る。彼岸の中日には神主が來てお祓ひをする。奉寄進海軍一等水兵有村義幸と記した赤旗が供へてあつたきり、他に見る可き奉供物も無かつた。小田の樟の下に之と同型の祠のある事は前に記した（第六圖）。

第六圖・字南ゴシヤドン

石佛についての圖版

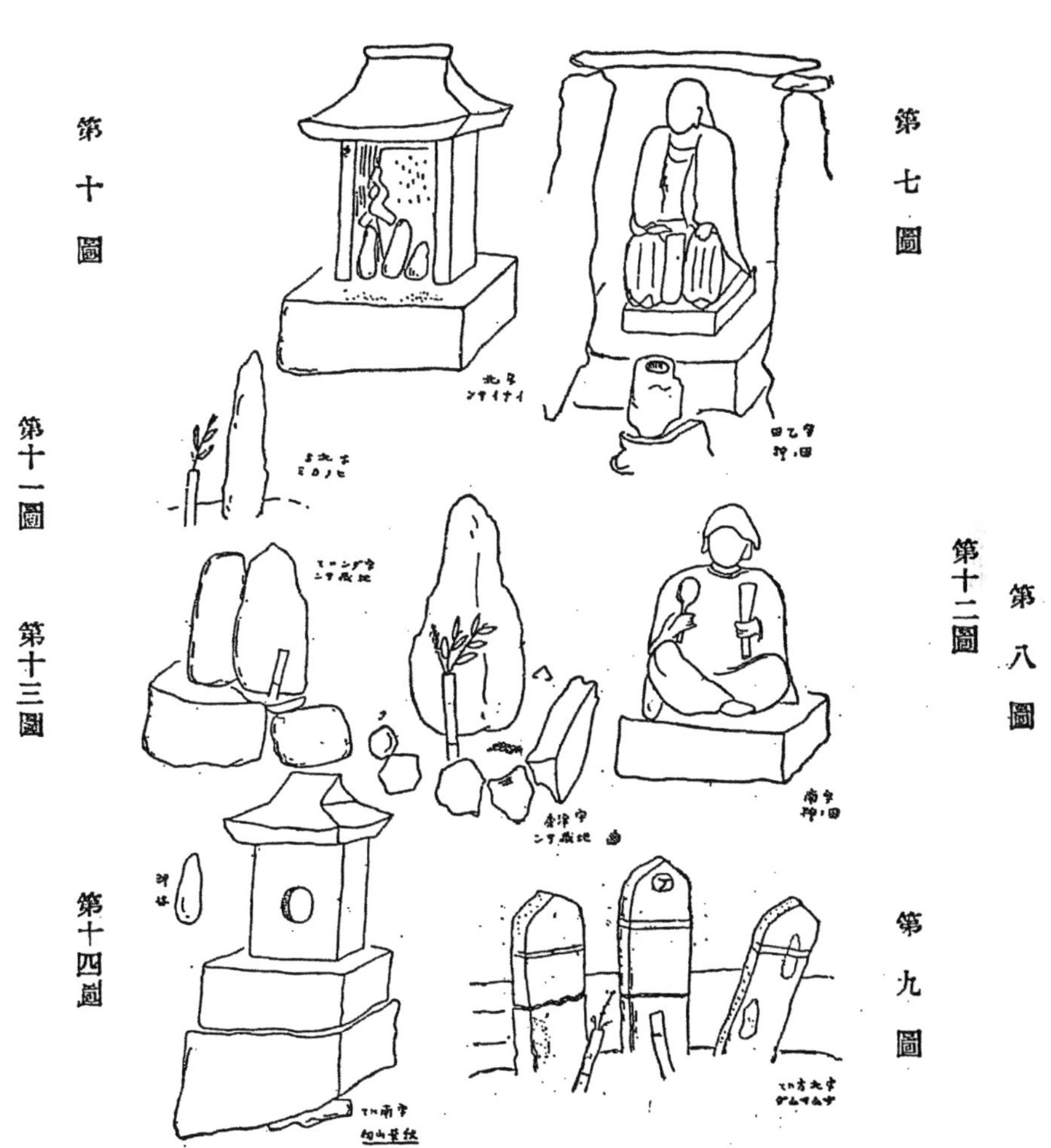

第七圖 第八圖 第九圖 第十圖 第十一圖 第十二圖 第十三圖 第十四圖

タノカンドン　田ノ神で、田ノ神祭りに付ては年中行事の部に記して置いた。田ノ神尊像は薩摩の南部でも幾つか見受けたが、内之浦には相當多かつた。此處のタノカンドンの特徴は圖にも示す樣に、三、四本の支柱に支へられた石屋根の覆ひを持つて居る事だつた。それに像は頭巾を冠つてゐるもの總髪のものもあつて、左手にスイコッ（摺粉木）右手にメッゲ（飯杓子、しやもじ）を持つて居るのが普通の型であつた。安置の場處は田圃の岐路に多かつた。第三圖は内之浦字北（前掲）、第七圖は字乙田、第八圖は字南のものであつた。

ナムマムダ　内之浦字北方にナムマムダと謂ふ靈處がある。濱邊から程近い路傍にあつて、以前は樹木の茂みで晝も尚暗く薄氣味の惡い處だつたと言つて居る。現在は道路改築の爲めに樹木も伐り拂はれ、榎の樹の下に板碑型の石塔が三箇許り表はれて居た。如何なる因緣の處か誰に訊ねても、答へて吳れる者は無かつた（第九圖）。

ハマノカミ　内之浦字北にある。鬱蒼と茂つた木立の中に埋もれて、濱に寄せる波の音も爰では遠かつた。丸味のある細長い海の石かと思はれる小石三つが石祠の中に安置してあつて、傍には榎の大木があつた。花筒には椿の枝が供へてあり、其他幣束、濱のズナ（砂）が上げてあつた。又別に御神酒を供へたかと見える硝子の酒罎が置いてあつた。このズナは所謂盛り砂であつて、網元の家で供へるのだといふ。然も新正月にはオヤカタ（網元）の家では餅などの祝ひ物を上げた。附近の農家ではこの祠をイナイサン（稲荷樣）と呼んで居る（第十圖）。

前記田中吉次郎老人の話によると、漁獵と作のカンサ（神樣）はイナイサン（稲荷樣）、人の損得をきいて吳れるカンサは水神樣だと言つて居た。

ヒノカンサ　日の神で字北方の路傍にあつた。第十一圖に示す樣な型で、其他いろいろ聽いても答へて吳れなかつた。

ジゾウサン　唯單に地藏さんと呼んで居る。第十二圖に示す樣な型の石佛が内之浦字津房の辻にあつた。花筒にはユス（いすのき）の小枝が供へてあり米が納めてあつた。

又別にダンと俗に謂ふ農家部落の岐路の處にもあつた。之は第十三圖に示すもので、同行の赤星君は石敢當ではないかと言つて居たが、事實今は荒廢した屋敷の外側の垣の處にあつた。爰は陸測五萬分之一地圖では乙田の附近の部落だと思つた。

秋葉山祠　字南のタテババと謂ふ所にある。路傍で廻りには蘇鐵などが植ゑてある。第十四圖に記す樣な石祠で神體は丸味を帯びた細長い濱の小石であつた。

前記屋敷神となつてゐる氏神樣は此の型の小さい石祠が多く、神體は矢張り同形の小石であつた。

十五、ヌタウチの話

內之浦字乙田(オッタ)邊の澤から杉の植林してある傾斜を上つて小さな一つの尾根を超え、私は赤星君と共に廣瀬川の南支流の一つの澤に沿ふて、山腹の路を歩いて居た。古い樟の樹などに絡んだタニワタリ（おほたにわたり）の長橢圓形の葉が、美しい綠を湛へて冬も知らぬかの樣に伸びてゐるのは、流石に南國だと思つた。私達の歩く路を、尾根の方から澤の流れへ向つてウツ（主として猪の通ふ路）が幾條も横切つて居た。眞新しい猪の足跡もあつた。時々茂みが遠のいて暖かい日溜まりがある。猪のフセド（臥せ場）にでも突き當つては大變と、赤星君が口笛を吹いたりオーイオイと呼ばはり乍ら進む。猪のヌタウチの跡は、本流へ落ちる纎(か)細(ぼそ)い水流れの源頭などにあると謂ふが、私達は不幸にして此の日ヌタウチの跡には出遭はなかつた。此邊でヌタとは山中の水溜りのあるジメジメした處を言ふ。爰へ猪が水を飮みに來る。又、蟹を食べに來るともいふ。ヌタウチ跡は一見して判るもので、處に據ると泥土が二三尺もゑぐれて居るとの事だ。爰で猪は身體を地にこすり付けるのである。

猪肉を食ふ作法　此邊の獵師は十一月から一月頃にかけて猪狩りに山に入る。この時は猪以外の獸は捕らぬ。銃を構へて谷を見下す中腹に居並び、追手が他方から追つて來る猪が谷へ下りて再びこちら側へ上らうとする處を上(おへ)の方から射ち下すのである。射ち捕つた其の日は身體の方の肉を食はず、鼻の先の肉のみを食ふ。そして、肉の分配法は、頸を曲げて頭部を胴につけ鼻の著いた處迄のものは、射つた人自身が取る。殘りの下部を仲間が分合ふ事になつて居る。

又、ヌタウチの猪を見付けた場合でも、獵師自身から見て其れが北の方角に當つて居る時は決して射たぬ。ヌタウチのキタウチ（北擊ち）をすると彈丸が元の方へ戻つて來てしまふと言つて居る。

十六、運搬用具並に服裝

この內之浦では薩摩揖宿(イブスキ)郡山川村成川の附近、又は川邊(カハナベ)郡坊之津邊りの樣に、女の人達は頭に物を載せて運搬して居らぬ。以下內之浦で見た運搬用具を列記して見る。

シカタ　背中當てで、稻藁製のもの、ズック樣の布片(きれ)を利用したもの等あつて、何れも之を背負ふ爲めにカイナワの通(とほ)し穴が出來て居る。薪などの大物を背負ふに用ひ、普通の大きさ縱一尺五寸から二尺横巾一尺位ゐである（第十五圖4）。

カイナワ　荷(にな)ひ繩で、前記シカタに通(とほ)して用ひる外、この繩のみにて背負ふ事もある。私が內之浦字北で會つた山行きの老婆は之をカリ　ノウと言つて居た。カラヒ　ナ

第十五圖

1 フゴ

2 タンゴ

3 イネテゴ

4 シカタ

5 カイナワ

平牟田・字北にて

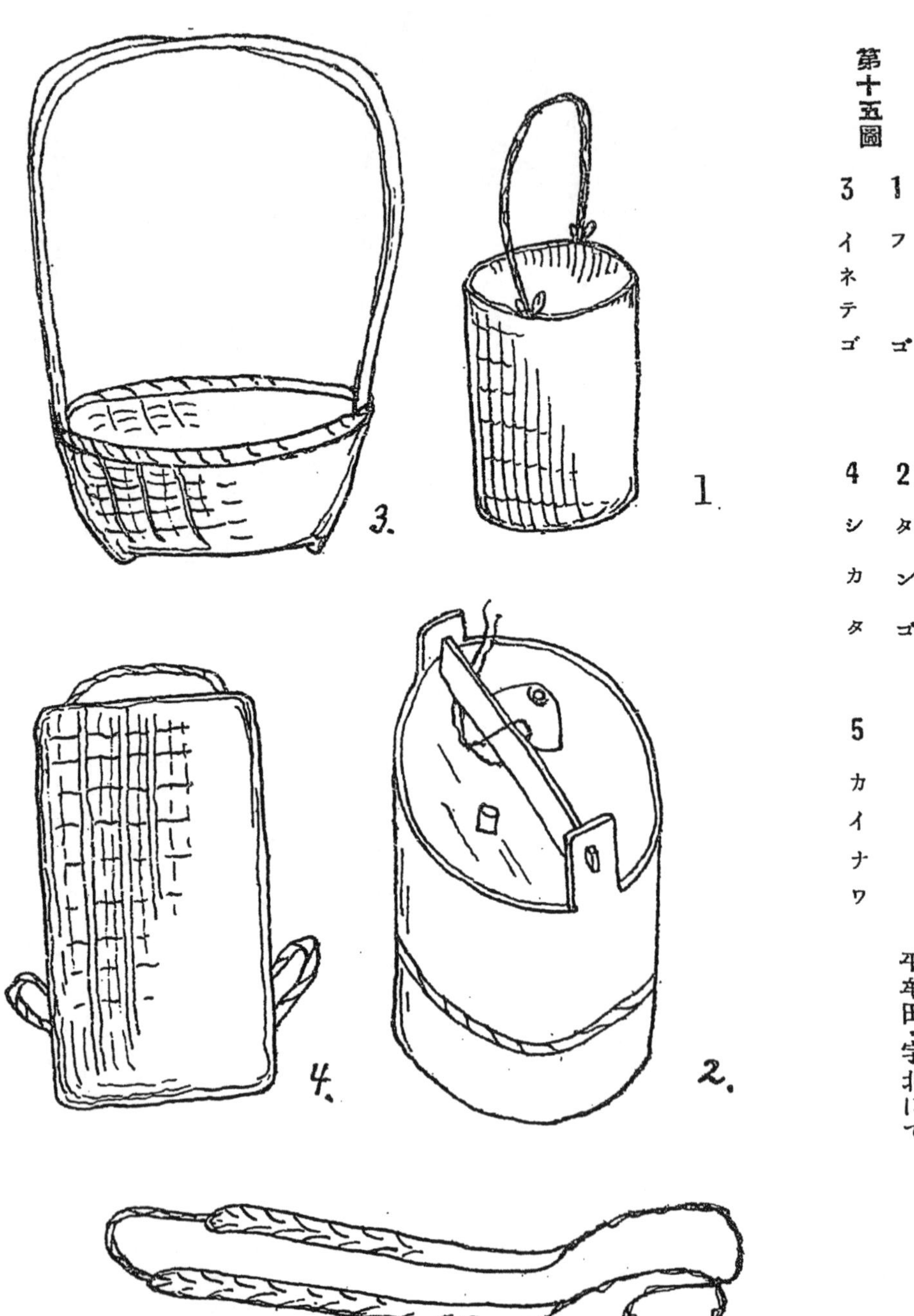

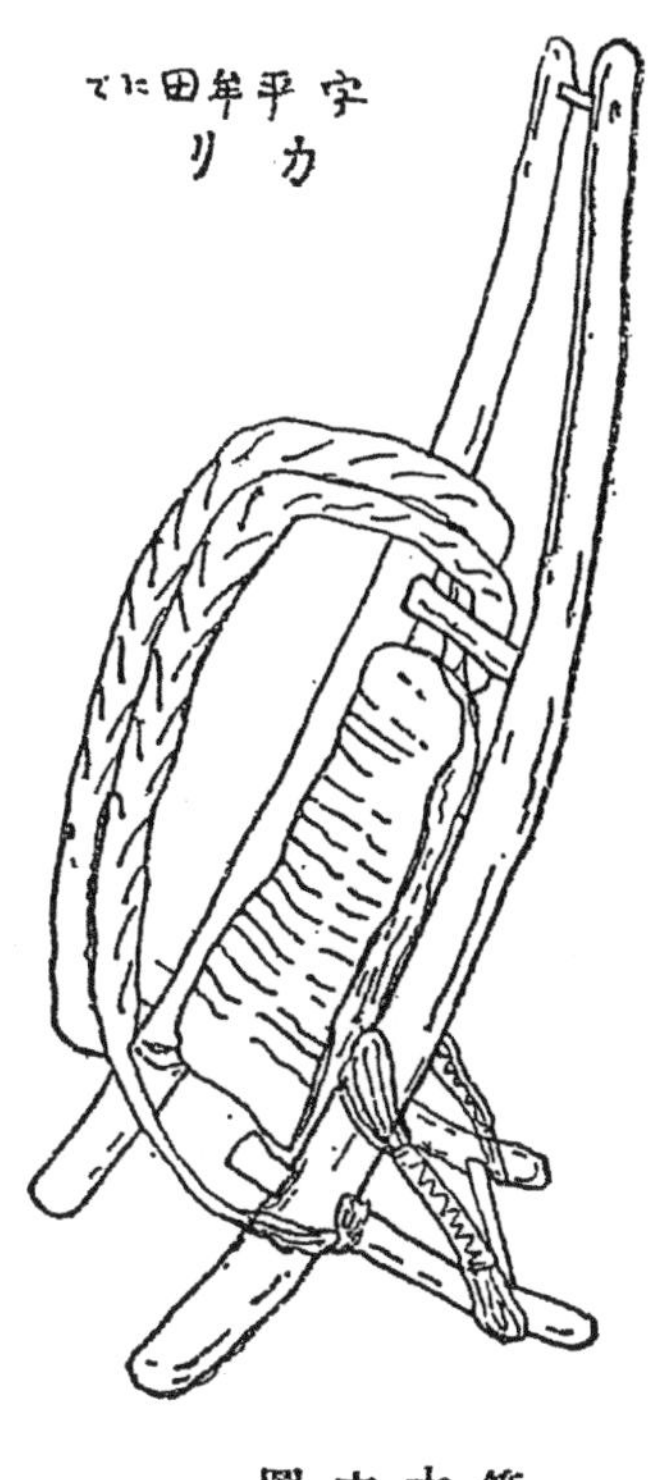

第十六圖

第十七圖・字侍金にて。カヅラ　カガイ

ワである。普通、肩に當る部分の廣くなつてゐる處が三尺、其の下の紐が約五尺になつて居る。男は之で米俵一俵迄背負ふと謂ふ（第十五圖5）。

カリ　背負ひ梯子である。後部に突ッかへになる足が出て居るから、地面に倒さず立つた儘置ける。字平牟田附近の蜜柑畑で見た（第十六圖）。

フゴ　藁作りの一口に謂ふと炭俵に下げ紐を附けた様な恰好の入れ物で、多く蜜柑等を入れる（第十五圖1）。

タンゴ　圓い形の水入桶である。同所蜜柑畑で見た（第十五圖2）。

イネテゴ　第十五圖3を謂ひ、天秤棒で擔ぐ下げ籠である。普通、竹製で魚などを入れる。

カヅラ　カガイ　カガイはカガリで、私は字侍金で山鉈等を入れて置くのを見た。カヅラは前にも述べた様に蔓ものを謂ひ、このカガイは字岸良で製作したものであつた（第十七圖）。

キウマ　木材運搬の爲めに用ひる橇で、字侍金で見た。山から丸木を並べた木馬道も出來て居た（第十八圖）。

ギユウシヤ　牛車で農家の自家用のもので、主に稻、肥料等を運ぶ。字津房で見た。各々部分品の名稱を擧げると、

1、ボウヅナ　2、ワ　3、シュラギ　4、タマヅナ　5、心棒　6、ハシゴ（第十九圖）。

大□國內之浦採訪記（高橋）

第十八圖

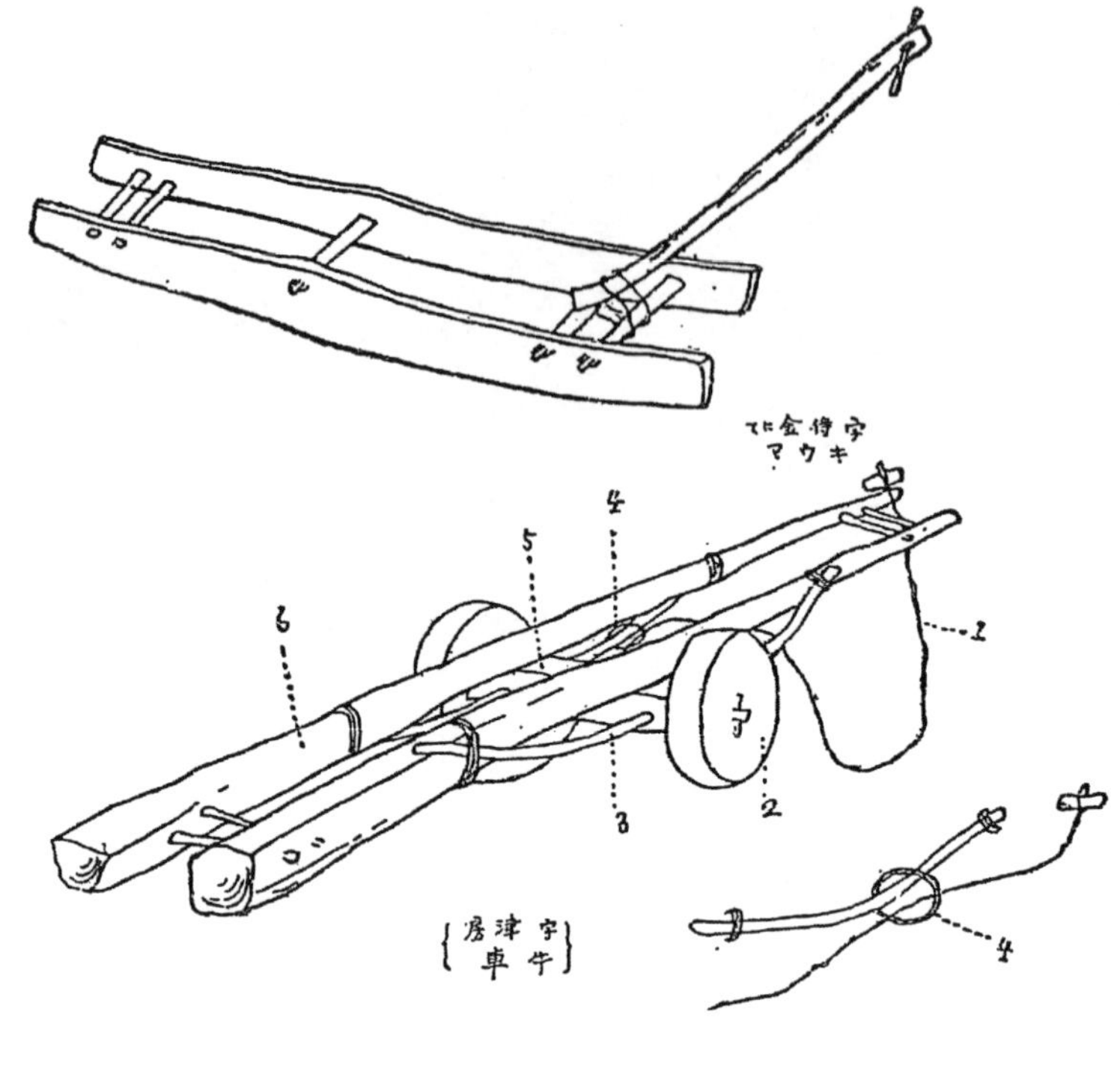

第十九圖

タテメダレその他

字北を歩いて居ると恰度山行姿の四人の女に出會つた。其時の寫眞が第二十圖並に第二十一圖で、袖無しをチンバオリ又はソデナシ、肌着をハダギ又はジバン、前掛けをマヘアテ、腰卷をシタモン又はコシマキと謂つて居た。圖には見えて居らぬが、今度の旅では特に揖宿郡から川邊郡に掛けて、普通の腰卷の上に重ねて、湯卷の上に卷く所謂蹴出しに相當する大巾の腰卷をして居るのをよく見た。殊に揖宿郡今和泉村觀音崎邊の濱に沿ふた道に、若い娘が青い襦袢に眞赤な此のウシトメダレ（今和泉村で何と謂ふかは聽けなかつたが、枕崎、坊之津では斯ういふ）を掛けて頭に綠の濃い松の枝を載せて歩いてゐる姿は亦となく人目を惹くものだつた。私達は始め此の大巾の腰布には異樣な感じを受けたのであつたが、矢張り普通の湯卷で無い事が後で判つた。

內之浦では殆ど見受けなかつたが、聽いて見ると矢張り坊之津のウシトメダレに相當するものの有る事が判つた。字北では之を之をタテメダレと謂つて居た。縱四巾を繼合せたものだといふ。

コシギン　前記第十七圖に見えるカヅラ　カガリを背負つた男の着て居る袖無しをいふ。

南薩摩小話と方言（高橋）

第二十圖・字北にて・山行姿（前）

第二十一圖・字北にて・山行姿（後）

第二十二圖

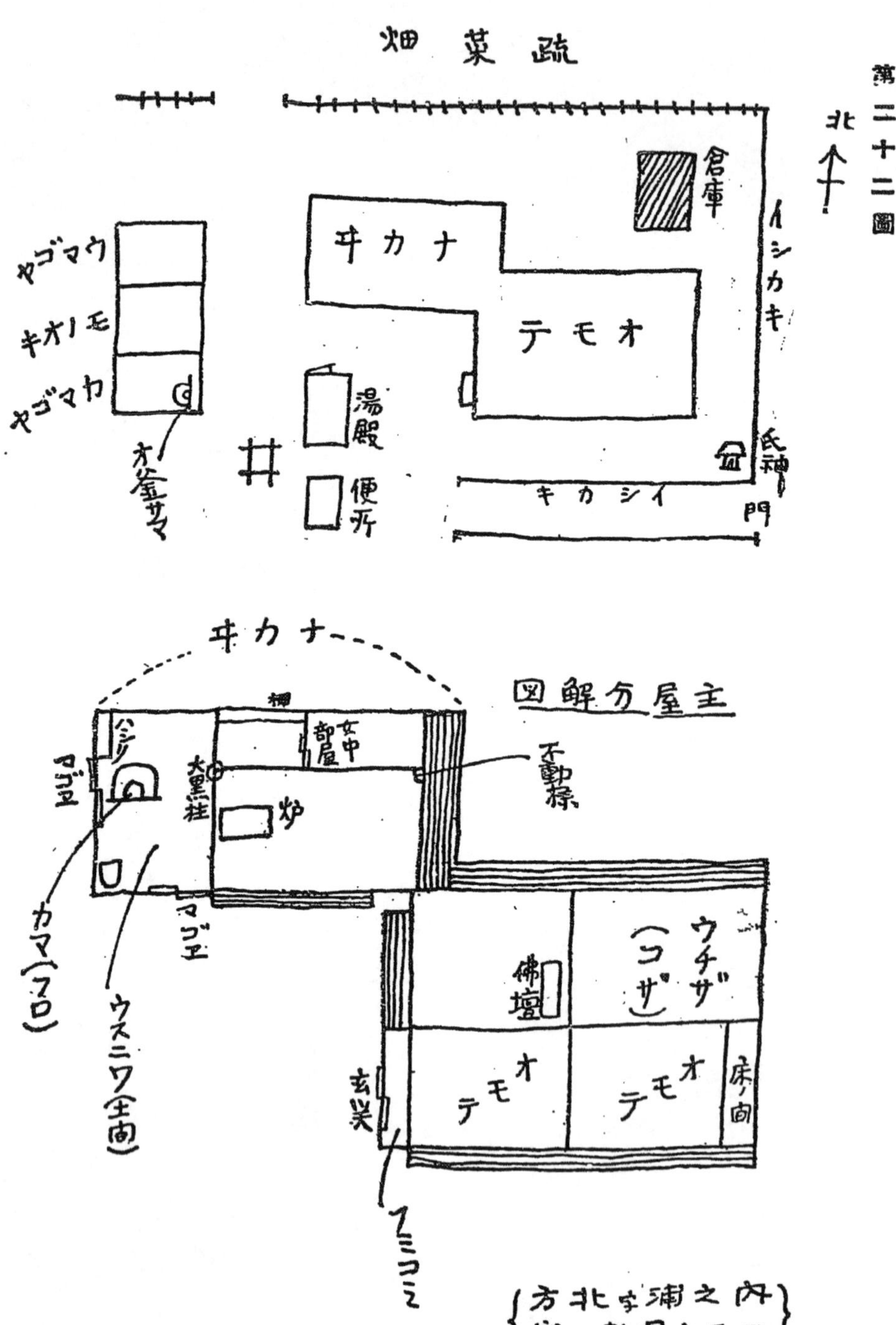

内之浦字北方
フモト屋敷の側

第二十三圖

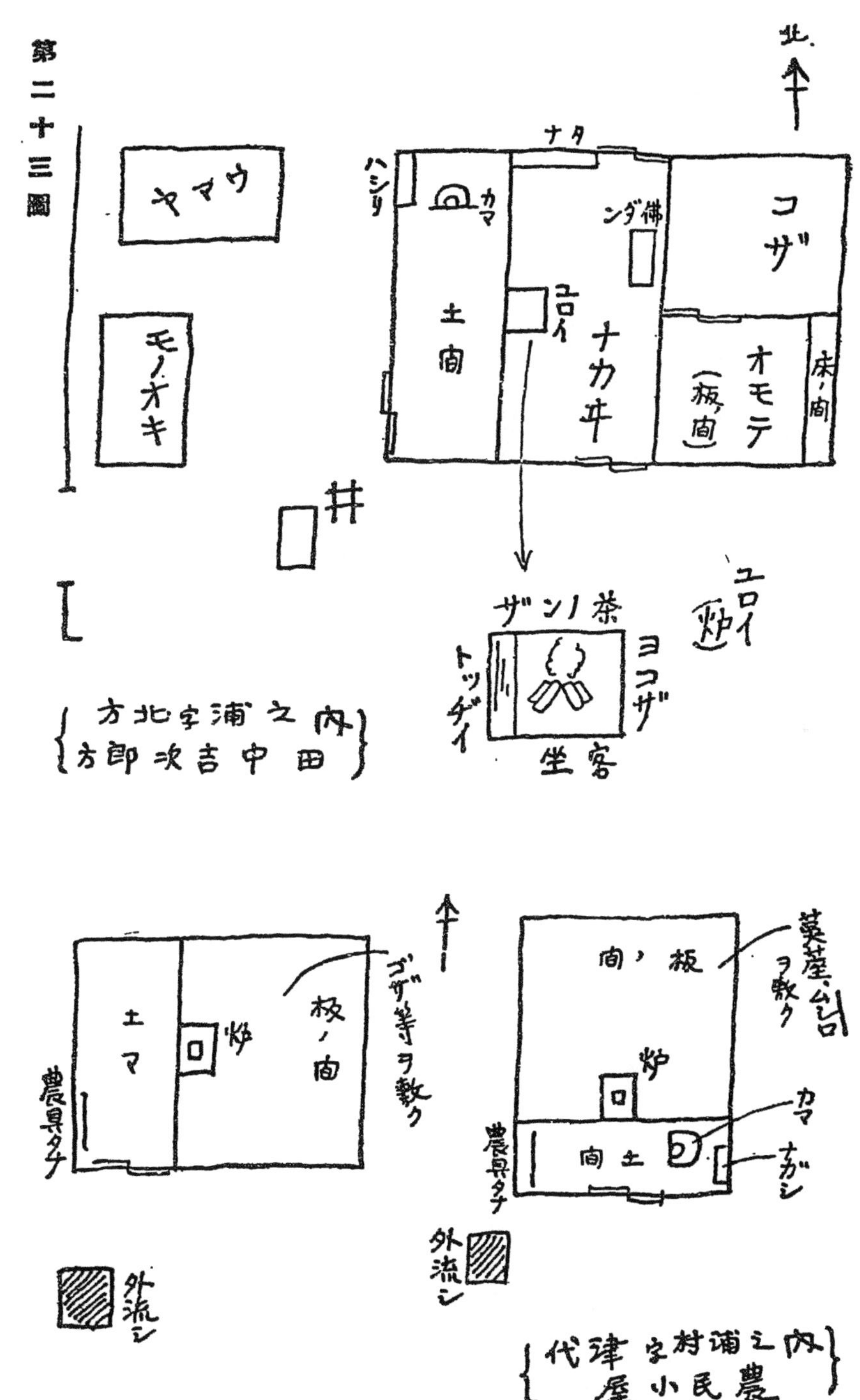
北
ヤマウ
モノオキ
井
ハシリ
ナタ
カマ
土間
ユロイ
ンダ佛
ナカ井
コザ
オモテ
（板間）
床間
茶ノンザ
トッヂイ
ヨコザ
客坐
ユロイ
炉
内之浦字北方
田中吉次郎方
土マ
炉
板ノ間
ゴザ等ヲ敷ク
農具タナ
外流シ
間ノ板
菰筵台ロヲ敷ク
炉
カマ
土間
ナガシ
農具タナ
外流シ
内之浦村字津代
農民小屋

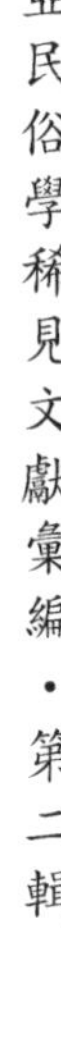

第二十四圖・宇津代の民屋

十七、民家について

宇北方のフモト屋敷の一つなる某家の間取などは第二十二圖に示す通りで、オモテとナカヰ（又はオスヱ）とから主屋は大體成つて居た。訪問客はオモテで接待されるのが普通で、客の寢室も勿論このオモテが當てられる。ウチザはコザとも謂ひ、衣裳部屋であつて時にお産室などに當てるといふ。ナカヰの中心をなすものはユロイ（爐）で、その側に大黑柱があり大黑サマを祀る。臺所の土間をウスニワといふ。又土間への入口をマゴヱと謂ひ、竈をガマ又はフロ、流しをハシリ、カマとナガシとの邊の總體をユドンとも謂ふ。物置を詳しく分けると馬小屋、物置、釜小屋となる。この釜は特別に大きくオカマサーと呼ばれて居た。便所はツッドコともいふ。

同所の普通の民家の例は第二十三圖に記してある。ナカヰに佛壇が置いてある。オモテは板の間であつたが、養蠶をする便宜の爲めと言つて居た。ナカヰには勿論疊が敷いてあつて爐を中心にした一家團欒の場處である。爐の呼稱は主人座をヨコザと謂ひ、之に對ひ合ひの土間側をトッヂイ（ヒノトヂリ）といふ。客座（キャクザ）に對する方が茶（チャ）ノンザで主婦の場處となつてゐた。

宇津代（ツシロ）部落は前にも述べた樣に崖崩れの爲めに殆ど全滅したところであるが、現在は内之浦の町から働きに行つて泊る爲めの掘立小屋式の極く簡單な民屋が出來てゐた。其れが即ち此の第二十三圖下方のもので、普通の農家のナカヰの部分に當る處しか無い。土間と板ノ間から成つて矢張り爐は、土間に接近した方の中心部に置いてあつた。土間を入つて左側には農具棚があつた。この内之浦で見た最も簡易な民屋は之などで、これと普通の民家及びフモトの屋敷などを對照して見ると面白い様である（第二十四圖參照）。

十八、語彙の部

フッ	淵
ヲゼナ	山稜
タン	澤（水が流れてゐるもの）
トゲ	峠
チョッペン	山頂
ヅッケン	右同
ヒラ	斜面
ウツ	獸の路（特に猪兎等の通ふ定路）
ナダミチ	海岸の方を通る路
ナダをキタ	海岸端の路を來たの意
アッチナダ	あちらの濱
コッチナダ	こちらの濱
セ	岩礁（海面に見えても見えざるも）
ビナ	卷貝の總稱
エッガネ	伊勢蝦（いせえび）
ガネ	蟹
ダッマッ	手長蝦（川に棲む）
コメガネ	米蟹（米の出來る頃、山から澤へ下るもの）
クソクッ	石龜
クッドン	右同
タカメ	目高（川の魚）
デカン	年期定めの下男
メロ	下婢
ヨソモン	異鄉人、旅行者など
ダイヤメ	晩酌の酒（勞れるはダレル）
フナト	漁師一般の稱
クダリシホ	干潮
ノボリシホ	滿潮
ガマ	海岸の洞穴（之は内之浦大字大浦にていふ）
クエソ	崖崩れ
ミミッチョ	いたち。（之に行先を横切られると難儀をするか損をすると謂ふ。）
ウサゴロ	兎
ムシナ	むじな
ダノッ	狸
シシ	猪

大隅國内之浦探訪記（高橋）

カノシシ　鹿
モバ　ももんが
ベブ　牛
コッテ　牡牛
オナヌ　牝牛
クダマキ　轡虫
ボイ　蜻蛉
ギメ　こほろぎ
ツーカッカ　鶫（つぐみ）
トッコ　梟
コヅ　みゝづく
キックヂィ　啄木鳥
サンコドリ　三光鳥（之を捕ると馬が死ぬといふ）
ウグイス　鶯
デッチ　鶯が藪に居る間の稱
メジロ　頬白
ハナシ　目白
ノシコ　あをじ
クロドイ　ばん
シタタッノタロベー　鶺鴒
ヒヨ　ひよどり

イゲ　蕀類の總稱
カヅラ　蔓木の總稱
アコー　榕樹
トベラ　とべら
ツバッ　椿
カタシ　右同（實はカタシのミ）
ヒメガタシ　山茶花
ヒメツバッ　右同
ボシバナ　千日紅（千日草）
マンザイギク　えぞぎく（赤、白、紫）
フッ　よもぎ
ブタンハンメグサ　すべりひゆ
オランダバナ　百日草
ガラッパグサ　どくだみ
カンサカキ、サカキ　榊
サンスベリ　びらんじゆ
マンダラ　鶏頭
タワランバナ　りんどう（字南にて小學生にきく）
カカランハ　さるとりいばら
ツワッ　つわぶき

この他ユスノキ（いすのき）、イボタノキ、イソジラッ（川邊郡坊之津でメンノキといふ樹）と謂ふ木があつて何れも神佛に供へてゐる。（昭七、十二、十一）

南薩摩の話と方言

高橋文太郎

一、川邊郡西南方村坊（坊之津）

（ニセの話）

次は坊の田畑族館右田老人（八十一歳）より直接聽いたものである。

ミヅカケ錢　他部落より嫁をとる場合に婿が嫁の村の若衆へ渡す錢で、額は約三十圓であつた。若衆はこれから酒代を差引いた殘金を村に寄附した。嫁入の時は青年の頭が三人宛附き添ふた。

年頃の娘が他村へ外出の場合はニセシユウ（二才衆）に斷つて出かけた。若しその娘が他村の男と關係を生じた時は、娘の家よりミヅカケ錢をニセ衆に出した。

ニセ（二才）　十五歳より正月二日にニセ入りをする。三十三歳迠ニセであつた。ニセの着物は多く木綿で柄は何でも好かつたが、丈は膝より二寸下げた。ダラ一本差すために、白ユテ（白木綿の帯）を三周りまわした。外出の時だけ、ダラを許さる。村内では許されなかつた。下駄の臺木は松、鼻緒は白であつた。他國へ旅立つ時には手帳を持つて出た。但し三人以上一緒に出る時は要らなかつた。

ニセの刑罰　主として窃盗犯などの場合にカタヒラ落した。下駄履と頬冠りは禁止された。而して士族の家へ上る時は、內より下駄を脫ぎ跣足となつた。

ヘコニセ　士族のニセを謂ふ。

オサナゴ（ニセにならぬ少年をいふ）

又、別にコガシラ、ニセガシラなどあり、トシヨリ、クンガシラ（組頭）、ヨコメ（村役人）などの呼稱があつた。

（河童の話）

ガラッパ（河童）

ツカレル（小豆飯と米のひいたのを交ぜて團子をつくり子供に食はせると河童にツカレンといふ）

カワトイ（河童にとられること）

南薩摩の話と方言（高橋）

カワトイに遭つた場合（この時は釜の蓋を倒にして其の上に水天宮の御札を載せ海上に流すと、其蓋は死骸の上に至つてグル／＼と廻り始める。其で蓋はひつくり返つて御札が沈むと、死體はその御札を額に附けて浮び上つてくる）

カナケを嫌ふ（坊之津の濱では錨をよく使ふから、河童は鐵氣（カナケ）を嫌ひ逃げてしまふ）

スイジンマツリ（水神祭、村年寄の家に河童の穴があつた。下婢が或時さらわれたので、水神をたて死骸を出さねば穴を塞ぐと言ふと、他の河童が詫びに來て死骸を出した。現在でも二月五日には水神祭をやつてゐる。この水神は久留米の水天宮を勸請したものだ。祭りの當日は赤飯とシト（米の粉）とを交ぜた團子をつくり子供に食べさせる）

海から山へ上る河童（河童の海からの上り口（川や溝）に灰を播くと上らぬ。又彼岸中は寺の坊主が説教してゐるから、上りも下りもしない。冬、小鳥を撃ちにいくと、河童が山の中で鳴いてゐた。一匹ヒョン／＼と鳴き始めると、續いて二、三百匹が鳴く。河童がそんなに鳴く日は、獵が無いといつて銃を撃たずに歸つて來る。この河童は磯千鳥のことらしい）

河童相撲（坊之津の近村末柏（スエカシ）の井上壽助といふ男が、河童と相撲をとり、投げたらそれきり來なくなつた。年一回河童相撲を記念としてやる。井上は今四十歲位ゐである）

河童の相（河童の手はヤイクリ（遣り繰り）が出來る。胴は小さいが、棕櫚の皮を冠つてゐて、身體はヨモ（猿）の如く、顏は人間のやうだといふ）

ヨモを恐れる（ガラッパはヨモを恐れる。だから、猿廻しはどんな川でも河童にサワラレズに通る）

山の神と河童（坊の一條院といふ寺の裏山に河童が上ると、山がオーン／＼唸り出す。その時は犬が決して進まない。之を山の神がオラブ（大聲で叫ぶ）ともいふ。斯ういふ時は、森を出てから其森に向つてジウキ（銃器、鐵砲のこと）を放ち、後方を見ずに戻つてくる。ジウキを撃てば山の唸りが止まる。この樣な日に限つて天候が好いものだ）

ヨモ（猿のこと、坊の山には以前三十匹許り居たが、現在は只一匹殘つてゐる。女がその山の側を通ると何か惡戲をする。だから、女が鉢卷をして通ると男だと思ひ惡戲せぬ。猿は又よく泳ぐものだ）

（方言の部）

ボンバナ（千日紅）

アワバナ（女郎花）

シバ（柳の青い頭と磯ツゲの新芽、神樣に供へる）

マンダラ（鶏頭）

マンザイギク（えぞぎく）

トンビナ（とべら）

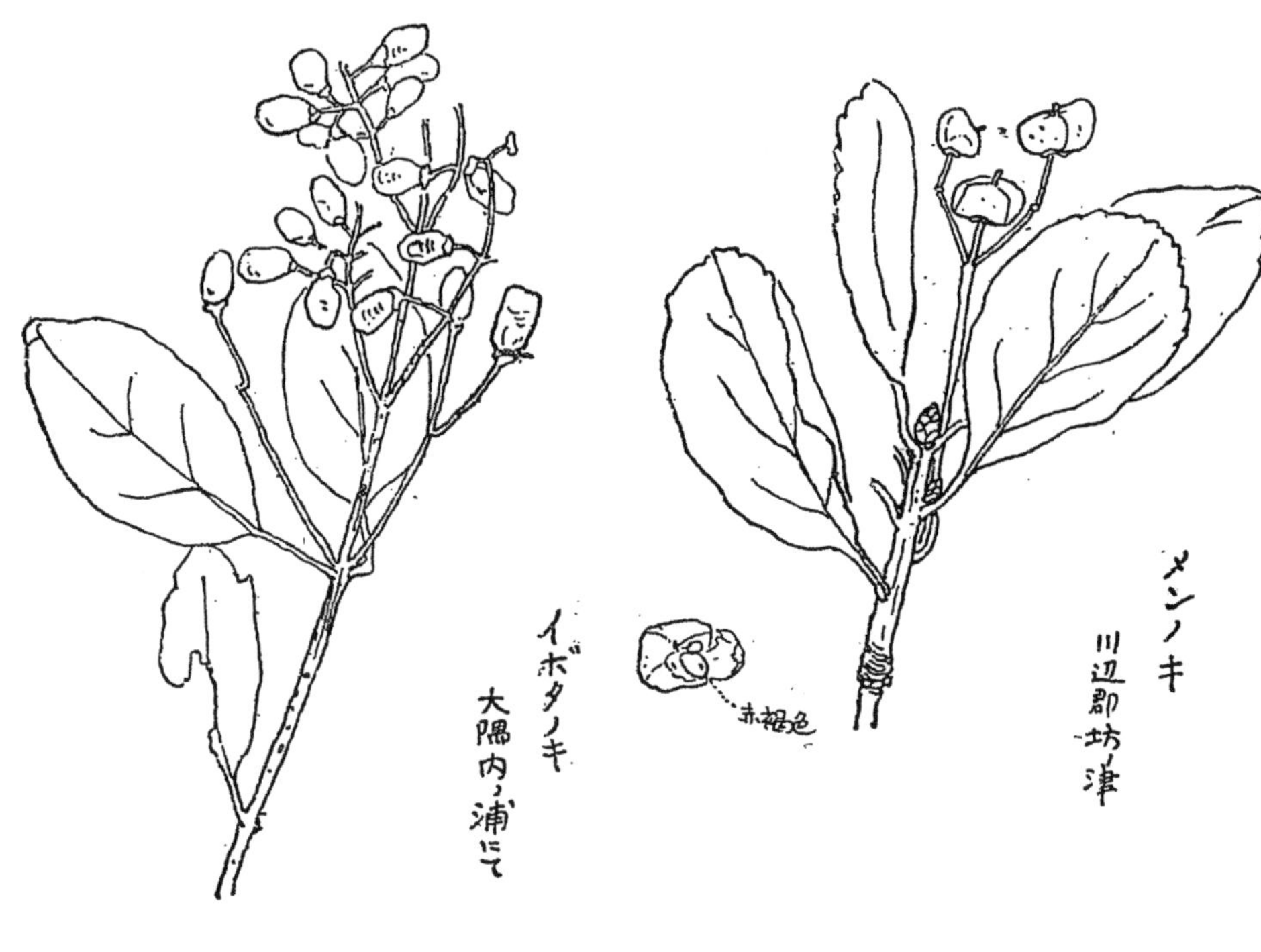

メンノキ（當地で神様へ供へる常綠樹である。果皮の彈ける實がなる。坊之津では海へ臨む崖緣などに多く生えてゐる木で、大隅内之浦では別記の通り之をイソジラッと呼んでゐた。自分の記憶によると武藏野の北多摩郡地方には庭木として此の植樹があつて、自分の家でも以前はこの樹の枝を神佛に供へてゐた。多分マサキと祖母は謂つて居たと思ふが、はつきりした記憶はない。自分の村（保谷）などでサカキといふのは葉の細かい紫の蕾をもつヒサカキのことである。荒神様には松も供へるが、佛には多くシキビ（樒）を上げる。大隅内之浦町で神に供へるといふイボタノキは坊之津では目に留まらなかつた。之は熟すると紫になる實がなつて、之を鵯が好んで食べる（圖版メンノキ、イボタノキ參照）。

カンシバ（さかき、榊）

イセヅワノキ（花白く實のなる木、標準語で何といふ木か判らぬ）

ヘコハッ（東京でいふモッコクに似て丈低く葉の形も其より丸味を帯び、紫黑色の丸い實がなる木、この實を猿が好む）

カゼクルマノキ（くちなし、梔子）

タッ（たぶ）

ヒトツバ（いぬまき）

南薩摩の話と方言（高橋）

イゲ（棘をもつ草木の總稱）
オンガメ（蟷螂）
アカバラ（ゐもり）
トカゲ（蜥蜴）
エッラ（ボラ、鯔の子）
エビガネ（えび、鰕）
ガネ（蟹）
ウネ（尾根）
チヨッペン（山頂）
ハナ（乘越、例へば坊と泊との堺のトイ（リ）ゴエン（鳥越）のハナ）
タケ（大きな山）
ヘタ（海上から見て陸の方）
ウラ（入江）
ウラダチ（入江の口）
ヲセ（暗礁）
セ（岩礁の見えるもの）
ソネ（海底の高くなつてゐる箇處）
セナミ（岸の岩に打ちつける波）
セト（海面に出た岩と岩との間の通路、舟がその間を過ぎる）
イワ（海に臨む陸地の岩壁）
ホラアナ（海に臨む陸地の洞穴）
タン（谷）
ホツ（澤の源頭でゐぐれた凹處）
イソツリ（岸でする釣り）
ヤマタロウ（錨、工夫の鶴嘴型の鐵に木材を結び十字型に交叉したもの）
ミヨシ（舟の舳、船首）
トモ（艫、船尾）
オモカヂ（ミヨシに向つて右舷）
トリカヂ（ミヨシに向つて左舷）
イケマ（舟の中央にあつて水を溜め釣つた魚など入れておく處）
カンバン（ミヨシとイケマとの間）
シケ（荒れ）
ハヱンカゼ（南風、氣が狂ふのをハヱンカゼが吹くともいふ）
キタゴチ（北東風）
コチ（東風）
オキ（火）
ハガマ（釜）
テモト（箸）
キビショ（急須）

チャジョカ（土瓶）
カナジョカ（鐵瓶）
ハンヅ（水甕）
サケオケ（おかもち型の淺い手付の桶）
モブタ（籾入、餅入、平たい入れ物）
モットオケ（餅をまるめるに使ふ平たい盤臺の如きもの）
カマ（竈）
ヰガワ（井戸）
ツイベ（釣瓶）
バラ（米、麥などの搗いたのを入れるもの）
ツイゾケ（釣笊、笊）
フタッ（右同）
イヲテゴ（魚籠）
シヲテゴ（鹽入れの籠）
ナベトリ（藁で錢型に作り紐で其二つを連絡してあるもの、この一つ宛を左右の手に持ち熱く燒けた鍋などを摑む）
カンメボシ（カンムリボウシだともいふ。藁製の頭へ載せる輪の臺、坊では頭に物を載せ物を運んでゐる）
コンゴバオイ(リ)（ねんねこ絆纒）
マルソデ（絆纒）
カル（子供など背に負ふこと）
カタグ（荷ふ）

モッチャグ（持ち上げる）
ビンドロイ（肩車）
イッケンケン（片足跳び）
シタモン（腰卷）
ヘコ（男の褌）
ツイダン（越中褌）
ウシトメダレ（シタモンの上に卷く幅廣く丈長き蹴出し（東京でいふ）に相當する腰布、大隅内之浦町でメダレ又はタテメダレといふもの）
ハダギ（肌着、内之浦ではハダギ又はジバンといふ）
メダレジバン（ハダギの上に着る勞働着、丈は大體腰より少し下にさがる）
メダレ（前垂、内之浦でいふマヘアテにあたる）
コシジメ（細紐）
カタギン又は**チャンチャン**（袖無し、内之浦でいふヂンバオリ、ソデナシに當る）
キャパン（脚絆）
モレンビ（亡靈火、人が舟で遭難するとその亡靈が舟になつたり島になつたりして見える。何時迄も其れを見てゐると動けなくなる）
フナダマサマ（エビス様を舟靈樣と呼ぶ事がある）
（以上の方言は田畑旅館の人々より採集せり。）

南薩摩の話と方言　（高橋）

二、同郡同村泊（トマリ）

ベラ（粗朶、小さい枝の束をいふ、之は坊と同じ）

アレ（落葉した松葉をいふ。坊では之をアエと言つてゐた。何れかに自分の聞違へがあるかも知れぬ。坊では又、マキ（割木）をタッボンといふ）

キドボッ（キ）（柄のある長き竹箒、キドは内のこと）

ブイゾケ（竹細工もので大體が箕型で取手がある塵取）

トーバラ（平たく淺い竹籠で、棕櫚繩の取手が付いてゐる。カライモなどを入れる。キッナゴ入ともいふ）

コバゾ（ウ）イ（クバの葉の鼻緒をもつた草履）

ヤマゾ（ウ）イ（山草履、稻藁で作つたもの）

ヂンガラボシ（編笠、ヂンとは燈心を採つた後の纖維）

三、同郡枕崎町

ハマンダラ（葉鷄頭）

エイマキ（えりまき、物賣りの女が風呂敷型の布を背に三角に垂らし首の前で結んでゐた）

四、揖宿（イブユキ）郡頴（エー）娃村フモト（麓）

オカベ（豆腐、之を陳列する箱をタナといふ）

キラズ（豆腐がら）

ツレ（井）

タケンヅ（山の頂）

ナガレガハ（普通の川）

タナシ（陣羽織型のチャンチャンに似た上衣、前方を紐でしめる）

カタギン（袖無し、チャンチャンコ）

バッチ（ズボン型の股引で下を紐でいはく）

五、同郡同村十町（ジッチョウ）

シッツキボウ（ぬすびと萩）

ヨモンコ（むくげ、木槿、ヨモは猿をいふ）

ボンデンクワ（右同）

クワクワランハ（さるとりいばら）

ツワッ（つわぶき、黄色い花の咲く蕗）

ヒトツバ（いぬまき）

マンザイギク（えぞぎく）

ゴメンノキ（うめもどきに似た實で、形もつと小さく色は薄紅色、この樹（とき）をいふ。武藏野ではナンキン玉の木といふ）

チドメグサ（かたばみ）

デッチ（藪鶯）

イシタヽキ（鶺鴒）

メジロ（頰白）
ハナシ（目白）
アサヒッ（ひわ）
モギッ、モギッチョ（百舌鳥）
ヒンカツ（じやうびたき、アカヒゲ）
トッコ（梟）
ネコドリ（耳づく）

六、同郡山川村成川(ナイカハ)及附近

ビビンシヨ（又はビビンサウ、花芭蕉の花で紅のもの。當地で花賣りの老婆が天秤棒で之とサカキの束を擔いでゐるのに出會つた。この邊では頭に物を載せて運ぶが、天秤で肩に擔ぐ事も行つてゐた）
タマヤ（墓碑を蔽ふ圍ひの小屋、成川の路傍の墓には悉くこのタマヤがしてあつた）
ビンタヘノセル（頭へ載せる）
イナヅミ（稻積み）
カア（井）
タノカミッ、タノカントン（田ノ神様）
ハイ（畠の高い處）

七、同郡揖宿村東方

ケチュー（鷄頭）
サトイモ（里芋）
カライモ（甘藷）
タマトー（とまと）

八、同村喜入(キイレ)村喜入

ボンタン（ぢやぼん）
タッパナ（橘）
シマミカン（形小さいもの、喜入のフモト屋敷にはよく熟してゐた）
サヾンクワ（山茶花）
ニガゴ（ウイ（れいし、茘枝）
イトウリ（へちま、糸瓜）
クソゴ（ウ）**イ**（烏瓜）
カボチャ（南瓜）
トッサゴ（鳳仙花、赤色の花を石で碎き明礬を入れて爪にのせ葉で卷く。一晩このまゝで寢るとよく染る）

九、鹿兒島市及以南 （鹿兒島市赤星昌君談）

ネコンベ（あけび）
オネコジョ（翁草）

南薩摩の話と方言（高橋）

グン（ぐみ、トラグン、コメグンなどあり）　鹿兒島市にて
マンダラ（鶏頭）　同
トキッノヨメヂョ（たうもろこし）　同
サトキッ（甘蔗）　同
カライモ（甘藷）　同
ケンチイモ（白い色の甘藷）　同
ヂャガタライモ（馬鈴薯）　同
コッテウシ（牡牛）
ベブ（牝牛）
ボイ（蜻蛉）
ギメ（こほろぎ）
ギメダカ（轡虫）
ガチャガチャ（右同）　特に鹿兒島市にて
タカ（ばつた）
オショロサンボイ（赤蜻蛉、八月頃出る、背中にオショロサンを背負ふてゐるといふ）
ボランコ（ボラの子）　鹿兒島市にて
イッチャチャンゲン（片足跳び）　同
ビビンコ（肩車）　同
ダンツケッ（マッチ、燐寸）　鹿兒島市にての老人語
バンコ（ベンチ、腰掛）　同

（以上昭和七年十一月採集）

（六十一頁より）

前に上げたる○豆札邊になろうか、枳の木イ登ろうか。と同趣意の諺。柿ノ木は宮地町字柿ノ木、竹原は黒川村字竹原。

○**可愛イー娘は飛瀬にゃ嫁るな行きも戻りも坂ばかり。**（産山村大利）

○**可愛イー娘は大利にゃ嫁るな行きも戻りも坂ばかり。**

飛瀬及び大利共に豐後に接する阿蘇郡産山村の大字名、前者は産山川の、後者は大利川の谷中にあつて、何處へ行くにも坂を越へねばならなかつたのでかく云つたもの。

○**西町チャ楢山なら乞食**（宮地町）

黒川村字西町を云ひ、そこに楢山があり楢の大木があり夕陽には箱石峠まで、朝陽には二重峠まで影がさしてゐたそれを切つて駄船を作つたがその人は癩病にかゝり乞食になつて、西町次第におとろへた。そして乞食の部落が西町附近に存するので、それを下なして云ふ。上方にて奈良に乞食多ければ、俗に奈良坊主奈良乞食と云へばそれによそほへしものなるべし。拙著、「阿蘇民俗誌」第二部、「楢山の楢の木」参照。

○**阿蘇山山じゃが、大きなボタじゃが。**（宮地町植木原）

當地方の方言の特徴として「……じゃが」と句尾につけて慣用するが、その慣用するのをあざけつて云ふ諺。ボタは大きいと云ふ意の方言。上句下句共に當然を示す句。又土とか物をもち上げる時の囃詞として用ふ、又阿蘇の方言をあざけつて云ふ時にも使用す。

書評

ブラーシュ人文地理學

山口貞夫譯
古今書院發行

パウル・ヴィダル・ドゥ・ラ・ブラーシュ（Paul Vidal de La Blache）は最近に於けるフランス地理學會の最も輝しき巨人であつた。惜むらくは彼歿後こゝに二十年に垂々とするが、彼の著述的遺産たる人文地理學原論（Principes de la Géographie Humaine）邦譯なき爲に少數の學徒以外に親しまれる事が多くなかつた。從つて今回の邦譯出版は寧ろ其の時期の遲れたる感あるも、今後吾國の地理學徒にとつて盡きざる科學的思想の源泉となるであらう。本書にはアメリカのビンガム女史による英譯本があつたが、此は可なり勝手な添削が行はれてゐる上に左程讀易くもなつてゐない。

本書はどちらかと云へば思想的な書である。然しそれかと云つて實證的研究をおろそかにしては居ない。ブラーシュ指導の下にブリューヌを始めとする錚々たる地理學者連が多くの地誌的勞作を發表してゐるのは其の證據である。彼は斯の如き確實な材料を手下にして安心して之を概論的に發達させ得たのであつた。故に本書から個々の地方的資料を拾はうとすれば其の範圍の餘りに廣く其の時代の餘りに遠きに亘つてゐるのに驚くのである。ヨーロッパ、アメリカ、アジアの文明諸國は勿論、中央アジア、アフリカ更にニューギニア等の未開蠻人に至る材料を驅使し、又歷史的には舊石器時代の曙人にまで考察の手を伸べてゐる。而も此等尨大な資料に決して負ける事なく之を自由に使ひこなして、そこに新しい學的發達の泉を作り出して居る事はヴィダルにして獨り可能な事であつた。

本書の內容は第一部が「地球上に於ける人類の分布」第二部が「文明の形態」第三部が「交通」となつて居り、これ以外に始めに緖論、終りに斷章が付いてゐる。此の緖論こそ本書に關する彼の思想的體系が要約されてゐる。然し緖論は原文、元より難解であるが、譯文も亦了解に左程容易でない。從つて讀者には寧ろ第二部を先として然る後第一部、第三部とすゝまれる事を御すゝめする。

第一部は常に地理學上の大問題たる人口分布が取扱はれて居り殊に第九章地中海地域の如きは興味深い文字に富んでゐる。

第二部は人類と生活環境に關する斬新な考察があつて、人類生活誌とでも名付けたい部門である。

第三部は交通で　道路、鐵道、海洋等が其の研究對象になつてゐる。鐵道などは稍もすれば數學的羅列や單なる分布圖、又場合によつては鐵道關係者の參考書の如きものになり易い材料であるが之をかゝる邪道に陷入れることなく、終始地理學的に而も發展的に考察した點は誠に感嘆に堪えない。最後の斷章には斷片的な彼の遺稿が收められ、都市の問題など、彼死せざりせば可なり面白き論文を得たであらうと思はれる。

評者はヴィダルの遺稿を整理して原書を纒めた女婿エマヌエル。

ドゥ・マルトンヌ氏に感謝すると共に、本書の完譯を果された山口君にも厚く謝意を表したい。山口君は東大地理學科を昭和七年に卒業、其後も引つゞき教室で地理學を攻究されてゐる方で、佛語の力については吾々の夙に認むる所である。尚、同君は人種名、動植物名等に就いて各專門の方に付き一々質された由で、同君の愼重なる用意を玆に附記したい。地名、人名も出來る丈各國別の讀方に直してあり、其他特殊な術語にも夫々簡單ながら註を付せられた勞を多とする。勿論小さい事であるが瑕瑾がないわけでもない。原著を忠實に譯さんが爲めに直譯したと云ふは可とするも文章に多少生硬な點が間々あつた樣に思ふ。それに句點の打方にも多少亂暴な所があつた。又圖版が大變小さかつた。折角の色刷で出されたのであるから原圖と同じ位かせめて今の二倍位にしておいて貰ひたかつた。

要するに本書は人文地理學の重要な參考書たるに止まらず、史學者、社會學者、民俗學者等に取つても啓發さるゝ點の多い書と思はれる。

（佐々木彥一郎）

學會消息

放送講演集。

『九州鄕土講座』この講演集は史蹟傳說篇、落學篇、民俗篇の三部より形成され、殊にそのうちの二部史蹟傳說の十五篇と民俗の十四篇の文字はわが「民俗學」の讀者にもおすゝめいたし、民俗學が今月より以後數ヶ月にわたる九州資料號の得て企圖せざりしところの一班は、之を以て補はれたい。

史蹟傳說篇。

筑前「岩屋城攻め」・神風（以上二篇林新吾）圖書明神・山下淵の大鮫　（以上二篇武富正次）神話の國日向（高橋末袈裟）唐津勸右衛門松浦潟巡遊お伽（井本常義）眞名野長者炭燒小五郎のお話（岩尾卓三）鳥追舟・高江三千石の礎になつた可憐な娘（以上二篇鹽官榮次）「火の國」「不知火」・阿蘇と鎭西八郎・雁回山・五家莊（以上四篇加賀山興定）

民俗篇

民俗學と九州（吉野義雄）九州の八朔行事に就いて（佐々木滋寬）民俗學より見たる九州の鳥獸（川口孫次郎）綱曳の民俗學的考察（山口麻太郎）おろか村の話（三松莊一）宇佐八幡宮の御神幸と土俗（小野精一）九州の民家（梅林新市）對島子供の年中行事の二三と衣食住の方言（鳥居傳）輸入傳說の考察（市場直次郎）九州の鄕土玩具とその鑑賞（日野巖）阿蘇の俚言と民俗に就て（松本友記）島津日新公といろは歌（伊知地茂七）阿旦と琉球民族（新屋敷幸繁）南日向の民俗に就て（山之城民平）

（定價五十錢・熊本市花畑町・日本放送協會九州支部出刊）

『民間文學專號』（民衆教育季刊第三卷第一號）の主たる作品は

狗人國試論（松村武雄）中國的天鵝處女故事・關於中國的植物起源神話・江蘇歌謠集序（以上三篇は鍾敬文）再論紫姑神話（黃石）韓朋故事（錢南揚）奧定的神話（謝六逸）低級文化民族的歌謠（程懋筠）法蘭西民歌研究（林文錚）農諺與生計教育（樊縯）

出版者は杭州新民路、浙江省立民衆教育實驗學校、民衆教育季刊社

學會消息

○**民俗**　（國立中山大學文史學研究所民俗學會）「民俗學」五卷一號より、その內容目錄を發表した「民俗」は、久しく休刊してゐた處、又第一百十一期復刊號を發行したので、「民俗學」は前例に據つて內容目錄を發表するつもりでゐる。なほ、中國民俗學會編纂の「民間月刊」も、そのうちに缺本をまとめて內容目錄を發表したいと思つてゐる。

○「**巧女和獃娘的故事**」は本號にその廣告文を添へたが、婁子匡氏の編でありかつ氏の研究が添へてある。

又同氏の編成された「中國新年風俗志」「月光光歌謠專輯」等があり、鍾敬文氏の編成されし「老虎外婆故事專輯」等、杭州忠孝巷三五中國民俗學會から出されてをり、發行者は上海望平街一五八號、漢文正楷印書局である。

（以上明石）

學會消息

年中行事(五月之卷)　有馬敏四郎

端午の節句・粽・藥玉・藤森祭

民俗學研究からみた五月節句　折口　信夫

「五月初め頃行はれて來た日本民俗が、支那傳承による端午の節句を中心とする樣になり遂に彼我の習合を見るに至つた。或時は日本民俗を舊習として排し、新しい支那習俗をとつた事もあるが、段々後になつては日本民俗を以て、おきかへられて來た。だからその形式に於ては、凡そ支那的要素であるが、その信仰内容に於ては、濃厚に日本的要素が認められる。こゝに支那的要素と日本的要素との區別に幾分見當がつけられるのであつて、日本的要素を檢出する事に依り、五月の節句は成男戒から說明出來るが、寧成男戒を中心としてゐる節句だと推考してよいと思ふ。」

印地打と成男戒のこと、藥獵り、招代としてのあやめ蘰、それから發達して五月人形、吹流しの變形だけでなく宮廷のあやめ輿によつて物忌となるものを招き込む形式によつて考へられたる鯉幟り、のことなど。

近代以前に於ける相撲の風俗　櫻井　秀

○『嘉談小品』(柳田國男、『週刊朝日』四月卅日號)

物品ヤセウマと舞茸とに就ての、いかにも表題に似つかはしい隨筆であるが、われ〳〵の國語辭典の語彙に這入る一つびとつとして此に其態度方法を見ればならぬ。

○『島』一ノ一

御藏島遊記　佐々木彥一郎
長門六島村見聞記(上)　櫻田　勝德
高麗島の傳說　柳田　國男
陸前江の島雜記　中道　等
甑島記事　宮良　當壯
八百萬島の帝國　ポンソンビ・リチャド
對島の牧畑　弘長　務
隱岐の牧畑　石田龍次郎
漁村語彙(一)　柳田　國男
島關係記事目錄(一)　金城　朝永
南島談話會筆記
島から來てゐるもの・人の顏　柳田　國男

○『萬葉集講座』第二卷　研究方法篇

萬葉集研究法　武田　祐吉
萬葉集研究史　佐々木信綱
萬葉集古寫本解題　正宗　敦夫
海外の萬葉研究　新村　出
萬葉集に於ける宗敎・神話　松村　武雄
傳說・土俗方面の研究　中平　悅麿
萬葉集時代の社會及政治組織　西岡虎之助
萬葉集に現はれた交通路線の研究　西村　眞次
建築・武器武具・家什　後藤　守一
服飾　尾崎　元春
萬葉染色の研究　上村　六郎
萬葉集に於ける地名について　犬養　孝
萬葉動物考　豐田八千代
萬葉集の植物　鴻巢　盛廣
萬葉集の韻律　藤川德太郎
萬葉集の枕詞　高崎　正秀
萬葉集と歌謠　高野　辰之
記紀歌謠と萬葉集　西角井正慶
萬葉集と古今集と　尾上　八郎
萬葉集と源氏物語　池田　龜鑑
萬葉集と新古今集　川田　順

○『花の咄』(折口信夫、『短歌月刊』五ノ五)

神事の花の話のうち、ゆきあひ祭としての鎭花祭に於ける、「やすらへ花や」に見る事が出來る農事又人間生命の前兆としての櫻の花から話が進められて居る。

此は、峯の雪、梢から段々季節々々の花で占ふやうになつたのである。その生活にとつて意味のあつた關係が、忘れられ、うすめられ支那詩文の影響で、其意味がかはつて、優美の生活に這入つて行つたことは考へられる。「露と星とは魔物のやうに思はれて、昔の人には嫌はれてゐる。ところが段々處女のところへいつて濡れたなどといふ。古は星に關する資料がない。何故かなら宮廷には海の生活をしたものが多いので、成るべく星を忘れようと努めたから、文學の中にも這入つてこない。たま／＼萬葉集で枕詞に用ひたが、それはただ身分の高い人を表はしたにすぎない。星そのものを讃めたのではなかつた。尤七夕の歌はあるが、これは星ではなくて、海からくる神を迎へ祭るのが處女の役で、これを星占といひ、亦ゆきあひの祭であつた。此が、支那思想の影響をうけて織女と結びついた。だから、たなばたの歌は、憶良、家持等が作つてゐるが、此は星と人間との交錯であつた。」

（以上鈴木）

○**國學院大學方言學會講演會**　は五月十五日午後六時より、國學院大學院友會館に於て開かれた。當日は新村出氏の『方言研究の目的』といふ講演があつた。同氏の話はこの會の前講演會に於ける柳田氏の講演の梗概の二三の雜誌に見えたものをよんでの感想談といふのであつた。氏は、柳田氏が農民の精神生活を鮮明にする國語であるのに國語學者はともすれば古典的な文獻の研究に終始して民衆の生活を無視することを注意した樣であるが、言語學でも國語學でも、必ずしも文獻的な古い言葉を尊重するものではなく、古いものにせよ近いものにせよ、その言語相を切斷しても、或は其歷史をたどつても、それだけではその流轉の姿を我々はつかむことが出來ない。それに眞の魂を吹きこんでそれを生かす事は現在使はれてゐる言語を考察することである。かうした方言研究の態度、目的については岩波の文學講座の言語學概論に自分の考へを述べておいたが、これは大體柳田氏の說と一致する。

次に、一般の人々の方言に對する態度が三十年前の方言調査の頃と異つて、方言を尊重し、これを愛惜する傾向が强くなつて來た事を、二、三の短歌雜誌に見えた方言を愛くしむ歌數例を引證してのべ、それから文化生活として方言の統一は結構であるが、標準語に方言の美しい言葉をとりいれるといふ事は國語教育の見地からも必要なることを述べ、それより方言が古典の語原研究に非常に役立つことについて、インチキの語原、明治初年頃の大和地方の農民の方言でかゝれた天理敎々祖のお筆先等、大變興味ある資料を引いて說述し、具體的なそして豐富な新たな材料を驅使して方言研究の目的を語つた。それより九大の吉町義雄氏より九州の方言の特異性についての話があつた。これは語彙語法を中心とする九州方言の特異性の研究であつたが、各地の方言研究が盛んになつてくるにつれ、九州にユニックと思はれてゐるものが外にもあらはれ、それが減少してくる事を示して、語法語彙の特異性について興味ある研究結果を提示し、更に所謂九州方言の、中央の文獻、主として江戸時代の文藝物に出てくるものについての文獻的精査、その他九州地方の方言文學たる博多仁和加、豐後淨瑠璃、薩摩俳句等の話があつた。

○**東京方言學會**　は五月十七日東大山上會議所に於て開かれ、服部四郎氏の方言學上より色々と問題にされてゐる紀州の十津川の方言のアクセント及音韻についての調査報告があつた。それより吉町義雄氏の九州方言の特異性に關する話があつた。これは國學院大學にて行はれたものと略同じものであつたが、九州方言の方言區劃の問題が特に面白かつた。

○**民俗藝術の會**　が久し振りで五月三十日の午後六時半から日本青年館の中講堂で開かれ折口信夫氏の第七回郷土舞踊民謠大會の印象談『萬歲を中心に』といふ講話、同大會の記錄映畫の映寫並にレコードの演奏等があつた。

折口氏の講話は、本年の大會の演出物は全體として面白くはなかつたが、學問的には大變敎へられる所が多かつた。阿波の人形の出し物『比良ケ嶽雪見之陣立』の眼鏡のぞきの場なぞもあまり知られてゐないものである。この大會ではつきり感じられたことの一つは素人藝と玄人藝とが判然と分れてゐて、半分藝人で半分素人の喜びをあらはすといふ樣なものがないことである。すべて祭りやそれに似た儀禮に於ける公開的な行事はすべて藝能化する。卽ちさうした折には深山の人が來て見るから、この見られるといふことが、所演者に、藝能化に大切な要素となつてゐて、藝としての昂奮を與へ、素人藝たる民俗藝術から藝人の藝を分離させる。日本の藝術はすべてかうした過程をへてゐる。この過程を最もよくあらはしたものが知多萬歲である。もう一つ氣づいたことは、素人藝には年齡の制限があるが、玄人藝にはそれがない。奥州の田植踊り、泉州の鼓踊りは前者に當り、萬歲は後者に當る。卽ち民俗藝術は成年戒に關係し、若者の藝であることを、鼓踊と其源流たる伊勢音頭と若者の伊勢詣りとの關係から說明した。民俗藝術の特色と玄人藝術發生の過程について大變暗示に富んだ講演であつた。

○南島談話會例會　の臨時の會合が五月廿七日午後七時より靑山尙志會館に於て『對島誌』の著者日野清三郎氏の上京を迎へて緊急に開かれた。當夜は日野氏の外、隱岐の松浦靜麿氏の來會あり、又本山桂川氏の紹介にて御藏島の栗本久吉氏の來會もあり、この三人の島からの主客に柳田氏を交じへて、大變賑やかな座談會であつた。

日野氏は、對島に移住した人々の歷史から、元祿十四年に始まつて寶永年間に其大業をなしとげた、陶山鈍翁の猪鹿狩の話を中心に、しげ地として山を神聖視し、山の獸をとらぬ當時の慣行を押し切つて、民害を救ふ爲に、猪鹿をとる旨を山神に告げる、神文をつくつて、山神に告文し、農作の安穩と一つには國防に必要な銃器を得るためにさうした大きな猪狩を催し、遠きを慮んばかつた島の先覺者名統治者としての陶山翁の功業をしのび、これに關聯して柳田氏より、對島に渡つた日が陶山翁の二百回忌に當つてゐたが、この日には何時も雨が降るといふので、島の人が陶山先生はえらい人だが猪をころしたので雨が降るなどと、一萬何千貫の猪を殺し乍ら生類の子孫を絕つといふことはいけないといふので雌雄二頭だけは朝鮮の牧島に放つた陶山翁であるのに、語つてゐた島人の心理や又その日島の猪について、沖繩の豚、ニューギニアの野猪等に關聯して講演をやつた憶出話あり、次に御藏島の栗本氏より同島が三宅島より獨立した前後の話、御藏島の語原が其豐富なる天產物に由來するのではないかといふ語原話あり、次に隱岐の杉浦氏より隱岐で大きな役割をもつてゐる流人の輸入文化、昔時の流人配布の仕方、子の代からは良人として取扱はれたこと、土着したものが多いこと、同島の田樂等の話あり、それより柳田氏が最近この島にゆかれた折の感想とて舟が港に風待ちする間の遊女の生活が昔のウカレメの生活を髣髴たらしめること、出雲の佐陀の神樂に似た隱岐の神樂があつて、その神樂師最後の一人からその樣子をきいたが、これは人が死んだ時に行ふ神樂であつて、大變興味深く、舞びは祖靈と交涉のある竹のまはりをまはつて其竹を切る等の話あり、終つて、御藏島の流人の生活の話に入り、大變愉快な會であつた。

○東京考古學會大會講演會　は五月廿日午後一時より東京美術學校講堂に於て開會され、梅原末治氏、石田幹之助兩氏の講演があつた。

○方言資料展覽會　が六月十八日午前八時より午後五時まで國學院大學方言學會の主催により同大學に於て開かれ、東條操、今泉忠義外數氏所藏の方言關係未刊既刊の稀書其外方言に關する貴重なる參考資料等が多數出陳され一般に公開されるといふ。　（以上村上）

アイヌ敍事詩 Kamui Yukar 神謠

日高國沙流郡新平賀　エテノア媼　傳承

久保寺逸彥　採集並譯註

Kamui-huchi Yaieyukar.（火の姥神の自ら謠へる。）

(Sakehe :——Apemeru koyan koyan, mata teya tenna)

Kemeiki patek	(1)	刺繡にのみ（いそしみて）
a-ko-shine-an-i-	(2)	側目もふらず一つ所を
enutomom ma,		見つめ目守(まも)りて,
ramma-kane		常日頃
kat-kor-kane	(3)	變りもなく
oka-an ruwe-	(4)	我等暮らしてあり
ne rok awa,		けるに,
shine-an-to ta		と或る日
a-ante hoku	(5)	我が添ふ夫(つま)
a-shokar hoku	(6)	我がかしづく夫(をつと)は
shirokani hoyaike-ni	(7)	銀(しろがね)のしりなぎ
iwan hoyaike-ni		しりなぎ六本
yayan hoyaike-ni		並みのしりなぎ

---

* 註　Sakehe（折返す囃詞), この詩は一句の終毎に Apemeru koyan koyan, mata teya tenna を繰返し歌ふ。 Sakehe は本意味ありたるならんも, 今日は不明になれるもの多し。 火の姥神は Kamui huchi 又 Ape-meru-koyan mat, Una-meru-koyan mat（火光諸立媛, 灰光諸立媛）と崇めいへば, この sakehe の前半は, これに因めるならん。Ape（火）meru（火）ko（共に）yan（昇る), 火の光と共に立昇る義か。後半は意味不詳。

(1) kem（針）-e（を以て）-iki（…をする), 針仕事・刺繡；patek（ばかり)。

(2) a（我）-ko（へ, に對して）shine-an（一つの）-i（ところ）一つの所を；enutomom（見つめる）ma（<wa「…して」), 一つの所をじつと見つめて。

(3) kat(常態)-kor(持つ)kane（つゝ, ながら), いつもさうしてゐる,變りなく暮らす。

(4) oka-an（我等あり）ruwe-ne（のである）rok（…「た」）awa（ところが), 夫と我と暮してゐたところが。

(5)(6) 對句をなす。a（我）sho（座席）-kar（造る）hoku（夫）我が敷物を敷き設けその上に坐らせる夫, 妻として齋きかしづく夫。

(7) shirokani（<邦語「銀」, 必ずしも銀製といふにはあらず, 美稱なり), hoyaikeni（hoyaikep ともいふ, 木を割りて造りし長さ四寸, 親指の太さ位の棒にて用便後尻を拭ふに用ひるもの；尻拭ひべら, 尻なぎ, ちゆう木, すて木, ほとけ木。我々の方の山間の僻村でも稀に用ひてゐる

iwan hoyaike-ni	(1)	しりなぎ六本
u-ko-ampa wa	(2)	手に把持ちて
soine ruwe-ne.		戸外（とのも）に行かせ給ひぬ。
tap-orowano	(3)	さる程に
ahup kuni-hi	(4)	（我が）家に（歸り）入るべきけはひ
kashuno isam	(5)	あまりにも（永く）なか
ki ruwe-ne.		りけり。
anakki-korka,		然はあれど，
nupan kamui		凡庸（よのつね）の（輕き）神（にて）
e-ne a he ki	(6)	汝（な）はあらんやと
yainu-an kusu,		我が思へれば，
a-sem-kottannu	(7)	素知らぬ樣をよそほひて
an-an ruwe-ne.	(8)	ありありけり。
ramma-kane		常のごと
kemeiki patek		刺繡のみして
a-ko-shine-an-i		一つ所を
enutomom ma		たゞに凝視（みつ）めて
an-an ruwe-		我暮しつゝ
tan hushkotoi wa	(9)	暫しが程
ne rok aine,	(10)	あり經しに，

註(1) iwan（數詞「六」にて,神聖數なれど,數詞の本義を離れて，數多，多數の意）。

(2) uko-ampa（uko-ani「相共に携ふ」の複數）wa（……して）。

(3) tap（「これ」・「それ」語勢を强める辭）orowa-no（それより）；それよりして。

(4) ahup（ahun「入る」の複數，敬語）kuni-hi（べきこと）。

(5) kashuno（あまり……し過ぎる，あまりにも）isam（なし），待てど暮らせどあんまり何時までも夫は歸らない。

(6) e（汝）ne（である）a（完了態「た」）he-ki（反語形助辭）；汝にてありやはする重き神ならずやと自問自答して反省する語氣。

五六五 (7)(8) 語原的によく解らぬ。akoshomotashnu an-an（息をひそめて默つてゐる）と同じ義で，口語の，nepka shomo a-yeno anan（何もいはずに私は居た）と同義だといふ。

(9) tan（此の）hushkotoi（永い間）wa（より），暫しが程。

(10) ne（意義上,前々行の ruwe につゞく。「のである」）rok（完了態「……た」の複數）aine（狀態進行助辭「ながら」「つゝ」）。

on-ram-kashu	(1)	餘りにも
a-ekote kamui		我が添ふ脊神の
hoshippa isam	(2)	歸り給はざれば，
ko-yoyamokte	(3)	いぶかしく
a-ki kusu,		（我）思ひけるまゝに，
a-e-ki rok kem	(4)	今まで使ひてありし縫針を
a-o-shik-pekare	(5)	ためすかして
inkar-an awa,		針占にトひ見るに
or-oyachiki		蓋しくも
a-ekote kamui		我が脊の神を
a-ante hoku		我が夫神を
wakka-ush kamui	(6)	水の女神は
or-oyachiki		蓋しくも
wakka-ush kamui		水の女神は
a-ante hoku		我が脊の神
shinuma patek	(7)	たゞ一人のみ（を）
yai-kotomka.		愛でうつくしむ。
tampe kusu		そが故に

註(1) 語原的には未だ考へず。on(<or) ram（心）kashu（すぎろ）ならん。「思案にあまる」義より，「あまりにも」の義の副詞となれるか。

(2) hoshippa（hoshipi「歸る」の複數・敬語）isam（無し）; 歸らせ給はず。

(3) ko-（に對して）oyamokte（いぶかる，怪しむ）; を怪しみいぶかること，不思議に思ふこと。この句は名詞句。a（我）ki（する） kusu（故)。「我いぶかしく思ひける故」。

(4) a（我）e（それもて）ki（為る）rok（……した）kem（針），自分が今までそれで刺繡してゐた針。

(5) a（我）o（そこに,「針」を指す）shik（眼）pekare（向はしむ），我そこに眼をやる。ためすかして見る。これは婦女のやるトト占術である。男には刀劍の刄渡りをためすかして見る刀占がある。

(6) wakka-ush kamui（水のところにゐます神）はアイヌの人々の最も親しみ深い神の一つで，女神と考へてゐる。この女神より水を賜はつて飲んでゐると。

(7) shinuma（三人稱代名詞・單數）patek（のみ，ばかり）。

shi-ko-ekte wa	(1)	我が方へ誘ひよせて
ko-apa-seshke	(2)	戸を鎖し籠めて
oka ruwe-		ありける
ne rok oka.		にこそあれ,
tampe kusu		そが故に
a-kar-wa-ampe	(3)	我が刺繍もてありし着物に
a-kem-e-ninu	(4)	針をさし留め
mak-a-oraye,	(5)	奥へ押しやり。
orowa kaiki		それよりぞ又
ear shunke-tu	(6)	たゞ一本の萱幹をもて
a-e-(y)o-ar-muye	(7)	我が腰をきつと締め
kamui sarampe		よき絹もて
a-e-ru-riki-kur	(8)	我が髮頭高に
raipa kane,	(9)	束ねつゝ,
pash pirakka	(10)	飛行自在の下駄(を)
a-kema-uiruke,	(11)	我が足に穿き,
pash tekumpe		飛行自在の手甲(を)
a-tek-uiru' e		わが手に穿ち

註(1) shi- (自身) ko (に對して) ekte (來らしめる) wa (……して), 我が方へ誘ひ寄せて。

(2) ko (……に對して,「我が夫」に向つて) apa (戸) seshke (とざす), 夫を中にとぢこめて戸をとざす, 夫を幽閉する。

(3) a (我) kar (作る) wa (て) an (ある, ゐる) pe (もの); 私の製作してゐたもの, (こゝでは刺繍してゐた着物)。

(4) a (我) k.m (針) e (そこに,「着物」を指す) ninu (刺し貫く), 針を着物にさしかけにする。

(5) mak (奥) a (我) o (そこに) raye (押しやる), 我奥に片付ける。

(6) ear (唯一) shunke (えぞ萱) tu (條, すぢ, 唯一本の萱がら。

(7) a (我) e (それもて) y (挿入音) o (尻, こゝでは腰の邊をさす) ar (唯, 一) muye (束ねる, 卷く), 我が腰の邊をきりゝと緊める。着物の上に萱で帶をした。

(8) a (我) e (それもて,「絹の布」もて) ru (頭髪) riki (高く) -kur (助辭), 我絹もて頭髪高く。

(9) raipa (raye「やる」「引く」「束ねる」の複數) kane (つゝ), 束ねつゝ。

(10) pash (馳せる, 駈ける) pirakka (下駄く邦語方言「ひらつか」), 飛行自在の下駄。

(11) a (我) kema (脚) uiruke (穿める), 我が脚に穿つ。

kani awanki	(1)	黃金の扇（を）
a-upshor-ekatta.	(2)	我が懷につと投げ入れぬ。
pakno-ne-kor	(3)	しかし終へて
arpa-an katu		我(出) 行きて
wakka-ush kamui		水の女神の
un-chise ta		すまへる屋形に
arpa-an ruwe-ne.		我行き着きぬ。
ahun-an ruwe		我入り行けば（家內の樣は）
ene oka-hi.		かくありけり。
o-shiso-un ma	(4)	爐の右座なる
ape-teksam ta	(5)	爐端には
wakka-ush kamui		水の女神
kamui moiremat	(6)	いみじき女神
ror-kehe ta	(7)	橫座には
a-ekote kamui		我が夫神
a-ante hoku		我が脊神
rok wa oka.	(8)	坐りてあるなり。
harkiso-sam	(9)	左座近く

註(1) kani（黃金＜邦語「かね」, こゝでは黃金 konkani の義）awanki（＜邦語「扇」）, 黃金の扇。

(2) a（我が）upshor（懷）-ekatta（强勢態語尾, 不意にする動作, 力を入れてする動作にいふ）; つと懷の中に入れる, ぽんと懷中に押入れる。

(3) pakno（「迄」の意の格助辭）-ne（である, ……になる）kor（つゝ）; それまであつて, それより。

(4) o-（「位置」「起點」等を示す接辭）shi-so（右座, 上座より戶口の方に向つて右側の座席, 主人夫婦の席）-un（の處）ma（＜wa「より」「へ」「に」, 右座の方にある。

(5) ape（火）-teksam（そば, 側）ta（に）, 爐端に。

(6) kamui（神）moiremat（婦女に對する美稱, 動作しとやかに優しく遲き女）; 神なる婦人, 神の如き淑女。

(7) ror（橫座, 入口から見て一番奧にある爐邊の座席, ape-etok「爐頭」ともいふ, 上客の席）-kehe（ところ）ta（に）, 橫座のところには。

(8) rok（a「坐る」の複數）wa（て）oka（an「ある」の複數）, 水の神と我が夫神と坐つてゐた。

(9) harki-so（左座, 橫座から入口に向つて左方の座席, 家族やあまり重くない客の座席）sam（わき, そば）。

a-ure-kushte. (1) 我歩み寄る。
irushka ruipe 怒り激しき
a-nep ne kusu, 我なれば，
rat i shuwat (2) 吊り下がれる爐鍵を
a-tek-saikare (3) 我が手にひつつかみ
e-utun-ne wa (4) 火尻座の方へ
e-ron-ne wa (5) 横座の方へ
a-e-shui-suye. (6) 振りゆさぶり
tuikashke (7) つつ，
a-itak-o hawe (8) 我が言ふ口上は
ene oka-hi : —— かくありけり ：——
"inkar-kusu 『いでいで
wakka-ush kamui 水の女神よ
kamui moiremat あやに尊き媛神よ
itak-an chiki (9) 我がいふことを
e-inu katu よく聞きて
ene oka-hi, 賜はれかし，
iki menoko (10) 腐れ女

註(1) a（我）ure（足）kushte（通らす，行かす）; 歩を移す，歩み寄る。

(2) ratki（吊り下る，垂れ下る）shu-(w)at（自在鍵，鍋鉤）。

(3) a（我）tek（手）saikare（握る），わが手に握る。

(4) e-utur-ne wa, e-（方向をあらはす接辭）utur-ne（木尻座（下座）の方）wa（休め辭，これが無くても意味は變らず）; 下座の方へ。

(5) e-ror-ne wa,（4）と同構成の語，ror（横座）; 横座（上座）の方へ。

(6) a（我）e（それを））shui-shuye（shuye-shuye と反復した形），我それを搖りに搖る。

(7) tuikashke（「上の所」の義より「最中」「何々しながら」等の意となる）。

(8) a（我）itak（言葉）-o（入れる）言ふ; hawe（口上），ene（かく）oka-hi（ありけること，あるらくは）。私の言つた口上はかうだつた。

(9) 以下三行直譯すれば，「我が言ふならば，汝聞かんは次の如し」の意。

(10) i-（事物をそれと指示する接辭）ki（爲す）menoko（女〈邦語），「この女め」といふ意の強い語法，傳承者は「生意氣な女」の意といつた。

iki katkemat	(1)	生け圖々しい家刀自
e-ne a-kusu	(2)	にて汝はあれば
u-nupur-pakte	(3)	互に巫術くらべを
a-ki kusu-ne wa,		我等試みん。
ai-maketa yakun	(4)	我打負かされなば
e-kon rusui kusu		汝欲り望めばこそ
e-iki kunip		かくも振舞へる
a-ante hoku		我が夫神
a-ekote kamui		わが侍づく脊神
ne a-kusu,		にてあれば,
nani a-e-kore	(5)	たゞちに汝に與へ
ki kusu-ne.		とらせんものぞ。
ae-maketa yakun	(6)	汝打負かされんには
a-ekote kamui		我が添ふ神
a-ante hoku		我がかしづく夫を
e-nukar kunip		（汝）見るべきものにて
shomo tapan na. "	(7)	夢なるべきぞ』と
itak-an kane		言ひつつ

註(1) i-ki（前頁の註(10)參照）katkemat（婦女に對する敬語にて「奥様」の意），されどこゝでは前後の關係から，假りに「生け圖々しい家刀自」と譯して見た。

(2) e（汝）ne（である）a-kusu（あつたから，繼起的接續助辭），汝であるから。

(3) u（互に）nupur（巫術）pakte（較べる），女同志何れが巫術に勝れたるか試み戰ふ。

(4) 傳承者は imaketa yakun といつたが，金田一先生は文法的に變であるから ai-maketa ——としたがよいといはれた。

ai（第一人稱所相「我……せらる」）maketa（負ける，もと邦語「負けた」なり，だが我々の言葉の「負ける」「負かされる」どつちの意味にも使ふやうだ，純粹のアイヌ語では ai-annokar yakun といふと金田一先生は敎へられた。

(5) nani（直ちに，直ぐ様）a（我）e（汝に）kore（與ふ），ki（する）kusu-ne（せんとす），直ちに我汝に與へんとす。

(6) ae（汝……せらる，第二人稱所相）maketa（註(4) yakun（ならば），こゝも純粹のアイヌ語では ae-annokar といふべきところ。

(7) shomo（否定助辭）tap-an（かくあり）na（感動助辭「ぞ」，「よ」）；かくあることなかれ，夢なかるべし。

kani awanki		黃金の扇を
a-sana-sanke	(1)	我とり出し，
o-harkisho-un ma		左座の
omaiso ka-ta	(2)	菅莚の上に
a-chashnu-raike	(3)	手早き準備を
a-ki ruwe-ne.		なし了へたり。
kani awanki		黃金の扇
awanki arke		扇の半面には
i-chire shukush	(4)	焦熱の陽光
i-raye shukush	(5)	苦熱の日光
tu-noka-orke	(6)	二つの形象（かたち）
re-noka-orke	(7)	三つの形象
kani awanki		黃金の扇
awanki arke		扇の半面に
a-e-nuye ruwe-ne.	(8)	ゑがかれたり。
awanki arke		扇の半面には
otu-nui-tapkop	(9)	燃えたつ火焰

註(1) a（我）sana（下方に）sanke（下す，出す），我取り出す。

(2) omaiso（菅莚，菅疊）ka（上）-ta（に），菅莚の上に。

(3) a（我が）chashnu（手早い準備）-raike（もと動詞「殺す」なれど，語尾となりて「極めて」.「ごく」等の意を添へ強むるか。極めて手早い準備。

參考; ——バチラー氏辭書に，Chashnu adj. 早ク Quick; Chashnu adj. 準備セラレタル prepared. made ready; Chashnu-no adj. 早ク Quickly.

(4) i-（事物を指示する接辭）chire（焦がす）shukush（日光，陽光），物を燒き焦がす陽光。

(5) i-raye（物を殺す）shukush（日光）。

(6)(7) tu, re（もと「二」「三」なれど，原義をはなれて「澤山」「數多」の意となる）noka（畫，圖，形象）-orke（「……の所」の義より轉じて複數をあらはす感あり）二つの形象，三つの形象。

(8) a（三人稱所相）-e（そこに）nuye（描く）ruwe-ne（のである），そこに描かれてある。

(9) o-（事物の重なる意を示す接辭）tu（註(6)）nui（焰）tapkop（山の峰），數多の火焰。

ore-nui-tapkop		紅蓮の焔
tu-noka-orke		二つの形象(かたち)
re-noka-orke		三つの形象(かたち)（を）
a-e-nuye-kar		描きなし
kane-an awanki	(1)	たる扇を
a-sana-sanke,		我とり出し，
wakka-ushi kamui		水の女神
kamui moiremat		尊貴の媛神に
a-shi-ko-mewe	(2)	我（先づ）跳(いど)み
ki rok awa,	(3)	かかれるに，
kani awanki		（水の女神も亦）黃金の扇を
sapte ruwe	(4)	取り出だせる樣は
ene oka-hi,		かくこそあれ
awanki arke		扇の片面には
me-nish noka	(5)	凍雲の形象
tu-noka-orke		二つの形象
re-noka-orke		三つの形象
a-e-nuye-kar,		描きいだせり，
awanki arke		扇の半面には

註(1) kane（情態接續辭「つゝ」「……て」）-an（ある）; 前行につゞきて「描かれたる」といふ連體形をつくる。

(2) a（我）shi（自身）ko（と共に）mewe（胸を張り勢を振起す；ふんばる），我自身にふるひたつ，我跳みかゝる。

(3) ki（する）rok（完了態「a」の複數「……した」）awa（半反意接續「……ところが」）；しかしたところが。

(4) sapte（sanke「下す，出す」の複數）ruwe-ne（のである）。

(5) me（寒い）nish（雪）noka（形象，繪），冬空の今にも雪のふらんとする雲の形象

sak ruyampe	(1)	夏の驟雨
tu-noka-orke		二つの形象
re-noka-orke		三つの形象
a-e-nuye-kar		ゑがき出
kane-an awanki		せる扇を
sapte ruwe-ne.		取りいだす。
nea awanki		そが扇の
me-nish noka		凍雲の形象
oma-ushke	(3)	(描き)ある方を
i-tutanure,	(3)	我に打向け,
ratch-itara	(4)	徐ろに
i-kurkashke	(5)	我が上を
e-par-paru,	(5)	あふぎ煽げば,
nehi korachi	(7)	それと共に
mata ruyampe		冬の氷雨(ひさめ)の
yupke-hike	(8)	激しきが
chi-rana-ranke.	(9)	降りくだる。
anakki-korka		しかはあれど

註(1) sak (夏) ruyampe (雨), 夏の豪雨。

(2) oma (……の中にある) ushke (所), ある所を。

(3) i- (「我に, 我を」第一人稱目的格接辭) tutanure (向ける), 我に向けて。

(4) ratchi (靜かなる, 徐々たる)-(h)itara (連續態語尾「しつゞける」), 徐ろに徐ろに。

(5) i- (註 (3)) kurkashke (上の所に), 我が上に。

(6) e (そこに, 前句をさす) paru-paru (para「あふる, あふぐ」の反復形), そこをめがけて煽ぎに煽ぐ。

(7) ne (其の)-hi (處) そこ, それ。korachi (の如く); それの樣に, その如く。更に轉じて,「それと共に」「それと同時に」の義に用ひらる。

(8) yupke (强い, 激しい)-hike (名詞法語尾), 猛烈なのが。

(9) rana (下方へ) ranke 降ろす, 下す), それに chi- (中相接辭) が附いて自動化され, 結局 rana-ran (下に降ろす) の義となる。

kani awanki		黄金の扇を
a-sana-sanke,		(我)とり出し,
i-chire shukush		焦熱の陽光
i-raye shukush		死熱の日光の
a-e-nuye ushke		描きたる方を
a-tutanure,		我ふり向けて,
i-raye shukush		死熱の日光
i-chire shukush		焦熱の陽光(を)
chi-sana-sanke	(1)	灑ぎ下し
ki rok aine,	(2)	たるに,
wakka-ush kamui		水の女神
tane anakne	(3)	今し今は
shukush-ekot noine	(4)	焦げ死なんとするものの如く
yainu hita,		思ひて,
yai-wen-nukar- ani	(5)	堪へ難くて
sak ruyampe		夏の驟雨
awanki arke		扇の半面に
a-e-nuye ushke		描ける方を

註(1) chi-（中相接辭）sana（下方へ）sanke（下す），結局 sana-sanke の意。前頁註(9)の chi-rana-ranke と同一構造の語。

(2) ki（爲る）rok（完了態「a」の複數）aine（經過接續，「……してして」，さうしてして。

(3) tane（今）anakne（<an yakne 語勢上の助辭であるが，主格を示す助辭「は」の樣に譯せらる），今は。

(4) shukush（日光）ekot（を殺す）noine（の樣に）；日光に照らされて熱くてたまらず死ぬ如くに。

(5) yai-wen-nukar（困り切る，堪らなくなる）ani（以て，原因をあらはして「……の爲に」と譯せらる），堪へ切れなくなつたので，たまらないで。

i-tutanure, 我にふり向け，
sak ruyampe 夏の驟雨の
yupke-hike 激しきを
chi-rana-ranke. 下し灑ぐ
shir-iki hita, (1) しかせる時，
kani awanki 黃金の扇
awanki arke 扇の半面
otu-nui-tapkop 燃えたつ火焰
ore-nui-tapkop 紅蓮の焰
a-e-nuye ushke ゑがける方を
a-tutanure, 我振り向けて，
ratch-itara 徐ろに
kani awanki 黃金の扇を
a-rina-paru (2) 上に煽ぎ
a-rana-paru, (3) 下に煽ぐ。
nehi korachi それと共に
usat rayochi (4) 熱火の虹
yupke-hike 物すごきが

註(1) shir（漠然と包括して有樣，環境，狀態等をさす）-ki（物す），先の動作を承けて，さういふ樣子をすること。hita（時）；さうした時。

(2) a（我）rina（上方に）paru（煽ぐ）；我上にあふぎ上げる。

(3) a（我）rana（下方に）paru（煽ぐ）；我下方にあふぐ。

(4) usat（赤熱せる炭，俗にいふ「おき」のこと），バチラー氏辭書には Usat n.灰. Cinders. とあれど當らざるか）rayochi（虹）；熱火の虹，赤々とおこつた「おき」が虹の樣になだれ落ちる樣。

chi-rana-ranke,		降り灑ぎ，
omai-so ka-ta		菅莚の上に
otu-nui-tapkop		おびただしき火焰
ore-nui-tapkop		むらたつ焰
chi-rana-ranke,		降り下り，
ashso-kotor	(1)	萱壁の際(きは)に
nui-ko-terke,	(2)	燃え移る。
wakka-ush kamui		水の女神の
mi kosonde	(3)	着たる小袖（の）
kosonde chinki		小袖の裾に
nui-ko-terke,		燃え移り行く。
kamui moiremat		尊貴の媛神の
pirka-karpe	(4)	美しく刺繡せる衣類（のかかりて）
oman-kakencha	(5)	長く伸びたる衣桁の
e-reweuse	(6)	撓(しな)ひ曲りて
oka rokpe		あるに
nui-ko-terke.		火は燃え擴がる。
shir-iki awa,	(7)	しかしたれば
wakka-ush kamui		水の女神
yayapapu hawe	(8)	惜しみ悔みていふこと

註(1) ash（立つ）so（平面），ash-so（壁）-kotor（平面），壁の面，壁牆の際。

(2) nui（焰）ko（に向つて，ashso-kotor）に向つて terke（跳ぶ，はねる），焰が壁際に燃えうつる。

(3) mi（着る）kosonde（小袖く邦語）。水の女神の着た小袖。

(4) pirka（美しき）karpe（製作物），美しく刺繡せる衣類。

(5) oman（もと「行く」といふ義の動詞なれど，ずつと長く伸びてゐる義になる）kakencha（掛竿，衣桁，もと邦語か）；ずつと長く伸びてゐる衣桁。

(6) e（それもて）reweuse（reu-reuse（反復形）），その中 r 音が脱落し u が w に音韻變化をしたものであることを，知里君の御注意によつて知つた。

(7) shir-iki（さういふ風にする）awa（半反意接續，「……したところが」，さうしたところ。

(8) 原語 yai-apapu，yai-（自身）apapu（叱る）；自分のした行爲を口惜しく思ふ，忌々しく思ふ，恥ぢる。hawe（hau の所屬形，聲，口上）。

ene oka-hi : ——		かくありけり：——
"shonno-ampe		『げにげに
a-ki wempe	(1)	我がせる禍事（まがごと）
a-kor wempe	(2)	我がせる罪
ne a kusu		にてはあれど（にて詮なけれど）
chi-wen-pakashnu	(3)	餘りにも殘酷（むごたら）しく
ai-ekarkar shiri	(4)	罪せられたる
nehi ne yakka,	(5)	ことなれど，
yayapapu-an hawe		我詫ぶる
nehi tapan na !	(6)	ものなり，
shi-pase kamui		あやに尊き神
kamui moiremat		いみじき媛神よ
yai-tom-o-itak wa	(7)	氣を和げ和解して
i-kore." —— sekor	(8)	給はれかし』——と
hawe-oka hawe		いふ言葉を
a-nu hike,		我聞ける時，

註(1)　(2) 二句，互文となり文飾をなす。a（我が）ki（爲る）wempe（惡事）; a（我が）kor（「持つ」「……の」）wempe（惡事）。

(3) chi-（不定稱接辭）wen（惡く，ひどく）pakashnu（罰する），うんと懲らしめ罰すること。次の句の ai-ekarkar が眞の人稱區別をする。從つて chi-wen-pakashnu は目的語の樣になつてゐる。

(4) ai-（第一人稱所相）-ekarkar（何々する，我……される）。因みに傳承者は i-ekarkar といつたが，それでは文法的に變だとされて，金田一先生が ai-ekarkar とお訂正下さつた。

(5) 直譯すれば「あるのであるけれども」となる。nehi（前句の shiri に續くか，見說法「さういふ狀態である」の義）ne（である）yakka（反意接續詞，「であつても」）。この句の語氣忌々しい氣持が言外にあふれてゐる。

(6) ne（である）-hi（こと）tapan（かくある）na（よ，ぞ），「であることであるぞ」「あるのである」の樣な强い語法。

(7) yaitomoitak はバチラー氏辭書にある Tomo-oitak (v. t. 和解スル. To pacify) に關係あるは明かなり。知里君のいふ.「口語にては tomo-a-o-itak といふ」と。假りに分析すれば yai（自身）tom（中）-o（へ，に）itak（いふ，言葉）となるか。「氣を和らげて和解して吳れ」「許して吳れ」などの意。

(8) i-（第一人稱目的格，我に，我を）kore（吳れる，與へる（命令形））. 我にたまはれ。

yai-ko-tuima-	(1)	我とつおいつ
shi-ramshuipa-an ma	(2)	思ひめぐらし
inu-an hike,	(3)	考ふるに，
hunakke kusu,	(4)	何すとて，
rikun-kanto wa	(5)	天つ國より
ainu-moshir		人間世界へ
ai-(y)o-rapte hita	(6)	我降されし時
ainu moshir		人間の國に
ko-sapane kusu	(7)	首領となりて治らさんため
a-rapte kunip	(8)	下されたる筈の
a-ne rok awa,		我等にてありけるぞや（しかるに）
chi-ko-shomokur-	(9)	（彼の女神）我を畏れ憚ることも
yaikatanu	(10)	なく（かゝる事を）
ki shiri oka-	(11)	しでかし
-a-p kusun		たりとて，
e-koipak manu kusu	(12)	（汝が）罰するなんどと

註(1)(2) yai（自身）ko（共に），自身で；tuima（遠い，遠く）shi-ram（自身の心）suipa（suye「搖る，搖動かす」の複數）-an（第一人稱動詞語尾）ma（＜wa「……して」）；我遠く思ひめぐらす，あれやこれやと思案する，種々考へる。

(3) i-nu（i- 事物を指示する接辭，nu 聞く。i-nu は nu の自動詞となつた形）-an（第一人稱動詞語尾），hike（半反意の接續辭「たところが」）。我思ひしが。

(4)「何處のために」の意より，「何しに……かくはする」と自問自答の語氣となる。

(5) rikun（上にある，上の）kanto（天），天つ空，天の國。wa（より）。

(6) ai-（第一人所相）o（そこに，ainu moshir を指す）rapte（下す，rap は ran の複數。それに他動語尾 te をつけて他動詞とす）hita（時に）。

(7) ko（に對して，ainu moshir に對して）sapa-ne（首領になる，統治する）kusu（爲に）。首領となりて治める爲に。

(8) a-（第三人稱所相）rapte（註（6）參照）kuni-p（べきもの，筈のもの），我等下された筈のもの。（自問自答の形式で，自分と水神とを含めていふ）。

(9)(10) chi-（不定稱接辭）ko-（に對して）shomo（否定辭）-kur（添へ辭）yaikatanu（つゝしみ深い）。ko-shomo-kur yaikatanu（に對してつゝしまぬ）に chi- が附いたのである。自分に對して畏れつゝしまぬ。動詞にも，副詞にもなるが，こゝでは次の行に對して目的語となる。

(11) ki（彼がする）shiri-oka（shiri-an の複數，「次第である」）-ap（もの）kusu-un（强辭）；した次第であつたとて。

(12) e-（汝，自問自答）ko（に對して）ipak（叱る，教訓する）manu（由，次第）kusu（爲に），汝がそれを罰する次第なんどと。

e-ko-irushka manu kusu	(1)	汝が怒ればとて
chi-shirun-raike	(2)	浮べないやうに殺すことなんど
e-kip (h)e an-a !	(3)	(汝)するを得んや。—— と
yainu-an kusu,		我思ひしかば,
apa noshki		戸の中央に
a-pa-(w)e-otke	(4)	頭を突刺し
ikeshui-an hine	(5)	憤りつゝ歸り來りて
a-un-chise ta		我が家に
ek-an ruwe-ne.		到り着きぬ。
tap-orowano	(6)	それより(再び)
kemeiki patek		刺繍のみを
a-ki kon neshi		事としつつ
an-an ruwe-		我暮して
ne a hike,	(7)	ありけるが,
shinean-to ta		或る一日(ひとひ)
apa chimaka	(8)	戸が明けば
inkar-an ruwe	(9)	我が打見るに(目に見ゆる様は)
ene oka-hi,——		かくありけり,——
a-ekote kamui		我が添ふ夫神
a-ante hoku		我が脊神

註(1) 前頁の註(12)と同構造語 irushka (怒る)。

(2) chi- (不定稱接辭), shirun (つまらない, ひどい) -raike (殺す), つまらない死方をさせる, 犬死させる。

(3) e- (汝, 自問自答の形で自分をさす) kip (する事) he (反語形助辭) an (「ある」動詞法語尾) ya (疑問辭 や, か) 汝することを得んや, することを得じ。

(4) a (我) pa (頭) e (そこに, apa noshki をさす) otke (突刺す), 激しい勢で戸口に下つた蓆をはね上げて外へ出る様。

(5) ikeshui (腹立ちて去る) -an (一人稱動詞語尾) hine (經過接續形「……して」) 腹立つてそこを去つて。

(6) tap (これ) orowano (より), これよりして, それから, それがすんでから。

(7) -ne (前行の ruwe につゞく, ruwe-ne「のである」) a (完了態「……した」) hike (反意接續形「……たところが」)。であつたところ。

(8) apa (戸) chimaka (開く); 戸が開く。

(9) inkar-an (我見る) ruwe (情態, 様子)。我か目に見える様。

i-(y)o-chitarpe	(1)	蓙袋を
ampa kane	(2)	携へ持ちて
ahup wa arki,		入り來りて,
ape-etok ta	(3)	爐頭(横座)に
nea chitarpe		その蓙袋を
ari ruwe-ne.		置きたりけり。
anakki-korka		されども
hosari pentok	(4)	振り向かんとしても
hekiru pentok	(5)	顔を向けんこととても
a-ko-e-unkeshke	(6)	うとましければ
a-ko-hosari ka		かへり見も
shomo-ki-no		敢へてせずに
an-an awa,		ありありて,
hoka-ran-noshki	(7)	爐火の眞中を
enuchishishke	(8)	じつと見つめて
shomo nep ye-no	(9)	沈默しつつ
oka-rok aine,		(暫し)我等ゐたりけるが,
nea chitarpe		その蓙袋を

註(1) i-（事物を指示する接辭）y(挿入音）o（入る）chitarpe（袋），入れ袋（こゝでは寶を入れる袋。蓙袋。

(2) ampa（ani「携へる」の複數）kane（つつ，て），手に持つて。

(3) ape（火）etok（先，かみ），爐頭の座，横座（ror）ta（に）。

(4)(5) hosari（ふりかへる），hekiru（顔をむける，ふりかへる），pentok（途且，「將に……せんとする時」をいふ。振りかへらうとして，その途且。

(6) a（我）ko（それに對して）e（それを）unkeshke（嫌ふ，いとふの義か），我それをいとふ，我するのが嫌だ。

(7) hoka（註）ran（下る，低い）noshki（中央），直譯すれば爐の火の低いまんなかを。

(8) enutomom ともいふ。側目も振らず凝視する。

(9) shomo（否定辭）nep（何もの）ye（言ふ）-no（副詞法語尾）；何もいはずに。

ape-etok ta		横座に
pirasa ruwe	(1)	廣げ陳べたる樣
ene oka-hi,——		かくありけり，
iwan shisakpe	(2)	六つの寶物
kamui-karpe	(3)	神の寶物
nep ne kusu		なりければ
kurkashike	(4)	その上
mike kane-		光り映えわたり
oka ikor	(5)	てありける寶物
iwai shisakpe		六つの神寶
sapte hine		取り出だして(さて)
itak hawe		いへるやう
ene oka-hi : ——		次の如し——
"a-ekote katkemat		『わが添ふ妻(つま)神よ
a-ki wa wempe		わがせし禍事
ne a kusu,		にてあれば,
ashimpe sakno	(6)	賠償物(あがなひ)なくて
ahun-an ka	(7)	(我が家に)入らんも

註(1) pirasa（ひろげる）ruwe（確說法助辭,「する樣, するは, するのは」といふ風に譯せらる), 廣げたのは。

(2) iwan（六, 必ずしも正確の數詞でなく, 神聖數として,「多數」「數多」の意）shi-（「本物」「自身」の義より「本當の」「大きな」といふ美稱）sakpe（なき物, 寶); 數多の寶物。

(3) kamui（神）karpe（作物), 神寶。

(4) kurkash（廣き上の空間, ……の上の）-ke（ところ), その上に。

(5) oka（an「ある」の複數. 前句の kane に續く。つゝありたる）ikor（寶, 男子にては寶刀, 女子にては首飾の玉などをいふ), 光まばゆく輝く寶。

(6) ashimpe（賠償品）sakno（無しに, なくして)。妻に自分の罪のあがないをすることが面白い。

(7) ahun（入る）-an（第一人稱動詞語尾）ka（助辭「も」, 我入らんも。

e-oripak wa kusu,	(1)	憚り多ければ，
ahun-an ipe	(2)	入料を
a-sanke shiri-	(3)	我さし出すところ
ne na. "——sekor		なり』——と
hawe-an korka,		いひけれども，
a-ko-shomo-tashnu	(4)	我　物も言
ki ruwe-ne.		はず，
oka rok aine	(5)	暫し程へて
ar-or-kishne-no	(6)	無言のまゝ
nea chitarpe		その蓙袋の
u-ko-chupu hine	(7)	口をとざして
iyoikir-ka	(8)	寶器の列の上に
e-anu wa	(9)	置きて
tap-orowano		それより（こともなく）
oka-an ruwe-ne.		我等暮せるなり。
(Sekor pakno)		（大　尾）

註 (1) e（それについて）oripak（畏れかしこむ，畏れ憚る），そのことを恐れ憚る。wa（……して）kusu（故）; 憚り畏れる故。

(2) ahun-an（我入る）-ipe（もと食物の義なれど，轉じて「貸」「料」の義となる）自分の家へ歸參する科。家に入り賃。

(3) a（我）sanke（出す）shiri-ne（見說法「今……するところだ」）na（よ，感動），今出すところだよ。

(4) a（我）ko（に對して）shomo（否定辭）tash（息）-nu（もと「豐富」の義なれど，轉じて「充分に」の意をあらはす形容語尾となれるか）; 息も充分にせず，沈默する。

(5) oka（an「ある」の複數）-rok（完了態「a」の複數「……した」）aine（經過接續）;「我ありありて」と譯し得るが，前後の關係から，「我等（自分も夫も）沈默してゐてゐて，やゝ暫くたつて」の義ならん。

(6) ar（全く，一，唯）or（「內，其處，に於いて」の義であるが，語頭に付いて「全く」「甚だ」等の意をあらはす）kishne（音が絕える）-no（副詞法語尾）; 全くだまつてゐて。

(7) u-ko（相共に）chupu（閉ぢる，たゝむ）hine（經過接續，「して」）; 口を閉ぢしめて。

(8) i-o（物を入れる容器）ikir（列），寶筐; 寶器の列，ka（上に）; 寶器の列の上に。

(9) e-（そこに）anu（置く），寶器の上に置く。

譯者追記

(1) この神謠は，老媼エテノアの傳承で，〔Apemeru koyan koyan, Mata teya tenna〕といふ囃詞 Sakehe を一句毎に，繰返し謠ふ。

(2) この神謠は火の姥神 Kamui huchi の第一人稱敍述であつて，火の姥神と水の女神 Wakka-ush kamui とが夫爭をすることを內容としてゐる。恩師金田一先生の御著書によつて，此等の神の神格を略述して御參考に供したいと思ふ。火の姥神 kamui huchi は人間國土の創造された時，一番初めに此の世の護りに天降られた神と信じられ，あらゆる神神と人間との中間にたつて，人間の言葉を神神へ通辭して吳れる神で，何の神を祀るにも，先づ爐に向つて火の姥神に祈つて，次に他の神に祈詞をあげる。それほど親み深い神である。kamui huchi（神なる祖母）の名の外に，Ape huchi（火の媼神）Moshir-kor huchi（國土の主なる媼）Iresu huchi(我等を育む媼)などと呼ばれ，長い名では Ape-meru-koyan-mat（火の火花諸立つ媛）Ura-meru-koyan-mat（灰の光諸立つ媛）とも呼ばれる。

水の女神 wakka-ush kamui もやはりアイヌの人々にとつて親み深い女神で，此の女神より水を賜はつて飮んでゐると考へてゐる。さて，この二女神の相爭うた夫神は何神であらうか。

Kamui huchi の夫神としては Chise-kor kamui（家をうしはく神）を考へてゐる。Sopa-ush kamui（上座にゐます神）とも呼ばれる。この神の御蔭により，人々は雨露を凌ぎ得ると信じてゐるし，又この神が火の女神同樣，神人の中にたつて媒介通辯して吳れると考へて，親み崇めてゐる。（金田一先生 ——アイヌの硏究，第八章參照）

(3) この神謠は昨年の十二月十日の民俗學大會の際，エテノア媼さんが實演して，私が解說させて戴いてものである。聊か氣が咎めるが，編輯の方方の了解を得て，ここに記載した。

(4) 譯出にあたつては，また，恩師金田一先生の御多忙中を煩はして，御懇篤なる御指導を仰いだ。猶，畏友知里君の御助力を得たことも少くなかつた。厚く御禮を申上げます。　（昭和八年五月稿）

夏期 國語學講習會（於松本市）

講師及講題（時間割は聽講券の裏面に印刷す）

國語史論　柳田國男

國語學に於けるアイヌ語　東京帝國大學助教授　金田一京助

國語學に於ける朝鮮語　東京帝國大學教授文學博士　小倉進平

歷史的批判的日本文法　京都帝國大學教授文學博士　新村出

日本辭書の現實と理想　京都帝國大學教授文學博士　新村出

主催　國語學講習會

後援　信濃教育會東筑摩部會

期日　自七月廿六日至七月廿九日　四日間（第三日夜講師を中心とせる有志懇親會を催す）

會場　長野縣松本市女子師範學校講堂

會費　金參圓也（申込と同時御拂込の事）

募集人員　二百名

締切期日　七月二十日

宿舍

一、指定宿舍　淺間溫泉玉の湯、坂本の湯、鷹の湯

一、宿料　一泊　二圓　三食付、會場迄の交通費を含む、茶代等一切不要

但希望條件を附して御照會有之候はゞ可及的御便宜を取計ひ申上ぐべく候

本講習會用松本市淺間溫泉要圖は御申越次第進呈可仕候

申込所

（松本）　松本市大名町東筑摩郡聯合事務所　東筑摩教育部會內　國語學講習會事務所

（東京）　東京市神田區駿河臺町一ノ八　岡書院（電話神田二七七五番　振替東京六七六一九番）

○寄稿のお願ひ

○種目略記　民俗學に關係のある題目を取扱つたものなら何んでもよいのです。長さも御自由です。

(1)論文。民俗學に關する比較研究的なもの、理論的なもの、方法論的なもの。

(2)民間傳承に關聯した、又は未開民族の傳說、呪文、歌曲、方言、謎諺、年中行事、生活樣式、習慣法、民間藝術、造形物等の記錄。

(3)民間採集旅行記、挿話。

(4)民俗に關する質問。

(5)各地方の民俗研究に關係ある集會及び出版物の記事又は豫告。

○規略

(1)原稿には必ず住所氏名を明記して下さい。

(2)原稿掲載に關することは一切編輯者にお任かせ下さい。

(3)締切は毎月二十日です。

編輯後記

まづ後悔の杖をさきに立てるものの、毎號の編輯の疏漏なしかたはじやう玻璃の鏡の思ひになしてまたこの號をお送り申します。

今月の資料は九州地方を、其の一として、以後連續してその二、三と及ぶつもりでなります。櫻田氏八木氏高橋氏はそれ〴〵、大きなお名前だけに、編輯子のとかくのつけたりは省略させていたゞきます。たゞ玉稿の鋏と糊との冒瀆を謝します。

『鏡山考』は特に此の號のために中山太郎氏にお書き願つたところ、『朝鮮の Dolmen に就て』は、考古學上の問題へ交渉する民俗學のしかたとして孫氏の謙讓な言葉にはあきたらざるものを感じさせられます。なほ。前號の『朝鮮民家型式』は次號につゞきます。松本信廣氏の『チャムの椰子族と「椰子の實」說話』は大きな史學的なテオリーからの部分的實證を志ざゝれた研討ながら、又、植物トーテムへの注意を換起せられたもの、特に說話をとりあつかつてなる點、斯學のために贈る意圖があつたのかと推察されました。

佐々木彥一郞氏の地理學的な援助は民俗學として力だのもしいと存じます。惜らくは、此の號に山口貞夫氏の『地形語彙』をおのせすることの出來なかつたのを佐々木氏山口氏におわび申します。

早川孝太郞氏の文章は採集の實踐者として緻細な感情に、土と木と草にれる獸の匂ひまでを人情と感じさせられる。吾々の採集の道德として讀まうと希ひます。（明石）

△原稿、寄贈及交換雜誌類の御送附、入會退會の御申込會費の御拂込、等は總て左記學會宛に御願ひしたし。

△會費の御拂込には振替口座を御利用ありたし。

△會員御轉居の節は新舊御住所を御通知相成たし。

△御照會は通信料御添付ありたし。

△領收證の御請求に對しても同樣の事。

昭和八年六月一日印刷
昭和八年六月十八日發行

定價金六拾錢

編輯兼發行者　小山榮三
東京市神田區表猿樂町二番地

印刷者　中村修二
東京市神田區表猿樂町二番地

印刷所　株式會社開明堂支店

發行所　民俗學會
東京市神田區駿河臺町一丁目八ノ四
振替東京七二九九〇番
電話神田二七七五番

取扱所　岡書院
東京市神田區駿河臺町一丁目八
振替東京六七六一九番

MINZOKUGAKU

OR

THE JAPANESE JOURNAL

OF

FOLKLORE & ETHNOLOGY

Vol. V June, 1933 No. 6

CONTENTS

PUBLISHED MONTHLY BY

MINZOKU-GAKKAI

8, 1-chome, Surugadai, Kanda, Tokyo, Japan.

第五卷 第七號

昭和八年七月

民俗學會

民俗學會會則

第一條　本會を民俗學會と名づく

第二條　本會は民俗學に關する知識の普及並に研究者の交詢を目的とす

第三條　本會の目的を達成する爲めに左の事業を行ふ

イ　毎月一回雜誌「民俗學」を發行す

ロ　毎月一回例會として民俗學談話會を開催す

　但春秋二回を大會とす

ハ　隨時講演會を開催することあるべし

第四條　本會の會員は本會の趣旨目的を賛成し（會費半年分參圓壹年分六圓）を前納するものとす

第五條　本會會員は例會並に大會に出席することを得るものとす

［講演會に就いても亦同じ］

第六條　本會の會務を遂行する爲めに會員中より委員若干名を互選す

第七條　委員中より幹事一名、常務委員三名を互選し、幹事は事務を執行し、常務委員は編輯庶務會計の事を分擔す

第八條　本會の事務所を東京市神田區駿河臺町一ノ八に置く

附則

第九條　大會の決議によりて本會則を變更することを得

委員

石田幹之助　宇野圓空　折口信夫

金田一京助　小泉鐵　小山榮三

松村武雄　松本信廣（以上在京委員）

秋葉隆　移川子之藏　西田直二郎

（以上地方委員）

前號目次

昭和八年七月二十五日發行

民俗

第五卷 第七號

民俗學

目　次

『印度聖典に現はれた生活規範(ダールマ)(法)に就て』

小　山　榮　三

一

印度の法的概念の特異性は法に對する神の先驗性が強く各規範體系に內在してゐると云ふことである。

從つて印度に於ける法の成立と法の原則的認識は其の基礎に橫つてゐるところの宗敎――波羅門敎 Brahmanismus ――と積極的に關聯せしめずしては完全に理解し得ない。

殊にヴィコ Vico が指摘してゐる如くアリヤン民族――印度の支配民族――に於ては宗敎が法觀念の發達に於て重要な役を演じた(Modern Legal Philosophy Series, vol. II. page. 124)のであつて法、道德、宗敎は古代アリヤン民族文化に於ては不可分に結合してゐるのである。

パウルゼン Paulsen は道德と宗敎の關係に於て「少なくとも民族生活の一定の發達階程では其の宗敎と道德との間に非常な緊密な結合關係が存在してゐるものである。慣習は神の許容の下に成立し、宗敎と道德の戒律は單一な法典を形成し、敬神と德義は同一のものと見做されてゐる。……總ては神の意志から出で不正行爲の處罰は宗敎的義務として該民族に依つて行はれる。信仰は道德の基礎と考へられ、敬神と善、無神と惡は同一の表現である。個人及び團體の全生活は宗敎の裡に其の形態を持し、國家及び社會の全秩序、個人生活を規定する總ての慣習は宗敎的基礎を持つてゐる。」(Paulsen,

Friedrich. System der Ethik, mit einem Umriß der Staats- und Gesellschaftslehre Bd. I. S. 417−418) と云つてゐる。此の觀念は印度に於て最も强度化され且つ完成されてゐるのであつて而も暫定的關係ではなく原則的に全法系を支配してゐるのである。ベロルツハイマー Berolzheimer が東洋文明の起源を論じた際「ヴェディク・アリヤン人 Vedic Aryans の法が宗教的哲學的見解と密接に結合してゐると云ふことは法律哲學に關して基本的位置を持つものであつてこれは順に後世ギリシヤ人、ローマ人に於ける法律、倫理發達の先行をなしたものである」と云つてゐるのである。（Radhabinode Pal. The Hindu philosophy of Law. p.1) この言はギリシヤの法に對する觀念が印度思想の延長又は擴充であることを示すものである。從つてプラトーの法は神の意思であり「如何なる場合に於ても法に服從することは神に奉仕することである」（Plato: Laws, vi. 762E.) との要求（ポストユラート）は社會規範體系の古代に於ける一般的論理趨向を示してゐるものであつて、この假構は其の總てが――實證的には――雜多な法源にまで追索さるべき思惟過程を神の概念に導かれる神學的論理組織に追從せしめるものである。

この意味に於て印度の法理は神の概念を總ての法のアプリオリとして設定する。即ち法は總て Sruti 天啓に其の淵源を持つてゐるものなのである。

實際印度に於ては法は神に奉仕する總ての義務行爲を含んでゐる。それでしば〱 Dharmasastra は法律書（法典）と飜譯されてゐるが Dharma の概念は我々が法律と呼ぶところのものよりも遙かに廣範なものであつて生活規範の全體であり宗教慣習――贖罪、懺悔、祈禱、勤行、飲食上の戒禁、煩惱、再生、哲學、未來論、世界創造、死者葬祭、供養、吠陀學、苦行、波羅門及び國王の生活方法等――をも含むのである。

而も Dharma の發達は印度人の所謂人生三目的説 trivarga ――法 Dharma（宗教的倫理的義務の履行）、政治 Artha（富の獲得と所有）、愛慾 Kama（性慾の滿足）――と密接に結び付いてゐるのであつて此の學説は既に Patanjali, Asvaghosa, Mahabharata, Manu-Smrti に知られてゐる。（Winternitz, M. Geschichte der indischen Litteratur. Bd. III. S.

505) 從つて Dharm——本文中に使用する法は此の譯である——の履行は現世に於て、幸福を來世に於て、祝福を得ることであつて我々の考へる法の概念より遙かに包括なものであり且つ絶對的な權威を有し人間の社會のみならず總ての生物に及んであるものである。(Scheler, Max. Versuche zu einer Soziologie des Wissens. "Spindler, Indische Lebenskreis." S. 278—279)

從つて眞正の意味における法 vyavahara は宗教又は倫理をも含む dharma の綜合的構成部分を形成してゐるのであつて印度の學者は dharma を日常生活の規定 samayacarika と定義してゐるのである。

それで律法の最古の教典である法經 Dharmasutras は吠陀支分劫波 Vedanga Kalpa ——吠陀本集を祭事に適用する爲めの補助學——と密接な關係を保つてゐる。

其れは決して單なる法規集又は法律論文ではなくして主に人間の宗教的義務上の行爲の規範を取扱つたものである。即ち嚴密に云ふならば——祭事の教典の如くに——吠陀諸學派から由來したものであつて其の目的も裁判に用ふる實際的な所謂法典として著されたものでなく波羅門等が教科の目的を以つて編述したものである。

「吠陀に屬する經書には三種ある。法經 Dharmasutra、家庭經 Grihya-sutra、天啓經 Srauta-sutra がこれである。法經は四姓の義務や社會的法規等の日常生活に關する規定を集めたもので、天啓經は祭官 Rtvij の司る大祭を説明したもの、家庭經は家庭に於ける家長が司祭する式事を説いたものである。この三部合して初めて波羅門教の實際的方面の説明が完成するのである。之を總稱して劫波經 Kalpa-sutra と名け通規として各吠陀の支派が一劫波經を具備せねばならぬことになつてゐる。……現存の經書を調ぶるに原則よりすれば一門派に三典づゝあり而も門派の數が甚だ多いので經書の數も非常の多數に上るわけである。然れども實際に於ては已に衰滅した門派もあれば未發見の經書もありて一門派に三典づゝ具備せぬ場合もありて現存の經書は到底原則通りに行つては居らぬ。今從前略ぼ明かになつた部分を表示すれば大凡左の如くである。

（本　集）	（門　派）	（經書名）
梨倶吠陀 Rgveda	一、シャーンカーヤナ門派 Sankhayana, Kausitakin	シャーンカーヤナ天啓經 シャーンカーヤナ家庭經
	二、アーシュワラーヤナ門派 Asvalayana	アーシュワラーヤナ天啓經 アーシュワラーヤナ家庭經
沙磨吠陀 Samaveda	一、マシャカ門派 Masaka	アールシェーヤ劫波經（天啓經） Arseya kalpa sutra ゴービラ家庭經 Gobhila grhya sutra
	二、カウトゥマ門派 Kauthuma	ラーティヤーヤナ天啓經 Latyayana srauta sutra ゴービラ家庭經（マシヤカ派と同じ）
	三、ラーナーヤニーヤ門派 Ranayaniya	ドラーヒヤーヤナ天啓經 Drahyayana srauta sutra カーディラ家庭經 Khadira grhya sutra ガウタマ法經 Gautama dharma sutra

黒夜柔吠陀 Krsnayajurveda

- 一、アーパスタンバ門派 Apastambiya
  - アーパスタンバ家庭經
  - アーパスタンバ天啓經
  - アーパスタンバ法經
- 二、ヒラニヤケーシャ門派 Hiranya kesin
  - ヒラニヤケーシヤ天啓經
  - ヒラニヤケーシヤ家庭經
  - ヒラニヤケーシヤ法經
- 三、バウダーヤナ門派 Baudhayana
  - バウダーヤナ天啓經
  - バウダーヤナ法經
- 四、バラドワーヂャ門派 Bharadvaja（バラドワーヂャ天啓經）

（以上の四派は何れもタイティリーヤ枝派の分派である）

- 五、マーナヴ門派 Manava
  - マーナヴ天啓經
  - マーナヴ家庭經
  - マーナヴ法論（卽ちマヌの法典）Manava dharma sastra
- 六、カータカ門派 Kathaka（カータカ天啓經）
- 七、ヴイカーナサ門派 Vaikhanasa
  - ヴイカーナサ天啓經
  - ヴイカーナサ家庭經
  - ヴイカーナサ法經（擬作）

- 白夜柔吠陀 Suklayajurveda　ヷーヂャサネーヤ門派 Vajasaneyin
  - カーティヤーヤナ天啓經 Katyayana srauta sutra
  - パーラスカラ家庭經 (又カーティーヤ家庭經 又ヷーヂャサネーヤ家庭經) Paraskara grhyasutra
  - カーティーヤ法經 (又ヷーヂャサネーヤ法經) Katiya dharmasutra
- 阿闥婆吠陀 Atharvaveda　(門派ナシ)
  - ヴイターナ經 (天啓經) Vaitana sutra
  - カウシカ經 (家庭經) Kauiska sutra

各門派所傳の三經中婆羅門が社會的に勢力を維持するに最も必要なるは法經である。従つてこの部門の攷究は修多羅時代以後に及びても尚盛に繼續せられ而も幾多の總合的法論 Dharma sastra の產出を見るに至つた。ヷシシュタ法論 Vasistha dharma sastra マヌの法論 Manava dharma sastra ヴィシュヌ法典 Visnu smrti ヤーヂュニャヷルキヤ法典 Yajnavalkya smrti の如き何れも著名なものである。殊にマヌの法典はマーナヷ派の法經(已に散佚)を基礎として諸法經を綜合して編輯したもので獨り法規許りでなく哲學までも說明したものである。ビューレル氏 Bühler に從へば紀元前一、二世紀頃の作なりと云つてあるがその力は現今に迄も及び英國の印度政廳が印度の法律を制定するに當りこの法典を參照した所が頗る多いと云ふことである。」(高楠順次郎、木村泰賢共著印度哲學宗教史、三八四—三九〇頁)

實際波羅門教の教義に依れば吾人の生活活動は同時に宗教行爲であつて神を離れて我々の生活は存在しないのである。従つて印度法典の內容を形成してゐるものは日常の慣行、勤行的行爲、宗教的淨拂、贖罪、に關する規定、家父、波羅門、國王、苦行隱者の權利義務の規則、飮食の法度であり更に又宇宙論、世界開闢論、未來論に關する論究をも含んでゐる。

そして法の布告が國王の義務に屬する限りに於て家族法、訴訟法、民事及び刑事に關する法の部分があるのである。

マイヤー Meyer は明白に「印度の現存せる Smriti 卽ち波羅門の法律書は其の本質基礎に於ては魔術書であつて原初的に漂泊民族であつたところの波羅門 Brahmanen のシヤマン敎的魔術的 (schamanisch-magischen Weltanschauung) 世界觀から成長したものである。そして時の經過の內にそれから獨立して、成立し編制された所謂俗界法の部分が漸次取入られたものなのである。」と云つてゐる。(Johann Jakob Meyer: über das Wesen der altindischen Rechtsschriften und ihr Verhältnis zueinander und Kautilya. Notiz.)

(註)原始、未開民族の行動は一般に感情と呼ばれるところのものから導き出されるのであつてこの意思は又行爲の裡に潜在してゐる精神的モテイフなのである。更に云へばそれは存在、衝動、活動の感情と共存し繼續するものであつて全體、關係の內に個人の精神作用に基礎を置いてゐる。從つて其の本質意思の發現である多種な社會過程 Sozial-prozesse は其の成員の精神的機構である魔術的思惟範疇にまで還元することが出來るのである。(Toeniss: Gemeinschaft und Gesellschaft. S. 82—3)古代社會、未開社會に於ては魔術は迷信ではなくして一つの法的確信として表はれてゐる。實際マリノウスキーの云ふように魔術的儀式は未開社會に於ては總ての事業に於て其の作業と同樣に成功に對する主要件なのである。(Malinowski: Argonaut of West Pacific. Preface xiii.)魔術は元來自然民族の心理過程にもとづく自然發生的なものであるがこの法式が固定し且つ支配的となり個人に關係してゐるときに私的魔術の存在を見、更に社會組織の中に編込まれるところに公的魔術の發生を見る。

この公的魔術の發生は社會分化過程に重要な機能を與へたものであつて宗敎の分離を促し政治的に階級を形成し主要な社會統制力を自己に握ることによつて君主の起源ともなり且つ財の搾取者ともなつたのである。

宗教的方面を除き民事的方面に於ける社會的影響を要約すると、(1)公的魔術師の發生は君主政治の先驅をなして公序良俗を確立し支持し更に其の內部に階級を分裂せしめた。全部族の運命を握つてゐると信ぜられてゐる彼等は超自然的魔術力を有し且つ總ての權力を精靈と交通し得ると云ふ信念から得てゐる。彼等は民衆を超越し更に「神聖な者」のみの團體を作る。――カーストに於ける波羅門階級の形成――こゝに於て原始社會の同質性は破綻を生じて來るのである。そして社會統制力は彼等の意向に依つて左右され警察、行政、司法の作用は彼等に歸屬することゝなる。(2)神聖な者としての魔術師の觀念は人物のタブー taboo を伴ふ。そしてこのタブーは更に其の財産に及ぶ。且つこの神聖な力は階級的特質によつて相續されるのである。そこにタブーの組織が完成し私有權が基礎付けられ搾取の現象が附隨する。(3)公的魔術師は社會の科學的進步に寄與する。彼等は奇蹟を行はなければならない。民衆が主觀的因果律に從つてゐる間に科學的智識を錬磨して天體の運行四季の變遷に對する客觀的因果法則を認知しなければならない。そして魔術師は民衆に魔術的イデオロギーの訓練を施す狡猾さを有することを必要とした。(4)更に魔術は結婚に關する性の道德に制限を與へ姦淫、近親結婚を防止し殺人窃盜を罪惡と觀念せしめる。又土木工事等に貢獻するのであつて古代の驚嘆すべき土木建築工藝は多く彼等の命令によつて行はれたものである。(Frazer: Psyche's task. p. 4. ditto: The mgical origin of kings 佐野學「社會進化」五二頁)

印度に於ける君主の起源もフレーザーの進化說に從つてゐることはローが立證してゐる。(Narendra nath Law: Aspects of ancient Indian polity. Chapter VII. Theories of the evolution of Kingship among the Indo-aryans. p. 91)

法制も又魔術である (Bronislaw Malinowski: Crime and custom in savage society p. 42)

實際魔術はマリノウスキーの云ふ通り實在に對する原始人の實踐的態度の最も重要な最も神祕な象面は魔術であつた。そして魔術は神話と密接に關係してゐる。(B. Malinowski: Myth in primitive psychology. p. 107)

總ての古代社會に於ては法は社會的民事的生活に適用される魔術又は宗教であつて違法行爲とは神に罪を犯すことであつた。何となれば神のみが法の創造者であつたから。神話に從へば古代に於ける比較的文明國であつたラケデモニア人でさへ其の眞の立法者はリクルグスでなくアポロであると考へ、クレテ人は其の法をミノスではなくジュピターに歸し又ローマ人はヌマは單に女神エゲリヤの口授を記述したものであり、エトルスカ人はターゲスから其の立法を學んだと信じてゐる。(Coleman Phillipson: The international law and custom of ancient Greece and Rome. Vol. I. p. 43) クーランジュは明白に「ギリシヤ、ローマに於ては印度に於ける如く法は最初宗教の一部であつた」と云つてゐる。(Fustel de Coulanges: La cité antique, Passin. p. 218) 此の進化過程の多數の例は穗積陳重先生の「法律進化論」「神權說と民權說」に詳記されてゐる。

二

コーラーも云ふ如く印度法は人類の最も偉大な文化法に屬してゐるものである。(Josef Kohler & Leopold Wenger: Allgemeine Rechtsgeschichte. Erste Häifte. S. 103)

此の意味に於て印度法は――其の將來の發達及び諸文明國への繼受を度外視すると――ローマ法に對峙するものである。只だその發達過程に於て――メーンが指摘してゐる如く――「實際印度法はローマ法典の價値を測る尺度である。民族學が我々に敎へるところに依るとローマ人と印度人とは同一の系統から由來したものであつて彼等の原初的習慣であつたと思はれるところのもの丶間には實に著しい相似があるのである。

現今でさへ印度法律は將來への發達の豫示と充分な法的判斷力の基礎を持つてゐるが、然し不合理な模倣がそれに甚だ馬鹿らしき多くの機關を挿入したのであつた。ローマ人は法典によつて此等の墮落から保護されたものである。」と。(Sir Henry Maine: Ancient law. p. 12)

印度法の體系を研究する場合其の構成に於て最も重要なものは法源及び其の牴觸の際に於ける適用順位の問題である。印度法に於ては法源として註釋、法典によつて認知され且つ引用されるところどころの法源は多數あるのである。而して我々は最初に於て此等法源の性質、其の種類を充分考察せずしては該法規に支配を與ふる根據を決定し得ないのである。

多數の法源の中で最も重要なものは Sruti (天啓)、Smriti (傳承)、Achara (慣行) であるが更に此等の外に「個人の意向」、「學識ある波羅門」、Purana (古傳)、Parishad(學會)、Mimansa (六派哲學の一)、Vedanga (吠陀支分)、Itihasas (史詩) 及び其の他の vidyas 智識が權威あるものとされてゐる。

最も重要な Dharma に關する著作の年代順位は Baudhayana, Apastamba, Vasishtha, Nara, Manu, Yajnavalkya, Vishnu, Gautama であつて此の中で最も詳細に社會規範としての權威の順位卽ち法源を擧示してゐるのは Manu と Yajnavalkya である。

マヌは社會規範の權威及び源泉として次の如きものを擧示してゐる。

マヌに依れば全吠陀が——夫は總ての智識の源である——聖法(ダールマ)の一次的淵源であつて次に傳承(スムリティ)、吠陀等を知つてゐる人々の德行聖者の慣行、自己滿足が來る。(二、六)

そうして天啓(スルーティ)は吠陀を意味し傳承(スムリティ)は法論 Dharmasastra を意味してゐるものであつて此の兩者から聖法が發現するものである。(二、十)

從つて吠陀、傳承、有德者の慣行、自己の滿足は明かに聖法を決定する所謂四つの法源をなすものである。(二、十二)

而して更に地方、カースト、家族の原初法及び異教徒、組合 (貿易者等の) に關する規則も法源と見做されてゐるのである。(一、一一八)

ヤジュナヴァルクヤは更に詳細に列擧してゐる。

彼は天啓、傳承、有徳者の行爲、自己に適すると思はれしもの、熟慮から生じた欲求が法の基本であることを言明し（一、七）吠陀及び法を知つてゐる者又は單に三學を知つてゐる四人の者は學會（パリシャド）を構成するのであつて此の會の決議も又法と見做される。又一人でも神學に精通した人々の中で最高の人の云ふことは法としての効力を有してゐるのである（一、九）。又補充的な意味に於て史傳（プラーナ）、正理學派（ニャーヤ）、聲論學派（ミマンサ）の學說、法論（ダルマシャストラ）は支分（アンガス）、吠陀と共に十四の學座則ち學術及び法制の淵源をなしてゐるのであつて（一、三）慣習も聖法と牴觸しない範圍に於ては法として容認されるのである。

例へば地方に於ける慣行、法律、家法は如何なるものもこれらは該地方が彼（國王）の支配に屬することゝなつても彼によつて現狀のまゝ認知されるのであつて（一、三四三）征服關係に於ける場合の原法制の尊重を規定してゐるのである。

これを要約すると、

(一)天啓 Sruti　(二)傳承 Smriti　(三)良俗 (Sadachara)　(四)自己の意向によるもの (Priyamatatmanah)
(五)熟慮から生れた欲望 (Samyaksamkalpaja)　(六)學會 Parishad　(七)波羅門學 Brahmavidya をよく誦するもの
(八)史傳 Puranas　(九)正理學派 Nyaya　(十)聲論學派 Mimansa　(十一)法論 Dharmasastra　(十二)吠陀補助學
(支分) Angas　(十三)町村、カースト等の共同社會 (Samaj)　(十四)國王　(十五)被征服國に於ける舊慣等が法源と認められてゐると云ふことが出來るのである。

十一

前述の如く印度に於ては人生の目的を三つとする。(trivarga) 則ち dharma（義務の履行）、artha（福利の增進）、kama（愛慾の滿足）が此れであつて――此れに最高目的である moksa 解脫を加へて四ともする――これは一般に總ての天啓（スルーティ）、傳承（スムリイテイ）、史傳（プラナ）によつて認知することが出來るものである。此の人生の目的は神の司るところであつて彼の慈悲なくしては此等の目的に到達し認知することは出來ないのである。それで Vijnanesvara は其のヤジナナヴァルタヤ法典を註釋する際卷頭に於て神を讃してゐる（余は Om オムなる語によつて示される Visnu ヴィシュヌを讃ふ）。

印度に於ては dharma と adharma ――善行と惡行、適法行爲と違法行爲――は jati（出生の地位）、ayu（壽命）、

bhoga（苦難）の三つの結果を生ずる動機 karmasaya を形成するものであると考へられてゐる。
印度法に於て一次的な最高の權威を有する法源は吠陀である。故に我々は最初に於て吠陀が如何なるものであるかを考察しなければならない。

(一)天啓 Sruti——吠陀 Veda

吠陀なる語は「神聖な智識」を意味するものであつて波羅門の所傳に依れば古の聖者 Risi が神の啓示 Sruti を受けて誦出したものである。それで吠陀は單に記述者に啓示された神聖な本文の綜合を示すに止まらず現實の智識、可能な智識及び總ての道德上宗敎上の眞實の總體を意味してゐる。吠陀を離れて眞實はない。吠陀に含まれざる若しくは基礎を置かざる法はない。それは永久の智識と永久の法の合成體であり此の世界よりも早く出現したものであつて神と同時的存在物である。則ち「最初に先づ吠陀ありき」である。

そうしてそれは人類の選ばれた人に啓示される。然し斯く世界の人類に啓示された永久法の中で人類に知られてゐるものはその極少な斷片に過ぎない。又既に啓示されたものゝ大部分は消失してしまつたのである。

然しながら斯く失はれ又は我々が知り得なくなつた吠陀の規範は聖者自身から傳へられたところの認識された行爲、慣習を辿ることによつて知りうるのである。

此の理論の根據は——發生的に云ふならば——原始民族の對象を思惟する關係の範疇であるところの魔術に基づくものであつて其の未知の經驗を既知の圖式に當て嵌めそれによつて未知の危險不安の苦痛狀態から飛躍しようとする觀念聯合の錯誤に元づくものである。そして其の際複合思惟基礎 Komplex Denkgrundlage の同一化 Identifizierung、移行 Verschiebung を伴ふ。これはプロイス、ヴヰルネルに依れば自己維持と安定の衝動の潜在に元づくものである（Storch: Das archaische primitive Erleben und Denken der Schizophrenen. S. 35. 20。從つて吠陀が總ての智識の淵源であるとなるところの Sruti-theory は嚴密に云ふならば假設又は擬制であると云はなければならない。

Dharmasastra の著述者が原初的法源として吠陀に言及する場合には現存せる吠陀本集を指示すると云ふよりも寧ろ此の假設的な吠陀を指示してゐるのである。

(二)傳承 Smriti——法典 Dharmasastra

Smriti は傳承である。廣義では Vedangas, Sutras, Ramayana, Maha-bharata, Puranas, Dharmasastras——特に Manu, Yajnawalkya 等の立法者及び Nitisastra を含むのであるがマヌが「Sruti は吠陀を意味し Smriti は法論を意味してゐる」(二、一〇)と云つたやうに普通は法論 Dharmasastra を指すのである。

Dharmasastra は印度法の全體系を含む語であるが特にマヌ、ヤジュナヴァルクヤ及び最初に Smriti を記録した、神の啓示を受けし聖者の法に用ひられる。此等の著作は一般に(一) Achara 行爲の規範 (二) Vyavahara 司法 (三) Prayaschitta 刑罰の三部からなつてゐる。

ヤジュナヴァルクヤは Dharmasastra として Manu, Atri, Visnu, Harita, Yajnavalkya, Usanas, Angiras, Yama, Apastamba, Samvarta, Katyayana, Brihaspati, Parasara, Vyasa, Sankha, Likhita, Daksa, Gautama, Satapata, Vasistha を擧げてゐる。(一、四—五)

然しながら Mitaksara—Yajnavalkya-smriti に加へた Vijnaneswara の註釋——によればこれは例示的なものであつて列擧的なものではない。又此等に於て相互に牴觸がある場合には撰擇 Option が要求されるのである。

Devala の Dharmasastra の成表は次の如くである。

(一)Manu (二)Yama (三)Vasistha (四)Atri (五)Daksa (六)Visnu (七)Angiras
(八)Usana (九)Vakpati (一〇)Vyasa (一一)Apastamba (一二)Gautama (一三)Katyayana (一四)Narada
(一五)Yajnavalkya (一六)Parasara (一七)Samvarta (一八)Sankha (一九)Harita (二〇)Likhita

であつて此の成表に於ては Yajnavalkya の成表に於ける Satapata の代りに Narada が加つてゐる。Sankha は次の成表を擧げる。

(一)Atri　(二)Brihaspati　(三)Usanas　(四)Apastamba　(五)Vasistha　(六)Katyayana　(七)Parasara
(八)Vyasa　(九)Sankha　(一〇)Likhita　(一一)Samvarta　(一二)Gautama　(一三)Satatapa　(一四)Harita
(一五)Yajnavalkya　(一六)Prachetas等である。此の等は　(一七)Budha　(一八)Devala　(一九)Sumantu　(二〇)Jamadagni
(二一)Visvamitra　(二二)Prajapati　(二三)Paithinasi　(二四)Pitamaha　(二五)Baudayana　(二六)Chhagaleya　(二七)Jabala
(二八)Chyavana　(二九)Marichi　(三〇)Kasyapa を意味する。

Bhavisya purana に依れば Smriti の數は三十六あると云ふことであるが此れは定說ではない。然しながら此等は總て法源と見做されるものである。が時には矛盾、牴觸が起る。此の際には——註釋者の云ふ所によると——一つが不充分であるならば他のものは補充的關係に立つものであり兩者間が相違ある時には撰擇が必要である。而して何れも權威を有してゐるものである。マヌは「二つの Sruti が牴觸する際兩者とも法と認められる。何んとなれば兩者とも正當な法であると聖者が宣ふからである」と云つてゐるのである。

Purana (古傳說) は——Matsya Purana に依れば——

(一)Padma　(二)Brahma　(三)Vaisnava　(四)Saiva　(五)Bhagavata　(六)Naradiya　(七)Markandeya
(八)Agneya　(九)Bhavisya　(一〇)Brahmavaivarta　(一一)Lingam　(一二)Varatha　(一三)Skanda
(一四)Vamanaka　(一五)Kaurama　(一六)Matsya　(一七)Garuda　(一八)Brahmanda の十八ある。

Nyaya は Gotama によつて樹立された六派哲學の論理學派である。

Mimansa には Jaimini に依つて樹立された Purva-mimansa と Vyasa に歸されてゐる Uttara-mimansa とがある。何れも哲學のみならず實際的方面に於ても吠陀の解釋を補けることを目的とする思考法を敎へるものである。

Angas (Veda-angas) は吠陀の支分をなすものであつて吠陀を理解し適用するに必要な補助研究科目である。これには

六種ある (Shad-angas)

一、Siksha　　　音聲學

二、Chhandas　　韻律學

三、Vyakarana　　文法學

四、Nirukta　　　語原學　註釋書 Yaska の編纂

五、Jyotisha　　天文學

六、Kalpa　　　祭典學

がこれである。

この六の Angas, Purana, Nyaya, Mimansa, Dharmasastra, 四の Vedas 合せて十四の學は人間の總ての智識の基本をなしてゐるものであつて總ての學術及び Dharma の學の淵源も又十四あるわけである。

國王の立法者としての權威は印度に於ては甚だ微弱である。Yajnavalkya は nijadharma——Sastras 法——の次位に勅令を置いてゐるのである。

國王は行政を掌り又聖法に從つて裁判を行ひ民を保護する義務がある。(Rajadharma)

Arthasastra (Book V. Chapter 6) Mahabharata (Santi Parva, Sect. 68) に依れば國王の任務は(一)國民を樂ましめ(二)國民を保護し (三)國民の幸福增進に努め (四)國民をして各自の義務を行はしめ (五)惡人を罰し (六)速決、勢力、眞實、謙遜、正義、忍耐、慈悲の美德を行ふことである。

學會 Parishad は吠陀を研究するための波羅門の學會を云ふのであつて吠陀、法論又は tri-vidya ——三つの學即ち Rig-veda, Yajur-veda, Sama-veda を指す——を知つてゐる四人の波羅門は Parishad (法學會) を構成する。此の Parishad の決議は法である。又神聖な吠陀、法典に精通してゐる人の言は一人でも又法となるのである。

(三)Achara—慣習

慣習を法源と認める Smriti は慣行の四種類を認定してゐるようである。

(A)優れた聖者の慣行

(B)善良な人々の慣行

(C)氏族の慣習 (Kuladharma)

(D)其の他の Aryavarta——アリヤン民族の住む土地——に行はれる慣行

がそれである。

此の中で Kulachara——Kula 氏族家族—と同様に取り扱はれるものには地方、結社(jatis)——これはカースト(varna)を含まないそれ以外の結社を意味するものでめる。desa-dharma は地方の慣習を意味するものであるがこれはアリヤン民族の再生族にのみ適用されるものであつて Sudras, Nishadas, Chandalas, Swapalts 等の下賤階級の慣行には適用されない。且つ Aryavarta ——アリヤン民族の住む土地——に限られる。

第二の慣習法は Sishtachara である——Sisthas 吠陀を知り解脱せる人の行爲である。

第三に Sadachara は善良な人々の行爲を意してゐる。Satam は複數であつてこれは單一な善良な人の孤立した行爲は法になり得ないことを示してゐるものである。

印度の社會形態には都市 Nagara 村落 Grama 家族氏族 Kula 同一宗派に屬するものゝ團體 Sakha 同一師弟關係にあるものゝ團體 Vidyavamsa 職業組合(貿易者、牧畜者等の)カースト Varna ——波羅門 Brahman (宗教上の實權を握り祭式を司る階級) 刹帝利 Ksatriya (國王を首とせる武士階級) 吠舍 Vaisya (所謂平民で主として農工商に從事せる階級) 首陀羅 Sudra (所謂賤民であつて前三者——これは再生族 dwija と呼ばれる——に仕へるを義務とせる階級)

の四階級――及び混交カースト Varna-sankara がある。此等の慣行も良俗 achara として權威が確認されてゐる。
更に事實としては非アリヤン人種の慣習であつてもアリヤン文明に反撥せず、非常に不道德でない限りは容認される。然しながら此等の慣習はアリヤン民族法によつて制約されることが多い。又新しい國が征服された時には一般に其處の法は默認されるのである。Vishnu は「國を征服せし際、征服者は該國法を改廢すべからず」と云つてゐる。卽ち被征服國の秩序の混亂を防止する爲め征服國の法律、慣習を强制することなく Smriti に違反せざる限り被征服國の慣習を容認するのである。
Priyamatmanah（自己の氣に入るもの）は法規が明瞭でないか又は撰擇が許されてゐる時に限られてゐる。かゝる場合に於ては當事者の欲望、希望のみが法である。そしてその欲求は熟慮から生れたものであり且つ聖典に違反するものであつてはならない。
然しながら「善良なる慣行」「自己の意向による法」は嚴密な意味に於ける法ではないのである。これらは Saksat（直覺法又は不成文法の概念に對應する）法であつて直接な眞正の法則ち pratyaksa 法は Sruti に言明されてゐるものである。
而して又 Saksatakrita 法と Pratyaksa 法の間には牴觸の問題は起り得ないのである。
何となれば Pratyaksa 法のみが Sruti であつて法に關する最高の權威を有し其の他のものはこの Sruti の亞目又は補充解釋をなすものであり而も又法典には牴觸の際に於ける適用の順位が記載されてゐるからである。

三

以上述べし如く印度に於ては Sruti のみが眞實の法源である。然しながら社會生活を現實に支配する規範としての法が總て Sruti に本づくといふことは一種の假構であり傳說的知識の神聖を表現するための形式論理に過ぎない。

先驗的な規範があらゆる經驗的事實から超越して其れ自體が存立することは法と神とを同一視することであつて——法の一元性を主張する限り——法の神學的說明に過ぎないのである。私は印度法の自律的形成の契機は事實として、モデスティヌスの云ふ如く「總ての法は合意が作り或は必要が構成し或は慣行が確定したものである」(Modestinus in 1.40 Dig. De legibus (1, 3). Omne jus aut consensus facit, aut necessitas constituit, aut firmavit consuetudo.) と云ふ一般法則の例外をなすものではないと信じてゐる。

只だ印度に於ては——法は一面に於て經驗的事實によつて制約されつゝ成立し而も他面に於ては經驗的事實に對して制約を與へる可逆的な反應を有する——宗教の絕對性を其の社會の根本的統制力として披導してゐる特種な社會關係に元づくが故に、法は先驗的な吠陀の表象內に表現せられるのであると考へられる。それで認識論的立脚點より論ずれば印度の法概念は各〻の規範體系が神にまで追索されるところの宗教的妥當性に內包されてゐると謂はなければならないのである。

一般參考書目

Julius Jolly. Recht und Sitte.
Lionel D. Barnett. Antiquities of India. p. 96.
Pramathanath Banerjee. International law and custom in ancient India. (University of Calcutta. Journal of the Department of Letters. Vol. 1.)
Leopold v. Schroeder. Indiens, Literatur und Cultur.
Arthur A. Macdonell. A history of Sanskrit literature. (Chp. XVI)
M. Winternitz. Geschichte der indischen Literatur. (Bd. III. S. 479)
Narendra Natha Law. Aspects of ancient Indian polity.
Yajnavalkyasmriti. With the commentary Balakrida of Visvarupacharya. Ed. by Mahamahopadhyaya. (Trivandrum Sanskrit series. No. LXXIV, LXXXI.)

Yajnavalkya smriti. With the commentary of Vijnanesvara, called the Mitaksara and notes from the gloss of Balambhatta. Tr. by Late Rai Bahadur Srisa Chandra Vidyarnava.

Manusmriti. Srimatkullukabhattaviracnta.

The laws of Manu. Tr. by Georg Bühler. (Sacred Books of the East. Vol. XXV.)

The institutes of Vishnu. Tr. by Julius Jolly. (S. B. E. Vol. VII.)

The minor law-books. Part 1. Narada. Brihaspati. Tr. by Julius Jolly. (S. B. E. Vol. XXXIII)

The sacred laws of the Aryas. As taught in the schools of Apastamba, Gautama, Vasishtha, and Baudhayana. Tr. by Georg Bühler. Pt. 1. Apastamba and Gautama. (S. B. E. Vol. II.)

Pramathanath Banerjea. Public administration in ancient India.

The Sukraniti. Tr. by Benoy Kumar Sarkar.

Nares Chandra Sen Gupta. Sources of law and society in ancient India.

Die Yajnavalkyasmrti. Ein Beitrag zur Quellenkunde des indischen Rechts. Von Hans Losch.

19

寄合咄

箒私考

郷土研究第七卷第五號所載早川孝太郎氏の「神々の誕生」は私の爲めには種々の點で啓發する所の多い有益な章文であつた。就中ハタキの成立、オシラ神とハタキとの關係、更にハタキと箒との關係は、奥北の事に暗い私達に珍重な資料と旅行によつて親しく觀照して居る氏の創作的な考察がひしひしと強く迫つて來るものであつた。

箒の事に就てはかねがね私も興味を感じて居たのであつたが、そこまでは思ひ及ばないで居た。それを今更机上の構想で箒私考でもないのであるが、興の湧くまゝに氏の說に蛇足を付する愚と非禮とを許して頂きたいと思ふのである。しかしそれは氏の說を敷衍しやうとするのでもなければ、氏の考說を支持しやうとするのでもない。只此の際私も愚見を述べさして貰はうとするだけの事で、氏の說は氏の說であり私の考は私の考である。細部の點の相異や、目標の立て方の違ひなどで氏に迷惑のかからない樣特にお斷りしておきたいと思ふ。

箒が單に淸箒用の家什として發生したものであつたならば、今日の樣に祭具として呪具として、又神躰や神の寄代として遺存する事にはならなかつたであらう。箒が今日の樣に複雜な信仰觀念の中に遺されて居るといふ事は、早川氏の說の如く箒其のものが單に塵を掃くの具ばかりではなかつた事、進んでは目に見えぬ塵、目に見えぬ汚を掃き淸めるものであつたといふ事は明かである。

古事記の掃持の記事の如きも「葬而掃二喪屋一人也」ではなくして「若しそれならば掃人などとこそ云べけれ掃持としも云ふは持て行く故の名なり」といふ古事記傳の說を正しとすべきであつて、箒が一の祭具であつた有力な例證である。或は此の記事に則つたものであるかも知れないが、壹岐では今でも神式の葬列には炬火持と共に先頭に參加する箒持がある。延喜式臨時祭式に「惣祭二天神地祇於郊野一祭庭當國司掃二修其地一」とあるのなども、國司が人夫や祝部の仕事としての掃修の事をしたものとは決して見られないのである。

スタール博士であつたかさる田舍に行つての事、門前の小道にずつと白砂を敷き這入り來る客人の前を主人が後退りしながら箒を以て其の砂道をく字形に掃きながら迎へられたといふ事を何かで讀んだと奈良の高田十郎氏が語られた。私が直接見たのでない事をいふのは恐縮であるが、箒の用途のゆかしい例證かと思ふ。琉球では夜家の內を掃く事を忌むので、若し掃く場合は「アジムク、アジムク（按司――一城の主の樣な尊い婿を迎へるのだ）」と云つて掃くといふ事である（旅と傳說五ノ二）が是なども箒の古い意義を示すもので、前の高田氏の談と共に箒がまた單に目に見えぬ塵汚を拂ふだけの單純な具でなかつた事を語るものではあるまいか。

例の萬葉集の玉箒にせよ、觀古雜帖に載せてあるといふ東大寺寶藏の玉箒にせよ、決して是を實用の具と見る事は出來ない。祭具として儀式に使用されるものはやがてこんな風に實用から遊離して行つたであらう。江戶時代大城御座間の正月の掃初には、老中が「小き棕櫚箒を三方にのせ持出られ自身掃き初らる、はきやうは久字にはく云々」（甲子夜話）と記されて居る。思ひ合される點が多いのである。現在では紀伊國では、「十二月十三日神棚の煤掃をなす一摑の藁を二折にして箒を作り掃除をなす。丁寧なる家にては神棚每に箒を作る。この箒を翌十四日とんどの時に焚く」（鄕土硏究四ノ二）事をする。箒の形は早川氏の圖示された越後の藁箒と同じであるが、用法から見れば祭具である。佐賀縣の馬後島（マダラ）では煤掃に使用した笹は外庭の垣根などに立てて置いて、松の內は每日是に供物を上げて祭つて居る（民俗學四ノ八）。是などは祭具から箒神なり寄代なりへ轉移して行くさまを示す好例と見るべきではあるまいか。

除災と招福との信仰觀念の發生に就ては種々說もある樣であるが、原始人の生活環境から考へれば、除災は招福を考へる以前に、もつと逼迫した問題として考へられねばならなかつたであらう。しかし多少でも精神文化を持つて來ると、最早切離しては考へる事の出來ない性質のものである。招福は除災であり、除災は招福を意味するものである事が、當然過ぎる事であるからである。それで此の二つの信仰觀念は、いつも古い信仰習俗の裏表を形成して來たのである。箒に拂ふ意味と同位の迎ふる意味が存在しても不思議はない事である。

箒の事を高野江町ではヨセと云つて居る（方言三ノ二）掃き寄せのヨセと考へる前に、他の多くの類例を集めて今一度考へる必要があるのではないか。靑森縣の正月習俗として報ぜられて居るところでは「若水を年男が汲んで歸ると台所と座敷に豆がらを焚いた。豆がらのはねる音が金あ來る金あ來るときこゑるからださうでその時鍵づけを東の方へ向いて三度箒でまねいた」といふ事がある（俚俗と民譚一ノ二）。是など掃き迎ふるの具たる箒が招福の呪具となつたものではあるまいか。

越後では箒の事をナデと云つたといふ（「越後土產」――方言と土俗）呪具としての撫ででではあるまいか。壹岐では牛の

寄合咄

病氣には箒や笹に小便をつけて牛の體を撫でる。愛媛縣岡桑郡では耳下腺炎を病つた場合に或呪言を唱へながら箒で頬を撫でる風習がある（方言と土俗一ノ七）。呪具としての箒の例證は數も多く人の普く知るところであるが、更に一歩進んで神躰乃至神の寄代としての箒の問題も、是非考へて見ねばならない事かと思ふ。是は箒が淸掃の具として唯物史觀的に成長した今日のそれに對抗して、箒發生當初の信仰的觀念の直系的展開の姿であつて、早川氏もハタキからオシラ神の展開を考證して居られる。箒神の事は諸國の昔話にもよく出て來る事であるが、紀伊の唄ひ物集「さかれ草」には「おしゆめに八代金剛童子、箒は薄澤明王、苫が薄雲大明神、雨の宮に風の宮」とあり（民俗學四ノ二）祭神の何たるかは知らないが、羽後雄勝郡大澤には荒羽波岐神社がある。關係がありそうな名前である。又「彥山緣起」には「又曰く伊弉諾尊と伊弉冊尊と之を盟ふて乃ち唾く祈の神を號て速玉之男と曰ふ。次に掃の神を泉津事解之男と號く凡て二神なり」とある（福岡）同書の緣起書としての價値如何を問はず、掃を主體とする民間信仰神の實在を認めて居た證據とはならう。壹岐の田の神ミト樣に竹の箒を結ふて立てるのも（旅と傳說、昭和五、一一）同一思想の寄代と見るべきではあるまいか。前記佐賀縣馬後（マグラ）島の媒拂の笹も、是を外庭に立てて祭るところを見ると、一種の寄代としての箒と見ねばならないだらう。

呪具としての箒が汪盛な姿を遺して居るのに比して、箒神乃至寄代としての箒があまりに振はなさ過ぎるのには理由がなければなるまい、家什としての箒が今日の樣に實用化し、文化人の潔癖性は更に益々箒を酷使し、是を賤視して來る、箒神や寄代どころか呪具としての箒もやがて掃蕩されねばならない情勢になつて居るのではあるまいか。

（昭和八年六月二十五日）（山口麻太郎）

資料・報告

有明海・干潟の漁法

中川太郎

干潟面に於ける淺海生物の漁獲法は海岸土俗として興味ある方法が行はれている。

Aがた地に於ける方法。

先づ干潮を利用して底の凸起した桶を辷らし、兩手で押えて上體の重心を移して泥土の上を步行して魚介の棲息する穴（俗にイキリと云ふ）を見附ける押桶法（第一圖參照）と、長さ一米位の先端の尖つた薄い平板の上に手桶を戴せ左膝を板上に跪居し右足にて泥土を蹴つて進む跳板（ハネイタ）法（第二圖參照）がある。前者は徐々に步くに對し後者はスキーの如く大なる速力を有するのである。この方法に依る時は泥中にぬめり込むことなく自由に魚介の採取に從事することが出來る。半日一人の收穫は優に五六人の副食物に供することが出來る。

Bスツキー。（第三圖參照）

これは魚獲のための原始的な設備で海岸線を弦とする孤狀の石壘を積み重ねたもので、石壘の厚さは約一米長さは一杆——二杆位で高さは滿潮の際石壘が五六尋の以上に沈む程度で約斜面に添ふて最高の部分が一米內外である。

滿潮に至ると石壘は深く海中に沒して魚類の往行自由なるも、下げ潮になり石壘の頭部が水面に表れると浮游せる魚類

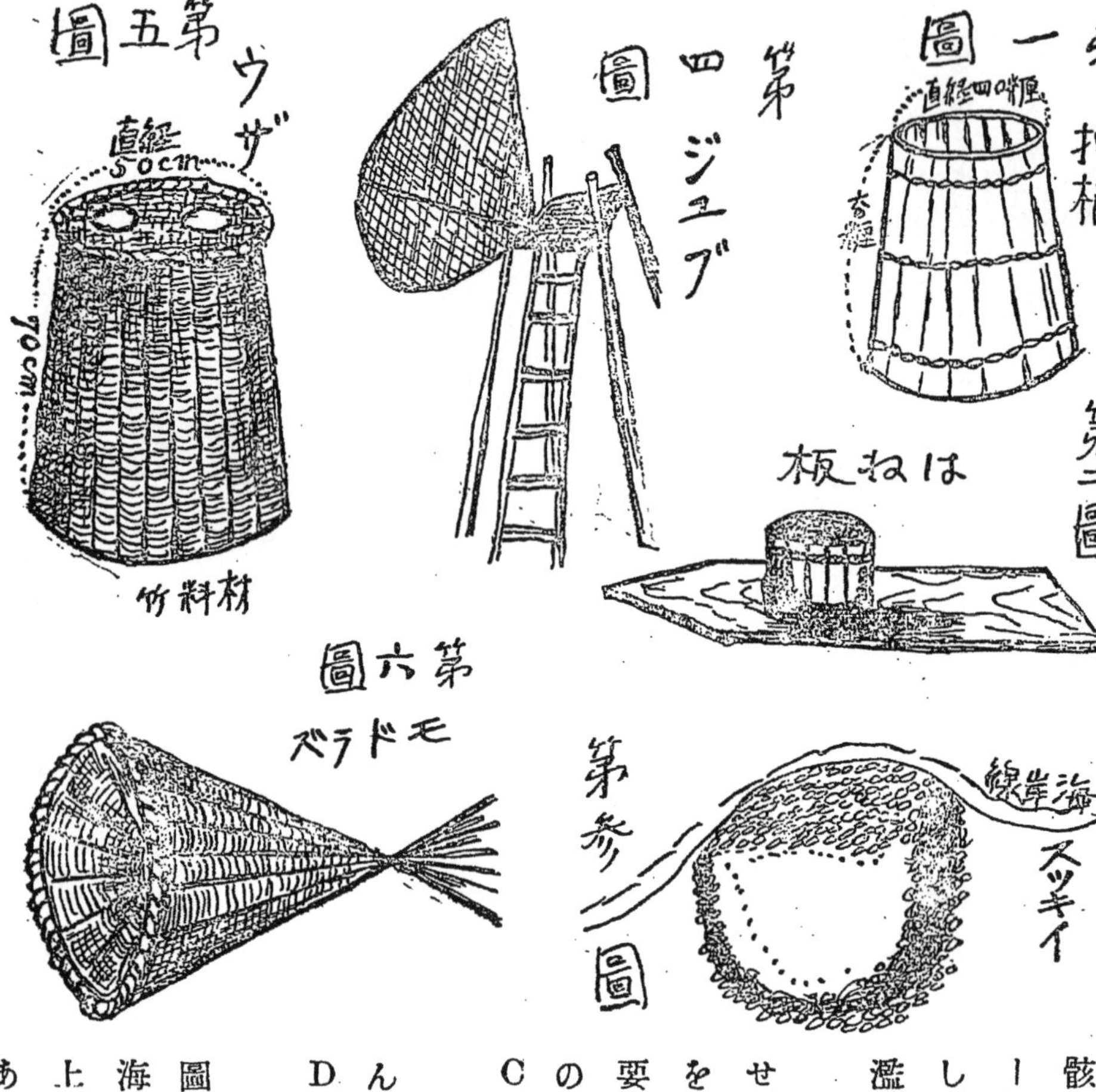

は全く閉込められ干潮に至れば直ちに石壘內部に殘骸を横へるに至るのである。吾等の幼時にはスッキーに獲れた魚だと云つて自家用に供した餘りを行商して來たこともあつたが、今日は網漁の發達の結果濫獲されてスッキーの存在を失ひつゝある。

スッキーの築かれた時代は不詳なるも、古老に質せば百五十年以前のものと推定され、粒揃ひの礫岩を以つて工事を完うするには多大なる日子と經費を要したものと思はれ所有者は殆ど村の豪家で自家用のために築かれたのである。

C ハジ。

之はスッキーに等しいもので石壘の代用に竹を編んだものを使用している。

D 棚ジュブ。（第四圖參照）

ジュブとは網を海中に下げて魚類の入りし頃を見圖つて上げる漁法を總稱するのであるが棚ジュブは海岸の魚類の寄り來る好適の場所を選んで棚を造り上げ潮に乘つて進み來る魚を大網ですくひ捕るのである。

Eウザツキ。（第五圖參照）この方法は小長井村築切にある干拓地の三平方粁内外の沼地に行はるる漁法で、他に類例のない土俗的興味を持つものである。

先づ當日は干潮時を選んで井桶を開放して水を流出せしめ減水の頃を圖ひ部落から集つた二百人位の老若男女が一齊に竹で編んだ圖の如きウザを持つて腰部ごろまで浸水し乍ら兩手でウザを差上げ沼底を突き歩くのである。沼中の魚類は多人數によりて水中を攪亂されるので泥中に潛んでいるがウザを突かれた時はその中で音を立てるので上部の繩網の穴から兩手を入れて捕るので多く捕る人は五六斤も捕る人がある。

Fモドラズ。（第六圖參照）

これも川口に行はれる方法で漏斗狀に編んだモドラズを上流に向けて水中に浸し置く時は蟹鰻等が流れ込み出口を見出さずに留まつているのである。

まだこの外、漁法があるがそれは他で行はれている類似のものである。

大體に於いて最原始的な方法であるが最地形に應じたものであることだけは首肯される。干潮時に海岸の縣道を自動車に搖れ乍ら通る時、必ず之等の實相を見られることがあらう。

有明海・干潟の漁法（中川）

大隅内之浦にあつた話

高橋文太郎

爰に記すのは死人が御禮に來た話で、それは昭和四年八月某日であつた。鹿兒島縣肝屬郡内之浦村字北方の平八郎爺は、死ぬ以前から同村の某婦人に對して種々と平生厄介になつたから死んでから御禮に出ると言つて居た。

此爺が病死してから數日の後の或夜、恰度八時頃であつた。その婦人の家の祭壇のところで物音が起つた。それと同時に婦人の身體は、足の方からシビレ出し立つ事が出來なくなつた。唯ワク〳〵と顫へるのみ、聲さへも出せなかつた。祭壇までには其間に介在する襖があつたが、その瞬間平八郎爺の姿が婦人の眼には正面に映つて來た。

暫くの後爺の姿が消えると顫へが止つて、婦人の身體は元通りに恢復した。死人の怨みは頭から來るが、御禮は常に足から上つて來ると、同村の人々は平生謂つてゐる。

その出來事と殆ど同時刻であつた。婦人の家の門前に居合せた下婢二人は、母屋から出て濱の方へと其門を走り抜ける白衣の小坊主の姿を、兩人共に見た。驚きの餘り立ちすくんだと謂ふが、小坊主は直き近處の海岸にある墓の方へ向つて行つたさうである。

平八郎爺の家の者達も其日の夜八時頃矢張り佛壇で物音がしたのを聽いたと、後にその婦人に話した。

（昭和四年九月鹿兒島市、赤星昌君談）

爐のほとり・甑島の年の神

櫻田勝德

旅先なので全くノートの持ち合せがない。ふと考へてみると歸福後では間に合ふかどうかと思ふから、とにもかくにも記憶を辿つて次の御報告をする。

爐のほとり

筑前の海邊ではすでに圍爐裏は殆どなくなつてしまつてゐる。爐の緣に脚をつけた形の火鉢が、之に代つてゐる家も多いが、石炭がらを焚いて暖をとつてゐる所も漁浦にはある。又八女や筑紫の山村でも爐をとぢてしまつた所が少なくなく、二十年來流行して來た⿰火造燵が、燃料を節約するといふ點で漸く人望を博してゐる。山を背にしてゐる里でも、ホロ〳〵と炎にしてしまふ薪木は、乏しくなつてしまつた。又新しく建てた家では、直ぐに家が汚れるといふので、爐を開く事を好まぬ風がやゝ多い。しかしかうした白々しい家では、往々に糸島郡でいふロウトオシと呼ぶ白蟻或は白蟻に酷似したものゝ爲めに、手もなく倒されてしまつた例もあるといふ。此地方では之が相當に跋扈してゐる。その防禦の爲めにも家を燻べるといふ事は、必要なものと思はれ、家屋保存の方法として爐を失つても尙家を燻べる風は盛んであると觀測され、その煙は最も多く庭や木尻の邊りに据えてある竈から立上つてゐると思はれる。

下甑島瀨々野浦にはもと鄉ばなしといふ社會制裁があつた。此制裁を加へられた家に對しては、その家の爐の火が消えてしまつても誰も火種をやらぬといふ定めであつたといふ。此爐の火を絕えさぬ爲めに、夜毎にくべる太い薪木をかの地ではトギと云ひ、大切な大年の夜から元日にかけてのトギをトシトギと稱してゐる。トギは伽を思はしめるが、他に此類例を知らぬ。甑島の他の地ではトシトギをトギと云つてゐる。私が瀨々野浦を辭したのは、小雪のはらつく師走の朝であつた。あれから長濱へ山越しやうとして佛耳納(ホトケミノウ)といふ峯に辿りつくと、此峯のほとりにあちこち丸太が轉がしてあつた。之はかの地の少年達が正月が最早近づいて來たので、歲暮(せいぼ)として家々に一本づゝ配るトシトギを、かく貯へ準備してゐるのであると云ふ。

筑紫郡の五ヶ山ではトシトギをツゴボタと稱してゐる。ツゴはツゴの晩（年の夜の事）のツゴで、ボタは太い薪木の事である。八女郡の大淵、星野村などでは之をトシトリヒケキと云つてゐる。星野村の一老人がこんな咄をしてくれた。昔ある家の嫁女が元朝起き出してみると、最も大切なトシトリヒケキが消えてゐた。嫁女は驚いたが爲す所を知らず、茫然自失門口に立つてゐると、何處からともなく山の神が死人を背負つて通りかゝつた。山の神は嫁女に、もし死人を預つてくれたなら、火をあげやうと云つた。嫁女は火種にはかへられず、それを承諾すると、山の神は家の中へ入つて來、死人をドサリと置いて出て行つてしまつた。やがて家人が起き出て之は何だらうと死體を見ると、それは何時の間にか小判にかはつてゐたといふ。之と酷似した話を長門六島村の大島でも聞いた事がある。彼處では山の神が死人を背負つてくる事にはなつてゐず、松明を點した白い葬式の一行が通りかゝつた事になつてゐる。嫁女がその松明の火を乞ひ、貰ひうけると、葬列はそのまゝ家の中へ入つて來て、棺だけをいて出て行つてしまつた。後棺を開けて見ると、中には黄金が入つてゐたと云ふ。

豊後日田郡中川、五馬村邊りでは、トシトリヒケキの事をヒケイキと呼んでゐた。ヒケイキは木尻（ヒタキバともいふ）とムコウザ（客座の事）の隅から、或は木尻とチャクンザ（主婦座の事）の隅からくべ、その反對のマクラの在る爐隅から、細い二三本の薪木を添へる事になつてゐる、マクラとは木尻の右か左かの隅に圖の如く三角形に出てゐる石製のもので、之が主婦座側に在るといふ人もあれば、客座側に在るといふ人もあり、爐の塞いである時の事とて、いづれが正しいか知れなかつた。此地ではアテギとかマッコブチに當るものを、カマテといふ。北松浦でも爐の緣木をカマチと云ひ、框と同じ意だらうと思はれる。

圍爐裏を何とよぶか殊更に尋ねた事も無い。ユルリで話は通じて來てゐる。唯薩摩では之を地爐と稱してゐた。主人の座は何處でもヨコザで例外をしらぬ。糸島郡姫島では、もと爐が切つてあつたと思はれる部屋をヨコザと云つてゐた。所が豊前藍島では此部屋を主婦座を意味するタナモトといふ語でよんでゐる。宗像郡宮田村では庭の奥半分（竈などを備へつけた土間）をタナモトと云つてゐた。主婦座をタナモト、タンモトと呼ぶ地方は廣く、遠賀郡や五島西彼杵北松浦で使用してゐたと思ふ。日田では之をチャクンザ、上甑ではチャンナカザ、下甑ではチャエンナカザと云つてゐた。まだ外でもお茶汲み座といふ語をしば〳〵聞いたやうに思ふが、いづれか確と覺えてゐぬ。客座の名は筑前のあたりではあまり覺えてはゐぬらしい。五島ではナガレザと云つてゐたが、西彼杵ではどうよんでゐたか。ム

フユウナシの圖

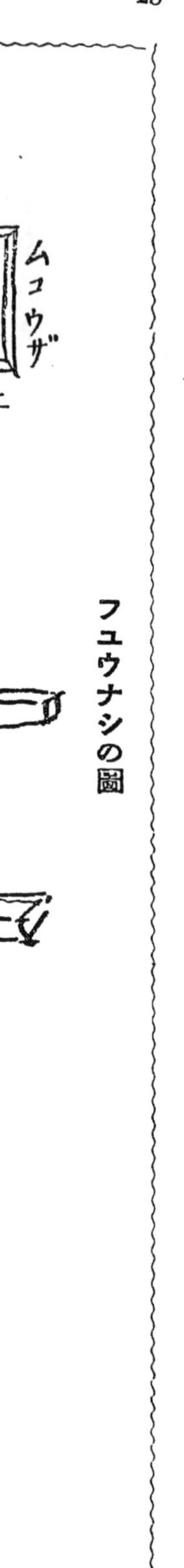

鍋などこれにかける不自由無しといふ事らしい。

マクラの所の圖

カマテ
ヨコザ
ムコウザ
チャクンザ
ヒタキバ
マクラ

八女の爐

ヨコザとキヤクザとは疊をしいてゐるが主婦の坐る所はハンドチ同様に板張。

一間四方
山の神の坐る所
イロリ
ヨコザ
キャクザ
ハンドチ
一間
一間
大黒柱

とて、別に名を聞かなかつた。

コウザと稱してゐる地方は日田ばかりでは無く、遠賀郡でもさうだつたと思ふ。北松浦郡福島で此處をキジモと云ふと聞いたが、之はどうも怪しい。木尻をキジリ、キノシリなどいふ地方は廣いのだらうが、その中變つた名稱で日田ではヒタキバ、下甑の瀬々野浦ではトギノシリ、筑紫五ケ山ではユルリジモ、又キジモといふ語はしば〳〵聞いたと思ふ。木尻の座をシモザ、コザなどいふ所もあつたが、しかし木尻には座の無い構へやもとは座はないものだつたといふ事を北松浦で聞いた事がある。かの地の福島では木尻のカマチに圖の如きフユーナシといふものが立つてゐて、人の坐すべき所ともみえぬ。西彼杵の江島では確か此處をキジリもしくは猫の座敷と呼んでゐた。薩摩の阿久根附近で木尻の所に直ちに茶棚が立つてゐて、人の坐れぬ構へを見た事がある。甑島の里では木尻の所にハンヂュージマがあり、その後にヨコザに對して茶棚が立つてゐるので、勿論人など坐れなかつたであらうし、下甑の片野浦ではハンヅヅモトを人が通つてはならぬとしてゐる由である。

上甑では木尻の下手を板張りにし、此處にハンヂュウ（ハンド甕の事）とヂャンコボシ（茶こぼしの如き物）とを置いたといふ。それで此處をハンヂュウジマとよぶらしい。下甑では此處をハンヅヅモトと稱し、ハンヂュウをハンヅといふ。八女郡の山間では此板張をハンドヂと云ひ、此處にハンドやバケツを置いて、此中に清水を湛へ柄杓を添へてゐる。此水は勿論茶釜などに入れる。だから此處をバタ〳〵通つては惡いわけだらう。

自在鍵或は鍵についての忌名を耳にした事はない。自在鍵の長短を調節する魚形の木をコザル、コザラなどと呼ぶ地は極く廣いやうで、長門の大津郡などでもさうだつたし、南では甑島でも之をコザイと呼んでゐたと思ふ。又唯ウオといふ所も追々あつた。之をリョウゴと呼ぶと聞いたのは筑前地島に於てのみである。

甑島の年の神

下甑島瀬々野浦の少年達は、今も尙年の神の訪れを怖れと待遠しさとをごつちやにして、待つてゐるものと思はれる。此神の來訪は少年達にとつて聲も出ぬほど恐ろしいものであるが、若し此神が彼等に年魂の餅を與へなかつたら、此怖れよりももつと〳〵深い悲しみであるらしい。時じくのかゝの木實のなる國は消え果てゝしまつても、大年の夜ごとに此地の少年は、泣き出さんばかりの緊張をもつて、年の神の言葉をいぢらしくも聞いてゐるのであるらしい。

尤も甑島と云つても部落部落で何かとちがつてゐる。手打ではもう年玉の餅の趣旨も不明に歸してゐるが、中甑では元朝に一個づゝ親が子供に投げる丸い餅を年玉と呼んでゐる。里や瀬々野浦、片野浦で年玉と云へば、年の神が一個づゝ子供に與へる丸い餅の事で、子供は之を年を貰つたものと思つてゐるらしい。

此神は漫々たる潮と霧の境から、依來給ふかどうかを知らぬが、どうやら向ひの山やそがひの丘を越へてボクリ〳〵と御座るらしい。片野浦の子供達は

正月どんはいつか
正月どんは何時か
弓矢持つて矢もつて
モクジュウに杖ついて
カッツル〳〵いふてござる

（何處か文句が拔けてゐるやうにも思ふが、手ぶらの旅先故勘辨してもらひます）

と唄ふといふ。正月どんの土産は年魂の餅に限られてゐる故か、土産は何々といふやうな子守唄みたいな文句を、此地では唄はぬやうだ。里では年魂をもつて來てくれるのは、白髮のおいさんであると、子供達は思つてゐる、かうなるとサンタクロースを思はずにはゐられぬ。年の暮子供達がいたづらしたり、云ふ事をきかず泣いたりすると、その親達は白髮の小父さんがあの山或はあの島まで來てござるに「靜かにせぬか、喧しくすると小父さんはお前に年を持つて來て下さらぬぞ」と脅すといふ。さうして年の晩子供らがすや〳〵と眠つてしまふと、親はそつと子供の寢床の中に、丸い餅一つと一錢とを入れてをく。元日子供が起き出した時、親は昨夜白髮のおいさんが來てお前に年をやつたのだといふ。此白髮翁は年の夜に厠の中においでなさるか、子供が此夜便所へ行くと、白髮をかぶる（白髮が生えるといふ事）と云つてやらぬ事にしてゐる。そのわけは便所へ行くと、おいさんに汚物をかける事になるからだといふ。

瀬々野浦や片野浦では、年魂をくれるのは年どんだといふ。その中瀬々野浦だけでは年どんはなまはぎの如くやつて來て、子供に年魂を與へる事になつてゐる。年どんは年の夜、首の無い馬を牽いて訪れてくるが、大人は年どんと共謀になつてゐるから、忌籠などはしない。神妙にその訪れを待つてゐるのは、唯〻少年諸君だけで、此少年らは此日の夕方モウソウダシャレとて、一しきり子孕めの祝棒を打ちふるひ、それに草疲れて家に歸り夕飯をたべて待つてゐるのだ。平日なれば年どんならぬ、睡りの神が忍びこむ頃であらうが、今や子供達は一かたまりにかたまつて、年の神の來訪を待ちうけてゐるのである。

さて年どんと共謀になつてゐる親の方は、前々から若者の一人に、年どんになつて來てくれるやう賴んでをき、又年魂の餅は餅搗きの際別にとつてをいて、此晩年どんに手渡しして貰ふ手筈にしてをく。

年どんはいよ〳〵首無し馬を牽いて、鉦を鳴して、子供の待つてゐる家の門口までやつて來る。首無し馬は唯云ひ傳

へだけで實物はない。門口まで來ると年どんは馬の嘶く眞似をする。それから家の中へ入つて直ちに子供に向ひ、としく／＼子供は何人かと問ふ。唯是だけで少年達は全く怖れてしまひ、中には到底その返事をする事の出來ぬやうな子さへあるといふ。しかし是非子供に答へさせる。そこで子供が、三人なら三人とだけ返事をすると、年どんは、俺はみつの國からやつて來たのだなどと、頓智のよい出鱈目を云ふと云ふが、之は極く即興的に神自身の素性を語り明す古風だと思はれる。

年どんはよい氣になつて一通り素性を述べ終ると、今度は子供を叱りつけたり脅したりする。お前はこんないたづらをした。お母さんの云ふ事を聞かずにわい／＼泣いたりした。今年もこんな風だと、今度こそは年魂を持つて來てやらぬぞ。俺は何時でもサイヘエが松から見張りをしてゐて、どんな事でも知つてゐるぞ。さあ今年は親のいふ事をきいて、惡い事をせぬかと、大いに脅し、子供がいふ事をきゝますと約束すると、そんなら今年は年魂をやらうと云つて、例の餅を子供に授けて出て行つてしまふ。之ではちと子供が可哀想だが、惡い魂を追ひ出す意味があるのかもしれぬ。

此神は子供をおどすばかりでなく、瀬々野浦で始めて年を越す他所人をも、必ず訪れるといふ事で、來たばかりの和尙さんなどは大いに驚いて逃げ出すといふ事である。

年どんの服裝はいろ／＼で、特別に定つてはゐぬが、むかしは假面などがなかつた故、籠を被つたといふのは、長門の夜勤進などとも似てゐる。着物には最もよい晴着即ち絹の小袖などをつけるといふ事だ。

サイヘエが松といふ松は瀬々野浦のつい背後の山の上に在るといふ。その松の傍には年どん石といふ石もあり、年どん降臨の由緒ある地でないかと思ふが、此木石にはどんな云ひ傳へも行事も話の種になるやうな痕跡もないらしい。

唯昔此松の下に一軒家があつた。年の廿九日の晩になると、見馴れぬどてらをきた大男が何處からともなく此家を訪れ來て、無遠慮に横座に坐り込んだ、之が數年間續いたので大いに評判になり、手打の手練者(テヅマモノ)が之を聞きつけて、斬殺しやうと計畫した。さうとは知らぬ大男は或年の年の夜になると、例の如くやつて來て横座に坐つた。その時一人の者が怪人に茶をすゝめ、それを受取らうとする際に、茶釜を爐の中に覆し、大男の狼狽する所をすかさず拔討ちに斬り殺してしまつた。それから間もなく一軒家の夫婦は盲になり、不幸が重なつて家は絕えてしまつた。今でも彼處に家を建てぬのはその祟りを恐れるからだと、如何にも事實譚らしく一老人が語つてくれた。

此行事は瀬々野浦だけで行はれたといふ。いや今でも行はれてゐるのだと思ふ。

日向眞幸村方言

檜木範行

既刊民俗學（第二卷五六五・第三卷一六五頁）に掲げた「特殊な薩摩語」も皆含まれるのでこゝには略した。

一、家

（イ）オモテ……………客間。

（ロ）ナカエ……………圍爐裡（ユルイ）及び土間（仕事場）のある家。

（ハ）オスニワ…………土間。

（ニ）ヌカヤンスン……土間の隅（南向の家であれば南西の角。多く農具等を置いてある。糠屋の隅？　土間をヌカヤとは云はぬ。

（ホ）フンコン…………玄關の土間、踏み込みか。

（ヘ）ツイノマ……オモテとナカエとの間の板の間、オモテに通る五尺巾を除いた他は、倉庫の代用をなす。

（ト）アガハシ、……土間から座敷に上る所、上る階(ハシ)。

（チ）フンガマチ……座敷其の他緣等から下に下りる所。崖になつてゐる所をカマチと云ふ。フン＝踏み

（リ）ソンドントグチ……裏の方の戸口。

家の構造

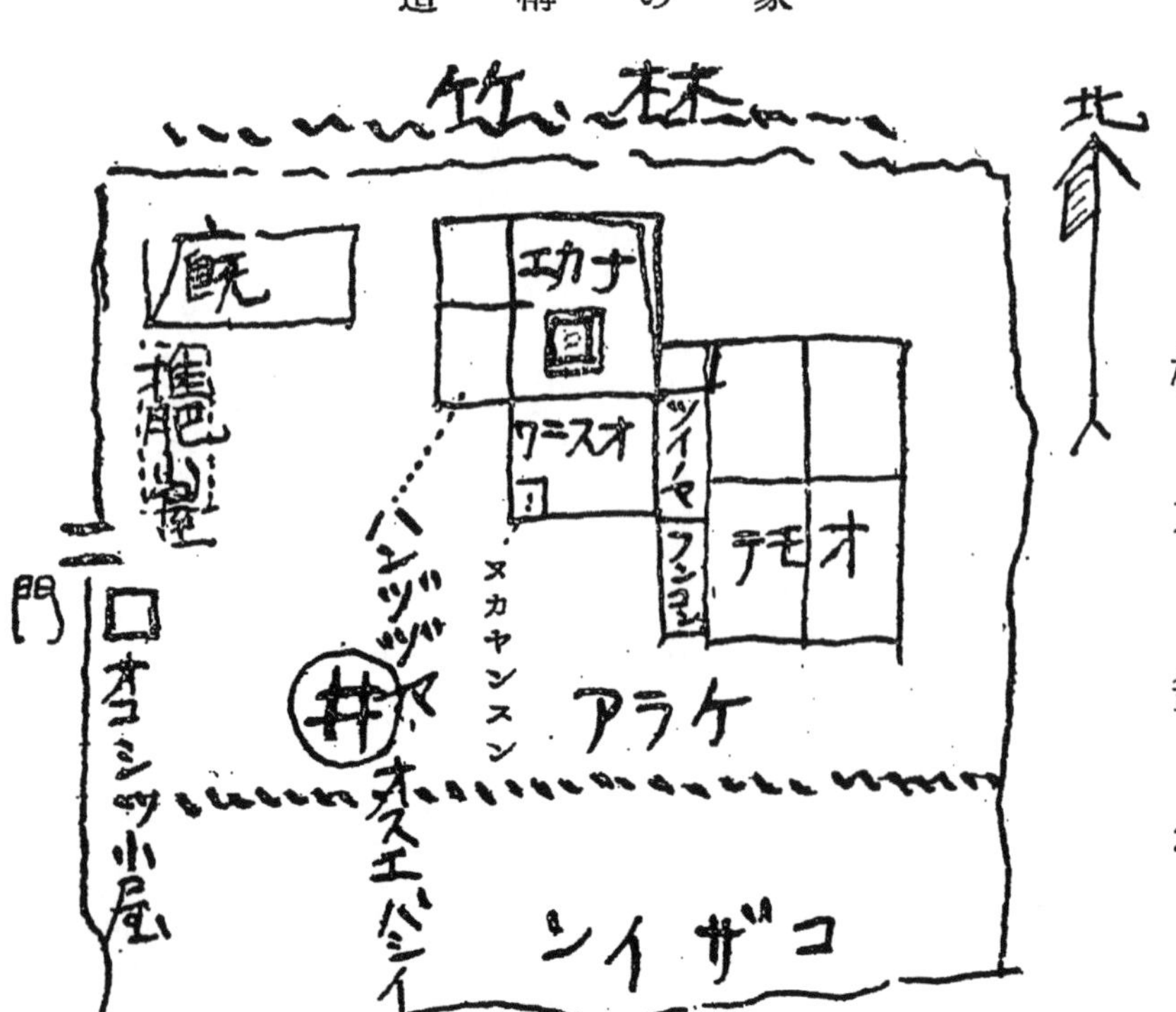

（ヌ）ハンヅ……炊事用水を汲み溜めて置く甕。朝起きた時と夕方野良から歸つた時だけ水は汲むのが以前は普通であつたので、相當大きいのを使用した。

（ル）ハンヅヅマ……ハンヅの置いてある間。流し元。昔はハンヅだけを一間に大事に置いてあつたのかも知れぬ。

（ヲ）オスエ、ハシイ……臺所。

（ワ）サエ………天井下の周圍及び爐の上に、巾二尺七寸位の間に三本乃至四本の丸竹を渡して、農事用の製作品及びその他の用具を載せて置く。現在は棚に變りつゝある。

（カ）ナラシ………寢所の壁寄りに竹を一本渡して着物など掛けるもの。

二、家の周圍

（イ）アラケ………外。

（ロ）ヌジタダイ……雨打際、シタダイ＝滴る、ヌ＝軒の略か。

（ハ）ソノミチー……屋敷から裏の小川乃至作場（田畑）に通ふ小道、岨の道か。

（ニ）コザイン……小茶園か、コザインバタケ（畑）とも云ふ。

（ホ）オコシッゴヤ……起火小屋？　塵芥を燒く小屋。

三　器具

（イ）カマゲ………叺。

（ロ）コブキ……俵のやうに編んで叺に仕立てゝある。

（ハ）タンゴ………桶の持つやう出來てゐる。

（ニ）カガイ………叺の小形のもので普通縄を俵のやうに編んで作る。巾二尺位、高さ二尺五寸位。

（ホ）カレカガイ……カガイの小さいもので、普通小縄で作る。兩手通す紐をつけて背に負ふもの。野山に野生の食物を取りに行く時多く使用する。負ふことをカラウ、カルと云ふ。カルわんか（カラ）＝負はないか。

（ヘ）バラ………竹で編んだ淺い器。

（ト）ショケ………竹で編んだもの。

（チ）テゴ………手籠。

（リ）メゴ………目籠・目の荒い籠。

（ヌ）キビショ………キュウス。

（ル）ハンギィ………牛馬の飯（ハン）を食ふ器。「馬の飯（ウンマンハン）」と云ふ。

（ヲ）タメハンギィ……牛馬に食はすワラを切り溜めて置くもの、相當に大きいものが用ひられてゐる。正月三日間は藁を切らない。殊に冬期は殆んど藁丈食はすから澤山切り溜めて置く必要があつた。

日向眞幸村方言　(楢木)

(ワ)チョカ…………　吊がついたもの　金ヂョカ　鐵ビン　茶ヂョカ　土ビン

(朝鮮語でヨニーをチャカと云ふ。)

(カ)チョク……盃、猪口？

(ヨ)ビンダレー……洗面器。鬢盥？　臺灣語で、顏のことをビンと云ふ。ビンタ＝頭。

(タ)ゲシ………洗濯盥。

(レ)ワッパ……少し薄い板を圓く乃至楕圓形に曲げて作つたもので、辨當箱の一種。

(ソ)カケゴ……御飯入とお茶入とを別にした辨當箱。懸籠？

四、人事

(イ)ウチカタ、オカタ、　ヨメヂョ……嫁。

(ロ)トノヂョ………夫、殿御。

(ハ)アニョハン……兄さん(下層の者)、嫁が人に向つて夫を指す時。

(ニ)ヤドンシ
(ホ)ウチンシ　妻が人に向つて夫を指す時。ヤド(私)ヤダァ(私は)シ＝(人)アノシ(あの人)

ウチンシ＝內の人(一般的には家族を指す)。

(ヘ)ゴゼムケ………結婚式。

(ト)イタシキバレ……結婚式等祝事のあつた翌日後仕末をして手傳人等と祝をすること。或時代には、祝事の時特別に會場を造つて行つたので、それを取り拂ふ事から出た言葉か。板敷拂ひ？　拂ふ＝ハレ　拂ひ＝ハルと言ふ。

(チ)カメゾコ……甕底？　秋祭の後隣人と名殘の酒宴を行ふこと。甘酒の殘りで內輪の酒宴を行ふからか。

(ワ)ババ………祖母。

(カ)バ……　伯・叔母。

(ヨ)アトカカ……繼母。

(タ)モレ………乞食、モレー貰ひ。

(レ)スヨゴ………長子。

(ソ)オトゴ………末子。

(ツ)イシ………全くの啞者。石から轉じたもの。

(ネ)ガイシ……一寸位は言葉の言へる啞者。輕石から轉じたもの。

(ナ)ミケモチ………癲癇。

(ラ)カンチン………吝者。

(ム)デハクラン……急性胃腸カタル。

(ウ)ムコマゲ………

(ヰ)コシキ…… ……癲病　打(接頭語)ウツ　成ナイ　癲病になる意。

(ノ)シャクシ………

(オ)ゲキ………風邪、逆氣？

（ク）イタグラ……胡坐

（ヤ）シシ……小便 } 小供の言葉。

（マ）ゴゴ……水

（ケ）アナバチ……水揚、水揚することをアナバチを取ると云ふ。

（フ）インダ……私は。

インダロマ……私共は。

インダロン……私共。

オイだ……俺は。

オイダロマ、オイドマ……俺等は。

オイダロン、オイドン……俺等。

五、人體

（イ）ムケヅラ……向面、額のこと。

（ロ）フテ、フテグチ（額口）額。

（ハ）フタン……頰。

（ニ）ツト、アド、アトジイ（後尻）、踵。

（ホ）ヘッ……肩の所（肩の凝ることをヘッが痛（イテ）いと云ふ）。

（ヘ）ワッゴ……腋。

（ト）シタビラ……臀。

（チ）ゴテ……背、五體？

（リ）ヒッカガン……膝。

（ヌ）アザ……黒子。

（ル）チンポ……子供のリンガー。

（ヲ）ヅハンガタ……大人のヨニー。

追記

1. ヨキ、ヨクツ……斧。
2. スタ……米俵の蓋、藁で丸く作る。
3. ケツシ……鶏頭、鶏頭子（ケツシ）？
4. ヨボシ……鶏冠。
5. クラグラ（レ）、クラグラ（レ）モト……夕方。
6. ベラ……木の枝ばかりの（細い）薪。
7. ヒツ　ノボイヒッ　クダイヒッ　魚を取る道具。（圖參照）
8. ウケ……魚を取る道具。丸竹を小さく割つて、（尻の一節を殘す）直經五寸位から七八寸位の大きさに口を圓く編む。水の少ない川を堰いて口を流に向けて置くと這入る。クダイヒッの代用であるが、時期は何時でもよい。（圖參照）

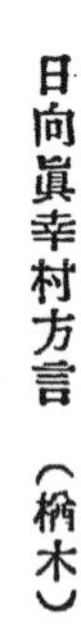
日向眞幸村方言　（栁木）

7・8 魚を取る道具三種の圖

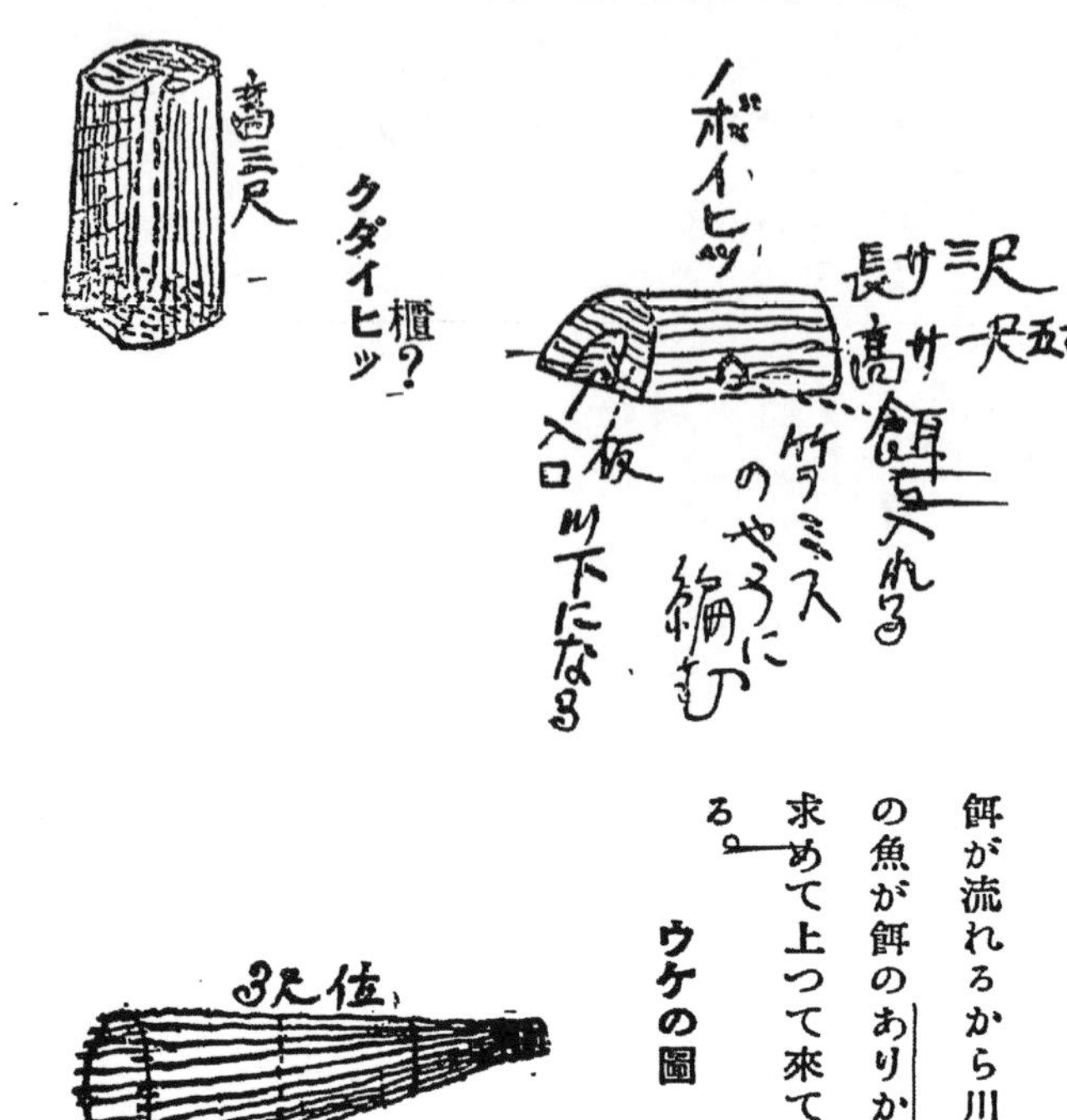

皆ミス編。初夏雨が降る頃になれば鮒等が小川に上る。雨が止み水の引く時になると魚が下るから入口を上流に向けて置くと魚が入る。

9. ヒラ……………少傾斜地。

10 デラ…………平地。

11 フゾクサ……………レンゲ草。

12 トッサゴ……………ホウセン花。

13 ケサバナ……………彼岸花。袈裟花？ 小供が花莖を二つに交替に折つて袈裟懸にして遊ぶからか。

14 コシギン…………冬の仕事着、尻迄位の長さで、裏がついてゐる。ギン＝衣(キヌ)？

15 コダナシ…………夏の仕事着、一重。女が之を着て、腰から下は、赤い腰卷だけで仕事をするのは、エロ味タツプリだ。ズロース佩いてゐるわけでもないから、男は今でこそズボンを着けるが、夏は足には何も着ないで、コダナシの下から白や赤の褌の端が垂れてゐるのは確かにグロである。

16 カタギン………肩衣、袖のないもの、チャンチャンコだ。

17 シッゴ…………寢る時の敷物、現在は殆んど敷蒲團になつたが、山里でひどく貧乏してる家、或は子供の居る家ではそんなに貧乏してゐなくとも、このシッゴを用ひる。悪い切(キレ)を三重位にトヂ合せたもので、背から臀までの大きさで足りる。足の方は必要はなかつた。

老人の居る家では、この式のものを座蒲團として爐の所に敷きつ切りになつてゐる。他の者は全然敷物は使はないのだ。この方面の發達過程を研究しても面白いと思ふ。

18 フラッゴロ………なまけ者。人を惡い意味に云ふ時は能くゴロをつける。（イ）朝寢ゴロ。（ロ）盜人(ヌスド)ゴロ。（ハ）卑(イヤ)しゴロ。（ニ）フィヤシゴロ。（ハ）（ニ）は物を欲しがる者。

19 ワッゼ………澤山。

20 ワザイ / イッワザイ ｝恐ろしい ／ イッワザイカ / ワゼイカ ｝恐ろしくある ｝に近い。

21 ゲンネ / ゲンナイ ｝恥しい。

ゲンナカ　恥しくある。

22 ハザ………暇。

マ………暇。

23 サメ………終り。彼岸ノサメ、彼岸の終りの日。他には使はぬ。

サメル………冷える。

24 ピ…… ……荊。

25 ソゲ………木など小さく殺(そ)げたもの。24、25の刺さることをピが立つ。ソゲが立つと云ふ。

36 ヌノ………麻布のこと。

（終）

37 日向眞幸村方言　（猪木）

鹿兒島市に在つた話

高橋文太郎

一、鹿兒島市の少年團が市内にある小丘で野營をした。その夜、團員の中の或一人の少年（小學二年生）が行方不明になつてしまつた。其の後の或日、小丘の邊に一人の白衣の男が現はれて、團員に其少年は當市から二十里も離れてゐる宮崎市に行つてゐる事を告げた。この男は附近のエタ部落の者では無いかとの風評があつたが、確かでなかつた。それから數日の後、行方不明の少年は團服を著けたまゝ宮崎市で見付かつて、當市へ送還されたが、尙ぼんやりして居た。

二、矢張り當市での出來事であつた。宴會の歸途人々がその小丘の附近を通ると、誰でも道も無いその丘に登つてしまつた。其時、人々は多く生魚など持つてゐた。

これは小丘に狐が居て人を化すのだとも言つた。

三、當市在の某村にあつた話である。或夜、大きな火の玉が村中の空中を飛んだ。光りが明るくて、それを見に立つてゐる人々の影が地に映つた程だつた。一つ山を隔てた隣村からも其の光りが見えたといふ。

其後、中學生等が山の上で火を焚き、火の玉のやうに見せ掛けて人々をだまさうとした。　（昭和四年九月鹿兒島市赤星昌君）

阿蘇俚諺集覽

（分載・第二回）

八木三二

まへがき

數年前より此の肥後と豐後と日向との交界地方にあたる、阿蘇、特にその阿蘇谷の方言採取に力を盡してゐたが、その餘得として、數々の諺――ことわざ、柳田先生の所謂る言語の技術（わざ）としての――をば獲て、閑暇を利用して、整理をしだすと可成りの分量ともなつたので、此處に、それを假りに、分類して、公表さしてもらふものである。

（一）

その前に一寸、斯かる俚諺を集藏してゐる此の阿蘇の自然環境をしるして、何が、柳田先生の所謂る長たらしい會話に代へるに役立つこの『中世特殊の修辭法』をかくまで多く保有せしめ又現行せしめてゐるかを知つて欲しいのである。卽ち此處にかゝる特殊なるものを有せしめた自然環境について簡略にのべよう。

岩石學的の考察によれば白山火山脈が九州の中央部をはしつて、此處に世界的なる大阿蘇のアスピテ狀火山をば形成し、その畧々中央部が陷落して、其處に陷落カルデラをば作り、その中央に、第二次的の噴出として、所謂る阿蘇の五岳の中央火口丘を噴出してその陷沒せしカルデラの殘餘の火口原が、この中央火口丘生成によつて二分されて、北部は阿蘇谷火口原、南部は南鄕谷火口原を構成するに至つた。卽ちこの兩谷は、所謂る盆地々形をなして、四圍には春には靑垣なす諸山にとりよろはれて、中央火口丘を東部に於て缺所を有する曲玉狀に圍繞して、兩谷がその西部に於て聯結し、僅かに立野火口瀬によつて、西は肥後平野に交通し得るのである。此の二つの火口原に阿蘇の文化が包藏されるのである。

その憐接の地方に對しての位置を考へて見る時東は、大アスピテの外輪山を經て、豐後の竹田をすぎて、大分に至り得るのである。北は小國（ヲグニ）をへて豊後及び筑後に、南は日向に外輪山を越ゆれば達し得る短距離にあり、その位置畧々九州の中央部に位して、此等の各地に通ずることを得、それ等の地方より諸々の文化現象は容易に傳播され、なほその上に海より隔絕され、九州でも隔海性の最も大なる地方の一つであり、且つ上述の如き盆地々形なりしために孤立的環境を形成し、他の各地方より傳播されたものが古くより傳承され保存されて、現今に至つてもその民俗及び言語の如き文化現象に幾多の中世風なる文化の殘滓を示してゐるのである。換言すれば、その火山景觀が作り出す、特殊な孤立的自然環境が、新らしい他の世界よりの文化波動の侵蝕をばはげしくうけすに、その中に、多少中世風なる文化層が、此の武陵桃源裡に保存され、一つの陸上での他とは特異な文化島（Kultur insel）が殘存せしめられたのである。

（二）

假りに題して、俚諺集覽としたのであるが、此處にて、俚諺との語の概念について、一言して置かればならぬ。

柳田先生によつて、近年コトワザ（諺）の再認識が、兒童の爲に、簡易にものされたその著、日本兒童文庫第六十四卷中の『諺』の中に行はれたことは、多少とも斯學に關心のある各自は承知のことであらう。又先生は、その後の諸勞作、口承文藝大意（岩波講座『日本文學』叢函中）の中に、又北安曇郡郷土誌稿の序論に於て、畧々その概念をば規定されたのである。

先生によれば、コトワザとは一つの言語藝術であり、言葉技術であつて、嘗つては民間に於て、ワザと意識的にそれを使用して、ゐた一種の常用會話語であり、現在の我々が使用しないところのものであつて、その一部分が從來の俚諺又は西洋では、Proverbsと云ひならわしたものに、恰當するのであり、又我國にてはさらに、その概念よりもはるかに廣汎な外延と內延を多少異にするところのものが、今も尙一つの群をなして民間に傳承されてゐる、このより廣汎な概念に、與へる名稱を標準日本語では如何にも不適當ではあるが、今以て之をタトヘと謂つて居るらしい、と論ぜられてゐる。（註一）北安曇郡郷土誌稿序論四―五頁。

壹岐の國にては、山口麻太郎氏の勞作の結果として、この意味の柳田先生の概念にほゞ當る『コトワザ』が數々採取され、已に雜誌、民族及び本民俗學、郷土研究に於て數次に亘つて分載されてこれに名づくるに　テーモン、又はチャーモンと稱せられた。この先生の概念に相當する語を、小生は當地方で採訪したが、その結果として、これに畧々恰當するものにイイゴッ（言ひごと）との名稱を得たのである。イイゴッとは、言葉の仕事(シゴト)であり、言葉の技巧(ワザ)である。勞作勞働卽ち仕事はシゴッと稱せらるゝ語より解すれば、確かにことばのわざである。卽ち從來のコトワザ、（諺）との語にあたり、又先生の概念にもあたり西洋流の俚諺及び支那流の格言をも含めて、その他に言語による技術のあるものをも入れてゞある。

私が俚諺集覽と題したのも、かゝる意味のイヒゴッの集成であり、阿蘇と云ふ片山里なればとの意味のもとに俚を附して俚諺集覽ともなしたるものである。

（三）

從來のコトワザの大集成されたるものに、藤井乙男博士の『諺語大辭典』がある。

當地方の民間に現行するものを集錄してみるに、その中に幾多同書中に錄されてゐるものを認めるのであるが、此れが全部の記錄發表は已に同書の現存し、汎く行はれてゐる今日では、或程度まで不要のことに屬するのであるから、以下採錄するものは同書中に存せざるもの、及び存するものとしても、特に方言的に多少異同又は多少の出入りのあるもの、それには、繁をいとはず同書の頁及び欄をも並記し、又特に民俗的に又方言的に說明を必要とするものもこれを添記した。又山口麻太郎氏、中平悅麿氏、能田

阿蘇俚諺集覽　（八木）

太郎氏其の他によつて、本民俗學、郷土研究其の他に特に俚諺としてその分布地を記して發表されたものは、分布の狀態の如何をも知りたい爲に、これが當地に殘存することを示すためこの由を各諺の註として記るすの勞をとつた。

なほその上に、註釋をも示すことゝした。時には、その諺の意義が轉化して流布してゐることもあるのによるのである。

（四）

かく集成してみると、第一にその分類法に困却を感じ、科學的に柳田先生の諺の口承文藝としてその文學的展回變化による分類に據らうか、又は藤井博士の諺語大辭典の如く五十字音別で檢索に便にしようかとも考へたが、各種の民俗との關聯上、北安曇郡誌郷土誌稿第四輯俗信俚諺の分類法に類似させ、多少その項目をば增加して分類し、たゞ洒落、輕口合、秀句、とを別項して、これを分けることゝした。その項目によつて分類して、或處では、五十音順に並らべ、又適儀便利な方法で並べたところもある。

（五）

此等次に掲かぐる、諺の採取は主として、宮地町字古神、字石田、字梳木原附近の故老の口より、筆者自ら採取したものである。

しかしその他にも、出來る丈け數多くのものを、諺語大辭典に錄せられてをらぬものを集錄する爲に、時には、阿蘇郡の各地に在住する友人からこれを得た。

なほ、阿蘇郡誌〔熊本縣教育會、阿蘇郡支會編纂――大正十五年熊本刊〕の六〇二―六一二頁に亘つて、二百五十四句これを收錄してゐるが、その採取態度に缺けるところあり、大部分は藤井先生の諺語大辭典中に認めるので、その中約十五をばとつた。なほ本郡北部外輪山上の小國（オグニ）は本縣宇土郡と同面積にて裕にその名の如く一郡を形成する程の廣漠たるものなるが、此處に特に熊本縣阿蘇郡小國鄉土誌〔阿蘇郡北部教育會編纂――大正十二年熊本刊〕があり、その二六一――二六七頁に亘つて、百七十七句を收錄するが、その採取態度は前者に比して、遙かにすぐれ、喧傳されず既に發表されてゐぬもの約二十六をばとつた。これと同地方の友人より得たるもの、又筆者の直接に採取したものには、その句の下に、分布を示すために、小國と記した。たゞ何の地名をも句の下に記してないのは、全部宮地町を中心として採取したものである。

――〔その一〕　洒落、輕口合、秀句、その他――

ア**〇新らしい俵でふがいゝふがいゝ。**

新らしい俵は、まだその編み目、即ち「ふ」が美しく、よいと云ふのと「ふがいゝ」は關西にて云ふ「まんがいゝ」と同じく「幸福だつた」「儲け幸だつた」と云ふ二つの意味が口合されてゐる。

〇雨夜の日でりで照り方はげしい。

前晩雨激しく降り翌朝はそれに反して天氣の時には照り方激しとの洒落　壹岐國テーモン集　民俗學二の五　三三〇の上

「雨や又日照り。」

〇粟飯（アワメシ）や汁（シュル）掛で箸からもる。

粟飯に汁掛けな箸ですくえば、よくそれよりもる即ち落つるとの洒落。

○蟻が十疋。

ありがとうとの駄洒落

イ**○犬と猫、喧嘩でにやわん〳〵。**

不似合と云ふ意の口合せ。北安曇郡郷土誌稿第四輯 二〇九「猫犬との夫婦でにやわん」

○犬の小便みちみち。

みち〳〵は道々で小便すると云ふ意と、方言で安心すると云ふ意がかけ合はして、安心すると云ふ意の輕口合

ウ**○噓と坊主の頭はゆたこたない。**又は**ゆはれん。**

言ふと結ぶをばかけた洒落。諺語大辭典一三一の上

○うしん糞でべつたり。

べつたりとつくとの洒落

○牛の爪でわかつちよる。

牛の爪は分(ワカ)離れて（分れて、わかつて＝知つて）ゐる。との意の輕口合、諺語大辭典一二七の中「牛の爪で前からわかる」の解義、前より知らるといふ秀句とあるは半解なり。北安曇郡郷土誌稿第四輯二〇八「牛の爪でよく分つて居る。」

○海(ウミ)ばたん糞でひとなみ。

海傍の、海邊のの方言。ひとなみ（人並＝人波）の輕口合。

オ**○親の四十九日で泣く泣く餅上げた。**

泣く泣くもち上げたとかけ合はしての洒落。

カ**○蚊しなん。**

（痘痕面(クジャッペ)）の面上の蚊をうつても、痕深く凹んでゐるため、蚊入り込み死なゝい。との意より痘痕面を云ふ謎。諺語大辭典二三四の上、「蚊死ナズ」參照

○鑿の小便でくわしい。

諺語大辭典二六二の上、桑尿(クワシイ)と精(クワ)シイとの輕口合。又ものしりに對して洒落て言ふことば。

○鍛冶屋さんと同じごつとつてん、たらん、とつてん、たらん。

とても（到底）足らぬ、不足だと鍛冶屋の鎚の音との輕口合用例「それは主(ヌシ)や――」とつゞける。民俗學三の八、四五五、土佐國幡多郡「ちんからさき〳〵ふじゆう」に似る。

○唐津屋の地震で割れたつもあれば、割れんのもある。

唐津屋、唐津物をうる店卽ち陶磁器屋、その主產地より東國及關西では陶磁器を俗に瀬戸物（岐阜國）と云ふに對して、西國では唐津物（肥前國松浦郡）と云ふ。陶器屋に地震がある時には、陶器の割れるのもあれば、又割れないのもあるとの洒落。割れるとは男子より破素さるゝこと（卽ちアナバチワラル、こと）を云ひ、多くの妙齡の婦女のゐる時、若者(ワケーモン)がかくたとへて嘲笑する時のことわざである。

○貸り著で手が出ん手が出ん。

他人の貸り著は身にあはず、爲に手が出ない、との洒落。壹岐國テーモン集民俗學二の五、三三〇の下「親の羽織で手が出ぬ。」

○川端の木切りでこつぱはない。

こつぱ、木の切れはしの方言。一寸でしまへる、手がかゝら

阿蘇俚諺集覽（八木）

んの洒落。

○**燗鍋のこがれでおけこがる。**

底（燗鍋の）がこがれると起けこがる（起き得ない）が掛け合はされてゐる。用例「早よ寢んと燗鍋のこがれ。」

キ○**雉のめんどりや女どり。**

ものごとの當然を示す秀句。又田螺（タニシ）ゃ家もち　雞（ニハトリ）ゃはだし、雉の雌鳥ゃ女どりとも續けて云ふ。ぱた〳〵したっちゃ雞ゃはだし、そろ〳〵したっちゃ田は濁る（宮地町羅井川中通り村）。

周章狼狽しても駄目との秀句。

ク○**熊本（の）葱でゝ喰はれぬ奴。**

熊本の葱は味なくして、喰ひ得ざればかく喰はれぬ奴の秀句として云はれる。

コ○**子供の太鼓で拍子がない。**（中通村）

子供の打つ太鼓は調子なきよりかく稱するのである。

○**金毘羅さんで遠か。**

遠い（遠かは遠しの方言的變化と十日とを掛け合はして）と云ふ輕口合。蓋し、當地方にて毎月十日（トオカ）に金毘羅樣を祀るからなり。

サ○**里芋雜炊で親も子も喰ふ。**

里芋雜炊には親芋、子芋ともに煮込まれれば、かく洒落て云ふ。

○**猿の小便できまっとる。**（又は**ちよる**）。

諺語大辭典四六二の上「猿ノ小便デ木ニカヽル」氣（キ）ニカヽルをいふ洒落とあり。この場合は同樣に木尿（キマ）ると定るとの輕口

合。當阿蘇にては排尿を小便まると云ひ、陰莖をまらと云ふ、小便マル、魔羅（マラ）（これは梵語 marae よりの轉には非ずして、この元來の日本語系のマル、マラよりの轉）御虎子（オマル）みなマラと同語源のものなり。北安曇郡郷土誌稿第四輯二〇八、猿の小便で氣にかゝる。

○**三吉の狸わなでかゝったことがない。**

運がわるいとか、まんが惡いとか云ふ意の秀句。

セ○**脊牛のしるがいではづれん。**

はづれんとの謎、牛の鞍の上らぬ樣に尾へかけてある綱即ちしるがいは、脊牛なれば容易にはづれることなし、故にはづれずとの意に用ふ。用例、隣りに祝儀（シューギ）などがある時、『今日はのみかた（酒盛りに加はること）は　脊牛のしるがい。』

○**せっちんの火事でやけくそ。**

やけくその輕口合。北安曇郡郷土誌稿第四輯二一二「雪隱の火事で糞やけだ。」

ソ○**その仁（ジン）の流で我流。**

その人めいめいの流儀だから我流だとの秀句。ジン（仁）は人との方言、カタジン（物堅い人）

○**それでもはかわらの茶園でつかへん。**

墓所に出來た茶は使用せぬ、のめぬとの洒落。はかわら（墓所）の茶園、本阿蘇郡坂梨村にあり。

○**外ランプで內暗ひ。**

內暗いと打喰ひの輕口合、ごまめの齒殘しで、あごばかり。又竹田めざし（豐後直入郡竹田町）でとも云ふ。あごたゝく

よくしやべるの意に用ふ。

タ○**大根蟲。**

葉喰ひ。舶來と云ふ意の謎。

○**大根の蟲で名を惡しなす。**

菜と名をかけあわした輕口合。

○**高木履（タカボクリ）で手（アシ）にあはん。**

高木履、高下駄の方言、（物類稱呼第四卷の十一の裘）

○**竹に鶯、梅の木雀、あれはきちがひ、とりちがひ。**

きちがひ（氣遊ひ＝木遊ひ＝狂人）とりちがひ（取り遊ひ—鳥遊ひ）の秀句。なほ本地方の俚謠に〝うぐひすが竹にとまりて、囀づれば、下から雀がちゆん〳〵と、これさ、鶯君は又、お門が遊ひはしませんか。北安曇郡鄉土誌稿第四輯二〇七、「竹に鶯、梅に雀、それで氣ちがひ、とりちがひ。」

○**たまるか、らんまる（蘭丸？）か、石童丸か、日の丸か、金の御幣か、にぎり屁か。**

こちらの方が其麼馬鹿なことをしてたまるか、辛抱できるか。等の意味の時に用ふる語呂合せ。

○**團三が尻のすで方向なし。**又**方角なし。**

尻のすとは尻の穴の意。方向がわからぬ方角なしにやるとの意の秀句。

ツ○**つゝけん馬の尻尾で面白いィ。**

つゝけん馬（つゝげの馬の訛轉、つゝげは淋滲か）白馬の方言。白馬の尾は尾も白いから面白いとの輕口合。

43 テ○**天神樣の壁でいたばかり。**

いた（板＝行つた）との二者の口合せ。よく遊びに行き、女を買ひぞこなつて、行つた丈でもどつて來た時によく用ふ。

○**天神樣の刀でのそつちよる。**

天神樣の佩刀はそり方である卽ち反り返へるのと、そり上つてゐる卽ちおだてにのつて得意になつてゐるとの輕口合。

ト○**殿樣の雞。**

謎で、おけつこう卽ち御結構、有難いとの意。用法「今日は祝儀（シユーギ）（結婚披露宴）があるぞ、そりや殿樣の雞」。

○**殿樣の（又新らしい）へつちんであぶのくそんねえー。**

へつちん、雪隱の訛、あぶのくそんれえー、わたるとも危險でなく、又くさくもないとの意の輕口合。

○**ところてんの河流でてんやわんや。**

てんやわんや（副）われがちに騷ぎ立つるさまにいふ語。互ひに先を爭ひて秩序なきさまにいふ語。てんでん勝手。（大日本國語辭典第三卷九六〇）增補俚言集覽中七二四の下「江戶の俗語也騷動するを云、手々（テンデ）我々の意」とあり又てんやわんやの代りに、どうにもならぬ大騷動する、ともいふ。

ニ○**二階雜布で高振る。**

高いところでふると高くとまる倨傲であるの輕口合。

○**雞の盲で　えしれぬ。**

えしれぬは、ゑ（餌）知れぬと、えしれぬ（得不知、えしらず）とかけ合はせたるもので、知らぬと云ふ時に使用する輕口合。

ヌ○**塗り箸心天（トコロテン）で箸にかゝらぬ。**

箸にかゝらぬとの洒落。增補俚言集覽中の一〇の下「塗箸とろ〳〵でかゝらぬ人」と同意。

ネ○**猫の茶椀でニヤワンニヤワン。**
不似合であるとの意の輕口合。

○**猫の頭布（ヅッキン）あとずさり。又あとひざり。**
あとずさり又はあとひざりの秀句。

ハ○**羽織のひもで胸にある。**
北安曇郡郷土誌稿第四輯二一〇「羽織の紐で胸にあつた」。

○**はき出しのたんこつでぬくたん。**
たんこつ—痰の方言。ぬくたん。增補俚言集覧下三の下、ぬく太郎、溫暾湯の意也馬鹿を云とあり、このぬく太郎の訛言。即ちぬくい痰と馬鹿とをかけ合しての輕口合。

○**歯むき出して鼻より先に歯が出る。**

○**山櫻で花より先に葉が出る。**
兩句ともに、出歯について云ふ、前者は輕口合、後者は秀句。民俗學三の八、四五六の下、土佐幡多郡「山櫻—で花より先に葉が出ろ」。（反っ歯を笑つて）とあり。

○**鼻壞涙（クエ）で一下り。**
山路を一下りとの意の秀句。鼻壞（ハナクエ）（鼻崩（ク）え↑山崩（ク）え）又ハナッポンの涙は直下するより斯く云ふ。

○**鳩も使の豆で使に行つてもどらん。**
秀句。諺語大辭典八〇九の上「鳩の使に豆」道草くひて還らぬ喩。周防の諺とあり。

ヒ○**火のない炬燵で誰れも手を出す人がない。**
誰れも手を出す人がないとの洒落。

○**非人の色事（イロゴツ）で堂かい、宮かい。**
非人の色事は大低村の御堂や、氏神の宮で行はれる故、どういかい（どうだなあ）と言ふ語の口合せ。

○**左三味線**（dzæmisen）**で三が一。**
三味線には一二三の糸あり、左三味線にすれば三の糸が一の糸になる。三が一即ち事の三分の一の意に用ふる洒落。「左三味線で三が一した」。

○**左扇ではづれん。**
安心せよ必らずそれからは、はづれずに加へられるとの意に用ふる秀句。諺語大辭典八四二の上「左扇ヲ使フ」自得安逸の貌。（毛吹草）——。（源氏冷泉節上）「盃をかへての雪見酒、寒風却て春風と左扇の歡樂に、暫く御座をば召されける」。（源氏烏帽子折四）「華表のかさ木に飛び上がり、中略、左扇でおはしけろ」。

○**七厘のあくびで口をあいた馬鹿。**
七厘の通風口をあけてあるのが、あくびにたとへられてそれが口をあいた馬鹿に似てゐるとの洒落。

○**瓢簞に屁つめたことはすな。**（又は**云ふな**）。
輕い理窟に合はぬ様なことは云ふなとの秀句。

○**ひとり角力でとりよがない。**
とりよがないと仕方がないとの兩義を含めての輕口合。民俗學三の八、四五六の上、土佐幡多郡「同上」。

ヘ○**ベーチョコ手いらず。**
ベーチョコ、あかんべの方言。めつかちがあかんべをなすに

は手不要の意卽ち　めつかちの謎。

ホ○**佛樣の茶碗でかなわん。**
かなわん。敵はん（不レ叶）金椀の洒落。諺語大辭典九二一の下、參照。

マ○**まくらはがねの三目錐きばかりもんでもぬかりやせぬ。**（中通村）き（氣―木）ばかりもんでもとの輕口合。

ミ○**みやしげ大根で味よろし。**
尾張國西春井郡宮重村原產の宮重大根は味美なればかく秀句としたるなり。

ム○**向ふ風、笛の音のするクエッポン。**
鼻壞と云ふ爲の洒落。

モ○**もつて參いつた**（又は**めつた**）**お鉢米で、食ふこたはづれん。**
お鉢米とはお寺へ參詣などの節に一升袋に入れてもつて行く米をば云ふ。食ふこたはづれんの洒落。

ネ○**猫ン頭巾であとひざり。**
あとすざりとの意の秀句。

ヤ○**八釜四釜で**（又に）**十二釜。**又は**釜が四釜なら十二釜。**
喧しかい（喧しの肥後方言特有の語尾變化）の秀句。この「喧しか」（八釜四カ）に特にまをつけ、合せて十二釜になる。「やかましか」と誰かゞ喧かましい一群に云ふ時、その群からかく云つて、あげあしをとり嘲笑する。
增補俚言集覽下五四四の下「やかましかまは十二かま」北安曇郡鄕土誌稿二一七參照。日本兒童文庫64諺一二二頁。

○**燒鑵子で手があたらぬ。**
鑵子（物類稱呼諸國方言考卷四、六丁の裏）江戸にて茶釜とあり、當地方にては自在鑵にかけて爐にかける。湯沸しを稱ふ。諺語大辭典一〇一四の中「藥鑵の蛸で手も足も出ぬ」。又もがふこと、反對することの意にも用ふ。
笑話「お茶をたべろ」「たべぬ」「あしたばかりは、珍らしい、やけぐわんす」「てのあたらぬぐわんすにいらん手のあてごつ」

○**燒火箸で手がつけられぬ。**
又手がつかん、も云ふ。

○**燒物の稻荷で尾だてる。**
又尾だつんな。つくりだつろか。稻荷の狐の尾が立つてゐるのである。尾立てるに煽動すをかけあわしてゐる。大日本國語大辭典第四卷一一九六頁及び諺語大辭典一〇一二の中「燒物のお染で（振袖ふらぬ　降りそで降らぬ）」と同趣。

○**破れ饅頭であんずるばかり。**
案ずる（他動變、思ひわずらふ、心配する）ばかりと、餡出ろ。（餡が出るの方言的用法）との輕口合。

○**山田**（の）**ふり藥で能書ばかり。**
効能書きほどは効がないとの秀句。能書ほど藥はきかぬ。（諺辭七七八の上）と同趣意を、嘗て當阿蘇地方に流行せし、山田のふり藥の能書にて云ひ表はせり。（風邪特効「山田振出」富山市星井町三十六番地本舖富山藥業株式會社）その能書に曰く「主治効能」四季感冒。頭痛。產前產後の勞れ。血液。逆上。眩暈。氣重〳〵夜寢かれ。子宮病。月經不順によし。懷胎人常に用ゆれば難產の憂なし。山田の振藥は猶此の會社のもの

阿蘇俚集覽（八木）

以外に類種（中島製薬會社の山田ふりだし、富岡薬業株式會社の山田ふり出し五番湯）。

○**「山は雪、麓はあられ、里は雨」、それに行けるは麻種味噌でむりむり。**

前の三句は、冬季に於ける降雨の際の當阿蘇地方の氣象を簡單に說きたる俚諺にて、適切に垂直的なる氣候の變化を說いて、餘すところなし。これに、下の句をつけて、麻種の味噌でむりむり。むりむり（無理無理）むりむり（麻種の味噌を食べる音）の輕口合。

○**闇夜の野雪隱でえづ！もありや、しともある。**

したくもあり、又おそろしくもあるとの意の洒落。

キ**亥の子の餅でやつたりとつたり。**

やつたりとつたりの洒落、舊十月の亥猪の日には、各戸それぞれその祝に亥子餅を搗いて、近所隣りに、やりとりするからなり。

ヨ○**よごだ山椒に牛一匹。**

よごだ、歪んだの方言。もし（牛のなきごえ）よ御座んしよの謎。

○**昨夜死んだ婆で冷たい。**（中通村）

當地方にても昨晩をヨーべと云ひ、一昨晩をキニョーのバンと云ふ。

ユ○**湯の中の屁でぼく〳〵。**

湯の中の屁はその音聲不明瞭にてたゞぼく〳〵とのみ音す。ぼく〳〵（つまらない、役に立たぬとの方言）との口合せ。

○**ゆふてしもた、桶屋の隱居。**

桶の輪換屋が桶の輪を入れ了つたとの意で、云つて了つたに掛け合はした輕口合。用例　問「云ふたか」答「桶屋の隱居よ」。

○**云はんこたぁ神も佛もしらん、殿樣の奥樣に云ふちみんこたぁ　わからん。**

云はない事は知らぬの秀句。

ワ○**我が家、關白、この上左衞門**（阿蘇菊池、鹿本、天草）

それ以上だ、それよりもだ、との秀句。

増補

○**椽の下の鍬取りで頭あがらん。**

○**金槌の河流で頭あがらん。**

又「椽の下の鍬取り」との俚諺あり、その意は頭の上がらぬばつとせない誰も賞めてくれぬ爲事を云ふ謎の俚諺となりしもの。

○**云はん事ア神も佛も知らん、殿樣の奥さんに聞いて見にゃ解からん。**

又は庄屋どんの奥さんに聞いて見にャ解からんとも云ふ。

○**煎餅に鐵槌で調子がない。**

又容易なことだ、樂することだの意に用ふ。（兒童文庫 64．203）「煎餅に鐵槌」

○**猿の狂言でくいり返へつた。**

くいり返つたとの意の洒落。くいりは返へりの訛轉。事柄の急轉する際又あてのはづれた際によく使用する。當地方では一般に猿をサルと讀み、又口に出すのをきらひ、(特に山仕事師、土方、坑夫) 此れをヤエン (野猿) と云ひ、商談かけごとなど、又和談などをなしに行く時も此れが使用を忌む。此等の場合、事のなる樣に見えて成就しない時に、特に此の句を用ふ。又同じ意味で事が逆になつた時、芋くりがやりと云ふ。

○座頭の喧嘩でツユー振る。

ツユーは杖をと强うとの兩意で振るは降るで、雨等の激しく降る時に用ふる輕口合。斯かる雨を又ゴーラ雨とも云ふ。(ゴーラ犬との語もあり、ゴーラは惡いと云ふ程の意)

(註) 分類の標準

(一) ——A——で——A′——B

A概念の持つ普遍的外延、しかもそれは、誰にもわかる通俗的なる、如何なる人にも悉知の外延であつてこれをA′とし、これに持つて來て、全然相ことなる他の、しかも、出來る丈け豫想外の概念Bをもつて來て、たゞA′とBとの音の同一である點で、ワザと言掛け合して、卽ち口合せて、一つの句を作つたもの、それを輕口合とし、その句が笑ひを伴なふ樣に洒落て、BとA′とが言懸けぬ時、これを洒落(駄洒落)又は秀句とした。

(二) ——A——で——B

輕口合の如く音の掛け合はしがなく、Aが謎の問題で、Bがその解である。時にはA丈けの時もある。そして相手にBを考へさすのである。これを謎とした。

——〔その二〕 氣象に關する——

總括 (日和)。風。雨。雷と夕立。雪。霜。

總括(日和)

○重箱日和。

日和の不定なる時、「あしたの日和は、——あけて、(開けて・明けて)見にゃ中に何があるかわからん」と用ふ。

○一石日和。

定まらぬ天候を云ふ、雨が降る如ッある、降らぬ如ッある、又は降るみやー如ッある、の五斗(ごと・ごっ)にとりなして、五斗五斗、合せて一石と云ふ。又イチコクビヨリとも云ふ。

〔物類稱呼諸國方言卷五の十一〕日和の定まらぬを尾張にて。一兩日和と云ふ、筑紫にて。一石日和と云。今按に尾州にて鈍くしたる日和と云を金子の貳歩々々にとりなして一兩の天氣と云、又一こく日和といふは雨ふらんやふるまいやといふを筑紫にて降うごとふるまいごとゝ云、〔十六夜日記〕阿佛尼の短歌に「今はたゞくがにあがれる魚のごとかぢをたえたる船の如となどよめる歌にてこと、如しなり、如々を米穀などの五斗五斗になぞらへて一石日和と云、又天正文祿の頃曾呂里新左衞門と云者あり泉州堺の住にて鞘師より細工の名譽を得たり、刀の鞘口にそろりと納るをもつて異名とす、太閤

阿蘇俚諺集覽（木）

秀吉公朝鮮征伐のをりから一首の落首をぞたてける。

〽太閤が一石米を買ひかねてけふもごとかいあすも御渡海、又江戸に一石橋と云有〔江戸砂子〕に後藤氏の兩家かの橋の前後にあり故に一石橋と名くとありこれ皆同日の談なり。

○三石日和。（古城村東手野）
降らうごと（五斗）、降るめえごと（五斗）じつと（十斗）して、（天氣がそのまゝ停頓して）ごとごと（五斗五斗ぼつぼつ）降り出す。

○今日の日和は男雞(オトコニハトリ)どう（如何）とも云はれぬ、おんどりとある。
寒中(カンウチ)などの天氣のかわりめによく用ふ。おんどりとは、雄雞と、どんよりした、空模樣の濁り、うす曇りたる樣を云ふ副詞のおんどゝりと掛け合はしての洒落でもあり男鶏の謎の解でもある。用例「おんどゝりと今日はしち(ひ)よるな」。

○秋の日和と女の心日に七度變る。

○秋の日和と女の心、夜七度に變七度かわる。
女心の變じ易きをいふ。〔諺語大辭典八の中〕、「秋の夜と男の心は夜に七度變る。」と比らべよ。

○辰上り、戌上り。
惡い天氣が續いても、辰の日又は戌の日は必らず天氣よくなる。

○お山が阿蘇山(サミャ) こくるけん、日和ナかわる。（南郷谷）。
阿蘇中岳の噴煙は古來より信仰深く、神靈視されてゐるが、それが風向により中岳（俗に阿蘇山）の方に傾けば、必らず、

天氣に變化があるとの占候の俚諺。

○煙が長谷(ナガタニ)になびけば雨が降る。〔五萬分の一地形圖阿蘇山圖幅〕に示さる、楢尾嶽（一三三三米）と高嶽（一五九二米）との裾合谷、卽ち中嶽噴火口（一三一一米）より東北の方向にある谷をは長谷と稱し、西南風により中岳の噴煙がこの長谷になびけば、時には、宮地町、坂梨村附近に霾（火山灰）を降らして、必らずその翌日には雨を齎らすのである。これを又阿蘇山の煙が東北に倒れて九重山の方に行くと雨が降るとも云ひ傳ふ。阿蘇山と九重山が相談して雨を降らされるとも又阿蘇山が九重山へ水を貰ひに行きなはるとも云ひ傳へるのである。

○秋の夕燒け鎌手でまつとれ、（又**鎌取手でまつちょれ**）。（宮地町）**夏の夕燒け水な口はづせ。**

○秋の夕燒け鎌を研げ、夏の夕燒け井手（又**イビ**）**はずせ。**（坂梨村）

○秋の夕燒け鎌を研げ、夏の夕燒け桶すけて待て。（草部村）
秋の夕燒けは、翌日晴天の兆であるから、野仕事の用意の爲に手に鎌を取つてそのまゝで待つてをれ、夏の夕燒けは、翌日大水出る故に水な口をはずして用意をしろ。〔諺語大辭典八の上〕「秋の夕ヤケハ鎌ヲ磨イテ待テ」「秋ノ夕燒鎌ヲ研ゲ秋ノ朝照隣へ行クナ」安藝にて云ふ。とあり。

○秋北に、春南。（宮地町黑井川）
秋は北、春は南が晴れてゐる時には天氣になる。又翌日も天氣が續く。

草部村にては雨の兆。

○お助け天氣。

「降ろうごとあつて、降りまつせーぢ、今迄、(夕暮れまで)待ちましたきー、お助け天氣ち、ますたい。」

○こゝの照る日はよそも照る。(宮地町、小國)。

太陽は此處のみに照るにあらず、他所にても同じく照り輝く。の意。〔諺語大辭典三九三の下「こゝばかりに、日は照らぬ」と同意。又增補俚言集覽中の二七の上「こゝばかりは日はてらぬ」と同じ。卽ち奉公人などが主人をかふるに方り、何處にゆくも我が糊口の道あるを云ふ。〔釋迦如來誕生會四〕後生を知らぬ邪見の家、こゝばかりに日が照るか、世界に主には事缺かぬ。〔北安曇郡鄕土誌稿第四輯三二三〕「何處も日も照ろ雨も降ろ」。

○片山曇れば、片山ひでる。

一方の山の方が曇つてをれば、全部の山が曇つてゐずに他方の山には陽が照つてゐる。との意。總てが總て一樣には行かぬとの意。

風

○宵の風は父ん風、朝ん風は母(ハハ)ん風。

〔諺語大辭典一〇五五の中〕宵の風は母の風、朝の風は姑の風」金澤の諺とあり。

○東風(コチカゼ)(又はコチ)と一人婿はたゞこん。(宮地町竈井川)

阿蘇谷にては、東風は必らず、天氣をば變へしめるもので、夕立か、雨か何れかを齎らすことは一人娘への婿が親里へ來る時には必らず何かの土產(それにそへて樽代をもつて行くのが當地の習慣)をもつて來るのと同じとの意。

○とんとん口の耳とり風。

(宮地町字宮の馬場、沈鐘橋(チンチョウ)より字奥の園に至る坂)をとんとん口と云ひ、こゝは寒中極めて冷き風が吹く爲斯かる俚諺生ぜり。

○玉蜀黍(トウキビ)が高根(タカネ)を下した年にや風が吹く。

玉蜀黍が根を高く下した年には風が激しいとの俗信。

○立野のまつぼり風。(長陽村)。

阿蘇郡長陽村、及び菊地郡瀨田村附近での阿蘇山颪と菊地郡瀨田村立野附近は、阿蘇谷及び南鄕谷の火口瀨にあたるが爲に、此處に發達する特殊な、谷風との兩者を含めてかく云ひ、風力可成り强度なる故有名なり。まつぼりの語意は、不明なるも肥後一圓及び薩摩にても用ひられ、(民俗學二の九五六七頁、「特殊な薩摩語」)主婦が大切に物を特に金錢を保存して置くこと(マプル、「祭る」「ものを大切に保管する」薩摩マプシ「鐚の」マツボリ「臍くり金」と一聯)の意で、この意の外に阿蘇にては在の若者(ワケーモン)が親方(ベザシ)にしれぬ樣、自家の米などの農耕物を誤魔化して、內緒錢に使用するのも云ふ。マツボリヤンメエーとの語あり。あかがりの切れるのを稱し、マツボリ病の訛轉にて、自身のみがそのいたみをばしり、他人は解からずとの意。〔折口信夫氏。古代研究民俗學篇第二册七三八頁參照〕まつぼり風及びまつぼり雨、共に一局部にのみ偏在して、永く保存されて、時々吹き出し、又降り出す風雨を云ふの意か。

雨

○**雨時鳥日ガツポー。**

時鳥（當地方では陰氣な鳥とされてゐる。タンタンタケジョ又は八千八聲の時鳥など云はる）の里で鳴く時は雨が降り、ガツポー（又はコーゾ鳥とも云ふ梟のことなり）のなく時は天氣になる。

○**夜明けのコウゾ、日コウゾ、日暮のコウゾ、雨コウゾ。**

日暮のを又宵のとも云ふ、夜明頃にコーゾ鳥の鳴く時はその日天氣に、日暮に鳴く時は雨となる。コウゾ鳥は又猫鳥とも云ふ。〔諺語大辭典一〇五五の中〕「宵の梟雨梟、夜明ノ梟日梟」筑前の諺とあり。こうぞこうぞはなくそかんか、梟の鳴き聲。

○**夜の蒸しあつい時は雨。**

○**雲仙腰卷、阿蘇頭巾。**

肥前國雲仙岳は雲が山麓にかゝれば雨である。肥後國阿蘇五岳では頭巾の様に雲が蓋さると（特に高岳、猫岳）雨であるとの占候の諺。猫子岳は富士山と同じくコニーデ型の山なれば、これに雲のかゝる模樣は富士の笠雲に似る。

○**雨あられ、降るバッテンが、ジンベンに、阿蘇の煙はキヤー消えんたい。**

特異なる方言を用ひて作りたる諺。

バッテン（だがしかし「大阪サカイニ、肥後バッテン、長崎バッテン、江戸ベラボウ」。〔諺語大辭典七三ノ上〕キヤー、

その下の動詞の意味を强める接頭語。ジンベンには眞妙に又奇妙にの方言。阿蘇の煙とは、中岳の火山活動を示す噴煙なり。雨あられが、降ることは降るものゝ、しかし奇妙にも阿蘇山中岳よりの噴煙は一向に消えんわい。火より立つ煙でなくて火山の煙だからだとの意。

○**雨夜の星。**（小國）。

雨降る夜の星。有りても見えぬ譬へ。〔心中卯月潤色中〕「こちと女夫は雨夜の星、どこにあるやらないやらで」。〔諺語大辭典、三九の中〕猶ほ「雨夜の月」に同じ詞花、戀上「影見えぬ君は雨夜の月なれや、出でゝも人に知られざりけり」。

○**雨じや御座らぬ、霾曇り。**

阿蘇の中岳の火山活動の激しき時は、その噴煙天に冲し、時には風向によりて、霾（火山灰）が谷内になびき吹きつけて爲に天日を蓋ひ、うす曇り空あひとなるが、それは一見雨雲の出て今にも降り出しそうな空工合と思はるが、實はそうでなくて、火山灰で薄曇りだとの意の諺。俚諺に〃阿蘇の谷では御煙りさんが、雨じや、御座らぬ霾曇り。

又俚謠さんざ馬子唄に〃西のくらいのは雨ではないか、雨ぢや御座らぬ霾曇り。とあるの下半句の獨立せるもの。

○**朝雨で晝旱魃。**

○**夜明の雨に晝は旱魃。**

朝雨は直ちに晴れ、晝は太陽がかん〱輝る樣をいふ。〔諺語大辭典一二の下〕「朝雨ニ傘イラズ」「朝雨ニハ簑ヲ捲ケ」（茨城地方）に同じ。

○**春の子丑、秋の申酉。**
春の子丑の日秋の申と酉の日に、雨降ること多く、且つ降らば、必らず續くと云ふ。〔諺語大辭典四六一の上〕「申酉荒れて戌あがり」申の日酉の日に天氣あしく、戌の日晴天なりといふ。「辰上り戌上り」を見よ。

○**子丑の旱魃（カンパチ）。**
子丑の日は必らずお天氣である。カンパチは旱魃の訛轉〔「魃け旱の神」ひでり、〔古今著聞集六〕「其の年旱魃の愁へ有ければ、とかく祈雨を勵めどもかなはず」攝津大阪にて、自暴（ヤケ）の秀句にヤケノヤンパチ日ヤケノ茄子と言ふ俚言あり、〔諺語大辭典一〇一五の中「ヤケノヤン八」自暴（ヤケ）な人名に擬したるまでなり。これに日ヤケノ茄子とつゞけてもいふ。〕又〔大日本國語辭典第四卷一二〇七の二〕燒勘八、やけを強めていふ語、浮世風呂一ノ上「三十兩斗り損のをして、やけのやん八おこして、其　鰻さ燒えて食っ　たげた」これ燒の旱魃、日燒の茄子の轉にて日燒の茄子と云ふ洒落として續けて用ひ、旱魃なれば、大地燒く如くために茄子日燒となり美味をうしなひ用に立たざる事實より出て爲に自暴の秀句に用ひられたるに非らずや。

○**霜上りには雨が降る。**
荒霜（アラ）（大霜（コツケジモ））があつて、それが朝のうちに、急に融けると、後は必らず、雨が降るとの占候の諺。

○**半斗瓶（ハンドガメ）が動けば雨が降る。**

○**味噌桶が出れば雨が降る。**
めつたに家より外に出ない者を、半斗瓶、味噌桶等の臺所の隅に必らずあつて外に出ないものにたとへ、それが動けば雨が降るとたとふ。壹岐國テエーモン集民俗學二の五、三三〇の下及び三三二の下、「味噌桶が動けば雨が降る。」

○**三夜降らねば四夜に降る。**
三夜さん、卽ち二十三夜には「二十三夜御見番」とて月待をするが、此の晚に雨降られば、翌二十四日には降ると云ふ占候の諺。〔諺語大辭典五八五の下「大師雨天、天神日和」「お大師さんに降らんと（二十一日）天神さんに降る（二十五日）」（播洋三島郡）の類。

又壹岐テーモン集鄕土研究五の二、一三七の下「三夜ぐらみに四日降り、四日に降られば五日にどつさり」の前半に同じ。

○**小便に屁雨にや風。**

○**親ン尻にや子がつく、風ん尻にや雨。**

◎**小便にお屁の出たのがおかしいか、雨に嵐がそわんでもなし**
風と雨は必らず、相ともなふことの譬。壹岐國テエモン集鄕土研究五の二、一四〇の上「小便に屁・雨には風。」

○**月に雨傘、日に日傘なし。**（宮地町、小國）
雨天の節は月に雨傘（月暈、うす曇りなる夜、月の周邊に見ゆる光輪。水蒸氣の作用に由るものにて、降雨の兆なりといふ。〔和名抄一〕暈（日月賀佐氣運ニ日月一也）があるが、お天氣卽ち陽（ひ）の時には、日傘なし。

○**雨ん尻にや寒がつく、えざりの尻にや土がつく。**
雨の後には寒氣が當然、襲來するを喩へての諺。エザリはいざりの訛轉。

○手野尾籠のまつぼり雨。（中通村）
阿蘇谷の全部に於てではなくその一彎部、卽ち手野彎などの一局部でのみ降ろ雨をばまつぼり雨と云ふ。中通村附近より同彎の雨模樣を眺めての俚言。又手野片隅いまつぼり雨とも云ふ。手野、片隅、尾籠、共に阿蘇郡古城村にある、外輪壁（ヘタツキ）下（イワシタ）の大字。

雷と夕立

○一重天井は岩でも通す。二（フタ）天井は通さん。
落雷する時の俗信。

○雷さんは七里は逃がさす。
雷を野などで、よけて逃げ行くと、必らず七里程は逃がしてくださろ。――急いでをち逃げろ故に――。

○根子岳夕立へもへり合はせん。
根子岳　阿蘇谷の東南方外輪山と椐合して、その怪奇鋸齒狀の頂上をもつ缺頂圓錐（コニーデ）形火山、傳說多し）に夏季（午后四時ー五時頃多し）夕立雲が立つて、山貌をことごとくかくす時には必らず卽時（昭七・七・二五・觀測宮地町に至ろまで、七分間）に夕立が阿蘇谷に來て大つぶの雨が降らすのである。

○根子岳夕立ちや、古閑の瀧、へもへりあはせん。
根子岳に夕立雲かゝれば古閑の瀧（根子岳の東北方坂梨村にある、外輪壁にかゝろ瀧の名稱）までは、瞬時にやつて來るとの譬。

○遠目が鼻夕立、へもへり合せん。

遠目鼻、又は遠見鼻は俗に大觀峯と稱し、阿蘇郡山田村と內牧町との交界地方にあり、阿蘇五岳の秀麗を一望に大觀し得ろ景勝の地にあり。此の俚言の意味も前と同一なり。

○北山夕立（ユウダチャ）、氣色ばかり。
けしき（氣配、容子、風體）だけだと云ふ秀句。北山（阿蘇北部外輪山）附近の夕立は樣子だけで、時に夕立をもたらすのみである。

○時化なら雨風『後家さんこつちや、質置きや利がつく』。
註『　』以下はただ口調と、上の句の論理的當然を示す、例證として連用するのである。この句の先に『一家が二家なら三家が宮寺』ともつづく。

○朝雷隣しやるくな。又隣あるくな。
あろきまわろことを、しゃろくと云ふ。さんあろくの轉か。さんは當阿蘇にては後置詞的に用ひらろ。上さん行く。下さん行く。どつちゃん（どちさんの轉）行く。朝雷はげしき時は夕立激しきより云ふ。〔諺語大辭典一三頁下〕又朝雷（さん）に隣じやろきもするな、とも云ふ。

○嫁よ嫁秋の夕燒け、雷ごろ／＼、稻妻ピカ／＼早（は）よ、線香立ち（立てよ　膳かくせ。
雷のなろ時のイヒゴツ。

○わたしや雷どをでんなるが、あんた夕立ふり心。
私はどの樣にでも、あなたの云ふ通りになろ（なろ雷鳴（な）ろ）けれども、あなたの氣持はどうも夕立空のごとくふり（振り、降り）心でふたしかだとの俚諺。

○雷さんにゃ內牧本家。

夕立雲は通例杵島岳より遠見鼻に行き、內牧へ方向を轉じてよく內牧町附近に落雷す。阿蘇谷にては、坂梨には絕對に落雷せず、蓋し根子岳よりの夕立雲と合致して西方に進む爲なりと傳ふ。

地震（ナヱ）

○九はやまひ、五七の雨に四つ旱（ヒデリ）、六つ八つならばいつも大風。

（宮地町、草部村）。

〔諺語大辭典四〇二の上、「五七の雨に四旱、六八風に九は病」とあり、このそれ〵〵の時に地震（方言、ナイ）がゆれば、風旱大風病人等を生ずるとなり。五ツ時　今の八時）七ツ時（四時）四ツ時（十時）六ツ時（六時）八ツ時（二時）九ツ時（十二時）

○もどしの風は吹かんでもなし。

もどし、地震の餘震、ゆりかへしを云ひ、餘震はあるかもしれずとの意。

○地震天、雷様は地の下に、火事は遠方、葬式となり。

災難事のよい例（自分の身にふりかゝらずにをころ）、このごとくあれば我が身安全なり。

○地震（ナヘ）からゆり倒されるとなへんずになる。

地震となへんずとの音のかけ合ひなり。地震でゆりたをされるとなへんず（名義抄「蹇・蹶ナヘ」）になるとは體のよろよろ（ぐらぐら）になつた人になるとの意なり。俗信。

53

雪

○雪はひのもと、雨降つて地かたまる。

多く二句をつづけて用ふ。雪の日はお天氣（方言にてひと云ふ）になる前兆、又雨の日は惡いと思はれるが反つて後には地かたまると云ふ善い結果を齎らす。〔參考諺語大辭典四三の下〕。

○雪ん年はけかち年。

雪は豐年の瑞、雪は豊年のみつぎもの〔二句とも諺語大辭典一〇三五の上〕の反對。

○大雪は豐年のもと。

同上。

○雪き降りのあけの日は繼子の洗濯日。

その翌日は常によい天氣卽ち、繼子がいじめられて、洗濯せしめらるゝ程よい天氣であるとの意。

類句〔諺語大辭典一〇三四の下には、雪のあくる日は間男の・裸子の・裸蟲の・孤兒の・洗濯日、等あり。壹岐國テーモン集〔鄕土研究五の二、一三九の下〕「大雪降りの明けの日は思ふ子に舟エ乘せろ。」

註、大雪の翌日は大風となる、とあり。

○雪より霜は冷たい、子より、孫（ウマゴ）はむぞぎー。

前の句の當然なることを示すために、同じく當然なる句を以つて來たるもの。むぞぎーは、可愛ゆいとの意の方言。

霧

○長谷にはい風。

中岳と高岳の間を長谷（ハザマ）と云ひ、西南風が吹く時には、中岳火

阿蘇俚諺集覽　（八木）

口より騰る噴煙は（倒れて）（ツツコケテ）長谷にはひ、阿蘇谷に降灰卽ちよなを齎らすのである。はい（灰）風の二樣の意にとれる、占候の諺。

○羅（ヨナ）が降れば雨が降る。

前述の如く長谷はい風になるのは西南風によるが、この西南風は雨をもたらすのでかく俚諺として用ふ。「お山が阿蘇山ニクルけん日和なかわる」の項參照。

○たびよな。

族行羅（タビヨナ）とは、晴天無風に近き時に、中岳火口より騰る噴煙は沖天に騰り、上層氣流によつて、遠方まではこばれるものを云ふ。

○他國よなは作物にきく。

たびよなは又他國よなともよばれ、上層氣流によつて、遠方まで運搬且つ廣範圍に散布せられるものなるが爲に、その作物に被害を與へずして、反つて含有する有機物が肥料として作物に効くとの俚言。

增　補

○奥手野ンまつぼり雨。

○なまびよまり。

○たゞれ日和。

降つたり照つたりする日和を云ふ。かゝる時多く虹が立つ。

ただれは長雨の意。

○虹（nju:dzi）**が立つたヶ夕立がする。**

占候の諺。又お天氣ナかわるとも云ふ。

虹は當地方にて重に、西又は東に立つが、北南にはたゝん、又これを俚にお日樣の御足と云ふは、なるほど、あたつた言葉である。

この虹の下を黄牛（アメウシ）の牝牛（オナメ）の背に乘つてくぐれば長者になると傳へろ。

○北山夕立ちゃ景色ばかり。

當阿蘇郡小國地方の俚謠に「人の云ひなし北山時雨、曇りながらにゃ晴れて行く。

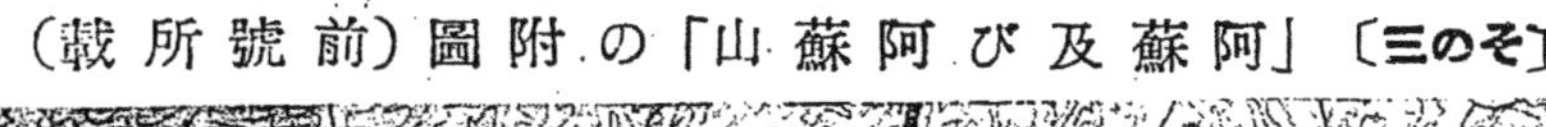

〔その三〕「阿蘇及び阿蘇山」の附圖（前號所載）

朝鮮民家型式小考

孫　晋　泰

二、累木型民家

「三國志」辰韓傳の註に引かれてゐる「魏略」に據ると辰韓は「其國作屋、横累木爲之、有似牢獄也」とある。辰韓は今の慶尙道の地にあつた。けれども最早や今日慶尙道の民家中に此の累木家を見出すことは困難である。慶尙北道の北部山間住民の間には往々にして斯の如き住居を見出し得るといふ話は聞いてゐるけれども私自身それを見たことはない。又その名稱も何といふか明かでない。然しながら私は昨年旅行中、平安南北道の奥地に於いて斯る累木型民家を多數發見し、又黄海道でも谷山地方には三十年程前までは多數に存し、咸鏡南道の三水・甲山・長津諸郡の奥地には今尙ほ多數存在し、江原道の北部地方にも三四十年前までは處々に存してゐたといふ信ずべき話を聞いた。要するに此の累木型民家は北部朝鮮の中央を縦に走つて咸鏡道と平安道との境を成せる大山脈の兩側山岳地並にそれらの地に接せる黄海道及び江原道の山岳地の火田民の間に現今專ら遺存してゐるのである。而してその俗稱は平安南道に於いて方機家（パントルチプ）(pang-teul chip) 又は木叉家（モクチェチプ）であり、平安北道江界に於いては機木家（トルモクチプ）(teul-mok chip) であつて、何れも累木交叉せる形により與へられたる名稱であつて古代よりの言葉ではないやうである。機の朝鮮譯は teul である。

今此の民家の構造に就いて數言を述べるならば、丸太を井幹の如く積重ねて之を室壁と爲し、その上に屋根を造るのであつて、丸太と丸太との交叉する部分には下になる丸太のそれに斧を以て適宜の溝を作り、丸太と丸太との隙間には泥土を塡充して風を防ぎ、室の入口を造るには、既に積累ねたる累木前面の適宜なる箇所を適宜長方形に切開きその兩側に同長さの丸太二本を立て、それに荒格子の戸を嵌めるものであり、兩室間の區劃も丸太を横に積累ねたるものにて成り、兩室間の出入口も前述の方法を以て切開いて作る。兩室間を區劃する丸太の隙間には泥土を塡充して壁の如くすることもあれば、丸太のまゝにして塗らずに置くこともあつて、後者の場合は兩室相通して視られるのである。屋根は椽木と黍幹（又は麻幹）とを以て造ること他の民家と異る所がない。斯くして造られた私の所謂る累木型民家は、高さ七八尺、幅十二三尺、長さ三四十尺、居室は普通二室、この外に臺所があつて都合三間、出入口はその各々にあつて三箇所、室內には溫突を設けてはゐるけれども、土床の上に紙を貼ることも壁や天井を貼ることも一切なく、土床の上に蘆席又は莚などを敷くのである。此の家が第三圖の如く外より厚く塗りつぶされてゐる場合は、柱を用ゐる普通の民家と一見判別すること困難であるが、丸太と丸太の交叉せる箇所の餘端は必ず家の四隅に露はれてゐるのが外見上の特色である。

以上は現今平安道奥地に於いて見られる普通の累木型民家に就いて述べたのであるが、此の民家のもつと簡單な形即ちその始源型に近い者に就いて次に若干記して見よう。古老達の話を綜合するに、累木民家のもつと單純なものは專ら昔年の移動火田民によつて構へられた。彼等は交通の不便な深山窮谷に住む貧農にして且又一定の地に永住すること無きため、大工道具とては斧より外無く、鐵釘・鉋なども用ゐず、井幹型の累木を爲し、その隙間に若干泥土を塡充して纔かに風を防ぐやうにし、出入口の戸は極めて粗末に板屑の長きものなどを以て造り、屋根も藁や麻幹など用ゐず、椽木の上に樺皮を覆ひその上に重い石を置いて之を抑へる。それ故に樺皮が乾燥すれば收縮して兩者の間に隙を生じ、夜は室内に仰臥して靑空の星を眺めることが出來る、けれども雨が降れば再び伸びて能く雨漏を防ぐといふ。部屋は普通二室にして、一室は男子及客用、一室は臺所とぶつ通しになつてゐて俗に臺所部屋（chŏngji-pang）といふ廣い間で主婦の室、鷄・犬・豚・牛等の家畜は何れも臺所の一隅に飼つた（殊に冬は然り）ものである。斯の如き住居を造る火田民は五六年目位毎に他處に火耕地を求めて移轉しなければならない關係上、その住居も定着性を帶びず斯く極めて一時的のものであつた。これは二十年前まで見受られた現象であつたが、今日では森林放火が嚴禁されてゐるので、從つて斯る住居も定着性を次第に帶び來り、壁には泥土を厚く塗り屋根も黍幹又は麻幹等にて葺くやうになつて昔の火田をそのまゝ續耕することになつて來た。又昔年は放火耕田が自由であつた如く、木材の採伐も凡て自由だつたので、その豐富なる材木を以て最も簡單なる斯る累木家屋を造つたのであるが、今日はそれら何れもが不自由なので累木家屋を新たに造ることは不經濟であり、從つて不可能である。材木を自由に採伐使用することの出來た昔年は、彼等貧乏火田民は殆ど凡ゆる家具を木で以て造つた。種々の食器・匙・箸等は言ふに及ばず、牛馬の槽・豚犬の槽・火鉢・火箸・漬物の桶・杓子その他煙突に至るまで之を木で造つたのである。

さて茲に再び「魏略」の「横累木爲之、有似牢獄」の文意に就いて吟味するに、現今定着火田民の間に見る上述累木家屋も、又昔年（三四十年前）の移動火田民の間にあつた前述累木家屋も共に辰韓時代のそれよりは幾多の進歩を爲してゐるやうに思はれる。「魏略」が謂ふ牢獄が果して如何なる形のものであつたかは今知る由もないけれども、恐くは極めて粗荒なものであつたに相異あるまい、然らば辰韓の累木家屋も近世のそれよりはもつと單純粗荒であつたと見るべきであらう。斯の如き想像が許されるならば、當時の累木家屋の型態は、第五圖及び第十一圖等に依つて想像されはすまいかと思はれる。即ち累木の隙間には纔か風を防ぐ程度に泥土が塡充され、屋根は椽木を用ゐず、草枝木皮又は獸皮の類を以て殆ど平面に之が蓋はれてゐて、外部より一見してその累木の狀態が明瞭に看取されたのではあるまいか。溫突の構造のなかつたらうことは言ふまでもない。當時の辰韓民族は原始的農業と狩獵とによつて生活し、恐く火田も行はれたであらう。この時の彼等は恐く恒久的な定着性を有せず土地と森林とに隨つて時々移動したものであらう。彼等が主として農業により生活し、その住居にも固定の必要が起つて來た時、彼等は現今火田民の間に見られるが如き泥土で壁を塗り椽木で屋根を構へる累木家を造つたものであらう。而して又彼等が木材の不足と貴重さを感じ、柱を立てることを知るやうになつてからは、壁室は專ら土石を以て爲し、而して木材の節約を行つたであらう。

しかし乍ら、彼等が柱を立てるやうになつても、尙その住居の形だけは累木家屋のそれに倣つたらしく、現今朝鮮民家の中に多く見られる所謂「一字家」(一の字型の家といふ意味で、長方形單棟の最も單純な形の住家である)の型は恐く累木家屋にその源を發したであらうと思はれる。此の長方一字型民家は平安道及咸鏡道に於いて最も一般的に、而して又最も明瞭に之を見ることが出來る。(第十圖及八圖參照)

次に私は京畿・黃海道の民家中に往々見出される馬蹄型又は圓型の屋根(第七圖參照)に就いて數言述べなければならぬ。平安道に於ける農民の家を見るに、その極めて普通にして單純なものは前述一ノ字家であるが、少しく大農を營む者は母屋の前に母屋と同じ高さ及び長廣を有する一棟を建て、之を三分して、中を出入口に充て、左又は右の方を牛馬雞豚の如き家畜の小舍に充て、餘の方を農具及び肥料の置場とし、更に兩屋間の一側に食糧・家具等を藏する小舍を造る(第四圖及六圖參照)のであるが、私の考に據れば、斯の如き三棟別々の建物が經濟的關係に因り一個の共通した屋根によつて連續される場合、そこに馬蹄型屋根の家屋が起り、更にその空きたる一方までが建物に用ゐられる場合、そこに圓型屋根の家屋(稀れながら)が生ずるのではあるまいかと思はれるのである。馬蹄型屋根の家も圓型屋根の家も、要するに二棟の一ノ字家が一又は二の小屋によつて連續し而して共通の屋根を有つやうになつたものに外ならないのである。尙ほ街路上の商家に往々見受けられるL形家屋（第八圖參照）も一ノ字家二個の直角的連續に過ぎざるものと思はれる。

附圖第一は昭和七年七月平安南道寧遠郡溫倉を距る二里程の淸幕嶺中に於いて發見せるもの、火田民の住家にして壁塗り薄くして外部より一見してその累木家なることが知られ、屋根は痲幹葺き、家坐は南向きにして、左側に立てる煙突は大木幹の中を鑿つて（先づ幹を二つに割つて中を鑿ち後ち再び合せる）作つたもの、總じて三間の中左端は臺所、中央が主婦の室、右端が客室となつてゐるが、客室とは男子室と云ふ意味であつて、女子の客は主婦の室に於いて接待される。而して又此の客室は長男夫婦の寢室でもあるのである。第二圖は同月寧遠郡溫倉に於いて見出したるもの、臺所は左端にあり、家坐は南向き、屋根は痲幹で葺き、やはり三間より成つてゐる。第三圖は同五月平安南道成川郡別倉を距る一里程の大邱面元坪里・明大山谷中の定着火田民小部落に於いて發見せるものにして、壁は厚く塗られて纔かに四隅に於いてその突き出でたる累木の端を見るのみであり、屋根は黍幹にて覆はれ、家坐は東向き、主屋はやはり三間より成つて臺所は左端にある。主屋の前にやはり累木の舍廊（客室）一棟を建て、北側兩屋間に物置小舍を立てゝある。此の從屋も三間であつて、その中の二間は居室、北端の一間は農具及び肥料の置場とされてゐる。これは牛馬雞豚の如き家畜を有せず、家族の多い家なることを語るものである。家族多く而して經濟的にも餘裕のある者は斯く居室を次第に增すのであるが、どこまでも三間一字型の原則を守つて往く。第四圖は同六月寧遠郡淸幕嶺上の火田民家の中に於いて見出したる、累木型物置小舍にして主屋と從屋との間北側に在る。主屋は普通の三間一字型にして西南向き、從屋はその前にあつて、中が出入門になり、左側が牛小舍、右側が農具置場になつてゐるが何れも柱を用ゐた普通の家で、物置だけが累木型になつてゐる。第五圖は同日寧遠郡溫倉に於いて見出せる累木豚小舍であるが、寧遠・孟山・陽德・成川及び熙川・江界諸郡の奧地には斯る型式の豚小舍が到る處に有つた。物置・豚小舍の外に厠も此の累木型式に作つたのを私は淸幕嶺に於いて見た。第六圖は淸幕嶺上の火田民家で、主屋と從屋と物置の三棟より成り、屋根は痲幹葺きであるが、累木家屋ではない。第七圖は同年七月開城德勿山頂の部落に於いて見たるもので、全部落の殆ど大部分が馬蹄型又は圓型の屋根を有つてゐる。これは必ずしも此の山頂の土地の狹少なるにのみ由つて生じたる特殊の現象ではなく、京畿・黃海道には普通平原の部落に於いても屢々此の型式を見出すことが出來るのである。第八圖は六月寧遠郡溫倉に於いて見たる街の商家であつて、二棟の一字型家を直接連續させたもので、屋根は屑板を以て葺き、その上に石を置いて抑へてある。第九圖も屑板で屋根を葺いた溫倉の溫泉浴場である。第十圖は成川郡大邱面所在地なる別倉里の市街であるが民家は何れも一字型であり、又何れもその屋根は青石（片麻岩板石）を以て葺かれてゐる。

一體民家の屋根葺に用ゐられる材料は、瓦を除いて、南鮮のそれは凡そ稻藁である。稻作地にはそれが最も豐富であるからである。その他の道に於いても主として稻を作る地方では稻藁を用ゐるが、稻を作らない平安・咸鏡・江原諸道の奥地に於いては粟幹・黍幹・麻幹等を用ゐ、又木材の割合豐富なる平安道及び咸鏡道の奥地では屑板を用ゐること多く、青石を豐富に産する地方（大同・順川・成川・陽德・孟山の諸地方）では青石を用ゐることが多い。この外にも海岸で蘆を産する地方では蘆を用ゐること有り、又山間の貧農は茅を用ゐることもある。斯く民家の屋根葺に用ゐられる材料は、その地方の農産物及びその他の適宜なる特産物に依つてそれぐ異つてゐる。

第一圖。栗木民家（平南寧遠郡溫和面幕嶺所見）

第二圖。栗木民家（寧遠郡溫和面溫倉里所見）

第三圖。累木民家（平南成川郡大邱面元坪里明大山谷中所見）

第四圖。累木型物置小舍（寧遠淸蕃嶺火田民家所見）

第五圖。累木豚小舍（寧遠溫倉里所見）

第六圖。寧遠郡淸蕃嶺所見火田民家

第七圖。馬踏型並に圓型の民家屋根（開城德勿山所見）

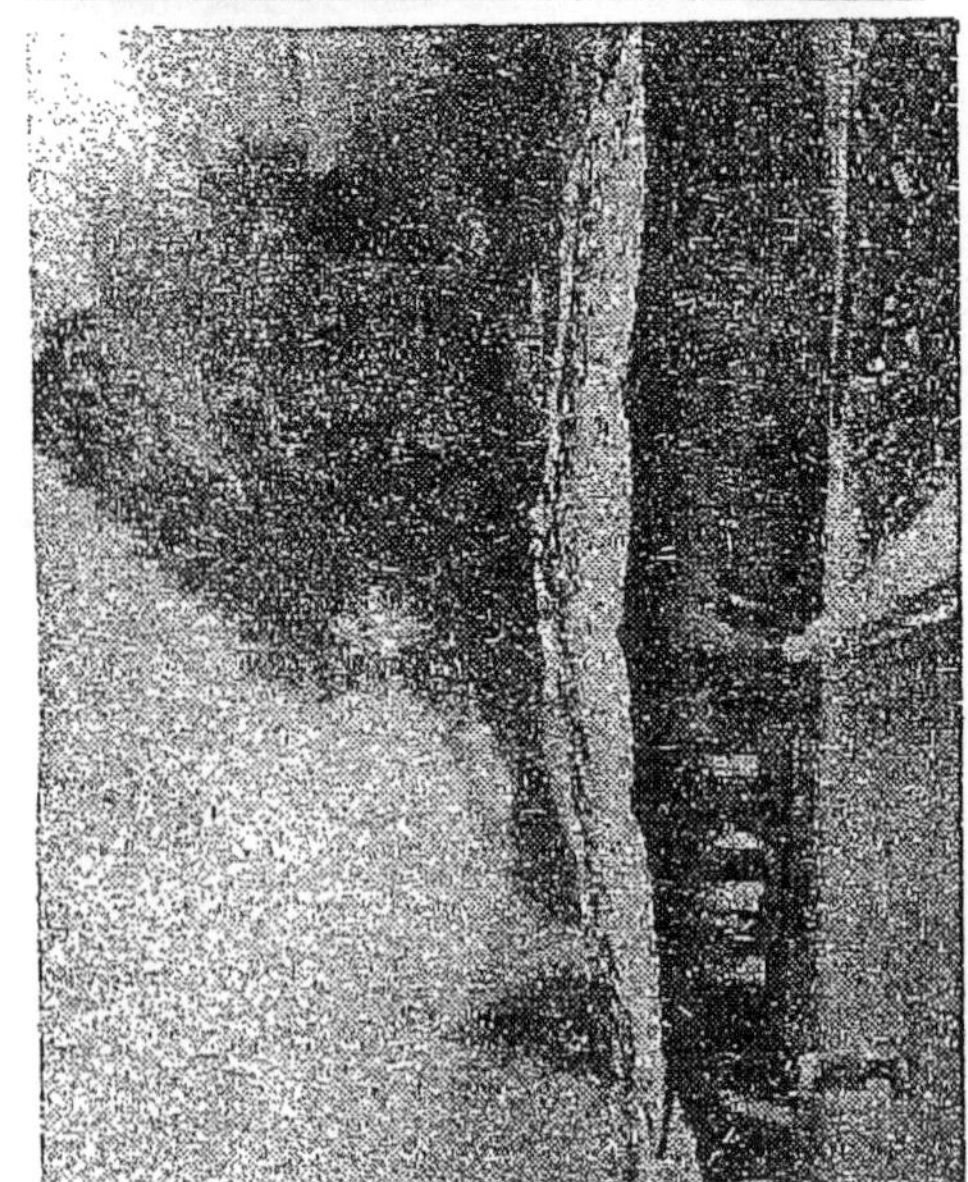

第九圖。板葺屋根（溫倉溫泉浴場）

仍火島の近親婚

朝鮮に於いて近親結婚がいつ頃から止んだかは明かでないが、恐くは高麗末から李朝初の頃であつたのではあるまいか。今日では近親婚は勿論のこと、同姓婚さへ許されず、不娶同姓の原則が嚴格に行はれてゐる。然るに、「明宗實錄」十一年四月壬辰の條（卷二〇、自三十丁裏十行至三十一丁表三行）を見るに「諫院啓曰、仍火島在楊花渡之上、栗島之下、別爲一區、自祖宗朝、放猪羔羊於其中、以爲牧養之地、使典牲・司畜兩署官員掌之、其署典僕、因官員之供、猪羊之養、家于島中、其俗、以族親自相婚嫁、不避四五寸、或有男鰥女寡者、則雖切親、不使嫁娶於他處、任然同住、不以爲怪、蓋緣此島四面皆限以水、無隣里相接、而人之耳目所不及、故出入之際、渡水而行、深厲淺揭、男携女扶、其有瀆亂之行、職由於此、請島中人家皆撤去、使移居于本署近處、如或男女似前出入島中者、坐以重律、官員支供及牧養等事、一切以男人爲之、以絶瀆亂之弊、……答曰、皆如啓」といふのがある。文意に依ると此は極めて奇怪なる瀆亂行爲と見做されてゐる。四五寸間（從兄弟姉妹の間を四寸と謂ひ、叔姪の間を五寸と謂ふ）の結婚、鰥寡は至親の間と雖も之を避けないといふことなどは、當時にあつては有り得べからざる事であつたに違ひない。之を諫院は地理的關係のみを以て説明した。新羅高麗時代に於いて斯くの如き婚姻習俗は決して奇怪なる事象ではなかつた。その遺習が偶々地理的に隔絶された漢江下流中の一島の下層民に依つて復び行はれたものであらうとも考へられるけれども、兎に角之は婚俗が地理的條件に由つて影響される興味ある一例であらう。（孫晉泰）

第十一圖 • The Home of a Polical Exile at Sopochnaya Karga.
(from F. Nansen, Through Siberia, London, 1914, p. 60)

學界消息

○**國學院大學鄕土研究會大會講演會**『地方研究の會』は六月十七日午後一時より同大學講堂に於て開かれ、中山太郎氏の『牛を馬に乘りかへる話』折口信夫氏の『人形の話』金田一京助氏の『關東のオシラ樣』の三講演があつた。

中山太郎氏は神の乘り物としての牛と馬について、考古學的證據に基く牛馬の輸入、出雲民族と牛、高天ヶ原民族と馬、牛に乘る風習が馬に乘る風習に代つたことについて大變興味ある話があつた。

折口氏は人形といふ言葉に該當する古代語を求めると略々ヒナといふ言葉が之にあたるといふ事を立言し、ヒナは大と小の二種に分れ、大なる人形は人が來臨する神々に假裝することを目的として作られたるもので、人間がその中に入つて之を動かしたのである。

小さい方の人形は汚れをうける人形（ヒトガタ）の意味が多いものであるといふ點からヒル子の話に入つた。このヒル子と次の金田一氏の講演に出てくる蠶神流離譚のことなどにも觸れた。

金田一京助氏は、關東より越後にかけての蠶神のオシラ樣について多數のオシラ樣の畫像をしめして語るところがあつた。東北特有と考へられて居たオシラ樣に對し、その分布のもつと廣きこと、オシラ樣に馬頭娘系の支那說話のものとうつぼ船によつて、天竺より流着して蠶神になつたといふ常陸蠶影山の蠶神について語られる貴子流離譚型のものとの二系があることを指摘したものであつた。

○**方言資料展覽會** は前號に既載せし如く、國學院大學方言研究會主催にて六月十八日午前八時より午後五時まで、國學院大學院友會館に於て開會された。同日は出陳のもの二百五十有餘點の多きにわたり、何れも東條操、柳田國男、太田榮太郎、橋本進吉、小倉進平折口信夫、吉田澄夫、高橋龍雄の諸氏並に、帝國圖書館、東大國語學研究室、慶大圖書館、國學院大學國文學研究室、方言研究會等の藏書中より精選された粒よりのもので、日本の方言研究の歷史的鳥瞰と併せて現狀への綜覽をかれた誠に立派な展覽會であつた。

國語調査會によつて行はれたカルトグラフイツクな語法の色刷分布圖と現在東條氏によつて企劃されて着々と進捗の歩をすゝめられてゐる日本方言の方言圖卷に關する諸種の資料、地方の師範學校中等學校を中心として行はれてゐる方言調査の研究報告の諸種あり方言調査の方法についてのよき指針を與へるもの、狩詞、山村、漁村、山窩等の特殊語彙に關するもの、方言文學書、明治の中葉より以前の方言書、日本の方言研究の上にエポツクをつくつた『蝸牛考』の草稿などのモニユーメンタルなもの等、斯學に志す人が必ず銘記すべきものが一堂に展觀された。尙この日の目錄及出陳の未刊方言書の二三は『方言』誌上に發表されるといふことである。

○**民俗藝術の會主催の『寫し繪の會』**が六月廿一日午後六時より早稻田大學內演劇博物館に於て開かれ、小寺融吉氏の寫し繪についての講演、河竹繁俊氏の默阿彌作の寫し繪脚本の朗讀の外二世玉川文樂の寫し繪の實演があつた。

○**東亞考古學會**の主催により、渤海國の都、上京（現在の寧古塔の西南東京城）の遺跡を發掘し、當時の文化の跡をさぐり、かねて附近の實測を試みる目的を以て、東京帝國大學及東方文化學院京都研究所の關係者を主班とする探檢隊が滿洲國の吉林省に向つて派遣された。

同地は未だになほ匪賊の出沒する地域なるため、事業の着手時日等を豫め確定することは出來なかつたが、略々六月の五日頃から、一行は現地に於て發掘實測等の操作にとりかゝつたことゝ思ふ。

この行に參加する人々は池内宏、原田淑人、駒井和愛、水野淸一、京城大學の鳥山喜一、其外一、二の諸氏である。若しもこの發掘が順調に渉んだ曉にはその收獲に期待されるものが大いにある。（以上四項、**村上**）

○民俗學同好會の發會　斯學愛好の心根ある幾多の聲々を耳にする大正大學にては機熟して此處に學内の新生「民俗學同好會」を組織し、六月廿六日（月）午后一時より發會に兼ねて談話會を開いた。出席廿六名。石田幹之助先生を會長とし、當日は先生より會の目的研究方法を指示せられた。會員は宗教學、史學、國文學々生その他學内關係者のみにて結合し、特に佛教の民俗學的研究にそのテンデンシーを見るらしい。例會は原則として毎月一回行ふ。因に顧問として次の諸先生を戴く。

宇野圓空　金田一京助
松村武雄　矢吹慶輝

事務所は當分大正大學史學研究室に置く。斯學の爲に慶賀に堪えぬ次第である。（**杉浦**）

○澁澤氏邸内のアチツク・ミユーゼアムの增設新築　民俗學が銅鉾珠瑠廬山の香爐玉笏釧合等の高貴な追憶的な博物館の品目にはあらずして、生産と關連する器物用具、その他信仰に關する造型的證據によつて實證せられればならぬ傾向から斯學に在る學者を興奮せしめつゝあることは事實であるが、アチック・ミユーゼアムのこの勞作に注目しても之を利用し、之に協力する民俗學者の少なかつたことは、その勞作の僻遠にして、結論の近きにあらざるが故であらう。然るに、事實は、その孤的な努力にも拘らず、大いに擧つて來てゐるやうである。その陳列展覧の場所に不足を生じ、此の度、增設新築された。その整理された品目は總て三千の多きに至つてゐる。その勞の非常なりしになほ慶（よろこび）とともに今後の御精勵を祈り、又民俗學に關心する讀者諸卿のかゝる造型物の價値の民俗學的尊嚴を、このアチツクの勞作と目的によつて新にせられんことを希ふ。その增設によつて「アチック」の名の無實となつたことを恐れるが、民俗學の唯一の常設ミユーゼアムの發展が地方よりの物品寄贈者や來訪によつて更に祝福されんことを。そして、そのために、爐を切り自在鍵のある部屋まで用意されたこの主人の心づくしに感ずるものがあられればならぬ。

○松本信廣氏の印度支那河内行　は豫想されてゐたのであつたが、この夏實現された。氏の御健在を祈る。（以上二項、**明石**）

○東洋文庫論叢の第十一輯として、**會津八一氏の『法隆寺の研究』**が出版される。これは日本美術史上の一大懸案として常に學界に於て論爭の一焦點を形づくつてゐるかの如き感のある法隆寺が推古年間の建造物なりや否やについて、喜田博士の推古建立の法隆寺は祝融にあつて燒失し、現存のものは近江朝に至つて再建されたものといふ再建說と、技術的の立場からあくまでも法隆寺が、推古時代の建造物なりと主張する關野博士の非再建說とに對して、同氏の提唱する實物主義なる實證的な方法に基いて、より根本的なより決定的な批判と論定を下して獨自な新學說を發表したものである。これによつて三十年來兩說區區として何等解說の與へられなかつたこの問題が新たなるエポクを劃すべきにいたつたことは學界のために誠に慶賀すべきである。（**村上**）

○『年中行事』　第一册（北野博美著、東京市本鄕區駒込動坂町二〇四　年中行事刊行會發行）北野さんの久しい以前からの計畫であつた『年中行事』の第一册が出た。研究篇と資料篇にわかれてゐて、後者の十一月から始まつてゐる理由は訣らう。研究篇序言の民俗學の心構へには十分われ〲を考へさせる、この刊行物を見捨ててはならない譯でもある。氏はこの「共同の爲事」の編輯者としてあるのだけれども、年曆考の中、曆の起原、古代日本の暦の稿が出でゐるが、此篇は氏の謙譲に反して、こゝに啓かるべきものがある。神人日置部の類の巡游についての要約論は、亦われ／＼の出發點として役立たすべきものであらねばならぬ。倚口繪の(一)、門松の色々、春來る鬼の夫々には、其の諸相を示して、その兩篇のいゝ參照物になつて行く樣子を見せてゐる。(鈴木)

『年中行事』第一册は正月行事を取扱つてゐるが、これは柳田折口兩氏の學説を中心とし、學説史的な體裁で正月前後の行事についての概觀と、冒頭には年中行事の概論として年中行事の意義民俗學と年中行事といふよりは年中行事を材料として民俗學的研究はどういふものかといふことを要説した論考をのせてゐる。殊に前者は『鄕土研究』等に發表されてゐる先達の諸論考の要點をそのまゝ引用してゐるので、大變重寶である。

本誌は終りに年中行事の綜覽をなすために從來の民俗學關係諸雜誌に現はれてゐたものは勿論その外の文獻を利用して、諸國年中行事暦といふやうな、かつて民俗藝術誌面を賑はした『諸國祭祀暦』と略々性質を同じくするものがつけてあるが、何はともあれこれは比較と綜合と特殊へといふ手順を觀察の基礎とする斯學研究者を益するところ多きものである。(村上)

○旅と傳説　六ノ六

陸奥下北半島地名考　八角 三郎
農家と生活に　早川孝太郎
再生談　長尾 豐
シガの話　櫻田 盛德
陸中濱の旅　本田 安次
鄕土舞踊の會の問答　小寺 融吉
東上した阿波の人形芝居　小田内通久
野生植物と民俗　武藤 鐵城
京都の俚諺　八木 三二
黄薇の傳説　未澤都良司
相模大島の手毬唄　中里 雅堂
島の思ひ出(二)　昇 曙夢
年中行事調査標目(四)　柳田 國男

○旅と傳説　六ノ七　は誕生と葬禮號三百二十八頁の大部なもの、民俗的資料の集結を目的としたものである。

論説は

生と死と食物　柳田 國男
本邦古代墳墓の沿革　喜田 貞吉
琉球人の命名法　伊波 普猷

本號の廣大なる資料集結の結果には待望の甚大なものがあるだらう。學界のため慶賀にたへず、その勞を多とせねばならぬ。

(價一圓五十錢)

六三二

○愛知教育　四月號　**尾三文化史談**

愛知縣の祭典と民俗(二)　中山 太郎
熱田神宮花の撓　泉田 茺吉
尾張富士の石上祭　奥村 收壽
田縣神社の豊年祭　大河原昌勝
福地八幡テンテコ祭　平松 爲助
岩塚の御田祭　吉田 盛淸
神戸の寢祭　川澄 才
津島の提灯祭　江上 定義
國府宮の儺追祭　鈴木 豊
一宮桃色祭　小林太十郎
一色の大提灯祭　竹田 健兒
豐橋神明社の鬼祭　白井 一二
北設樂の花祭り　窪田 五郎
猿投祭　鈴木勳太郎
浪合記　縣enkuz 藏本
浪合記の眞僞に關する文獻　加藤 務
愛知縣に於ける伊良親王に關する傳説と遺蹟遺物　伊奈森太郎
長野縣に於ける伊良親王に關する遺蹟遺物と傳説　市村 咸人

○牛の藪入(上方鄕土研究會第三十二回行事、同會雜誌『上方』二十九、三十號所載。)

人の藪に這入るのは、屋敷内之銘々の祖先を祭つてゐるその藪神、即一種の生身魂拜みである。この魂ふりが、田の行事に從つて、田に使ふ家畜を家內のものといふ資格を以て、一種の洗禮を受けさせる爲め、野遊びをさせたものが、此の牛の藪入りであり、牛驅けの行事である。

頭の上に菖蒲・つつじ・牡丹の類の時の生花を以て、標としたが、五月五日の節句にかかはつては(復活を感じてゐた藥狩の競ひ駈り)見物に粽を撒くに到つた。これを拾うて疱瘡の咒にしたといふのは、牛と種痘との關係から來たものであらう。

梅田堤の牛驅け、又北河內には、池田川村の牛駈け、南河內では小山田の馬駈けがあつた。俳諧の季題にのこつた摩耶參りは、猿蓑の付合を俟つまでもなく、初午の日、二月四日の祈年祭卽儀式的行事の終つて、本式に田の行事が始まるので、田に掌る一員としての馬に山籠りをさせたのである。これには又摩耶昆布を伴うてゐた。(鈴木)

○「**番樂の研究**」(小玉曉村、『鄕土風景』二ノ六。)番樂概說として、お奬めする。

又山伏神樂に就いては、本會に早くから、本田安次氏が報告をよせてをられる。ひやま能・延年舞などは、民俗藝術の會の記錄もあるが、柳田先生の『遠野物語』から拓き始められた日本民俗の寶庫、東北地方の藝能の側の研究の步みも、遠いとはいはれない。

こゝに、一誠社から再版された『東北の土俗』をお知らせして、雪國の資料をお待ちする。(鈴木)

○『**東北の土俗**』の再刊。昭和五年夏多分フォクローアに關するラジオの講座として全國の魁けをなしたと思ふ仙臺の放送局の『東北土俗講座』の放送講演の原稿があつめられて單行本として、さきに三元社から出てゐたものが、今度『嶋』の發行所一誠社が發行所となつて、その再版をなした。

この書に盛られたものは大變興味深々たる好篇多く、たしか第一版は非常な好評裡の中にうれ切れになつたものと記憶してゐる。特に對象が書中の一論文の題目として中山太郎氏が用ひた『東北は土俗學の寶庫』の文字通りである東北である上、講師が在京及東北のフォクローリストの殆ど全部をあつめたものであるので、其內容はいはずとも推して知るべきものである。(村上)

東北土俗講座開講に就て　佐々木喜善
屋內の神の話　佐々木善善
網地島の山猫　三原良吉
二老人の話　佐々木喜善
南部恐山の話　中道等
秋田三吉さん　佐々木喜善
下北半島の鹿と猿　中道等
誘拐民譚　刈田仁
子供遊戲神の話　佐々木喜善
東北と土俗研究　柳田國男
こけし這子に就て　天江富彌
村の家　中川善之助
東北は土俗學の寶庫　中山太郎
民俗藝術家としての東北人　森口多里
東北文學と民俗學との交涉　折口信夫
平內半島の民俗と傳說　中道等
言語と土俗　金田一京助
巫女と座頭　金田一京助
書かない手紙　藤原非想庵
農民の文學　佐々木喜善

○『**ドルメン**』二ノ六　目次抄
忌明塔　今井啓一
大和の禁厭　乾健治
オカンジャケと若狹井と　孚丘生
長門國阿武郡川上村平家傳說　弘津史文
他屋生活について　千代延尙壽

月屋・產屋の他屋生活の資料を蒐めてある。その目次を示せば、出雲地方のタヤベヤ・伯耆タヤベヤ・三河のブンヤ・同地コヤンボー・遠州の小屋・下野のハジベ・伊豫のベッツ・相摸足柄地方產屋と產時の遺風・若狹海岸の產小屋・木曾の產小屋―月屋・西宮の產所である。尙、氏の他屋生活を「血を不淨として之を忌み、火を敬畏して之を避け、別火生活をするために生じたもの」とする說明の固定さについては考へればならぬ。われ／＼は月經を以て神の召される標と見なして、月一度、槻の齋屋に籠らせた習俗を、やまとたけると雄碁とに關しての物語から見て居る。神まつる屋に月經の日を仕へるのを忘れて、月經の日に忌みに籠る屋のやうに考へて來たのだ。この考があつてこそ、月のはじめを、高級巫女の「つきもの」の見えた日を以てし、「つきたち」ともしたのである。卽、神の來る日が元旦であり、縮つては朔日であると考へたのだ。「つきごもり」、晦日の語原も亦此處にある。（折口信夫先生、「小栗判官論の計畫」から）

產屋の生活と之に伴なふ禁忌については、又七月の『旅と傳說』が、細心の立論を俟つてゐる。（**鈴木**）

○**ドルメン**　は二ノ八を北海道地方を特輯する。また此方面への注意を換起する必要を感ぜられたためであらう。**北海道地方に對する**學術上の現狀の大體を表現せんことを目的とする編輯者の概論的構想を期待する。いまこの地に展覽會まで開かれた後をうけて多くの學問上の、今日のトピツクが吾人の前に表示されればならぬ勢となつてゐるからである。（**明石**）

○**鄕土研究**　七ノ五

神々の誕生　早川孝太郎

は、「案山子のことから」を承けて推論した。

――「ハタキの成立をめぐつて」、その本體の形態から「オシラ神へ」と類型を求めてゆき、更に

――「染糸の名札」のしるしをつけることを中心に「灰より火に」「ドンドの火と竈の火」と、火の行事を論じて、他方「若水迎へ」の水によるしるしづけを推論し、「田の神の誕生」に於ては、田の神とされるものゝ型態からネジリジメ、カブタ人形、テンジヤラポツポなどのつくられ方・生れ方に說き及び神の象徵の出現を考へてゐる（未完）。（**明石**）

海やから考　宮良當壯
詑證文と油斷金　饗庭斜丘
蘇民將來の稱呼に就て　藤原相之助
モムナイといふ言葉　南方熊楠
肥後國阿蘇郡出產習俗　八木三二
肥前仁比山神社の大御田祭　佐々木滋寬
越後のサイノカミの話　春山虎一郎
江波の於三狐　磯貝勇
石見牛鬼譚　岡田建文
北備後の童戲と歌　小笠原俊郎
動物に關する壹岐の俗信　山口麻太郎
能登の民俗二三　山下久男
春埜山と山住神社の犬　林魁一
耳で聽いた話　中山太郎
志摩國鳥羽町方言集　岩田準一
パナンペ放屁譚　知里眞志保

○**賀茂傳說考**　は東京文理科大學文科紀要、第七卷として、助敎授、肥後和男氏によつて爲された。この綿密なる研究が之方面に熱意ある學者によつて紹介されんことを希ひつゝ未だその結果を待たず今日に至つてゐる。民俗學は本著の紹介と批判に價するを充分に承知し、之がために紙面を惜まないのであるがその實行の遲延を恐れつゝ今日に至つてゐる。編輯部が敢てその書名のお知らせをする次第である。（定價壹圓拾錢）（**明石**）

○**唐令拾遺**　東方文化學院東京研究所は、唐令の復舊を企圖せる故宮崎道三郎氏及び中田薰氏の兼て包懷せる壯圖を仁井田陞氏を得て實現せしめたる精華を、報告せしめた。集結の構造は唐令の復舊をその前後及び日本令を以て參考となし、日唐及び唐日兩令對照表を備ひ、及び唐令の史的研究を以てその序としてゐる。その勞の非常なりしにおどろく。民俗學的古代研究の律令格式に依據するところ

夥多なるものあらば、また法典そのものゝ歴史的存在理由・傳承を無視し得ざる可き所以から、若し假に彼に必然の依據性と理想（特に周禮の理想）とあつて法典化されしところの歴史的傳承が、われに之なくしてしかもわれの法典の彼に依據せる場合、法典そのものゝ存在理由を極めざる之の依據と推論はその民俗學的論理の確實性の缺乏と獨斷性をおそれる。敢て本書を民俗學者と日本上代史の研究者とともに喜びたい所以である。亦東洋史學上の此書の榮譽に關しては、『唐令の文字にして和漢の史籍に遺るものは、片言隻句と雖もこれを捃摭して殆ど漏らす所なく、加ふるに唐前唐後に於ける諸令の逸文二百六十八條を以てして居る。』と中田博氏のよろこびを以て推察す可きである。（定價拾圓）（**明石**）

○**山と民俗**　高橋文太郎氏の近著であり、山の實感を語る記述であり思想である。氏の山登りに對する思想的動向は、卷末の『マルテイン・コンウエイとその思想』の一文によつて地みちなうるはしい一線を示してゐると思はれる。民俗採訪の報告に常に期待を以て目せられてる氏が山の理解のために「山の花摘みに」「幻影その他」「樏とスキーの話」「龍の話」と山の物語を進め、「小柴をもちて」の章にて、島の綠、南九州の植物と鳥、小柴をもちて、雪の高原とタモの木、を含む民俗の緻細な觀察を行つてゆく。而して紀行編は、津輕行、三信國境と天龍川の旅、大和十津郷と東紀州の旅、南薩摩の旅、南薩摩の言葉とその説明、南信州治部坂峠から伊良胡岬へ、大隅內之浦記、の諸章は、民俗學的な採訪として書かれたものであり、その觀察を內面からうらづけてゐる思については、澁澤敬三氏の序文が深き理解をその人に表明し、早川孝太郎氏の跋文は、採訪の心理とそれを實行する思想について、多くの自己の批判を語つて高橋氏への理解を明かにしてゐる。かくの如く、本書はたゞに採訪記として讀者のカードにぬき取られるためのみの書ではない。かゝる民俗觀照の實修とその思想的裏づけは、より多くのより廣きエポツクを、登山と採訪の態度に深く自覺せしめようとしてゐる思想の、つゝましやかなモノローグであると思はれる。（價一圓八十錢・山と溪谷社刊）（**明石**）

○**アイヌのキケウシパシュイ**（アイヌのイナウの研究Ⅰ）　人類學雜誌第四十八卷第七號に河野廣道氏は、美麗な寫眞圖版及び挿圖を以て、まづ之の物の概念を説明し、次に1.余市アイヌ（蓮星家）の例、2.余市アイヌ（西村家）の例、3.忍路アイヌ（無江家）の例、4.千歳郡千歳村ウサクマイの例、5.千歳村蘭越の例、6.白老アイヌの例（宮本家）、7.白老アイヌの例（熊坂家）、8.沙流川沿岸アイヌの例、9.沙流川沿岸アイヌの例、10二風谷アイヌの例、等十九例を擧げ文獻に紹介されたるもの三例を加へてゐる記述である。（**明石**）

○**琉球諸島に於ける民家の構造及風習**　考古學雜誌第二十三卷第五卷に宮良當壯氏が書かれた。二十頁の、まとまつた報告である。（**明石**）

□前月號本欄の國學院大學方言學會講演會の記事中の薩摩俳句は肥後狂句の誤と講演者から御注意をうけました。誤記訂正旁々右の次第御詫び申ます。

編輯後記

われら無學にも拘らず學會の事務を遂行するにその與へられた責務をはたすに於て謙讓の美德を知らず而も恥としない。亦「自己」を固執せずして自己の存在理由を自己の外に之を求めるのみの故である。その行跡の幼稚を戒むるに於ては從つて之に學ばんと欲するも、戒むるに非ずして、之を事後に否定し障害し、事務の遲溜を致せしめて、學會の爲めといはんか、名は遠大の美麗を爲すといへど、その叱責の言辭いさゝか眞理に微笑する如しとも、『溺者は笑はざるに非ざるなり』と言へやう。その心樂しきに在るためではなかつた、と斷じられやう。われらは元より學問の自覺に於て一學生にすぎず、その目的とする所は唯事務の圓滑のピストンの如きを欲するのみである。之慾を障げられて怒りを感ずるは、亦われらの全存在理由にかゝはるがためである。高貴に居らざれば顚倒するも危しとしない境涯でしかない。一個の作用機關に過ぎざる自覺を確く有するのである。この機關たるの自覺を「慾」とし、慾を得ざれば怒るのみである。

われらピストンの圓滑を得ず、執筆の、讀者の諸卿にこの甚しき發行遲延のおわびを申し上げればならない事を苦痛とずるものであります。

九州地方資料はこの號を其の二として以後月を置いてなほつゞきます。八木氏のは分載で、前號のと前後してをりますが、その失禮と讀者の皆樣の不便とは知りながら鋏を入れさしていたゞきました。楢木氏の御報告にしばらくでお目にかゝります。

中川太郎氏は惠まれた鄉土をもつて、今後採集の事に專心されることを祝福いたします。佐々木彥一郎氏の御紹介です。山口氏の『簪私考』は論文といふ可きものながら、編輯部の理想的な寄合咄として頂きました。小山榮三先生の論文は八月號に收めるはづのところ、この七月にくり上げていたゞきました。

民俗學同好會の誕生を初め、アチツク・ミューゼアムの擴張等よろこばしく活動の新鮮を豫想されるこの夏です。松本信廣先生の河内行きを御壯健にてとうれしく申し上げられる。この夏は在京の方々も山や海への思ひ〳〵な御採訪と存じますが、磯は青くてのつぺらぼうで、山は夏草のいきれがいたします。早く銀座へお歸りなさいまし。

（明石）

△原稿、寄贈及交換雜誌類の御送附、入會退會の御申込會費の御拂込、等は總て左記學會宛に御願ひしたし。

△會費の御拂込には振替口座を御利用ありたし。

△會員御轉居の節は新舊御住所を御通知相成たし。

△御照會は通信料御添付ありたし。

△領收證の御請求に對しても同樣の事。

昭和八年七月　一日印刷
昭和八年七月二十五日發行

定價金六拾錢

編輯兼發行者　小山榮三
東京市神田區表猿樂町二番地

印刷者　中村修二
東京市神田區表猿樂町二番地

印刷所　株式會社開明堂支店

發行所　民俗學會
東京市神田區駿河臺町一丁目八ノ四
振替東京七二九九〇番
電話神田二七七五番

取扱所　岡書院
東京市神田區駿河臺町一丁目八
振替東京六七六一九番

MINZOKUGAKU

OR

THE JAPANESE JOURNAL

OF

FOLKLORE & ETHNOLOGY

Vol. V July, 1933 No. 7

東亞民俗學稀見文獻彙編・第二輯

CONTENTS

PUBLISHED MONTHLY BY

MINZOKU-GAKKAI

8, 1-chome, Surugadai, Kanda, Tokyo, Japan.

第五卷 第八號

昭和八年八月

民俗學會

民俗學會會則

第一條　本會を民俗學會と名づく

第二條　本會は民俗學に關する知識の普及並に研究者の交詢を目的とす

第三條　本會の目的を達成する爲めに左の事業を行ふ

イ　毎月一回雜誌「民俗學」を發行す

ロ　毎月一回例會として民俗學談話會を開催す
　但春秋二回を大會とす

ハ　隨時講演會を開催することあるべし

第四條　本會の會員は本會の趣旨目的を賛成し（會費半年分參圓壹年分六圓）を前納するものとす

第五條　本會會員は例會並に大會に出席することを得るものとす講演會に就いても亦同じ

第六條　本會の會務を遂行する爲めに會員中より委員若干名を互選す

第七條　委員中より幹事一名、常務委員三名を互選し、幹事は事務を執行し、常務委員は編輯庶務會計の事を分擔す

第八條　本會の事務所を東京市神田區駿河臺町一ノ八に置く

附　則

第九條　大會の決議によりて本會則を變更することを得

委　員

石田幹之助　宇野圓空　折口信夫
金田一京助　小泉鐵　小山榮三
松村武雄　松本信廣（以上在京委員）
秋葉隆　移川子之助　西田直二郎
（以上地方委員）

前號目次

昭和八年八月十日發行

民俗學

第五卷
第八號

目次

石戰考

孫晋泰

石戰は恐く二十五六年前までは朝鮮の各地に遺存してゐたであらう。文字の上では石戰と謂ふ、故に英米人は之を譯して stone-fighting と爲す。俗には便戰(ピョンサホム) (pyön-ssahom) と云ひ、サホムは鬪爭戰等の朝鮮語、ピョンは方側部等を意味する邊の音訛で、便は同音の當字であらうと思はれる。今西洋人側の記錄を數三紹介すれば、W. R. Carles, Life in Corea, London, 1887, p. 173. には "At certain times of the year leave is given them to fight, and for about three days a war of stone, is carried on between the townsmen and country-folk. If a man is killed, his death is regarded as an unavoidable accident, and the authorities take no notice of it." とある。H. S. Saunderson, Notes on Corea and its People, (Journal of the Anthropological Institute of Great Britain and Ireland, vol. XXIV, pp. 299—316, London, 1895.) にはその Amusement の條に "Their most extraordinary form of amusement, however—if indeed it can be called amusement—is stone-fighting. Every spring, leave is granted to the people to fight with stones, and the men (and even boys) proceed to open spaces where there are plenty of stones. There they form sides—usually town *versus* country—and have regular pitched battles. Every year quite large numbers are killed, and the wounded are legion. I have never been able to discover the origin of this curious practice."(p. 314.) と云つてゐる。歐米人は此の異常なる行事を朝鮮獨特のものと考へ、その起因に就いて全く想像することが出來なかつたらしい。朝鮮の事情に詳しく 'The Korea Review' の發行者であつた Homer B. Hulbert の如きもその著 'The History of Korea,' Seoul, 1905, vol. 1, p. 276. に於いて此の行事をば unique のものとし、且その起源に就いては、朝鮮の一部識者間に傳へられてゐる俗說だらうと思はれるのを記るして、之を奇癖の所有者であつた高麗末年の暴君辛禑に由つて創められたるものと云ひ、又其著 'The Passing of Korea,' London, 1906, pp. 276—7. に於いては、此の石戰は始め辛禑の宮殿內に行はれたが漸次民間に行はれるやうになつたものであると云つてゐる。文献には「高麗史」辛禑六年五月の條に「禑欲觀石戰戲」の句が最初のものとして見出されるので或說者は之を直ちに好奇者辛禑の創始とし、Hulbert はそのまゝその說を信じたものであらう。けれども毋論之は俗說に過ぎないものである。私は次に此の石戰が何時頃からどういふ目的で行はれ、その後如何樣に之が變遷してゐるかといふやうなことに就いて述べて見たいのであるが考究の便宜上私は民俗より文献に遡る方法を取りたいと思ふ。

便戰卽ち石戰戲は前述の如く二十五六年前までは朝鮮の各地に遺存したものと思はれる。今全羅南道麗水の老人金應洙氏の話を聞くに、麗水では秋の收穫を畢へる舊曆十月より始まつて翌年三月までの農閑期の間に晝夜の別なく隨時之が行はれ、俗に石便戰（sökpe ssaum = sök pyön ssahom 石便戰の訛りであらう）と謂はれた。東西兩方(兩便)に分れて常に先づ子供達より始まつて次第に大人達の戰鬪となる。彼等は戰ひに赴く際、頭には鉢卷を爲し、足には襪の代りに布を卷き(之を卷足と謂ふ)、袴は膝より下を紐にて縛り、冠・周衣等を脫棄て、身を輕くして陣地に向つて走るのであるが、その時彼等は次の如く叫んで鬪志を激成する。「箭筒のやうな腕で、チョレ（意味不明）のやうな拳で、一つの頭を擊てば、二つに頭がぱんと割れるぞ、それっ！」(chön-tong kateun poltte ro, chore kateun chumuk euro, han kol eul tteri myön, tu kol i ttök pörö jinda, u uh!) 又海州の或老人の話に據れば、黃海道の平山・白川地方では每歲の正月十五日以內は每日の如く便戰が行はれた。昔年は夜行はれたと云ふが近年は專ら晝間行はれた。常に先づ雙方の兒童達に依つて始められるのであるが、敵味方は或は村にて分けられ、或は川にて分けられるなど前々より定まつてゐる。そして村外の野原に出で、子供達の後を受けて本當の合戰となるのであるが、こゝにも兩班・賤民の別があつて、兩班は先づ自分達の奴僕なる賤民達をして合戰を行はしめ、彼等は背後に在つて助勢應援をするだけである。けれども若し奴僕達が敗られゝば之に代つて兩班達が陣頭に立ち奴僕達は雙方共に休戰して兩班同志の合戰となる。勝つた方の奴僕達までが引込んでしまふ理由は、兩班が彼等と戰ふことを欲しないのと、若し彼等が兩班を傷けた場合彼等は後日捕へられて笞罰を受けねばならぬことなどである。石戰と云つても單に雙方石を投げ合ふのではなく、戰ひに際して彼等は種々の戰術を用ゐ、背水陣とか長蛇陣とか長蛇陣に左右翼を作るとか、その色々の陣形と戰法とを有し、味方の石は成るべく使はず、敵の石を缺乏させて勝ちを得ることもある。それ故に本當の石投の名人は善く敵の石を避けることを第一とし、一日中僅かに數石を用ゐるのみで、しかもその數石は必ずその數だけの敵を斃すのでなければならない。戰ひは毎日繰返され、或は敗れたり或は勝つたりして勝負は最後の日の大接戰に依つて決せられるのであるが、毎日の勝敗の中にも、例へば晝間敗れた方は夜潛かに敵の村に入つてその長老又は首領の如きを奪ひ來つて、或は之に侮辱を加へ或は之を打つて返す。すると敵も亦潛かに夜襲して來て長老に詬辱を加へる。これがために村中に於いて小競合が見られることもないではないが、村落の中に於いて石戰を行ふことはない、けれども戰ひの最中若し敵が村落内に逃入つて抵抗すれば味方は之を追擊して之がために民家が破壞されることもあり、之が激すれば村落内に闖入して放火破壞を爲すこともある。それ故に逃げる者は必ず山の中に入る。山に逃れば大抵之を追跡するの不利を知つて、麓にてその下山を待つか、又は鬨聲を擧げて引揚げてしまひ、而して次の戰ひを練るのである。此の戰ひに於いての死傷者は訴へる處を有たず唯だ味方の者達に依つて慰められるのみである。捕虜は一晩置いて翌日は返す慣ひである。又平安道に於いて最も石戰の盛んであつた處は平壤であり、最後の正月十五日には平安監使（今の知事）が觀戰に出たものである。當時平壤人は頭上に石に打たれた傷を有たないと之を男子の恥辱と感じ、敵に負けて家に逃歸る者は母が之を追返したさうである。

記錄に就いて見るに、正祖朝の人柳得恭の「京都雜志」卷二石戰の條には「三門外・阿峴人、飛石相鬪於萬里峴上、俗云三門外勝、則畿内豐、阿峴勝則諸路豐、龍山・麻湖惡少、結黨救阿峴、方其酣鬪、時喊聲動地、破額折臂、亦不悔也、當部往往禁斷、城中群兒、亦傚而爲之、行人皆畏石回避、按唐書高麗傳、毎年初、聚戲浿水之上、以水石相濺擲馳逐、再三而止、此爲東俗石戰之始」とある。これは京城郊外に於ける石戰の光景であつて歲の豐凶と關係を有してゐる。そして柳得恭は唐書高麗傳を引いて之を石戰の始まりとしてゐるが、これは「隋書」八一高麗傳に見える「毎年初、聚戲於浿水之上、王乘腰輿列羽儀以觀之、事畢、王以衣服入水、分左右爲二部、以水石相濺擲、諠呼馳逐、再三而止」を引いたものであつて唐書は隋書の誤りである。しかし乍ら柳得恭が云へる如く此の隋書の記事が朝鮮石戰に就ての最古の記錄であることは間違ないやうである。が、それは姑く措いて此の「京都雜誌」に少し遲れて純祖の朝洪錫謨の手に編撰された「東國歲時記」正月上元邊戰の條は「京都雜誌」の此文に敷衍して「三門外及阿峴人、成群作隊、或持棒或投石、喊聲趕逐、爲接戰狀於萬里峴上、謂邊戰、以退走邊爲負、俗云、三門外勝則畿內豐、阿峴勝則諸路豐、龍山麻浦惡少、結黨救阿峴、方其酣鬪、呼聲動地、纏頭相攻、破額折臂、見血不止、雖至死傷而不悔、亦無償命之法、人皆畏石回避、掌禁該司、另行禁戢、而痼習無以全革、城內童竪、亦效而爲之於鍾街・琵琶亭等處、城外則萬里峴雨水峴、爲邊戰之所、安東俗、毎年正月十六日、府內居民、以中溪分爲左右、投石相戰、以決勝負、兩西俗、上元亦有石戰之戲、按唐書高麗傳、毎年初聚戲浿水之上、以水石相濺擲馳逐、再三而止、此爲東俗石戰之始」と云つてゐる。（こゝに云へる唐書も毋論隋書の誤りで「京都雜志」の文をそのまゝ用ゐたゝめであらう）。慶尙北道安東府の石戰を記し、兩西卽黃海道及び平安道にも此俗あることを言つてゐる。邊戰は便戰同樣俗語 pyŏn-ssahom の當字であらう。

以上述べた所は石戰が國民遊戲（前記西洋人等は不可思議なる amusement 又は奇怪なる sports と稱してゐる）として又年中行事の一として行はれた近世の事に就いてゞあるが、斯く石戰が年中行事と成つたのは可なり古い昔からであつて、前引「隋書」高麗傳（高句麗也）に據ると、毎年の初め平壤民は二部に分れ大同江上に於いて水石にて相濺擲し諠呼馳逐した、これを王は羽儀を列べて觀戰したのである。之は明かに年中行事として行つたのであり、前年まで盛んだつた平壤の上元に於ける石戰戲は實に高句麗時代の遺習であつたのである。又「高麗史」卷一三四・辛禑六年五月の條には「禑欲觀石戰戲、知申事李存性諫曰、此非上所當觀、禑不悅、使小竪毆存性、存性趨出、禑取彈丸射之、國俗於端午、無賴之徒、群聚通衢、分左右隊、手瓦礫相擊、或雜以短梃、以決勝負、謂之石戰」とあり、同書卷一三六・辛禑十三年五月の條には「禑觀石戰戲於蔦巖、翼日亦如之」とある。高麗末に石戰は全く遊戲的年中行事化し、唯だ五月端午に之が行はれてゐる。然らば石戰は單なる國民遊戲又は娛樂であつて實用目的は全然無かつたのであらうかどうか。

「新增東國輿地勝覽」卷三二・金海・風俗の條に「(新增)好石戰、每歲自四月八日、兒童羣聚、習石戰于城南、至端午日、丁壯畢會、分左右、竪旗鳴鼓、叫呼踴躍、投石如雨、決勝負乃已。雖至死傷無悔、守令不能禁、庚午征倭時、以善投石者爲先鋒、賊兵不能前」と云ふのが見える。庚午征倭の事は今之を詳かにする能はないが、戰爭に際して投石者を用ゐたことは明かである。こゝに於いて自から生ずる問題は、金海の此の一事が果して臨機の例外事であつたか、それとも朝鮮には戰爭に投石者を軍の一部として用ゐるのが尋常の例事であつたらうかといふのである。そこで「高麗史」を見るにその卷八一・兵志の別號諸班の條並に五軍の條には石投班・石投軍といふのが見出され、「三國史記」にはその卷四〇・職官志武官の條に、法幢監の中に石投幢といふのがあり、法幢火尺軍の中にも亦石投幢がある。此の石投班・石投軍・石投幢なるものが石を投げる軍であつたことには相違があるまいと思ふ。けれどもこれが果して石戰戲の場合に於けるそれと同じく、小石を手に取つて敵に向つて投付けるものであつたか、或は砲車の如きを以て大石を飛ばす砲軍であつたかといふことに就いては若干疑ひがないでもない。砲車又は拋車が元來どの民族の物であつたかは姑く別問題とするが、これは昔から支那には勿論のこと(註)、朝鮮にも存してゐたのである。支那の事は註の中に述べるが朝鮮の事は例へば「三國史記」卷五・新羅本紀・太宗武烈王八年五月九日に「高句麗將軍惱音信、與靺鞨將軍生偕合軍、來攻述川城、不克、移攻北漢山城、列拋車、飛石所當、陴屋輒壞、云々」と見えることや、「高麗史」八一・兵志五軍條に「德宗元年三月、尙舍奉御朴元綽、請令有司作革車繡質弩雷騰石砲、云々」と見える石砲等に依つてそれを知ることが出來る。由つて、新羅の石投幢と高麗の石投軍とが或は斯の如き拋車・石砲の軍を指すのではあるまいかとも疑はれるからである。けれども、投は手にて投げる意味の文字であつて、機を以て石を飛ばしたり弾いたりすることに此の投の字が用ゐられてゐやうはずはない。このことは次に述べる投石軍が實戰に用ゐられたる證跡に據つて更に明かにされるであらう。即ち我々はそれを李朝の實錄に依つて略ぼ明かに知ることが出來るのである。

「太祖實錄」の中から石戰に關する記事を擧ぐれば、二年五月丙午（二日）[巻三、七丁裏十行]には「上登淸心亭、觀擲石戲」とあり、三年四月庚午朔[巻五、十七丁表七行]には「命募城中擲石戲者、名擲石軍」とあり、同三年五月癸卯（五日）[巻五、二十丁表五行]には「上坐東京廳、觀擲石戲」とあり、六年五月丙辰（五日）[巻十一、十四丁表三行]の條には「上登隆武樓、觀擲石戲」とあり、六年七月庚申（十一日）[巻十二、一丁裏六丁至八行]には「遣順寧君枝商・議中樞院事天祐・僉節制使全英富・張哲等、於海路率甲士・擲石軍、騎船追捕倭寇」とあり、同六年八月壬寅（二十三日）[巻十二、四丁裏十一行至十二行]には「以前判事鄭漸、領擲石軍及召募軍、乘船捕倭、幸龍山江、親見之」とあり、七年五月辛亥（五日）[巻十四、一丁裏十二行至十四行]には「幸宮城南門、觀擲石之戲、節制使趙溫、領擲石軍、判中樞院事李懃、領諸衞隊副、分爲左右、相擊至于日晩、死傷頗多」とある。是に由つて見れば、太祖の時、其の所謂擲石戲なるものは高麗史の謂ふ石戰戲、近世人の謂ふ石戰・便戰・邊戰等と同一にして、一種の年中行事としては五月端午に行ひ、國家有事の際は彼等を用ゐて軍兵と爲したのであり、年中行事として之を行はしむる場合と雖も、それは單なる遊戲としてばかりでなく、同時に實戰演習の一つとして行つたことが判るのである。この事は「世宗實錄」中に見える次の諸記錄に依つて更にその詳細を知ることが出來る。即ちその元年四月戊子（十四日）[巻三、三十三丁表自三行至五行]には「宣旨、擲石人驍勇可用、太祖時作隊、近來廢絕、今令自募作隊、工商賤隷、則復其家、良家子弟、則叙用」とあり、三年五月癸亥（二日）[巻十二、一丁表五行至六行]には「上王欲入京觀石戰戲、朴訔曰、恐勞聖體、上王曰、石戰予之所樂觀也、若觀此戲、安知疾之愈也」、同甲子（三日）[自七行至八行]には「上王遣兵曹叅判李明德、募石戰人數百、分爲左右隊」、同乙丑（四日）[自一丁表十行至裏十行]には「上王謂兵曹代言司曰、今日予欲與主上觀石戰、主上固辭、予以爲去春講武、亦與偕行、今觀石戰、非戲事、乃是武才也、且予獨往、則寂寥無與談論、卿等之意、以爲何如、兵曹判書趙末生等啓曰、臣等之意亦然、殿下獨往、而主上不從行、實爲未便、上不得已奉上王、幸鍾樓、觀石戰、宗親・入直摠制・兵曹堂上・六代言、侍觀樓上、仍置酒、左爲防牌、三百餘人、右爲擲石軍、一百五十餘人、擲石軍高麗所設、而近年罷之、今復收奮卒、且募人以充之、指揮鼓噪而合戰、防牌每不勝奔走、摠制河敬復・郭承祐・權希達・朴實・上護軍李澄石・大護軍安希福等、率騎士擊之、又奔北、敬復中石傷鬢、朴實爲衆所擊、力窮語人曰、汝輩見我玉環子、乃得免、擲石軍又奪澄石所騎馬以進、上王曰、敬復等無乃大傷乎、敬復等曰、雖敗不傷、强起上樓、上王問防牌曰、何故每不勝、防牌等跪曰、落照眩眼、風塵滿面、視石甚難故耳、命易地而戰、禁擲石、令以杖相擊、防牌又不勝、上王曰、防牌予以爲步卒之健壯者、實是懦弱無勇者也、選擲石軍四十餘人、以助防牌、當路而戰者、但擲石軍而已、防牌皆逃匿、其不逃匿者、但呼噪以助聲勢耳、上王下令曰、被擊顚仆者、愼勿再擊、以致死傷、且命醫視傷者救之、抵暮而罷」とあり、同丙寅（五日）二丁表三行至十行 には「上王親命李原・趙涓・李和英、爲三軍帥、賜織紋旗、軍士旣聽令、無敢失伍亂行者、旣而命解嚴、仍觀石戰、以擲石軍、分爲左右隊、募善戰者充之、左立白旗、右立靑旗爲標、相去二百餘步、令曰、毋敢越旗、窮逐以奪旗爲勝、勝者厚賞、左强右弱、每不勝、權希達・河敬復、與騎士擊之、左軍固拒、石如雨、希達中石墜馬而走、騎士憤之、呼叫逐之、左軍潰、乃奪白旗以獻、上王召左軍牌頭方復生曰、奪旗辱也、宜更戮力、復生等奮擊大勝、置酒樓下奏樂、宗親・議政・六曹判書等侍、賜擲石軍酒肉、賞緜布百匹・正布二百匹・楮貨四千張」とあつて、防牌と擲石軍との戰鬪狀況を彷彿たらしむるのみならず、石戰が如何に戰爭に役立つべきかを如實に物語つてゐる。（摠制河敬復が勢窮して指したといふ玉環子は官品を表はす頭上網巾の裝飾である）。尙ほ野人女眞を防ぐに擲石軍を用ゐたことは「世宗實錄」十八年閏六月癸未 卷七三、七丁表末行 の條に、四品以上の官が奉つた制寇の策を平安道都節制使に送つた文の中に「賊若敢近、則或放火、或擲石、多方以禦之」とあることに據つて明かである。更に又此の石戰は明の使臣の觀覽にも供したやうで、同じ「世宗實錄」八年五月甲午朔 卷三二、十五丁表十三至十四行 には「兩使如慕華樓、觀擲石戲」とあり、同丁酉（四日）十六丁表二行 にも「兩使如慕華樓、觀擲石戲」と見え、同九年五月庚寅（三日）卷三六、十一丁表十四行十五行 には「三使登鍾樓、觀石戰戲」とあり、同辛卯（四日）同裏二行 にも「三使臣登鍾樓、觀石戰戲、終日乃罷」とある。

此等太祖及世宗の實錄に據つて見ると、李朝の初めは高麗同樣五月端午に石戰戲を行ひ、何等かの都合に依つては端午の直前數日間に之を行つたらしく、又或は數日續行することもあつたらしいが、端午には終止したものと思はれる。壯丁の會戰前に子供達が之を眞似てやることは當時にも毋論あつたらうと推想されるが典據を見出すことは困難である。高句麗が之を歲初に行ひ、高麗末と李朝の初が之を端午に行ひ、李朝の末が再び之を正初（上元）に行ふやうになつたのは擧國的休日である斯る名節を擇んだ以外殊に他意あるものではあるまい。而して又、李朝の初めまで斯く屢々實戰に用ゐられた擲石軍（新羅の石投幢や高麗の石投班・石投軍等も恐く擲石軍であつたに相違あるまい。上引世宗實錄卷十二、三年五月乙丑條にも擲石軍高麗所設と見える）はその後實戰より遠ざかれ、專ら年中行事の一としてのみ遺されるやうになつたのであらう。であるから政府はその弊害を除かんとして屢々之に禁令を出したものであらう。

如上の智識を以て我々が「三國史記」中に見出される次の傳說を讀むならば、その石堆なるものは攻戰用として堆積せられてあつたものなることが略ぼ認められるであらうと思ふ。卽ちその卷一・新羅本紀南解次々雄十一年の條に「樂浪謂內虛、來攻金城甚急、夜有流星墜於賊營、衆懼而退、屯於閼川之上、造石堆二十而去、六部兵一千人追之、自吐含山東至閼川、見石堆、知賊衆乃止」といふのがある。これは恐く史實ではあるまい。けれども我々は此の說話が慶州南の閼川の上に存した多數の石堆に由つて造られたであらうことだけは認めて然る可きであらう。果して然らば斯る石堆は何が爲めに造られたか。それらを造れる者が果して樂浪人なるか、或は又新羅人なるかは今知る能はずと雖も、それらは恐く實戰に際して投擲し以て敵を傷けるために集堆せられたものであらうと解されるのである。

以上述べた所を要約すれば、戰爭に際して兵卒が機を用ゐず手に石を取つて之を敵に投擲することは高句麗・新羅の昔より既に存し、高句麗では每歲初國王親臨の下に大同江上で實戰演習としての年中行事が行はれ、これは高麗を經、李朝の初期まで續行されて（但し端午に行はれた）、新羅・高麗・李朝初何れも石投軍なるものを組織して實戰に之を用ゐた。高麗末には若干遊戲化されてゐたかに思はれるが、李朝初には再び攻戰演習として行はれた。けれども李朝の末に入つてからは唯だ年中行事としてのみの所謂る石戰戲となつて遺され、今日では既に全くその痕跡を絶つてしまつたのである。

さて最後に我々の問題と爲す可き所は此の石戰の民俗學的意味である。古代に於て凡そ民族の或る行爲が集團的行事と成る場合、それに宗教的意味が自から生ずることは言ふまでもない。高句麗や新羅の昔に於ても恐くは何等かの宗教的意識の下に此の行事が行はれたのであらう。けれども今はそれを知る由もない。しかし乍ら、こゝに若干の想像が許されるならば、彼等はその固有宗教に於いて特殊なる軍神なる者を有たなかつた。彼等は最も山神を崇拜し、最も祖先を崇拜した。それらの神々は彼等の生産と生命とを護り、又國土を護る神々であつた。彼等は恐く斯の如き彼等が最も崇拜する諸神の前に於いて石戰の武を練り以て諸神を歡ばしめ、その加護に依り戰勝を念願したものであらう。而して當時此の行事は農業とは全く關係のないはずのものである。然るに「京都雜志」には「三門外勝則畿內豐、阿峴勝則諸路豐」といふ占歲思想が現はれてゐる。歲の豐凶を占ふに當り之を畿內と諸路とに分つたのは、京城が一國の中心であるといふ政治的思想の所産であらうけれども、斯く此が單なる占歲行事と見做されるやうになつたのは、如何に之を說明すべきであらうか。思ふに、民俗上歲の豐凶を占ふに勝負事を以てすることが色々ある。例へば綱引き（索戰）・角力・擲柶・鬪牛等皆さうである。此等年中行事と雖もその悉くが最始から占歲行事として生じたのではない。後世さういふ風に思想的變展を來たしたものもある。が、そのことは姑く置いて、兎に角年中行事上の勝負事は多く占歲思想と結付けられてゐる。そこで、石戰が戰爭思想と緣が薄らいで來るに隨つて、之は單なる勝負事としてのみ見做され、他の勝負事と類推されて、こゝに農事の豐凶を占ふ年中行事の一つと考へられるやうになつたのではあるまいか。果して然らば此は決して石戰が有つ本來の民俗學的意味ではなかつたのであらうと思ふ。尙ほ勝負的年中行事を以て歲の豐凶を占ふことに就いては他の機會に之を述べて見たいと思ふ。

9 註 機を以て石を發して敵を撃つものを支那に於いて古くは礮（俗作砲）又は石車、中古には拋車と稱したらしい。今その數例を擧ぐれば「後漢書」百四上袁紹傳に「曹操乃發石車、擊紹樓皆破、軍中呼曰霹靂車」とあり其の注に「卽今之拋車也」とある。礮は拋に通ずるのであらう。又「舊唐書」一九九上高麗傳には「時李勣、已率兵攻遼東城、高麗聞我有拋車、飛三百斤石於一里之外者、甚懼之、乃於城上、積木爲戰樓、以拒飛石、勣列車發石、以擊其城、所遇盡潰、又推撞車、撞其樓閣、無不傾倒、云々」とある。又支那に於ては拋車を以て石を發する外に、朝鮮の如く手にて石を投擲することも古くは攻戰に用ゐられたものと思はれ、例へば「史記」七三王翦傳には「少而好兵、事秦始皇、…王翦東代李信擊荊、荊聞王翦益軍而來、乃悉國中兵以拒秦、王翦至、堅壁而守之、不肯戰、荊兵數出挑戰、終不出、王翦日休士洗沐、而善飮食撫循之、親與士卒同食、久之、王翦使人問軍中戲乎、對曰、方投石・超距索隱曰超距猶跳躍也於是王翦曰、士卒可用矣、云々」とある。この投石と超距とは戰時に必要な戲びでなければならない。であればこそ王翦は自分の兵卒を賞めたのであらう。又「漢書」七〇甘延壽傳には「少以良家子、善騎射爲羽林、投石・拔距、絕於等倫、嘗超踰羽林亭樓、由是遷爲郎試、弁爲期門、云々」とあり、其の注には「應劭曰、投石以石投人也、拔距卽下超踰羽林亭樓是也、張晏曰、范蠡兵法、飛石重十二斤、爲機發行三百步、延壽有力、能以手投之、拔距超距也、師古曰、投石應說是也、拔距者、有人連坐、相把據地、距以爲堅、而能拔取之、皆言手掔之力、超踰亭樓、又言其趫捷耳、非拔距也、今人猶有拔瓜之戲、蓋拔距之遺法」とある。拔距に對する顏師古の說は思ふに誤りであつて、投石と共にそれは戰時に必要なる武技でなければならない、由つて私は應劭・張晏及び索隱の說を正しいと思ふもので、それは跳躍の武技であつたのであらう。それは何れにしても、投石は明かに石を敵に投ずることで、王翦の士卒は戰時の少憩を利用してそれを練習し、甘延壽はその技の絕等なるを以て武人として出世したのであるから、漢代まで投石は攻戰具として實際に用ゐられてゐたに相違あるまいと思はれるのである。尚ほ今村鞆氏の「歷史民俗朝鮮漫談」中の「日本竝に朝鮮の石合戰」の文御參讀ありたい。

○此文は昭和七八兩年度帝國學士院の學術研究費補助に依る「朝鮮民俗資料の蒐集竝に其研究」の一部である。

寄合咄

淡路の人形淨瑠璃に就いて
―特に竹内氏の所説を論ず―

私の村には、操人形の座がある。小林六太夫座と云ふ。而して私の村には、小林六太夫座のほかに、中村三太夫(註一)と云ふ座もあつた事が墓石に依つて發見された。又、小林六太夫座の墓石を調べた所が近松門左衞門の歿した歳、卽ち享保九年の石碑があり、又それ以前の石碑もあると、私の兄が言つてゐるから、小林六太夫の座は相當に古い座であると云ふ事が出來る。

淡路國名所圖繪卷之五に

南光(なんくわう)。同(鮎原)南谷村にあり、西村の境也。則土地の畝號によべり。此地は傀儡子の魁首小林六太夫と私稱して其徒居住す。世俗此畝號を用ひて南光部(ぐみ)とよぶ。其婦妻のものは死靈の占(うらかた)を業とす。是をたゝき神子(みこ)といふ。梓(あづさ)神子(みこ)のたぐひなりとぞ。

とある。

第一圖　小林六太夫座の居住地〔南光〕(昭和七年二月十八日撮影)

上の名所圖繪には『同南谷村にあり』とあるが、今は西村に『南光』があるのである。卽ち『南光は淡路國鮎原村のうち西村にあり』と、訂正せねばならないのである。その『西村』が、私の生れた土地なのである。故に私は小さい時から人形芝居は常に見て來たのである。

正月は旅する
人の歸りけり
白巣

全く、小林六太夫座の人々は每年正月になれば、旅から歸つて來る。そして舊正月には、彼等は『かどいで』なるもとに、氏神(縣社河上神社天滿宮)の境内に於いて、二日間

第二圖　門出で芝居（昭和七年二月二十八日撮影）

第三圖　門出で芝居の樂屋（昭和七年二月二十八日撮影）

の興行をするのである。これは公開芝居にして一般村人達に見て貰ふ爲である。卽ち彼等は彼等の『門出で』を祝福しての芝居なのである。この時村人等は『はな』と稱して、いくらかの金を紙につゝんで、はなむけとするのである。此の如くにして私は常に人形芝居を見て來たのである。而して又、私は人形芝居につきものとしての淨瑠璃をも聞いて來たのである。

近年、操人形の研究が盛になり、雜誌『民俗藝術』は第二卷第四號（昭和四年四月號）に於いて『人形芝居研究』を發表した程である。その他諸雜誌に操人形の研究が發表されたが、吉井太郎氏の『傀儡師の研究特にこれの道祖神信仰に就きて』（兵庫縣皇典講究所雜誌・大正元年所載）や、志田義秀氏の『西の宮淡路京都の操の關係』（國語と國文學・大正十五年五月號所載）等は吾人として見るべきものであつた。

扨、竹內勝太郎氏が雜誌『民俗藝術』第三卷第七號（昭和五年七月號）に於いて『淡路人形座訪問』なる一文を載せてゐるが、私はこれに就いて少しく論じたい。その中に、

處がこの義太夫節淨瑠璃が如何にして淡路へ這入つて來たかと云ふと、これは大阪から直接にではなく、反對に阿波德島方面から來たものらしい。何故なら第一に淡路では義太夫節のことを阿波淨瑠璃と云つてゐる。第二に淡路に於てこの淨瑠璃の最も盛んな土地は福良であり、近松の「國性爺」の如き古曲の大物は、洲本その他では既に語り得る人がなくなつてゐるのに、福良にはそれが尙立派に殘つてゐる、などのことを考へ合はすれば、私はさう云ふ結論に達せざるを得ないのである。福良は僅に鳴門海峽を隔てゝ阿波と隣接してゐる。阿波と義太夫との關係の密接であつたことは云ふまでもないが、これは阿波德島の如き大藩の持つ文化圏の强大な力は、淡路の小藩を飛び越えて直接に京阪の文化中心と接觸を保ち、その影響を受けることが遙に迅速で且つ深かつたに違ひない。そこで義太夫節は先づ德島に入り、更に之れが阿波淨瑠璃となつて福良に渡り、漸次洲本・由良・岩屋と淡路全島にひろがつたのではなからうか。そしてこの阿波淨瑠璃は福良・洲本の中間にある市村字三條に於て人形操と結合することに依つて當然其本源の竹本座の人形操をも移入する事になり、玆に淡路の人形淨瑠璃が誕生した譯であらうと考へられる。尙淡路と大阪文樂座との關係は、地元では淡路から文樂座が生れたと信じてゐる。卽ち文樂座は文樂翁の創設にかゝるものであり、文樂翁と云ふのは淡路假屋の人であると云ふ。私は尙この點を明かにする暇がないが、假令これが全部事實であるとしてもそれは阿波淨瑠璃渡來後、遙に後のことであるに違ひない。卽ち淡路の人形操は大阪に於ける竹本座豊竹座

の操發達後は多く之れの影響を受けつゝ今日の狀態にまで發達したものと信ぜられるのである。

かやうに見て來ると淡路の人形操座は先づ西宮の夷舞はしに依つて第一期の原始的生長を行ひ、次いで大阪の義太夫淨瑠璃に依つて第二期の大成的發達を遂げて、玆に完成を告げたものと推斷することが出來る。と論じてある。

右のうちに『何故なら第一に淡路では義太夫節のことを阿波淨瑠璃と云つてゐる』と書いてあるが、私は明治三十八年八月三十一日このかた、いまだかつて此の如き言葉を聞いた事はない。又、私の兄も此の如き言葉を聞いた事はないと言つてゐる。此處に於いて私は、私の村のみ『阿波淨瑠璃』なる言葉を用ひずして、他の村に於いて用ゆるのであるかもしれぬと思ひ、二、三心あたりの人に手紙を出した。又、村へ歸つた時、或は親類へ行つた時などに聞いてみたのであるが、然しながら此の如き言葉は聞く事が出來なかつたのである。文學博士宮地直一先生の著『神祇と國史』の『石淸水八幡宮と別宮との關係（鳥飼別宮を中心としての考察）』なる鳥飼村の人々にも聞いた。その氏子である文學士中野準一君も『阿波淨瑠璃』と云はぬと言つてゐる。又、淡路都志町の小學校訓導栗井正逸氏に就いても聞いたが、そんな事は言はないと言つてゐる。淡路國の一の宮伊弉諾神社（多賀村に鎭座）に奉仕してゐる、足立繁貴主典も『阿波淨瑠璃』と言はぬと言つて來た。

しかれば卽ち、鳥飼・都志・多賀・鮎原の諸村は最早『阿波淨瑠璃』なる語を用ひないと云ふ事を知る。しかしながら私は豊竹淀太夫翁に就いて(註二)『阿波淨瑠璃』の事を聞いてみた。淀太夫翁は本名を小林鹿吉と云つて、小林六太夫座の本家なのである。淀太夫翁は、その名の如く語りてなのであるから、たしかなものである。此處に於いても私は『阿波淨瑠璃』なる語を聞く事が出來なかつたのである。

淀太夫翁の先祖に、小林六兵衞と云ふ人があつた。それより六太夫座が生れたのであると、翁は話してくれた。又、その六兵衞と云ふ人が『日本第一諸藝諸道の司、小林六太夫藤原淸正と云ふ名を、吉田御殿(註三)からゆるされたと語られた。而して淀太夫翁が六兵衞より九代目の子孫なのであると。

小林六太夫座の人々の姓は、小林をはじめ上村・桐竹・若竹・濱田・吉田の諸氏にして、その頭であつた『六兵衞』が、自分の名の『六』を以つて『六太夫座』を起したものであらう。

しかしながら私は私の從兄、坂井賀一郎（俳號・葦溪）から淡路の或る地方は『阿波淨瑠璃』と云ふ所もある事を聞いた。其處で私は、淡路第一の都、洲本の中學校教諭田

中萬兵衞氏に聞いてみた。その人の返事に、

次にお尋の淨瑠璃の件

「淡路で淨瑠璃を阿波淨瑠璃と云ふ」といふ事は嚴密にいへば間違つてゐます。（勿論此の場合淨瑠璃といふ表現は狹義の方で卽ち義太夫節の意と解します）淡路は淨瑠璃の盛な土地で、素人でもなか〱うまい人があり一般人の耳も非常に肥えてゐます。さて淨瑠璃には大まかに見て（淡路で聞き得るものに）上方節と阿波節とがあります。これは節廻しの極めてデリケートな處にあるので文句も變らず丸本の節附のしるしまで同じですが聞いて見ると大分違ひます。そして今淡路に行はれてゐるものは阿波節卽ち阿波淨瑠璃で上方淨瑠璃は淡路ではあまり受けません。併し文樂座のそれなどは又淡路人の大に喜ぶ所です。

要するに淡路の淨瑠璃は阿波淨瑠璃が優勢だとは云へるでせうが御來示のやうには申されませんと思ひます。

と、右の如き返事を私はうけた。

此處に於いて淡路では、上方節と阿波節とが行はれてゐると言ふ事を知るのである。しかるに竹内勝太郎氏は『淡路では義太夫節のことを阿波淨瑠璃と云つてゐる』と斷定してゐる。

其處で私は上方節と阿波節とは如何なる相違點があるのかと思つた。私は小さい時から村の淨瑠璃を聞いては來たが、大阪或は阿波で聞いた事はない。阿波節を聞かんと思へば、阿波國へ行かねばならないのであらう。上方節を聞かんと思へば、大阪地方へ行かねばならないであらう。此處に於いて私は、豐竹呂昇の『壺坂』（コロムビア・レコード）を求め、また呂昇の愛弟子である豐竹昇之助の『阿波の鳴門』（ビクター・レコード）を購入して聞いた。私はレコードに依つて聞いた。しかしながら小さい時から村で聞いた淨瑠璃と何ら違つた點の無い事に私は氣附いた。

あやふやな事を、さもまことしやかに云ふと、やがてそれが傳はり傳はつて、誤を正しいとする事になつて來はしないか。柳田國男先生が『民俗藝術』第二卷第四號卽ち、『人形芝居研究』に於いて、

中央部の文化から偶然に孤立して、幽かに前代の信仰狀態の一部分を保存する各地方の習俗に對して、少しの比較も顧慮も無く無闇なる臆斷を下さるゝことは、それが若干の指導力を持つ人である場合に、殊に我々には堪へ難き苦痛である。單に研究の結果を報告するといふばかりで無く、又假に材料の準備がまだ少しは不足であつても、急ぎ起つてかゝる亂暴を防禦するの必要を感ずるのである。其論法として私の掲げたいことは一つ。風俗も亦世と共に變遷し又進化する。如何なる奇風異俗であつ

ても、それを上代から手つかずに保留せられたものとして、由來を推定することは錯誤である。太平洋や阿弗利加内地の土俗に付いて、白人は屢々其錯誤を敢てして失敗したが、それも今は既に改良せられんとして居る。同じ民族の國内の研究について、日本のみまだ其樣な態度が許されて居るのは、歎はしいことゝ言はなければならぬ。（二七頁）

と、述べられてゐる。

深い研究もせず、細少な一事を以つて信ずると云ふ事は學問に忠實でないと言はねばならないであらう。此の如き事は我々の大いに、いまねばならない事ではなからうか。此處に於いて、『淡路には上方節と阿波節との二流がある』と、云ふ事が出來るのである。故に竹内勝太郎氏の如く『淡路では義太夫節のことを阿波淨瑠璃と云つてゐる』と云ふ事は最早成立しないのである。よくもこんな事が、何處から出て來たものであらうか、私には不思議でならないのである。一寸した事を耳にしてそれを結論の理由とする事は大きな間違であると云ふ事を、われ／＼は知るであらう。

又、竹内勝太郎氏は第二の理由として、

淡路に於てこの淨瑠璃の最も盛んな土地は福良であり、近松の「國性爺」の如き古曲の大物は、洲本その他では既に語り得る人がなくなつてゐるのに、福良にはそれが尙立派に殘つてゐる。

と、述べてゐるが、しかしこれは眞赤なうそである。淡路で一番淨瑠璃の盛んな土地は、矢張『三條』である。又福良よりも洲本の方が盛んであると、從兄坂井華溪は言つてゐた。

又、阿波と福良とは近いから、其處へ阿波淨瑠璃が這入つて來たと云ふ。そんな事が、はたして言へるかどうか、私には不思議である。成程、福良は鳴門海峽を隔てゝ阿波と隣接してゐる。而し、近ければとてそんな論法は立つものではない。都會は河口に於いてのみ、發達するかと言へば、かならずしも發達すると云ふ事はないではないか。中流に於いて、發達する場合もあれば、また山の奥にも發達する場合もある。

淡路の交通は上方が主であつて阿波が從である。明治維新に稻田騷動と云ふ、有名なのがあるが稻田家は代々蜂須賀家の一番家老で、淡路全島を治めてゐた手腕家である。阿波の直家來は稻田の勢力のあるのを常に恨んで何か折があれば一泡ふかしてやらうと、隙きを窺つてゐたのである。稻田が江戸へ下つてゐる留守の間に、阿波から海路洲本へ來て洲本城下を荒し廻り、手を合して命を乞ひし留守居の武士を、片ばしから斬つて斬つて斬りまくつたと云ふ事件がある。竹内勝太郎氏の論法で行けば、阿波から福良に渡つて、洲本へ來さうなものであるが、阿波より海路洲本へ來たと云ふのである。留守居の武士は、或は斬られ、或は逃げたのである。逃げた者の一人が西の方、鳥飼浦（鳥飼村）にのがれ、私の母が里なる岡田家は其の當時、村一番の船持であつた關係上、其處へのがれて來た武士を、無事に中國地方へ逃がしてやつたと云ふ事を私は祖母から聞いてゐる。また母上からも聞いてゐる。その時の御禮としてか、茶の間に懸ける軸を置いてあるのが、今に岡田家に傳はつてゐる。

（淡路の國は今、東浦が發達してゐる。しかれども萬葉集に現はれたる淡路島は、西浦即ち西の海岸が發達してゐるのである。換言すれば萬葉集には淡路西浦の地名が現はれてゐるが、東浦の地名が一つもないと云ふのである。よく萬葉學者は淡路島の地名に就いて間違つた說をしてゐるが、私はこの事に就いて書きたいと思つてゐる。昭和六年三月久松潛一先生を、お訪ねの時、この事に就いて私は述べた事もあるのである。）

私は思ふ。成程、阿波の國は昔から淨瑠璃の盛な土地ではあるが、淡路の國へ這入つて來たのは洲本へと思ふ。竹內勝太郎氏の如く、淡路では阿波淨璃瑠のみしか行はれてゐない樣に思はれては困るのである。卽ち、淡路の國は上方淨瑠璃と阿波淨瑠璃とが行はれてゐると云はねばならないのである。

此處に於いて私は『處がこの義太夫節淨瑠璃が如何にして淡路へ這入つて來たかと云ふと、これは……、玆に完成を告げたものと推斷することが出來る』と云ふ事を訂正する次第である。

をはりに一言したき事は、如何にして淡路へ人形操が這入つて來たかと云ふ事である。それに就いて文學博士折口信夫先生が『民俗藝術』（人形芝居研究）第二卷第四號に於いて『偶人信仰の民俗化並びに傳說化せる道』に、『淡路・西の宮と人形との關係』を述べられてゐる。此處に於いて私は折口博士の御說を引用すると共に私見をも述べやうと思ふ。卽ち折口博士は、

淡路島と人形との關係は、次の樣に考へて見たい。淡路島に西の宮の神人が居つて、其が西の宮の祭禮に參加する事、恰も古代の邑々に於て海岸から離れた洋上に神の島があり、其處から神の來り臨む如くであつたのだと思ふ。さうして、人が神となつて來る代りに、人形なる神及び其を遣ふ人が出て來たのであらう。此長い習慣が、遂に、遙か後世に至つて西の宮・淡路に亙る偶人劇團を作ることになつたのであらう(三五)

寄　合　咄

と、述べられてゐる。

折口博士の御說は眞に結構である。或はさうであるかも知れない。淡路人としての私も同感であるし、又『成程』とうなづかされるのである。然しながら此處に少しく述べたい事がある。『一體に淡路人は上方地方へ出稼に行く』と云ふ事である。現今にしたところで、上方地方へ田の草取等に出かける者が多い。これは每年約束濟になつてゐるのであるから、自家の田の草取は女房・子供達に任せて出かけるのである。かるが故に同じ地方、同じ家へ出かけるやうである。此處に於いて私は『でこ』(操人形)も、さうではなからうかと思ふ。

折口博士は『淡路に西の宮の神人が居つて云々』と、述べられてゐるが、私は次のやうに考へて見たい。西の宮神社を中心として操人形なるものが發達したにちがひはなからう。夷の神をまつれる西の宮神社と百太夫等との關係を考へる時、その人形を遣ふ人は、西の宮の神人であつたらうが、淡路から出稼に來た人々がその中に這入つて働くやうになつたものではなからうか。其の人形を遣ふに淡路人は仲々にうまい爲に、段々と淡路人にのみ任して行くやうになり、これが習慣となつて、やがては淡路人によつて西の宮の祭禮に人形を廻したものではなからうか。折口博士は『淡路に西の宮の神人が居つて』と云はれるが、私は何

も西の宮の神人が淡路に居たとは思はない。西の宮の神人によつて人形を遣はれたるものゝ、其處へ淡路の人の來たりて遣ふやうになり、これが後世に至つて我が淡路人によつて偶人劇團を作ることになつたものではなからうか。

附　記

○『民俗藝術』第二卷第四號(七三頁)に、吉井太郎さんが『傀儡師のうた』を載せてゐる。そして其の傀儡師の歌詞に『ひくのみに立の身と』と云ふのがある。これは歌がくづれたので元來は『ひく浪立つ浪』であると、母上が言つたのを、私の兄が聞いて來て私に話してくれた。『ひく浪立つ浪』とすれば、意味がよく通じるではないか。

○昭和七年一月六日、私は兄と共に修學院離宮を拜觀して來た。その折、襖繪に傀儡子の繪のあるのを見た。一寸、變つた傀儡子である。卽ち、傀儡子二人にて門づけをしてゐる繪で、一人は箱に入れた人形を廻はし、他の一人は小さな太鼓を叩いてゐる繪である。

註一、中村三太夫座については『國文學者一夕話』中の安田喜代門の『私と人形芝居』(二五三頁)を參照されたし。

註二、淀太夫翁の長男が菊五郞さんである。その菊五郞さんが、小林六太夫座の座頭である。『私と人形芝居』(二五二頁)參照。淀太夫と云ふ名は村人は餘り知らない。『淀太夫』と云ふよりも『鹿太夫』と云ふ方が、よりよく村人は

知つてゐる。それも『しか・たゆう』ではなく『しかた・ゆう』である。『しか・たゆう』が『しかた・ゆう』と聞えるのか、兎に角『しかた・ゆう』である。これが通稱である。『鹿太夫』と云ふのは、小林鹿吉の『鹿』をとつて云ふのであらう。『鹿吉』と云ふ『太夫さん』だから『しかたゆう』と云ふのか、初め『鹿太夫』と言つてゐたのが、後に『淀太夫』に改めたのかは村人達は知らないやうである。たゞ『しかたゆう』のみ多く知つてゐる。

註三、京都市左京區吉田町なる吉田家の事である。吉田家を知るには、吉田神道を知らればならない。これを知るには宮地博士の『神祇史綱要』がある。（**安田靜雄**）

遠江國周智郡山居村坂下の昔話

林　魁一

（一）雀と水乞鳥

昔水乞鳥と雀が居りたるに親の急病と云ふ報知を受けたり。雀はお齒黑を付ける最中なれども御齒黑を拭はず直に親の所へ行きたり。之れが爲に今に至るも嘴黑く親に孝行なるが爲に五穀を食ひ得るなり。

水乞鳥はお化粧をなし居りて早く親の見舞に行かざる中に親は死したり。故に水乞鳥は羽毛は美麗なるも千口（クチ）鳴きて始めて一滴雨水が口中に入るのみなり。五六月頃に水ひろ／＼と鳴く結構なる鳩位の鳥なり。結構なる鳥とは美麗なる鳥と云ふ意味なり。

（二）「みそさゞい」と鷹

右の論文一篇を送つて來て校閲をしてくれと弟が言ふ。中村三太夫座の發見や六太夫座の史的研究は私の實地にあたつて調べたところで、今私のもとに、相當の量に上る材料がある。いづれ私の手で發表する機があらう。竹内氏の說が正しくないことについて力說した弟の議論には私はまづ第一に賛意を表するものである。

（福岡高等學校で　安田喜代門　しるす）

昔ある山中にて俗稱「首つちよ」卽ち「ここち」に一匹の鷹の掛り正に死なんとする時に會し色々の鳥類は相集りて鷹を助けんと相談するも好き方法を發見せず。困り居りたるに「みそさゞい」は利巧なる鳥にして集りたる鳥全部は「首つちよ」を刎たる竹の上に止るべし然るときには鳥の重量に依り「首つちよ」は「ゆるむ」に依り鷹の生命は助かると語れり。集りし鳥は此の說に從ひて全部刎竹の上に留りたり。然るに果して「首つちよ」は「ゆるみ」て鷹は首を取り出して助かりたり。故に「みそさゞい」は鳥の中にて最も利巧なるものなりと集りし鳥の嘆賞せしと云ふ。

（三）「みそさゞい」と猪

「みそさゞい」と猪と居り「みそさゞい」は猪の耳の中に入り頻に鳴きたり、猪は耳の中にて「みそさゞい」の鳴く音に困り頭を木や岩に打ち付けて終に死したり。故に「みそさゞい」は小なる鳥なるも大なる猪を殺したりと云ふ。

阿育王と蜂

南方熊楠

寒川辰清編輯で享保十九年成た近江輿地誌畧六三に、拾芥抄に曰く、近江蒲生〔郡石塔村石塔寺の〕石塔、昔し阿育王、諸鬼神をして八萬四千の塔を作らしむ、是其一也、每年大蜂群集して、此塔に行道すと云々、臣此事を寺僧に尋ぬるに僧の曰、かつてなし、蜂は多くありといふ、蜂已が巣を作らん爲に、石塔の邊を巡りしなるべし、誠に外より是をみれば、石塔を行道する樣にもみへたるべし、殊勝の事也とあるが、そんな平凡な事なら何の殊勝ぞ。古今圖書集成、職方典八七七に云く、阿育王文殊瑞像在〔江西省、九江府〕東林寺、郎陶侃都二督武昌一時、漁人網二得於江中一者、遠公迎來二東林一、後失、明萬曆末年、遠法師塔堂中、供二四菩薩像一、文殊耳有三蜂窠二大梆一、和尚用レ指去レ之、鏗然有レ聲、洗レ之乃阿育王故像、今建有二瑞像閣一と。梆は筒に同じ。失たと思ふた像が、蜂が窠くふた筒の中から出たのだ。惟ふに、和漢共、蜂を阿育王と結び付た何かの舊傳が有て其餘流が、こんな口碑と成て兩邦に殘存せる者か。〔七月十六日、午前六時〕

資料・報告

陸中の山伏神樂（一）

本田安次

一、權現信仰

北上山脈中の最高峯、早池峯山は、宛も陸中國の中央に峙ち、その標高は一九一三・六米（參謀本部）、四方よりその麗容を仰ぎ見られてゐる。――昔、姫神嶽（ヒメガタケ）が岩手山の本妻であつた頃、早池峯はその思妻であつたといふ。（奥々風土記卷一）――清冷な水が滾々と隨所に涌き出で、發しては稗貫、猿ケ石、閉伊、梁四川の源をなし、又分水嶺をなす山脈（やまなみ）は、早池峯を中心に、人手の足の如く四方に走り、自づと岩手、稗貫、上、下閉伊の郡界をもなしてゐる。

中世、此のお山をめぐつて、多くの山伏が住んでゐた。

例へば「邦内郡村志」による、天明二壬寅歳十二月宗門奉行書上寫には、次の如き數字を見せてゐる。

稗貫郡惣人數　二萬三千四百七十一人
　此之内山伏　男二百七十九人、女二百三十人
　　出家　八十二人
　　社家　男七人、女七人
閉伊郡惣人數　六萬八千六十八人
　右の内山伏　男四百四十一人、女四百六十三人
　　出家　百二十四人
　　社家　男十九人、女十一人

是等山伏達のうち、便宜の地位にあつた若干の者達が互

陸中の山伏神樂(一)（本田）

に寄り、夫々が奉仕してゐた權現樣を奉じて、冬、氏子の間をめぐり、火伏せ、魔攘ひの祈禱に、權現樣をまはしつつ、その泊り〳〵に神遊びとて、美しい一種の神樂を演じ亘つた。人々は冬になると、雪に閉ぢこめられて、この權現樣の訪れを、首を長くして待つたものである。

權現樣をお迎へ申す式も、早池峯を中に、その西南方と、北東方とでは、趣きを少しく異にしてゐた。今、前者を假に早池峰の脈とするなら、後者は、主として宮古の北、黑森山に集つた法印達の風をなしたものらしい。神遊びに於ける舞そのものゝ流儀も、細しく調べてみるなら、少くとも現今、七つ以上の異流を數へることが出來よう。而して通じて七十數番の舞と、ほゞ同數の狂言とを傳へてゐる。

是等の藝能が、根生ひのものでないことだけは先づ明かであるが、何時の頃、どの方面より移し植ゑられたものであつたか、是等の點に關しては、今はあまり明かでない。

是と同じ系統の舞は、奧羽山脈を隔てた裏日本の側にも殘つてゐて、例へば文部省俚謠集に見える羽前最上郡の番樂、鳥海山麓の矢島、杉澤、吹浦のひやま、又民俗藝術三巻十一號 小寺融吉氏文による駒ヶ岳の向ふ麓なる生保內の部落や、米代川下流、能代の奧の富根、朴瀨邊の番樂等も是らしい。而してこゝ米代川に注ぐ檜山川に添ふた羽後の檜山（或は日山につくると一書に言ふ）の町は、地名辭書に

よると、民口三千、其東嶺を母體山といひ、中世安東氏此に據り、秋田以北の民夷を制御した所といふが、今は古城趾のみあり、同書の引用諸記錄によると、建永元年(一二〇六)の頃より、慶長七年（一六〇二）の頃迄榮え、元和六年(一六二〇)に城を破却されたものらしい。而して「出羽國風土略記」（享保、寬延より、寶曆十二年迄の間に、大物忌、月山兩所宮神官、進藤重記の編著せるところ）によると、「今民間に流布する檜山といへる舞は、此所より出でたる出樂の番組とぞ」と。

朴瀨の番樂は、民俗藝術一巻八號の安成三郎氏文によると、形が少からず崩れてゐるらしい。寧ろ同村獨特とほこる富根、若くは檜山あたりの所傳を細しく知りたいものである。飽海郡蕨岡村杉澤のひやまの舞は、美しい型を吾人に展開してくれた。而して今此處に一通り記錄をまとめようとしてゐる普通にはたゞ神樂、若くは山伏神樂と呼ばれてゐるこの陸中の舞は、ひやまに較べて、なぜか一段と舞の要素が複雜であり、その傳承にも、より多くの古風が認められる。たゞ、ひやま、朴瀨番樂等が、主として盆の行事であるのに、是は霜月から來春かけての舞であることが大きな一つの相違である。

此の舞は將して風土略記の著者のいふ如く田樂であつたらうか、或は曲舞か、下つての女歌舞伎であつたか。詞章

の一部を共通にしてゐる曲もある申樂能との關係は如何に。兎も角もこの舞の細しい解剖は、演劇史上にも一つの大きな興味を齎すことにならうと思ふ。

二、分布

各所傳承の記述が、繁簡不揃であるのは甚だ本意ないがやむを得なかつた。たゞ各所相補つて細しい一つの背景を考へ得るならばと、不平均な細部を刈りとることを惜んだ。

山伏神樂分布圖

○早池峯西南方諸派

岳(五拍子)、大償(七拍子)、圓萬寺(七拍子)、遠野(三拍子)

○北東方諸派

黒森(三拍子)、葛卷、田子山(五拍子)、中妻(七拍子)

×

イ、岳と大償と

早池峯山は、既に大同の昔に草創されたと傳へてゐる。妙泉寺舊記による封内鄉村志 卷三(南部叢書所收)の「早池峯權現」の項には、次の如く見えてゐる。

傳云。大同二年丁亥三月八日。遠野來内村四角藤藏。大迫村田中兵部二人獵師。登二早池峯頭一狩レ獸。時自二岩間一發二金色光明一。兩人爲二奇異之思一而拜伏窺レ之。親嚴二拜權現之靈容一。二人感歎銘レ肝。迺爲レ誓云。今殘雪猶洪々乎。不レ便レ經二營神社一。及二雪消一建二一祉一相約去爲二後驗一。藤藏(迺具)留二末津希一。兵部貽二弓矢一。而至二六月一。二人約レ期登二嶺上一。假建二宮社一。而奉レ崇二早池峯權現一。以二六月十五日一定二會日一。依二其例一今又人或六月十五日參詣道者間有レ之。其後有二快賢聖者一。考其時代。北條九代間。應有二參詣宮山一。知レ爲二其靈地一。深仰二神威一。鎭傾二信敬一。遂於二山麓一建二一寺一。號二河原坊一。又於二嶺上一新建レ宮。奉レ移二假堂本尊

陸中の山伏神樂(一)(本田)

十一面觀音號大宮。又因假堂舊基建宮。安置彌陀像。名之本宮。爾來御嶺有兩者。云傳。又嶺上有御手洗水。名之開慶水。其水旱魃不減。霖雨不增。若不知案內、道者直掬其水、忽消涸焉。先達誦觀音經謝其過。涌復如舊。因茲號早池峯。則自快賢聖時號妙泉寺院號名池上院云。其後人王八十八代後深草院寶治元年有大洪水。而河原坊新山宮並二王像兵部藤藏所納之手驗・末津氣・弓矢皆盡流失。其後無再興之人。于緊人皇九十五代後醍醐天皇正中二年。自越後國圓性阿闍梨信仰當山之靈驗詣此山。權現夢中垂靈告。託堂社再造事。圓性蒙示現。勵心力。改基移今地。建立妙泉寺。又立新山宮於今地。彫刻二王像。建二王堂及山門鳥居。且被再興御嶺兩宮。以八月十五日爲祭會日。置禰宜而爲神前拜趨。修眞言而仰權現冥應。其後過百八十五年人王百五代後柏原院文龜元年辛酉正月七日。(商)高祐阿闍梨。住持時新山宮燒失。至二王華表灰燼焉。其後新山宮並鳥居二王像等盡再興成就畢。其後人王百七代正親町院永祿三年庚申三月廿一日。高惟住持之時。新山宮二王堂鳥居等悉炎上。自文龜元年至于此五十九年。後新山宮鳥居等雖有再興。二王堂並像不及再興。右妙泉寺舊記。

又、增補盛岡砂子卷四、「早池峯山妙泉寺」の項には、以

後の記錄を次の如く誌してゐる。

利直公慶長十五年同十七年迄に、新羅堂、藥師堂・舞臺・客殿・鳥居・二階門等を建らる。此寺の舊地は、今の新八幡宮の社地是也。八幡宮御造營に付、寛文六年六月二日此寺地を下さると云。佛閣寺に云「此時屋敷願上いたゝく、南は閉伊街道切、北は獅子鼻迄、竪貳百四十間、東は長根より西は林際迄、横百二十間也。此内五十間四方寺屋敷、右寺よりかゝ野の堰迄、道代八十間田形六十間、此高八斗貳升五合。

兎に角に早くから山伏達の目をつけたお山であり、岳、大出、門馬の三登山口を控へ、遠近に數多くの崇拜者を持つてゐたらしいことは明かで、近くは維新前まで、岳妙泉寺が祭祀のこと一切を司つてゐた。同寺は、和州小池坊末寺、盛岡永福寺(一)の支配に屬し、南部家の祈願寺で、遠野、加賀野(盛岡在)の兩妙泉寺をも統べ、錄高二百石を領してゐた。

寛政十二年の頃の、稗貫郡內川目村村勢は、鄉村志によると次の如くであつた。

高四百十八石九斗五升一合、馬四百八十八疋、民戸四百十六軒

此內百八十三軒內川目村。十六軒大(貸)付內(オホツクナイ)。十七軒軴野(ツムノ)。

七軒小路別(ヲロヘチ)。五十二軒白岩(シライワ)。七十四軒岳村。十七軒久手內。

四軒名目理。五軒猫底。廿五軒折壁。十七軒門前。自ニ稗貫川左右一至ニ妙泉寺一之間村居名レ之云ニ內川目一

卽ち右によると、岳妙泉寺宿寺のある岳村は、當時戶數七十四軒あつた筈であるが、鎌津田林之助翁（一）（昭和八年七十七歲）の談によると、維新前まで踏み止つてゐた家は、妙泉寺を除くと僅か十一軒で、それも皆神事に携つてゐた者のみであつた。卽ち其の內譯は、六部の家が六軒（鎌津田相模守、小國因幡守、柳田大和守、鎌津田民部守、小國日向守、上林和泉守）下禰宜が四軒（今、小國末吉氏、上林時造氏、伊藤寅吉氏、伊藤鐵之介氏）巫女が一軒（小國氏、最後の巫女は、郡右衞門氏妻）で（三）、今は又新たに四軒殖え、皆で十五軒になつてゐるが、この打つて變つた淋しい樣の一つには、屢々祝融に見舞はれたことがあつたらしい。（四）

何時からか此處に傳へられた神樂は、もとこの六部が、下禰宜もかてゝ演じたものと言ひ、是が殆ど唯一の大きな行事であつたらしい。今尚民家では、岳神樂の樂人をねぎ樣と呼んで居り、岳自身も自家のを神道神樂と稱し、又、岳のを傳へた東口の大出派のものを、遠野方面では同じく神道神樂と呼んで、別にその近邊の法印方が集つて演じた山伏派のものと區別してゐた。

然し乍ら、年代も明かではないが、言傳ひによると、下閉伊の小國から、常樂法印なる人あつて來り、この人が、柳田大和守、小國日向守、小國因幡守、鎌津田民部守、鎌津田相模守、上林和泉守の六部をかたり演じたものなる由を、五代前の人達が申してゐたといふ。又一說には、閉伊郡宮古在の、鎌津田左京法印達が演じた神樂とも言ふ。

岳を大迫の方へ下つて約三里半程の澤に、大償（おほつぐない）といふ部落あり、こゝにも神樂が存してゐるが、此處の言ひ傳へによれば、柳田大和守なる人が、大償より岳に傳へたもので、その際此處には阿を殘し、岳に吽を持つて行つたといふ。因にこの阿吽說は面白く、實際兩者は、臺本は殆ど共通なるにかゝはらず、岳は五拍子、大償は七拍子と稱し、舞の型が大分異る。このためか、大償のを傳へた和賀郡東晴山の寫本の三番の詞章には、「上の調子は七調子、下の調子は五調子、合せて十二調子」と綴られてゐる。

大償部落は、今戶數十五軒あり、寛政からすれば數に於て一軒減じてゐる都合であるが、その內譯は、佐々木が十軒、藤原及阿部が三軒宛で、別當佐々木氏が部落を率ゐ、大償神社に奉仕してゐる。鄕村志によれば、

〇大償權現　此神名無レ知レ之人一。草創又然。

とあり、現在神社內には、古ぼけた權現頭が四頭程祭られてあり、そのうち最古のものは、三十三間堂の棟木の根を以て造へられたとも、或は萩の大木（實は柳ならむと）で造へたとも傳へてゐる。早くは三社大權現とも申したらしく、

この古額が神社内に尙保存されて居り、又最古の獅子頭についてゐる麻の紺地の幕には、「慶應三丁卯年三月十五日、奉納 三社大權現敬白 願主當邑與兵衞」とあり。明治二庚午年四月廿日付、神主佐々木守衞の書出による「大償神社御鎭座傳記」には、豐受大神、右神は月夜見尊、二には稻倉魂命、三には大雷神をまつるとしてあり、今の別當佐々木直人氏によれば、御神體は玉であるといふ。

舊社殿は二十年前燒け、現在建つてゐるのは拜殿だけであるが、正面八尺、他六尺一間の三間四面で、もとのはもう少し小さかつたが、その代り檜造りの本殿が後にあつたといふ。(五)

皆々早くから農を業としてゐたらしく、神樂は主としてこの部落民が携つたのであるが、もとこゝに、同じく佐々木を名乘る寶藏院なる法印居り、屋敷名を野口と言ひ、以前から別當の別家とも稱してゐたが、(明治三十九年にこの家一度絕え、後二度も人入代り、最近又別當家から入つて後を繼いだ。)神樂は主としてこの法印が傳へてゐたらしいことは、天保九年にこゝのを移したかの東晴山の神樂の奧許に、「大債内野口家流式」と見えてゐるのでも明かである。又、大償とは東に、山一つ隔てた外川目村字火の又の神樂は、こゝと同流で、一時は行き來しても演じたといふが、こゝのは、もと同部落の妙覺院なる法印が師匠であつたと言ふ。

大償別當家に傳ふる「日本神樂之卷物」と題する、長さ五寸四分、直徑五分の黑塗の軸に卷いた卷子本には、その由來といふのを次の如く誌してゐる。

∴日本神樂之卷物

●抑神樂之最初申者、天地開けて大千世界始り、日本開闢して國常立尊より天神七代伊弉諾伊弉冊尊天の浮はしに立給ひ、青海原に天の逆ほこを指おろし、東に打向てかきせぐつて見給へは是に無し、南に打向つてかきせぐつて見給へは是に無し、西に打向てかきせぐつて見給へとこれに無し、北に打向つてかきせぐつて見給へは是になし、中央に打向てかきせぐつて見給へバ粟よね程の嶋こそ一つ出來り、彼の島大千世界に合せてハ粟よね程なりとて、淡路嶋とも附けられたり、重て行なはせ給へバ芦の葉のことくなりとて芦原國とも附られたり。伊弉諾尊乃宣く、嶋有りと云𪜈人間無して彼の嶋成就しかたし、我既に草木國土をうむといゑとも、未天の下の主たる者を產ます、天ケ下の主爲者をうまんと誓へ給へて、第一にもうけし御子おバ大日孁貴尊と名付、第二に儲けし御子おバ月讀尊と申し、第三にもうけし御子おバ素戔嗚尊と名附け、第四に儲けし御子おバ蛭子尊と申なり、一女三男地神五代の始めなり。然るに彼の素戔嗚尊、志わざ甚あしきなく座まして、姉きみ大日女の貴へ樣々とあだを成さしめ給ふにより、大日女の貴いがり給ひて、天乃岩戸に入り座まして、岩戸をさして籠ります。既に我朝闇となり、夜晝のわけなくして、諸神達愁ひ迷い、手足の置所なく、天御中主尊の太子(ミコ)の高皇産靈尊宣りして八百萬の神達を天の八瑞川原に會へて、その祈るへき事をはかろふ。高皇産靈尊乃御子天の思兼尊は思慮りふかき神二て座まして、深くはかりて遠く思いて、長鳴き鳥を鳴しめ、天の岩戸の御前江榊の枝へ玉鏡幣(ニキテ)を取り懸そなへ、天律兒根命ハ天つ祝詞を上け給ふ。天の岩戸の前に庭火をあげ、笛を吹、弓を並てつるを叩らし、しやく拍子を打て樂しみの聲を傳へ、やわらる息をうつし、八つ乃音聲顯し、天の細女神ハまさかきを以てかつらし、日かけを以て手繦として、手に竹の葉を持て手草とし、手をのべ、聲をあけ、歌い舞い、足を踏み、清淨の妙なる聲を顯し、神樂の曲調(シラベ)をたてまつる。此時忽神のいかりをとぎ、岩戸を少し開かせ給へバ、八百萬の神達力を得て、面も白し、面も白うしと宣により、中にも戸隱し手力雄の明神、戸ひらの脇に立たつみ給ひて、戸びらを取てなけさせ給へバ、神は出させ給いたり。大日女の貴の尊此時より天照太神とは申也。これによつて神の樂み給によつて、是を神樂と申て、神代より王代へ傳り、神明乃御神體內裏と御同殿に座まして、世代に內侍所の御神樂止む事無し。干時人皇十一代垂神天皇の御宇、神明伊勢の地へうつり座まして、是よりして伊勢天照皇太神宮とハ成らせ給て、御宗廟にて國家を守り給也、常磐堅磐の世に絕事無く、小神樂大神樂大々神樂有り、內裏には內侍所の御神樂の每年怠りなく奏せらる。秋には臨時の御神樂も行い給也。其外諸國の神社に於ても恒例とて神事御神樂を行也。

當國兩所の神樂ハ、當家の先祖兵部口、東根嶽の明神々體勸請の以來、神前に於て鼓を鳴らし笛を吹、銅拍手をうつて、まさかきを以てかづらとし、ひかけを以て手繦として、竹の葉を手草とし、歌い舞いて神慮を冷しめ奉りてより、當所當家の神樂阿知女之作法之初也。誠に以て秘傳乃法成りといへとも、深く願によつて、本書よりかき寫して與へ候、愼つて怠事なかれ、他見致すべからざる者也。

田中明神神主 6

長亨二年戊申正月十一日

大付內別當江

最後の節中、東根嶽とあるのは、もと早池峯（岳ではハヤツミネ、大償其他ではハヤチネといふ）のことをかく言つたものと言ひ、岳の鎌津田翁もさう傳へてゐた。日詰の西に聳ゆるそれではないらしい。又田中明神といふのは、大迫から大償へ來る途中にあるお宮で、奥々風土記にはたゞ、「大同の年中齋奉れりとそ、瀨織津姫神を令座祭れり」とだけあり、今早池峯神社の社掌をして居られる山陰氏が、代々こゝの神主であつた。又田中兵部の墓所といふのが、お宮近くの畑中に、今も碑になつてある。

(尙、兩所の神樂とあるのは、岳、大償を指したものに相違なく、やはり早くから兩者は阿吽に分れてゐたものと思はれる。又、「明神神體勸請」のため、はじめ神樂を奏したのが傳となつたとあるのは、兎に角一說として注意しておく必要があらう。——前大半の長々しい叙述も、後に誌す夏屋、葛卷等の傳、又、世阿彌花傳書中の記述などゝ比べ合せて考へてみたい。)

大償では此の神樂を、通り神樂、岳ではまはり神樂とも稱した。兩者は一年交替に、舊十一月から內川目一帶を、戶毎に權現樣(二人立の獅子一頭)をまはしつゝめぐり、その泊り〳〵に、宿々にて、式共凡そ十二幕を一曲として演じ亙つたものである。(但し今は時勢といふので、昭和三年に大償がめぐつたのを最後に、一時やめてゐる。)

權現樣の訪れを知ると、家々では、豫め水槽を戶口に出しておく。この水を戶口にはつて淸めて通るのである。庭先にて下舞、權現舞あり、お米、其他のあげもの、及び、水をほめ、次に權現は水を入れた柄杓を銜へ、つか〳〵と夫々の爐に行つて水を僅か宛かける。次に戶口に又水をはる。弱き子の衣裳をたべてやつたり、或は頭をかぢつてやつたりすることもある。

大償によれば、通りをやつた頃は、約一週間の稽古をし、稽古收めに舞初めとて、部落內で、衣裳をつけて演じた。かくて、舊十一月十日頃から約三十二三日間、四百戶をめぐり、三十五六神樂を演じた。戾れば又、一晚、荷分けといふことをして、お祝の神樂を演じた。

岳では五十日、五十神樂位を演じ、遠く稗貫他村、上閉伊、和賀、江刺の方にも出て行くのを常としてゐたといふ。

一行は、胴とり一人、銅鈸子方二人、笛方一人、其他樂屋、舞子五人乃至六七人で、大償によれば其他に荷負ひといふものが出た。是は衣裳、面等を一つ葛籠に入れて運ぶ役で、今は廢された爲、所用の仕度は皆銘々が分け持つてゐる。昔、嚴格にやつた頃には、是等を別當が先立つて率ゐ、早池峯の附屬神樂、大償權現の神樂等と名乘つたもので、先方でもその神樣を迎へた心地で待つたといふ。

時によると、一日のうちに晝は甲、夜は乙といふ風に、二軒乃至三軒の家で、幕の神樂を舞ふことがあり、又一軒の家で、晝夜幕引かずに演ずることもあつた。

宿に關しても、部落により、毎年ほゞ定つてゐる所もあり、新築其他で特に希望する場合もあり、又部落內に約束が出來てゐて、年番に次々と宿を定めるところもあつた。宿に當つた家では一切の費用を辨じ、酒をつけ、夕飯、夜食を給し、心持程の謝禮をするのである。（六）又場所によつては、中入り等の場合、集つた人々がお初を出し合ふこともある。宿泊も、一軒の家に厄介になることもあれば、同部落內に、一二人宛分れて泊ることもある。

概して神樂の宿になることを少からず喜ぶ。而して、大償の談によると、宿々では、とつておきの、若くは仕立卸しの娘の着物（振袖）等を出し、是を着て舞つて貰ふことがある。娘が災をよける。病氣にかゝらない、産が輕い等と言はれてゐる。

十二月十五日のお年越までには大抵濟ませて戻る。若し都合で半端になつても一應戻り、年を越してから又出て行く。或は舊二月の年重ねの頃に再び出て、短い期間めぐることもある。新築、屋根替の祓ひ、病氣平癒、年重ね祝ひ、或は徴兵祝ひ、氏神奉納等の場合、又方々に火の起る時など、特に臨時に招じて舞つてもらふこともある。

早池峯神社の例祭は、縣社昇格以來八月十八日になつたが、以前は舊八月一日で、今尙その舊習捨て難く、當日は臨時祭と稱し、一般參拜者のためにやはりお祭りがある。然し兩日とも、特別奉納のことがなければ、幕の神樂はない。たゞ御祈禱の際、みかぐらとて、神歌をかけ樂を奏することがある。又例祭の神輿渡御には、神樂（しんがく）（七）と稱して神輿に供奉し、權現をまはし、三四人の舞子がその前を、鉢卷、襷、ぬぎだれ、袴の仕度で、劍舞（つるぎまひ）を舞ひつゝ渡る。お旅所では特に權現をまはし、火伏せの祈禱がある。早池峯神社の神輿渡御には、大償の神樂（しんがく）もお供によばれるが、是は數年來のことゝいふ。舊十二月十七日が、早池峯權現のお年とりに當り、此の日は御祈禱あり、晩には大抵社務所に數番の神樂がある。

大償では通りの外、舊三月十六日の大償神社春祭、同六月晦日の夏越、同九月十五日の秋祭、同十二月十五日の年越祭等にも、夜七八時頃から、別當宅で演ずる習はしである。

註（一）もと永福寺は三の戸にあり、智山派眞言の大本山、南部家兵法祈願寺で、同家が盛岡轉城の際、同じく轉寺した。住持は代々權大僧都で、各末社寺を統べた。維新の際、南部家が幕府方に就いたため廢寺とされ、佛體は悉く燒かれた。このあとに間もなく神社が建つたが程なく廢社となり、境內も殆ど田畑になり、近年僅かに神式による葬齋場が營まれ、寺とも神社ともつかぬ妙なものが出來てゐる。（永福寺地內熊谷氏談）

註（二）鎌津田林之助翁は、十六の年から神樂を稽古されたと言ひ、今日まで六十餘年の間續けて居られる。若く女舞を得意としたが、「鐘卷」の白拍子は特にその持藝であつた。岳の傳承は概ね翁より伺ふ。

註(三)是等神事に携つてゐた人々は皆無役で、妙泉寺別當の下にあり、高一石宛を領し、六部は月に三度、妙泉寺に伺ひに出た。又正月其他何かといふと南部家にお禮參りに參上したもので、この時別當はあづゐの籠に乘り、兩側には二人の伴を連れた。驛次の傳馬を飛ばすこともあつた。又よごと稱したのは、その年々の出來事、行事等の模樣を日錄風に認めたもので、是を例へば永福寺、鹽釜の法林寺等に齎し、互に交通を怠らなかつたものといふ。是らの人々は何れも今は農に下り、炭燒を業とするに至つてゐる。尚、巫女は、三月と八月の御祈禱日（もと毎月十七日と二十八日が御祈禱日に當つてゐた）其他に湯立、巫女舞を演じ、託宣をしたものである。又、川東なら學者は岳にありと言はれたものといふ。

註(四)妙泉寺は、今庫裡だけを殘して、本堂もお茶の間もない。もとの本堂は五間に七間あり、一尺五寸の角柱を用ひた立派なもので、乳のついた扉などあり、櫓もあつたと言ふ。三間に五間の門、二間四方の鐘撞堂等もあつた。昔は暮六つ、明六つの鐘を開いたものといふ。鎌津田翁の祖母なる人は火事に三度逢つた。その最後のものが、鎌津田翁二歳の時で、この折にも一戸殘らず燒けた。その原因は、すぐ下手の大工の家で、蕎麥打し湯を立てるとて鉋殼を焚いてゐたところ、いつか澤山こゞつてゐたものが弛んで燃えたまゝ上昇し、これが屋根裏の葺茅につき、忽ち燃え廣がつてしまつたものといふ。

註(五)今向つて左手の小堂の中に、相格美はしい尺五寸木造の觀音の立像あり、左手に錫杖を持ち、右手に印を結び、その左右には又、古風な木彫りの子を腰に載せた地藏尊が並んでゐる。是らは維新の神佛混淆法度の際他にかくまつておいたために類燒を免れ、社殿新築に際し改めて移し申したものといふ。

註(六)鎌津田翁の談によると、神遊びの謝禮は、只今の標準で、お米(白米)五升か七八升、乃至一斗、金圓にすれば貳圓か參圓乃至五六圓といふ。又お米に金子を添へることもある。又、粟、稗、大豆、蕎麥、酒、絲等も出、もとは伸した煙草も上つた。尚、九戶郡葛卷神樂の、近藤忠作氏談によれば、今から四十年前の頃、葛卷附近一般の習しでは、舞込の折の權現に對しお米一升に金子拾錢、神遊びの鳥舞の時同じく、翌朝舞立のときお米一升に金五錢、併せて三升と金貳拾五錢出た。（當時は酒一升が拾錢か拾貳錢、白米一升が七八錢であつた。）實際は此外に家々を訪れる際の上りものがあり、こちらは稗、粟、大豆等の穀類を合せて、一日に凡そ一斗乃至一斗五六升に上つたといふ。

註(七)神樂は、北東方派で言ふ「七つもの」らしい。宿入りや舞立ちに際し、正しくはやはりこの神樂を以て儀式を執り行つたものであらうが、今は單に神輿の渡御に供奉する程度になつてゐる。羽山、圓萬寺等には是がやゝ古風な形で殘り、又嘉の神樂はなく、これだけ傳へてゐるところも、湯本村そちこちにある。岳、大償は皆一式で、道々向ふ鉢卷、素面、ぬぎだれ、袴のものが數人劍を持つて舞ひ、權現を舞はせつゝ渡る式であるが、湯本、及圓萬寺では、翁烏帽子、千早、袴の猿田彦面のものが

先導し、向鉢卷、白衣ぬぎだれ、白袴の舞子數人がこれに從つて舞ふ。湯本では次の曲目を傳へてゐた。

一番舞込（鈴、扇にて舞ふ）

御神樂はいつよの神の初め置く　天照神は納受成かな

西の雲東の雲とあいなれて　雲と雲とは遊ぶ雲かな

六月は祇園の祭にあふ人は　花の若子に舞をしづかに

二番幣束踊

ぬさ立つるこゝも高天の原なれば　集り玉へ八百の神々

三番劔舞

此の劔文殊の作りし劔なり　やいばの劔あげてとふせや

四番流傳（劔舞、兩天か、神遊びには、二人にて舞ふといふ。）

我がほうは劔かつるぎかなほまさる　とうてとはれし　惡魔通はず

五番獅子舞

天照神の御心うけつけて　三つの寶はかげぞくもらん

五十鈴川清き流れにやすらひて　下津岩根にしきしかしこき

古屋なるさしも棟木も金となる　まして垂木は小金なるもの

（圓萬寺も右同様らしく、幣と劔を持つて舞ふと言ひ、次の如き神歌を繰返す。）

神　歌

八雲起つ　出雲八重垣妻こめに　八重垣つくる出雲八重垣

御祈禱に　千代の御神樂まゐらする　まゐらせたりや　重れ〳〵に

今朝の日は　黃金にまさる朝日かな　五色の雲を　あけて照らせは

宮ならす　此處も高天原なれば　集りたまへ八百の神々

神の代は思ひまはしの久方の　天の浮橋天の御はしら

ロ、岳流諸派

稗貫郡湯本村、羽山神社の附屬神樂は、五拍子で、岳拍子とも稱してゐる。所傳は岳と同樣であるが、別當小田島快道氏の談によると、昔秋田の六郷出羽守の頃、早池峯と同時に、秋田の方から當地に渡つたとの口碑あり、昔は一しきり、岳と一緒になつても舞つたらしいといふ。やはり天臺の六部が神樂を始めたものと傳へてゐる。九月十七日（もと舊八月一日）の神社例祭に、二間四方の神樂殿にて式舞を舞ふ外、權現まはしとて、今なほ一年おきに、舊十一月の頃、氏子の間をめぐつて祈禱する。但し神遊びは特に依賴のある外はあまりやらない。又新曆の元旦から二日三日にかけ、惡魔祓ひ、或は新年祈禱とて、同樣權現樣をまはす。幕の神樂は、今はたゞ、病氣平癒とか、年重ね等の祝ひに、特に依賴された場合にのみ演じてゐる。

同郡矢澤村大字幸田の午頭天王社（今、八雲神社）の神樂は、別當佐々木織一氏の談によれば、岳と一緒に始めたらしいとも、又三百年前からやつてゐるとも言ひ傳へてゐるといふ。面裏に、安永二年と刻まれてゐるのがある。式舞其他、舞の樣式は岳と總て同樣であるが、舞ひ方は餘程異つてきてゐるらしい。

仕來りも他と少しく異つてゐた。卽ち此處では、舊正月五日に舞ひ初めをし、十二月二十四日頃に舞ひ收めをする。舞收めをかぐら祝ひとも稱し、皆で十一頭祭つてある權現頭のうち、神樂別當家にある七頭を冠り、一緒に舞ふことがある。此の間隨時に舞ふので、主としては病災のがれの床上げ、入營、新築、年重ね祝等に招ぜられて舞ふ。多い年には幕神樂の數、二百四五十度にも及ぶといふ。正月二月三月が最も多く、四月には僅か、五、六、七月には殆どなく、八月が僅か、九月が多く、十月は僅か、十一、二月が又多い方といふ。神樂講といふものが出來てゐて、二三十人が寄り、互に費用を支辨し、宿を定めてやることが多い。

神樂別當は、神社の別當とは別で、その役とするところは、權現頭七頭を預り、朝夕の祭りを怠らぬこと、神樂の依賴があると是を仲間衆に知らせること、舞始めと、神樂祝ひに宿をすること等である。因に權現頭は、他に御神庫に二頭、遙拜所に一頭、古神庫に一頭、都合十一頭あり、舊六月十四、十五、同九月一日の例祭には、是等全部が拜殿に迎へられる。この神樂を一に行事神樂とも稱し、時に祭禮等にて、神社に奉納になるときには是を宮神樂と言つた。中澤、中内(なかない)等に弟子神樂がある。

和賀郡谷內村、丹內社の神樂は、もと岳と同流であつたといふが、明治十四年、時の別當小原實風氏が、古事記や日本紀を參酌し、全部神道風に舞も詞章も改めた。今のは多少難しく、昔のものゝ方がかへつて女子供にはよく解つたといふ。然し昔の寫本も殘つてゐて、二種程拜見出來た。

早池峯の東口、大出の早池峯神社には、もと神樂がなく、岳が出向いて演じたものであるが、近年岳のを移した、それでも、中絕になつたりして明かでないが、移してから一二代は過ぎてゐるらしい。立派な傳守目錄が禰宜の始閣家に保存してあつたが、先頃の火で燒いた。

日は定つてゐなかつたが、舊十月、若くは十一月の頃舞初めをし、是をどじよう開きと稱した。舊三月頃舞收めをし、この時には、朝から夜明けまで所傳全部を演じ、お初を分け合つた。今はめぐることは暫く絕え、たゞ舊六月十八日の例祭當日、祭式の前後にみかぐらを、又登山者の希望により幕神樂數番を拜殿にて演ずるだけになつてゐる。以前には宵宮にも幕神樂を演じたらしい。晴山、みちない、砂子澤(いさござわ)、たちみち等に弟子神樂がある。

下閉伊の小國は、岳と同流であると聞いた。

以上の外、近年岳から直接分れたものは澤山ある（かくも弟子が增えたのは、主として明治以後らしい。）稗貫郡新堀村のうち、明戶(アケト)、種森(タネモリ)、おうせがの西根八幡、北湯口の天王、りようりん寺、野手崎、赤澤、小山田、もと龜ケ森にもあり、上閉伊のつかざわ、たんせいの白つち、又土澤、晴山の八日市場等のがそれらである。

尙、紫波郡不動村白澤の神樂は、拍子の數は傳へてゐなかつたが、多分五拍子であらうと思ふ。岳と全く同じではないが、ほゞ似てゐる。盛岡南部家の社家、原田隼人氏が白澤に來て終り、その後を引ついで起したのがこの神樂で、昔は南部家へ御伺ひしたものと言ふ。（此處に組織されてから八九十年になる。）此處に傳へてゐる隼人氏持參の胴は、桐の彫抜き、牛の一枚皮張りで、皮の部分の直徑が一尺二寸ある。春祈禱には判木など配つた。このときには權現のみ歩き、幕の神樂は豫め依賴がなければ演じない。新築の家では、權現樣に柱をかぢつて貰つたりする。これ（小豁）をおもたるといふ。このとき、「舞うた〳〵はやゝのこぢから獅子舞うて參つた」など歌ふ。

註（一）式六番の外、大蛇退治、おだまき、惡神退治、尊揃、天降、獅子を常式としてゐたらしい。近くは佐々木萬藏翁が師匠をし、翁は女舞の達者であつた。又佐々木安戒翁が胴とりを務め、是を太夫とも稱した。尙、早池峯の北麓、門馬（カドマ）にも神樂がある由耳にして訪れたことがあつたが、こゝのは四十年程前、箱石、川内から師匠が來て敎へたものと言ひ、それも今は一組をなすに足りなくなつてゐる。三拍子の神樂である。

八、大償流諸派

早池峯つゞきの猫山から發し、北上に注ぐ旭又川（ひのまた）に添うた稗貫郡外川目村字火の又の神樂は、大償と同流で、先代まで、妙覺院なる法印が傳へてゐたといひ、舊十一月から翌年二月にかけ、外川目一帶をめぐり、內川目にもまたがり、或は時として紫波郡の方にも出かけて行つて演ずる。今尙是は繼續されてゐる。この季節のもの丶外に、鱒澤村志和稻荷の初午、二番午、（時に三番午にも）に出て演ずる習ひである。

和賀郡東晴山の神樂は、天保九年に大償のを傳へたもので、型を崩さずに演じてゐると言ひ、今では代がはり、七度に及んでゐる。その初代橫川瀨平、當代、菊池吉太郎氏（昭和七年、六十七歲）。村社白山比賣神社の例祭舊四月三日の午後一時頃から日暮方まで、式及其他一二番が、神樂殿にて舞はれる。めぐることは今はないやうであるが、祈禱や祝ひに招ぜられて舞ふことはある。

其他和賀郡土澤、たんせい、龜ケ森、新堀の上鄕、湯屋、紫波郡土だて、星山、外川目の合石等にも、大償の弟子がある。

二、圓萬寺の神樂

稗貫郡湯口村字圓萬寺の神樂は、八坂神社別當が、その一統を率ゐて古く演じ來つたものと言ひ、七拍子を稱してゐる。然し同じ七拍子でも、大償とは式舞に異同あり、舞ひ方も異る。

圓萬寺並に其近傍八百戸を、舊十月から十一月にかけ、或は十一月から十二月にかけて、約一ヶ月、隔年にめぐる。又花巻の町へは、毎年正月一日に、年始めの祈禱をしてまはる。尙舊七月十四日の觀音堂祭り、及新十一月二十五日の八坂神社例祭には、神樂堂にて、式六番及他一二番を舞ふ。

今、上根子に組織されてゐるのは近年分れたこゝの弟子で、上根子方面をめぐる。

ホ、遠野の八幡神樂

もと、遠野鄕の法印達が一つに集つて演じた神樂があつた。維新後散々(ちりぢり)になつた法印達が、夫々の土地の者に傳守したため、今は多くの組が出來てゐる。中で代表的なのは、やはり、鄕社八幡別當の後、菊池氏が傳へてゐる所謂八幡神樂であらう。(菊池長福氏は、昭和七年六十歳であるが、十五歳の時から神樂の稽古をされ、今に及んでゐる。特に「年壽」は氏の持藝である。)

北は早池峯、東は仙人峠、南は陸前との境の山脈、西は達曾部と、この間一帶の盆地、遠野町を中心に、新令による一町十ケ村を、もと遠野鄕と稱した。遠野町の松田龜太郎氏、又上柳(じようやなぎ)の新田萬之助氏等が思ひ出して下さつた所によると、遠野に十方院(お神明様)、大德院、賢護院、和光院、八幡坊、蒼前坊、土淵に正福院、文殊院、和野に意樂院、靑笹に宮田氏の某院(院號は代によつて變つたらしく、以上は最終のものによる)等の山伏の道場があつた。是等の法印達が、この鄕内の村々を、舊十月から翌年三月一ぱいまで、(但し年越しには一度戻つたらしい)約六ヶ月に亘り、早池峯を奉じ、權現樣をまはしつゝ祈禱してめぐつたもので、あとの六ヶ月は、この間の報謝により樂に生活し得たものといふ。又、新田氏によると、是等の法印方は、特に正月打揃つて遠野南部家のお屋敷に參向し、特に設けられた舞臺で神樂を演じた。その頃の神樂はいと嚴肅なものであつたと傳へてゐる。

三拍子と言ひ、岳、大償、圓萬寺等のと、式舞に大いなる異同あり、舞ぶりも何れのとも異る。むしろ黑森派のものが一轉したかと思はれる。

八幡神樂は今尙多くめぐつて演ずる。「遠野物語」には、この八幡の組と、土淵村字五日市の組とが途中で爭ひを起し、八幡のゴンゲ樣が負けて片耳を拔がれた話が出てゐる。又この八幡の組が、曾て日暮、附馬牛村に至り宿をとりそこね、と或る貧しい家に泊つたところ夜中にがつ〳〵と物を嚙む音がした、何かと見れば、ゴンゲ樣が飛び上り〳〵、軒端に火の燃えついてゐるのを喰ひ消してゐたのであつたといふ。（遠野物語一一〇）片耳を挽いだ五日市の神樂は暫くつぶれてゐたが、この程又復興になつた由である。

尚、八幡神樂は、定まつてゐるのではないが、遠野町内の諸祭禮の宵宮に、町家に招ぜられて演ずることがある。雲南神社祭り（舊三月十三日。十二日晩が宵宮）鍋倉神社祭り（新五月三、四日）多賀神社祭り（舊七月七日。六日が宵宮）神明樣祭り（舊七月十六日、十七日。十五日が宵宮）八幡神社祭り（新九月十五日。十四日が宵宮）等。

へ、遠野諸派

附馬牛村字和野の神樂は、意樂院（同院は五代程續いたものといふ）が傳守したものによる。今は菅原神社祭り（舊七月二十五日）不動樣祭り（舊六月二十八日）蒼前樣（駒形神社）祭り（舊四月八日）等に、拜殿にて式舞を演ずるだけになつてゐる。尚式六の外十番位を傳ふ。同村字上柳の神樂も、同じく意樂院の傳へたものによる。

土淵村飯豐の神樂も、所傳はなか〱しつかりしてゐたが、是はずつと以前、可笑しいことに、盲目で跛の人が來て傳へたものと言つてゐる。此處では今、中午の火伏せ祭りに、晝演ずることにしてゐる。糠前のはこゝの弟子である。

同村字野崎のものは、正福院が傳受したものと言ひ、一時絶えてゐたのを、此程又復興した。

野崎の古老の談によると、もと法印方が集つて演じた頃、是を見ようと寄り集つてきた若者達は、當に「あらびるやうにして」見たといふ。卽ち土足で緣側や根板を踏み轟ろかし、時には踏み破り、あたりかまはず惡口雜言し、ひしめき合ひ、その喧囂さは唯ならぬ樣であつた。又時に見物同志喧嘩もした。この風は、山伏から讓られたばかりの頃まで殘つてゐたといふ。

本宿は十五六年來休んで居り、似田貝のが昨今新しく復活した。

ト、中妻の法印神樂

今、上閉伊郡釜石在、中妻と野田に殘つてゐる「法印神樂」は、もと近邊四ケ村の祈願寺であつた觀音寺（鎭守大天獏權現、今八雲神社）を持つ山伏達（慈光坊、大慈院、寶慈院等）が集つて演じたもので、板澤家がその中心をなし、河岸中の院や坊が出て是に手傳つた。板澤正右衞門氏の談によれば、氏の祖父、三井の山門派、權大僧都永壽院德衞法印が、この神樂の中興の師と言はれ、度々京都にも上り、吉田家につき神樂の稽古を受けて來た。又六囘程參宮し、その都度みかぐらを奉納してきたといふ。

此の神樂も、年々冬になると、釜石から河岸中をまはつた。舊十一月十四日は、尾崎の山どめの祭典が執行される日であるが、この日神樂組は行つて參拜し、そこの白濱を打出しにめぐつたもので、これを舞出しと稱した。年とり前には戻り、年とりの日に觀音寺に、舞込みをした。この舞込み（或は舞ひ入りとも）が即ち舞收めで、午後から始め、山伏の方式による神收めの祝詞あり、特に「岩戸開」をつけ、此の夜は通夜してあるだけの藝を盡したといふ。

各部落では宿をせり合つたものであるが、ほゞ定つてゐて、新築の家などでは特に希望することがあつた。部落中でのとつておきの着物を出し、着てもらふこともあり、やはり娘が仕合せする、病氣せぬ、安產する等と言はれてゐた。又宿々で、早朝、必ず神おこしといふことがあつた。明鷄の聲を合圖に、まだ暗い中に起き、打鳴し以下所定の行を行つたもので、是は、權現樣をお守り申してきてゐる故、お籠りしておつとめをしたものと言ふ。是には人數が揃はねばならない故、忌の多い時には出來ず、又是が出來なければ神樂は舞へなかつたので、從つて出かけることも出來なかつたといふ。（この行が濟めば、休む者はもう一度休んだ。）

昔は舊三月三日の尾崎のお山開きの祭り、六月祭り、九月祭り等にも參拜に出た。今は冬の間めぐることもなくなつてゐる。（正右衛門氏の少い頃、三回程つれられてめぐつたのを覺えてゐるだけと言ふ。）たゞ、舊九月二十八、二十九兩日の尾崎神社祭りの神輿渡御に供奉し、權現樣をまはすだけで、幕の神樂を演ずる機會は今は全くなくなつてゐる。七拍子と稱してゐるが、所傳は、寫本の上で見ても、大償や圓萬寺と大分異る。

同じく釜石在野田の神樂は、以前中妻のを傳へたものであるが、近年中妻が胴とりを失つて一時絶えたとき、逆にこちらから教えてやつたといふ關係になつてゐる。やはり幕神樂を演ずる機會を今は全く持たない。徒らに兩者とも、幾冊かの古臺本を秘藏するのみである。

チ、黑森神樂

下閉伊郡宮古在（今、山口村鎭守）の黑森神社に關しては、奥々風土記卷五「黑森神社」の項に曰ふ。

宮古村にあり。祭神知す。土人傳云、坂上田村麻呂か建立給ひし神社なりとなん、いと古キ社なり。幣代を入る器に、建武ノ二年に造れることを、左文字に彫たるあり。また貞治ノ四年に造れる鐘あり。我君政行君の再興給ひし應安三年の棟札あり。八幡宮は當時相殿に安置奉られし由なり。此に依て今黑森八幡とも稱り。又俗人黑森觀音といへるは非なり。それは俗説に、此黑森觀音は、推古天皇の弟親王罪ありて、閇伊ノ浦に配流、遂に此處にて卒去給ひし故に、其遺骸を黑森山に葬奉り、則觀世音に稱奉れる也といふ説あり。……末社に觀音堂・稻荷宮・辨天堂・虚空藏堂・一の王子・二の王子・なといふあるは、皆後世に佛になつみて造立たる宮なり。

又、邦内郷村志巻三「黑森權現」の項には、

邑人傳云。黑樂八幡觀音末社云。有㆓觀音堂㆒。八幡宮。御先祖三戸六郎公。從㆓尊氏㆒而相戰。奉㆑祈㆓願八幡宮㆒。而屢有㆓戰功㆒建㆓立此社㆒。奉㆓社領㆒。後改㆓遠江守㆒。野田縣居㆓住于小田村㆒。此村者日本始而云㆑所㆑出㆑金也。往古到㆓大峯㆒山伏先到㆓此山㆒。邑人云傳。行者于㆑今存矣。又一説大同元年田村將軍利仁卿㆓創之㆒。自㆓大同元年㆒至㆓應安㆒五百六十年餘。未舊記不㆑詳㆑之。

棟札　應安三庚戌年十二月十七日大守大旦那南部光祿沙彌宗光。南部伊豫守源信長。

同　應永十一甲申年三月日大旦那沙彌禪高。南部大膳大夫源守行。又天文十辛丑年六月八日大旦那南部右馬頭源安信。

同　慶長五年庚子。五月廿一日大旦那南部信濃守利直公。寛永十七年庚辰八月。重直後重信公・利視公・利雄公修㆓補之㆒。

○末社　一二三之王子　古黑森宮　白山權現　稻荷　辨天虛空藏　永福寺支㆓配之㆒。

別當　小五郎

今釜石桟橋の役宅に詫びて居られる今年七十幾つの川崎藏之介翁の談によると、もと黑森管轄の法印達は、或る一定の年期を、辭令により、霞々を受持つて別當をしてめぐつたものといふ。川崎氏はその一人で、ずつと以前に、釜石の尾崎明神に居たことあり、又上閉伊郡栗橋村にも住み、そこの神樂を組織した。鵜住居（うのすまゐ）村に、花輪の分家で、みおう院といふ法印があり、舞は黑森きつての妙手であつたといふが、翁はこの人から傳授を受けた。

心得ある者は、法印の身についてゐる藝として昔は稽古したもので、それが冬になると黑森に召集を受け、一團をなしてめぐつたらしい。昔は銘々に舞の得手、不得手があり、持前の藝といふものがあつた。又こちらでは、早くから器用な農人をもかたつたらしく、寛政十一年の扉書ある法印ならぬ人の寫した謡本も殘つてゐる。さういふ事情も一つの原因であつたか、又傳來が比較的古く、代がはりが多かつたせいか、こちらに殘る寫本には、珍らしい諸曲を傳へてゐるに關はらず、訛誤や誤脱が比較的多い。

黑森神樂は、宮古を中心として、南まはり北まはりと稱し、上下の閉伊郡一帶――北は普代浦の堀内より、南は上閉伊郡の鵜住居まで――を交る〳〵にめぐつたもので、是は今尙繼續されてゐる。（昭和七年冬は南まはりに當る）斯く廣い範圍に亘つての祈禱を許されてゐるのはこゝだけである。始め終りといふことはないが、舊十一月に出かけ、約

五ケ月に亘つてめぐり、年とりには舊十二月二十七日頃一旦戻り、正月の五日か八日頃再び出る。氏子の方でも、今年はどちらまはりといふことを記憶してゐて、冬になるとその便りを待ち詫びるといふ。(こゝでは通りともまはりとも言はず、たゞかぐらとのみ言ふ。)

南部藩政の頃宮古に代官を置かれ、其治下の數十村を宮古通と言つたが、毎年六月十四日の黑森神社例祭には、南部家では必ずこの代官をして代拜せしめ、祭の費用は總て支給されたといふ。そのため黑森の神樂は、まはりの時さへ、別當は大刀御免で權現樣をお守り申したものといふ。

まはりには權現樣二頭を遊ばせ、神樂を演ずる外に、時に墓獅子といふことを依頼されることがある。是は佛の百日忌とか、一年忌三年忌等相當の場合、佛壇の位牌の前、或はお墓の前で、足踏みはせず主に頭を振り、笛、太鼓に口をパク〳〵言はせつゝ供養の歌を歌ふのである。又新築の家にて、はしがりや柱がらみなどいふこともあつた。(後項參照)

今、黑森神樂樂人の代表をしてゐる上坂喜兵衛氏は、昭和七年四十七歳であるが、氏は十八九の頃から舞の稽古を始め、まはりには殆ど毎年出た。舞の上手として知られてゐる。大正六年に祖父長吉氏から胴とりを引繼がれた。この長吉翁が又熱心な方で、八十三歳で亡くなる前の年まで

胴をとつて居られた。(亡くなつたのは正月で、喜兵衛氏はまはりに出てゐたために臨終には居合せなかつた。)この祖父の許に喜兵衛氏は稽古を勵んだもので、以前の人が舞に得意不得意があつたに對し、あるだけのものは覺えておきたいと心がけ、胴さへとつてくれる人があれば舞へる程度に苦心されたおかげに、こゝには多くの、今は珍らしい舞が殘つた。(上坂氏は昨昭和六年、胴とりを田老村末前の西口錦治氏に讓つた。)

以前田老に山本作右衛門、小本村中野に久慈喜太郎、刈屋に清水梅之烝、又、下河原德松、間宇太郎、下野運次郎、下河原鶴松等の人が居た。現在の人達は、胴とりの上坂、西口兩氏を除けば、佐々木仁兵衛、石垣保藏、鈴木七太郎、宮本福藏、佐々木初吉、林下一太郎、中村隆一、田代正雄、下澤清七等の人々で、方々から寄つてくる。

維新後組織崩れて、法印達が銘々に、其土地々々の者に傳授し、夫々に組織した神樂が、今は大抵代變りになつて消長してゐるが、是が南は大槌から、北は九戸野田、久慈の邊まで分布してゐる。然し乍ら、寫本の式舞を對照して見ると、どうやら是に黑森風のものと、夏屋風のものとの二通りがあるらしい。然し何れも三拍子を稱し、舞の拍子も手も頗る早いのが特色である。(未完)

陸中の山伏神樂の臺本（上）

本田安次

一、座揃

はじめ、座揃の文を誦す。是にも種々異同があるが、こゝには一種、夏屋本のまゝを誦すことゝする。座揃は神下しに當る。三拍子及遠野派に行はれ、葛巻田子派には是に替へるにみかぐらの文あり、岳大償派には打鳴らしの神哥がある。

▲打ナラス　カネノゴスイニ　夢サメテ　アウンノ二字ヲ聞ソウレシヤ

▲千早ヤフル　カミノハシメシ　御神樂ヲ　チヨバンゼイト　舞ヤ　ヒロムル

▲千早ヤフル　タカマカハラノ　神アソビ　カミカセ　ナラハ　ナモヤカニ　フケ

次拍立

▲センヤ面白〱物ニトリテワ　ソレムカシ　吾朝開ケテ後　天神七代　地神五代コト　ヲワテ　天照大神　天カ岩戸　コモリ給　衆生カ　闇ニ　ナリシトキ　大力王方便ヲ廻　岩戸ノ前ニテ　御神樂ヲ始給　フシ是ヨリ神樂ハシマルヤ　面白ロシ　ゴンゼツヤ　イヨサア

▲センヤ面白〱物ニトリテワ　ソレ昔シ　打鼓ノヲトワ生死ノ夢ヲ　サマスナリ　戸拍子　ササツノ音ワ　天地和合ニシテ　フシ佛神納受　タレタモウ　面白ロシゴウゼ　ツウヤ　イヨサア

▲センヤ面白〱物ニ取リテワ　ソレ昔シ　伊勢ノ國　天岩戸ノ神遊ビ　フシ神風ナラハナモヤカニ　フケ　ヲモシロシ　ゴンゼツウヤ　イヨサア

▲センヤ面白〱物ニ取リテワ　ソレ昔神子ニ　文殊之千ハヤヲキセ　アヲキトリ・錫取リナヲシテ　モウトキワチハヤノ　ソンテニ神風セヤア　ヲモシロシ　ゴンセツウヤ　イヨサア

陸中の山伏神樂の臺本(上)(本田)

▲センヤ面白〳〵物ニトリテワ　ソレ昔シ　霜月ノギヲンノ祭ニ　合人ワ　ヒトセノ盛(サカリ)　アルトカヤ　ヲモシロシ　ゴンゼツウヤ　イヨサア

▲ヒヤクタントイシ　石ノカトヨリ　火ヲトリテ　火ワヒケン菩薩　水ワ　スイキヨ　ダラニノ水　ヒサクワ觀世音菩薩　カキワ地藏菩薩　カキナワト　インハワホケキヤウ　ヤマキノ　ヒボトモ　トキタモウヲモシロシ　ゴンセツウヤ　イヨサア

▲センヤ面白〳〵物ニトリテワ　ソレ昔シ　トビカサキナル　舞男　トビヲバ　是ニトドメヲキ　チヱフル　カミワ　コゴカマヱドコ　面白　ゴンゼツウヤ　イヨサア

▲センヤ面白〳〵物ニトリテワ　ソレ昔　拾二人ノ神樂男　八人ノ八女　テイドウ　ムツワノ　シラベノコイ　サアサツノ　スズノ聲トカヤ　面白ロシ　ゴンゼツウヤ　イヨサア

▲コウレヨリモ　キンセイ東方　南方西方　北方中央　下界ニ　アマシマス　ヨロツノ神タチ　守セ　ダンモウ小金ノキリサゴ　サイハイシテ　シヤウスルニワニ　アヤヲハイ　ゴンゼ　ヨウニシキヲ　ノベテ　ゴサト　マイロ〳〵〳〵〳〵

▲コンノユベワ　コンノ小刀　コンノ水ワ　コンノマキワ　コンノシヲワ　イツクカ浦ト　ウラアコヱテ　ナナウラ　コヱテ　トビクサノ　ゴンセ〳〵〳〵〳〵　ニシキヲ　ノベテ　ゴザトマイロヤ〳〵〳〵

▲コンノ袴ワ　コンノタイコワ　コンノ笛ワ　コンノササラワ　コンノマイタワ　コンノヒヤウシワ　イツクカウラト　ウラコヱテ　ナナ浦コヱテ　トビクサノゴンセ　トヒクサノゴンセ　ニシキヲ　ノベテ　ゴザトマイロヤ〳〵〳〵〳〵

この座揃の拍子には、舞に用ふる殆ど總ての手を少しづゝ仕組んでゐるやうである。且つ變化に富み、歌ふしも美しい。

二、翁と三番叟

翁舞(岳)

扇の雲張り、幕出し、

松(一)を尋(二)ぬる老の身の(三)、双葉(四)の松をたつぬるに

と胴、銅鈸子、笛の囃子、幕下より扇出、拍子に乘せて左右に振り、返し、まろく振ること、扇入ると幕を一旦押出し、なほす。この間胴とりの神歌、よよい〳〵と掛聲(五)。と幕な押出し、翁後向に出、坐す。かぶと(はいぼう)、下に黒頭巾、白式翁面(面柄は三光尉などに似てゐる)、千早、廣帶、袴。扇振り、拜し、立ち、左足踏み、中腰にぢつとなる。左

右の、それとなき足ぶみ、めぐつて幕前に正面向になり、兩袖を立て前方に、これをだん〳〵に沈める。ふんばり足、ぢつと靜かに足踏換へ、袖を少しづゝ沈ませる。神歌、よいよよいの掛聲（六）、足踏みかへ、袖沈めること、袖を僅かに振る。進み出るやうに踏かへ、僅かに袖を動かす。とゞその場にめぐり、扇を振り、ふんまたがり、扇のみ立て、沈み、左足出し、なほし、足踏かへ、沈み等、小まはりして扇振り、胸前に振り、沈める。右左右とくれらせつゝ足踏み、僅かに沈む。小めぐり等。

袖からめ、左足、右足踏み、扇下に、沈み、袖かへし、扇振り、左右と踏かへ、扇前になほり、沈み、左足左前に、僅かに振り、進み出、中腰に僅かに振、扇振りつゝその場めぐり、扇まろく振り、袖をからみ、扇平にして下し、上げ、右足出して振り、左足出して振、進み出、沈む。首僅かふる。袖なほし、小めぐり、扇まろく左右に振り、前にふり、中にふり、兩袖くるみ、進み出、退る。袖かへし、坐し、扇ふり、扇左手にとり、右手は腰に、ふんまたがり、ぢつとなり、踏かへ足。進み出、右足右前に、ぢつとなり、首僅かに振り、その場めぐり、右手に扇持かへてふり、幕前に立ち、やすらうと樂の打とめ、扇は右手前に、是より幕內の言事になる。

〽サアテ天竺の（と翁は伸び、扇ふり、沈み、伸び）はつ代河（七）の生る鮑（八）（と右方に伸び、沈み、伸び、なほり）、かふに千歲さんとをの（と扇振り、進み出）星の山を戴て（と扇を下から戴き上げ）、まんごうを（九）（と左手を下に添へ持ち）ふるとかや（と胴をドンと打込む。小まはりして幕前に引かへし）、さて我（十）が朝の竈は（とドンと胴入り）、千萬歲（十一）をうとふて（と幕前に扇を戴き上げ、振り）かの所へ參り（十二）（とドン〳〵と打込み、進み出）、四つの御祝ひ申（十三）さんと（と扇を戴き上げ、横に立て、沈み）、扨て百歲は德のさかり（十四）（と靜かに小まはり、幕前に行く）、黑髮ハ白髮となり（十五）、白髮ハ生樂となり（と幕前に正面を向き）、生樂ハ（と扇を下に）きにかへるとかや（と扇を上げ、ドンと胴を打込む）、春咲そめし（十六）（と進み出）花の色（十七）（と兩手を扇に添へ戴き上げ）、秋は實なりて（と沈み）冬までも（十八）（と後向き、小まはりに進んで幕前に）、實はおぢゝとかの光りつる（十九）（と沈み）（二十）諸神諸佛（二十一）（と胴入り）七世の孫におふたるためしの目出度（二十二）さよ（二十三）（と是より大いに振ある。くづしの舞、早拍子。）

左袖とり、扇ふり、左手に扇の一端をとり、右手添へ、タタタを踏み、（この時胴をカカカと輪がらみに打つ）その場にめぐり、袖とり、左右振あつて舞出、後向になり、扇と袖を使ひ、正面向になり、袖つかひ扇つかひ、坐し、扇たゝみ、右袖を兩にとり、タタタ踏み、右方にふり、その場にめぐり、カカカと足キリ、一舞、扇の一端を左手にとり、片膝つき、右にとり、袖つかひ、左右振あつて進み出、後向になり、扇袖つかつて舞ひ、正面向になほり、袖扇つかひ舞ひ、左右に振あつて舞ひ、扇はふり投げ、とり、きまつて入る。やゝ激しい舞。以上約十九分。

註（岳の鎌津田氏本を底本とし、羽山、大出、丹内、大償、晴山、火叉の諸本を參照す）

（一）この幕出し、羽山本には、「あれに見得ゆハいつハの松、松ハ先に生ろか、をぎなハ先に生ろゝか、出て年くらべせんや、ひめこの松」、丹内二本には、「とう〳〵たらり〳〵しよよふハなにしよほの翁也」「とふ〳〵たらりらりらしやうよふハ何しやうの翁也」とあり。

（二）尋ぬろ―尋ぬろに（火叉）、尋ぬろに〳〵（大出）。

（三）次によみかへしあり。

（四）双葉―ひたば（晴山）。

（五）雜錄記載による大償の掛聲は、「ヨホエ　エ、、、サアサア〳〵エ、、、サアサア　ハアヨ、、イ　ヨイ〳〵〳〵」

（六）この舞の時の掛聲も、大償の記錄は右に同じ。

（七）はつ代河―鎌津田本及丹内の一本を除いては皆まづ代河とす。岳の口承も同樣。晴山本のみはばつたいかとす。是は跋提河か、お能の翁に謂ふ萬代の池といふのは、やはり以前は跋提河の池ではなかつたか。

（八）天竺のまつ代河の生ろ龜―萬代の池の龜（大）。

（九）をの字なし（大、羽、大出）。

（十）さて―又（羽）。

（十一）かの―この（丹）。

（十二）參り―參りて（大、羽、晴）。

（十三）四つの―よろづの（大）、よちうの（晴）。

（十四）德のさかり―德のさかりとなり（羽）、きうしうに百さいはとくのさかり（晴）、きむしうに百歲は年のさかり（大）。

（十五）白髮―眞白髮（大）。

（十六）實なり―みのり（晴）。

（十七）冬―幾代經ろ（大、晴）。

（十八）實はおちゞと―實は落すと（羽）、みはおちつと（丹）、身はおとらじ（大）、晴山本には、「をちずと」と書き、消して「をとらす」書添へあり。

（十九）光り―しかり（大）、ひあり（晴）。

（二十）こゝに「太コ入」とあり（羽）。

（二十一）諸神諸佛―諸神諸とも（羽）、しよじむしようは（大）、しよせのしよをうぢの（晴）。

（二十二）の―ハ（羽、丹）、此字なし（大）。

（二十三）よ―や（大出）、エ（大）。

大償派のものと比べ、詞章には右註の通り殆ど異同はないが、大償の振はもつと小振りに手が込んで居り、且つ時間も長く、はじめ極くゆつくりした舞が次第々々に早拍子に移つて行くところなど、如何にも美しかつたやうに思ふ。但し形式は同樣である。

是等に比べると、南の果の圓萬寺と、北の果の葛卷田子のが異つてゐた。この南北の兩者は、拍子や舞は別であつたが、形式は大體同じで、共に先に千歲の舞がつく。詞章ももとは一つであつたらうと思ふ。先に圓萬寺の舞ひ方を誌す。

せんさいとおきな（圓萬寺）

〽あげまきハ、日はとゞろ、あえがわや、せにたつ石に、はかをいて、ゆろさろとも、思ふ世まで、さしさごうたり。

せんさい幕出

と、かぶと、にこやかな若男面、繻絆、袴、黒羽織、帯刀の千歳、玉手箱の體にて、お盆に翁面を載せ、それの上から紫の風呂敷をはふりかけ、是を左手に持ち、右手に扇をとつて出る。持物さゝげつゝ順に一まはり、正面をきつて足踏み、いたゞく振、一めぐり、幕に向つて左方(二の座)をきり、同じく足踏、いたゞく振、一まはり、右方(四の座)をきり、同様、(今正面を一の座とし、順に二の座、三の座、四の座を定め、以下此の稱呼に從うことゝする)すぐ正面向にきまり、扇あふぎつゝ一めぐり、左右に振り、又一めぐり、とゞ幕前に坐し、手箱おき、右手に扇、左手は刀の柄にかけ、きまり、立ち、一まはり、幕前に振り、一めぐり、片膝立て坐し、坐して振あり、立ち、あふぎつゝ一めぐり、扇を兩手にとり一めぐり、坐し、左右に振、なほり、振あり、立ち一めぐり、幕かゝげ、あふぐ振、きまつて入る。(手箱は後で後見が引込ます)

打ならし、神歌、暫くで打とめ、やがて、

翁幕出

〽どふ〳〵となるハ、瀧の水、日は照とも、常にたいせぬ、鳴るはたきの水。

と囃子、神歌にて、かぶと(上圖參照)、翁面(額切れず)、千早、前帶、袴(黒縞)の翁が、扇開き持ち出、(左手は袴の中)順に一めぐり、袖くるめ、達拜する如き振あり(扇は縱に前方に)、一めぐり、袖かへし、二の座に拜み、めぐり、四の座に向つて拜む。袖かへし、進み、正面になほり、扇をたゞにあふぎつゝ一めぐり、正面にて打とめ、幕内の言事となる。

おきな言事

〽ちゑハ足れり、らりどう。偖て唯今の翁と申は、(と見渡し、扇にて振)伊勢神明天照太神の(と大いに扇振り)をしませたもふ、正けんの表てを額に當て、かりきぬの袖をひるかゑし、ひる戻し、(と左袖の露をとり)この所へまいり、四つのご祝ひ申さんと(と進み、退り、扇の振あつてきまり)、百歳はきいそ、貳百歳ハとほのさかり、(と扇振りつゝ)まつた黒髪は、ま白髪と成り、(とあごひげなで)ましらがわ、おいらくとなり、(と又鬚をなでる、見渡し)おいらくは木に返へり萱となり、三世の諸佛出世の孫に逢ふたるためし、(と進み出で、扇の振)お目出度さよ（と扇を下し、右足先あげ、下し、）松や先、翁や先にうまれつゝ、

陸中の山伏神樂の臺本（上）（本田）

いざさらば、よりて、（と見込み、首動かし）年くらべせんや姫小松、（と、左方きつてきまり）靏の千年、龜の萬ごふを（と扇おくり、振）經るよりもなほ久しき翁なり。（と扇かへし、右足先を上げ、下し）そよハなにその翁ぞよ、春は花咲き、（と進み、扇振り）夏もよし、秋は實なり、冬までの實を取らんためし、（と扇引き、かへし）目出度さよ。（と右足前に踏み、きまること。）

是にて一囃子、翁は舞臺を一めぐりする。きまると、早拍子、更になほつて、

〽國土の男女（ナンニョ）ハ、たれか三十ならん、らしゆら山にさゝむら、（と進み、扇送り、かへし）いざさらば、天竺のまつだい川（カワ）の池のかめ、こふれハ三どふの星の山をいたゞいて（と、扇もて酒飲む如く傾け、たて）萬ごふをへるとかや（と扇引き、おくり、きまり）まつた我朝の靏ハ千萬歳を（と小まはり）うどふて此所に仰ぎたてまつる。（と扇下し、右足前に踏む。）

拍子、扇を左右におくり、兩に持ち、一めぐり、左右に振し、仰ぎつゝ一めぐり、左手に扇を持かへ、（右手は袴の下に）一めぐり、片膝たてゝ坐し、左右きり、立ち、右手に扇持ちかへ、仰ぎつゝ一まひ、扇を兩に持ち振あり、一めぐり、舞手の左方きつて坐し、右方きつて坐し、振あつて立ち、一めぐり、幕をかゝげ、きまつて入る。後早拍子の打とめ。

然し乍ら寫本には、尙次の如き詞章が殘つてゐた。今略してゐるのである。

〽千秋萬歳（センシュバンゼイ）の、千秋萬歳の御祝（ゴイワイ）の舞なれば、もひとかいな、まふたりや〳〵神（カミ）には天（テン）きやう地きやう、五萬延命（ゴマンエンメイ）、息（ソク）災延命（サイエンメイ）、成就苦樂（ジャウジュケラク）、出世（シュセ）と祈り申すも、たゝこの君、百世（セ）百代、千代五萬年が世（ヨ）の間（アイダ）、あをぎたてまつる。

こゝの言ひ傳ひでは、この「翁」は浦島の舞であるとなしてゐる。卽ち千歳はその若い時のこと、翁は、玉手箱をあけ、年をとつた所を舞つたものといふ。箱をあけたところ、煙が出てくるかはりに翁面が用意されてゐるといふ趣向である。然し乍ら、葛卷、樽山では、この千歳の舞を翁の下舞（したまひ）と言ひ、田子では式（しき）舞若くは單に式（しき）と稱してゐた。而して注意すべきは權現舞にも、下舞といふことがあり、是は權現を冠る前に、その者が、素面のまゝ、扇舞一しきりあるので、「翁」に於て、はじめ面を持つて舞ふのも、或は是と同樣の古風を殘してゐるのであるまいか。「花祭り」に於て、太鼓を叩く前に、桴の舞があるのとも似た意味に於てである。圓萬寺では若面を冠るが、葛卷、田子とも、面はつけない。又本來は、下舞を舞つたものが翁になるべきであらうが、今は別々に舞つてゐる。或は是は舞人を主にしてゐるのでなく、翁面を捧げて舞ふ點に重きをおいて

ゐるのであらうか。

——お能の「翁」で、折角千歳が出ても、面を捧げることもなく舞つてゐるのは、或は分化した後の舞ひ方ではなかつたか、下掛に於ては、面箱を千歳が持つといふのも、一應注意さるべき點であらう。圓萬寺、葛卷、田子等のこの傳承は、例へ後からの一つの説明に過ぎないとしても、尙よく吟味さるべきである。次には田子の振を誌しておく。

式舞（田子）の圖

幕裾を一寸上げ、なほし、すぐ、

翁　（田子）

〽あげ卷や日はとゞろと　あい川の瀬に伏而　石には齒か生て、よりよう　さりよ　とぼりよう迄も目出度さよ——

式舞の幕出し

と囃子、幕をとつて震はすこと。すぐ幕の向つて左端より、烏帽子、是の兩側に注連を一さげづゝつけ、素面、襦絆、ぬぎだれ、襷がけ、袴の者、左手に、盆の上に布をかけ、その上に切顎の翁面を載せたものを持ち、右手には扇をとつて出る。（挿圖參照）

正面、次にその場に順にめぐつて二の座、正面、四の座と、夫々に持物を、左方に右方に左方に、若くは右方に左方に右方にと、おくり捧げることあり、次に正面向、扇にて振あり、盆を左右左と捧げ、次に盆を兩手に捧げて足ぶみ、次にその物にめぐつて後向き、めぐりかへし、正面向いて足ぶみ、扇の振、持物を左右左と捧げてその場にめぐる。この振を、正面、二の座、四の座とし、次に正面に向き、扇つぼめると拍子變り、退り進んで扇をパッとひらき、次に同樣、三方に持物を、左右左、若くは右左右と捧げる第一段の振と同樣に舞ふ。

次に正面向き、盆を兩手にとつて胴前に盆くれらし、小まはりし、又くれらし、上に捧げ、びつこ引にて順にめぐり、胴前に坐し、舞手の右方きり、立ち、びつこ引にて逆にめぐり、坐して左方をきる。是にて盆を置く。

是よりくづしの舞、扇をとつて立ち、その場にめぐり、扇を左にとり、右にとり、その場にめぐり、びつこ引で逆まはりすることゝ、坐して扇をふること、袖かへすこと等色々あり、とゞこゞみ拜して入る。この舞約十一分。

しばらく打鳴し、やがて打とめると、すぐ、

翁幕出し

〽どう／＼と鳴るや瀧の水　日が照るとも　常の大川(タイセン)鳴るや瀧の水　はい――

と、囃子になるのであるが、この拍子は始めから別であつた。八拍子に、くぎれ／＼に打込む打ち方で、そのくぎれ／＼に、「ハイ」とか、「オツ」とか、胴とりのかけ聲が入る。

やがて幕下より扇出、幕をあげて、左右きつて振ある。これがきまると扇は引込み、同じ拍子つゞき、やがて左隅より、烏帽子(前方に銀の玉下がる上圖參照)、切顎(切顎を用ひてゐるのはこゝのみである)の翁面(白式であらうが黑くなつてゐる)、かるさん、袴の者、右手に扇を持つて出、扇もて左右をきりつゝ袖くるみ、なほし、左手は腰に、小まはりしつゝこの振を繰返し、面に兩手あて(鬚をとる形か)なほすこと、首をククと振ること等あり、こゞみ腰に、こゝ暫くこの特殊な拍子に合せて舞ふ。とゞ扇さしつゝ幕前に退り、なほつて左手腰、扇前にさすと、幕かげの語りになる。

翁幕掛り

〽ちりやたらりや　らんがんとよ――そうよかなき世の翁とは、花の色春咲染めて夏も良し、秋は花咲き實なればこそ冬迄も、實かをどらん爲めしの目出たさよ　(と袖をかへし、拜み手をする)松やさきに(と又袖をかへし、なほし)翁わ先に生れつゝ、いざさらは立ち寄りて歲くらべせんや姬小松、鶴の千歲　龜の萬歲經たる翁とよ――

と、「ハイ」と袖かへし、拜み手をし、こゝに囃子入る。拜み手にて進みより、袖かへし、戾し、左手は腰、扇右左とさしつゝ中腰に、袖かへし、戾し、そのまゝ右前にタヂ／＼と出、二の座、三の座、めぐりかへして正面、三の座、四の座と、夫々に向き、扇を左右にさし、以下、袖かへし、なほし、坐し、立ち、めぐり等、暫く舞ふ。とゞ又幕前に退つて立つ。

第二段目

〽國土は何んじやうの誰か三條ならん、ましゆらせんに、ささ武士はされば天竺のばつだい川の池の龜、郡は三度の星の山を祓いて(とゆるく扇の振、左手は腰)經たるうど

ゝかや、まつた我が町の鶴は、千萬歳を經而ろとかや、さつてかの（と袖かへし）翁とわ、伊勢神明（と袖を戻し）天照皇太神宮のおしませ給ふ初ぎん表を顏に當て、（と袖かへし、扇にて顏をかくし）かりきんの（と左袖を顏にあてるやうにし）袖をひるかへし（と右袖をかへし、）ひるもどし（と戻す）此の所に參りて四つの御祝申せば、百歳はそは貳百歳、とくの榮り、かの鶴龜はましゆらんごとなり、ましゆらごは老いて木に返り茅となり、風のそゝつも、出世の舞を經たるためしの目出たさよ——

と囃子、舞つて出る。扇前に、右側きり、左側きり、袖かへし、扇顏にあて、袖もどし、小まはり、兩袖を一度にかへすことなど、色々に舞ひ、とゞ拍子かはると扇を拜み手にとり、足踏、袖ひろがへし、戻す。左右をきること、左右向に、進み退つて舞ふ。足踏みを僅かにトンとすること等。とゞ幕前にきまる。

第三段目

〽千秋萬秋の御祝の舞なれば（とゆるく振あり）人とかやも（ひこかやり舞うた）たりや〳〵（りや）、神や天地球延命息災御事受、家樂出世と祈り申せは、唯かの君百世百代千代五萬歳の共の間仰ぎ奉る。

と、袖かへし、拜み、ハイと拍子、扇つぼめ、左手は袖口をとり、是よりくづしの拍子となり、左右ふりつゝ進みより、扇ひらき、兩手腰に、その場にめぐり、左右きり、右袖をかへし、左袖をかへし、返したまゝに扇を右にとり、左にとり、振色々あり、足踏することあり、びつこ引にめぐること、坐すこと等、すべて早拍子に、暫く舞ひ、中央にきまつて入る。

約十三分程の舞。

翁の舞は、舞ひ方が概して難かしいため、あまり殘つてゐない。他には、晴山、及大出、砂子澤のを除くと、遠野の野崎のを見得ただけである。是はやはり岳、大償風で、舞ひ方も同樣複雜であつた。

翁の詞章は以上二種の外、もう二種、夏屋と黑森に分け得る。共に三拍子派である。遠野、中妻のは共に夏屋風である。（遠野の八幡寫本では、是を「翁」と言はず、「四季」と誌してゐた。又中妻のは、語りは舞人自身が言ふやうに指定されてゐる。）

次に是等のを整理しておく。

翁（夏屋）

マク出

▲（一）（二）チウリウワ、タラリ、ララリランガワノ、ソヨヤイツクノ、翁（ヲキナ）ナリ我ワ、ナイシヤウノ翁（ヲキナ）ナリ、ソヨヤイツクノ翁（ヲキナ）ナリ

▲〽花ノ色、春咲（サ）キソメテ夏モヨシ、（三）秋ワクキ立（タ）チ（四）實（ミ）ナレハコソ、冬（フユ）マテニ、ヲドランタノシカルランゴソ目出度

陸中の山伏神樂の臺本(上)(本田)

サヨ。ウシロヲ、ヲシヲツガテ(五)、ミタテ、マツレハ、金剛山ノヤマタカク、ミヱマシマセハ、前ニワ(六)ミヤウホク(七)ノ、イツミタダイテ、ミヱ、マシマセハ、マワリニワ百千本ノ木(八)ウヱナラベ、ナカ金剛メノウシヤゴウ(九)、カケタルトコロニワ、ブンジ(十)、シヤクジジン、ソウヲウノ地ノ上ニ、メノ尾切テ、スイソウ(十一)ノ柱ヲ石ツヱト(十二)立テ、新シキ殿(十三)トツークリマシマセハ、(十四)内裏ワ動キ玉ウトモ、世ニワ此ノ殿ワ、タチロキマシマサツ。ナヤシヤウニンノトノバラタチ、翁カ先ニ生レケンカヤ、鶴龜ガ先ニ生レケンカヤ、松ヤ先ニ生レケンカヤ、サライザイデテ、年クラベセンヤ姫小松。カノ翁ノ、ザシヤウノテイヲ、ハヤシ奉ルニ、心ロ言葉モ及バレズ、カノ翁ノ黑カリ(シ)髮カ、眞白髮トナツテ、眞白髮カ、老來トナツテ、キニカヱリ、カヤトナリ七世ノ孫ニアヲタル御代ノ、目出度サヨ。亦ヲウミノ水海カ、七度ヒテ七度クワバラトナリシヨモ、タイタイ、ハイケン仕リタ翁ナリ。君カ世ワ、ツキジ、トモ、ウドウタリ。ザンサラ石ニ岩ヲトナンテ、コヴケノ、ヲイタモ、ヒサビサヨ。春ルキテ秋ユクツンバクラカ(十五)、タマカ湯殿(十六)ニ巣ヲカケテ、コレヲハ何ト祝ヲタ、長者ノ姫トモユヲタ

註(遠野のは何れも誤字脱字が多いので、八幡、野崎、附馬牛三本を校訂したものを以て校照し、必要な箇所だけ據本を明かにした。)

(一)はじめ、八幡では「ゆるぐとも、よもやぬけぢの要石、かしまの神のあらんかぎりは」と歌ひ、附馬牛では「イヤー昔ヨリ泉ニソメタルカラコロモホ〳〵イマカヨマテ、チハヤフリソテ〳〵ヤーハー」と歌ふ。

(二)この條り、「蒜前 おふきはれはらんがようととうたらりはよう我は何に其のをきなぞよそよや何くのおきなぞよう」(野崎)、「チー我レワランランヨート、タラリラヨチ我レハナニソノチキナゾヨ云々」(附馬牛)、「をうわれハなにそのをきなそよ云々」(八幡)と歌ふ。

(三)冬マテニ―ふよまても寶は

(四)ゴソとなし

(五)チシチッガテ―きつと伏しをかんて

(六)前ニワ―前をぎつと伏しをかんて見奉れば

(七)ミヤウホクノ―名木水の(野)、妙法ゴ水ノ(附)、みよほぐしいの(八幡)

(八)百千本ノ木―百世千駄の木を(野)、百余千園の木を(附、八幡)

(九)メノウシヤゴウ―目野砂光(野)、メノシヤゴチ(附)、めのうをしやこう(八幡)

(十)ブンジ…切テ、「其門人釋數神ソヨーノ地ノ上チメノチキテスヱ」(附)、「その文十しやぐしじんそうをのちのう忞をめのうをきつて」(八幡)「地の上目の魚きいて、そも、文十作地神」(野)

(十一)スイッウースエシヨ(附)、しいしやう(八幡)、水晶カ
(十二)立テ、ー定め
(十三)トー此字なし
(十四)内裏ヮ云々ーだいりはうんのけらんもたり(野、附)、これにはなんとゝたんもうたり(八幡)、次に、「かの翁のさしやうのていな拜し奉るに、心ことばも及ばれず、あゝ松は先に生れしか、鶴龜は先に生れしか、翁は先に生れしか、いざさら立並はんで、年くらべせんや姫小松、かの翁と申すは、其の近江の水海は七度引てまた七度くわ原となり、あし原國となりし世まで、代々はいしろ翁也、さゝらなみたつ岩をとなりこけのむしまで久しさよ」とあり、次に春きて秋ゆくの歌になる。
(十五)カーハ
(十六)タマカー丹波の

○尚、野崎では、以上を「おきな幕出」の項に誌し、次に「翁神談義」として、次の如く誌してゐる。後の造りかへかとも思はれるが、まゝに誌しておく。(實演には、こちらは用ひてゐない。尙神談義といふのは翁が唱へる言葉の意らしい。)

翁神談義

一、新面白き嶋屋、花の色春咲き初めて色に引かれて香にめて、うさも、ちらさも忘るなり、夏木にけりな四方の山、繁れる御代と榮え行く、秋はくき立ちみのればこそ瑞穗の國も豐なり、冬はまた常磐堅磐に久方に樂しかるらん目出度さよ

一、抑も此の翁の體を尋ぬるに、心ロ言葉も及ばれず、白髮の神とは我れらが事を申なり。いさや小人の殿原達、翁が先に生れけんや又靏龜が先に生れけん、出て年くらべせん姫小松、抑も／＼近江の水海か七度ひいて七度桑原となり、此の翁の黑かりしかみがましらかとなり、ましらかが、おひらくとなり、木となりかさとなり、代々久しき翁なり。吾れらか住むうしろを見たれば金剛山の山高く、前には名木の泉たゝいて廻るには百千こんの木を植ゑならべ天照大神のおしませ玉ふめのうの鳥居、すいしやうを柱となし、一階高く石ちゑに是を社と宮作り、面白し面白や吾にあやかる神樂家のじやうとうばとうの末永ふ息災で孫子の數多く、萬ち目出度き神の御代やら面白し神遊び、

○又、中妻のは、要素は大體同じで、形式もこの夏屋のと同様であるが、詞章排列の順序が異つてゐた。やゝ煩雜な嫌ひはあるが、もう一度誌しておく。

おきな同哥ひ所に曰

先幕出し哥

一、わけのほるふもとの道ハ多けれとおなし雲井の月を詠めむ

きりハたらり／＼ら　そよやいつくのおきなか　それは

陸中の山伏神樂の臺本(上)(本田)

ないしやうのおきなり　そよやいつくのおきなか
一、うたひ所　舞人曰いうやうおふ　はゝなの色　春さき初めて夏もよし　秋はくきなか實のれハ社　冬までも　實ハおどらしとたのしかるらむめてたさよ、かくのおきなのぢやしやうの躰をはやし奉るに　心言葉も及はれす、なや少人の殿原達　翁が先に生けんかや　まつた鶴龜ハ先に生れけむか　さあらはいさ出て年くらへせんや姫小松、かくのおきな　たりやせハ　そも近江の水海か七度干て、七度桑原となりし世ゝまても代々拜見仕るおきな也　ハくのおきなの黑かりし髮は眞白となり　眞しらかハ生樂となつて木に歸りかやとなり、諸神諸菩薩出世の孫に會たる御代の目出度さよふ　おふ我か住うしろをおしを合せて見奉れハ　金剛の山高く見えましくて　前にはめうほくの泉湛へてをはしますか　週りにはしやくせんだんの木を植ならへ　中金剛山探女の地神照れ來(?)參天照大神宮のおすませ玉ふめのうをふきつて水晶の柱を一かい高くいしすへに　是はたれといふおふた　長者の姫ともいはふた　とう取はいれいくくト舞納

どう取氣を付へし、舞人口傳有へき也

おきな(黑森)

ちりハたらり　らんがどふ(一)　鳴るハ瀧の水　日は照るともつねに絶ひせず　鳴る瀧の水

六八五

○花(二)の色、春咲ぎそめて夏もよし、秋ハくきたぢみなれバそよ(三)冬迄も、身ハおとらじとかのう成る迄(四)目出度さよ、其(五)れよりもなを久しき者にとりてや、伊勢神明、天照太神の惜ませたもふしゆけんの面(六)の取て顔にあて、此所へ參(七)て四つの御祝ひ申さんとよ、(八)百歳ハちいそふ、(九)二百歳ハ歳のさかり也。(十)黑かりし髮が(十一)眞白髮どなつて、(十二)眞白髮が老來となつて木にかいりかや、(十三)させの諸菩薩すひせの(十四)まごうに逢おたるみよのめでたさよ。こうの所の座ぜう(十五)のていを見たてまつれハ、(十六)心言葉も及ばれつ、(十七)後をきつと押おかんで見奉れハ、(十八)こふせんの山たけき見へましま(十九)せば、前にハ明ぼぐのすひの泉たゝゑたり。(二十)まハりにや百千本の木をうえ立ならべ、中こん光せんの、めとふくる所ハ　めのおと聞てすひせの柱をいつかひたかぐ、いしつへと立てあたらしきてんの作りましくて　たいりやおもぎたもふとも　よねは立ろきましまさあてひ

二ばん哥ひ(四十)

○あげまぎや、色斗りこそゆふたとふだ、あじゆらせんしゆよふれよりなほ久しきものに取てハ、澤につるかめ、峯に若松、いざさら立ならはんて、としくらべせひハ姫子松、それよりも天ちぐのまづたい川の池のかめ、かを

(五十)にさんちよくの波をいたゝきて(五十一)、たいせづの袖(そで)をひるか
いしひるかいせハ、下方日(五十二)にいたるまで、今日(こんにち)の御祝(ゆはひ)ひ
君にあり原なその(五十三)(五十四)おきなあり、(五十五)(五十六)づちゝろや〳〵ゆばつ
ち哥ふ、とうとを〳〵も、
ざんざら石(五十七)の岩をとなつて(五十八)　ゆうろふ、さろふ(五十九)、所ハは
んしゆう(六十)と　さかひ(六十一)たりけり

註（西口氏本を底本とし、上坂、袰綿、下岩泉、和野の諸本を參照す。）

（一）次に「とゝと」とあり（上坂本）、以上を袰綿では、「ちりらたらりらりらんがどうおどろどろ」とうたふ。（尚袰綿のはじめのかんごえは、「おきなとの」）

（二）はじめに、「そうれ、いつくの、おきなぞよ、それはいつくのをきなり」（袰）、（ワレハナニゾノオキナゾヨ、ソヨヤイツクノ翁ナリ」（和野）とあり。

（三）そよーこそ（袰）

（四）かのう成ろ迄ーたのしかるらん（上坂）、たのしかるらんみよぞ（袰）、カルシユカルラン（和）

（五）其れよりも…とりてやーこの翁と申奉ハそも（袰、和）

（六）のーを（他本）

（七）へ參てーにまいりつゝ（上坂、袰）、へ參リッ、（和）

（八）とよーとて（袰）

（九）ちいそふーきッそ（袰、和）

（十）なつてーナリテ（和）

陸中の山伏神樂の臺本（上）（本田）

（十一）かいりかやーなるとかや（上坂）、かいりかやとなり（袰、和）

（十二）すひせーしゆうゐせ（袰）

（十三）袰綿及下岩泉、和野本には、次に以下の如く挿入しあり、「是（それ）よりもなほ久しきものにとりてわそも、近江の水海が七度ひて、まつた七度くわばらとなりしよも、代々拜見つかうまつうた、かの翁也」

（十四）座ぜうーさしよを（上坂）、座しやう（袰）、ザショ（和）

（十五）見ーはやし（袰）

（十六）つーぬ（袰）

（十七）次に「そも」と挿入（袰）

（十八）こふせんー今（こん）ごうせん（袰）

（十九）たけきーたかき（上坂）、たかく（袰）、タケク（和）

（二十）明ぼぐのすひーみよほくすえ（上坂）、明ホク水（和）、「すひの」となし（袰）

（二十一）たゝえたりーを、たゝきおかれたり（袰）

（二十二）にやーにわ（袰、岩、和）

（二十三）立の字なし（袰）

（二十四）めどふくわて…かゝろ所ハーめどうくわてすいし作地神そうょうの地の上へにかゝろ所（岩）、めとうかていぶうち作日、そうようの地の、うへの（袰）、メイリ立テ、ツンチサクシ神、ソウヨウノ、木ノ上ニ（和）

（二十五）めとふくわてーめとをにて（上坂）

（二十六）他のぢ上ーちうえ（上坂）

（二十七）聞てー切て（岩、和）

陸中の山伏神楽の臺本（上）（本田）

（二十八）すひせーすいそを（上坂）、すいしょう（褁、岩、和）
（二十九）をーに（岩）、尚次に「一ッ」と挿入（和）
（三十）いつーいち（上坂）
（三十一）いしつへーいしずえ（上坂）、石すえ（岩）
（三十二）と立てーに立て（岩）、に立ならべ（褁）
（三十三）てんーめん（褁、和）、でん（岩）
（三十四）のーを（上坂）
（三十五）ましましてーましますが（褁）
（三十六）やーは（他本）
（三十七）おもぎーうんごき（岩）、オンゴク（和）
（三十八）よれーをよれ（上坂）、尚、「よれは云々」ー「ヨン立チクルマシマサハ、ヨンモヤ、イッグニ、マシマセイト」（和）
（三十九）立ろきーたちき（上）
（四十）「あげまき」とす（褁 岩）
（四十一）やーは（他本）
（四十二）色ーひろ（褁）
（四十三）こそゆふたーりやゝた（褁）
（四十四）とふだーとを（上）、尚次に、「ざして、いたりしが」（褁）、「シユラセテ」（和）と挿入あり
（四十五）よふとなし（上）、尚次の「そふれより」以下一節なく、「天ちぐの」と續く（褁、和）
（四十六）よりーよりも（上）
（四十七）ハーや（上）
（四十八）はんてーんて（上）
（四十九）せひハーせいや（上）
（五十）かをにーこをれ（上）
（五十一）きーい（褁、岩、和）
（五十二）下方日ーひもまんにち（上）、下も万人（褁、岩、和）
（五十三）なそのーなんどの（岩）
（五十四）おきな…とうとを〳〵もー「ひめこまつよー、きみがよは、きみがよは、つきぢとうとうた」（褁）「姫小松、君がようハ〳〵」（岩）
（五十五）次に、「キミガユチウ〳〵サンザラ」と續く（和）
（五十六）づちゝろや…とうとを〳〵もー「つきしろや〳〵〳〵ゆはつちとを〳〵と」（上）
（五十七）のーが（上、褁、和）
（五十八）なつてーなりて（上）
（五十九）次に、「とんぼが、よまても」（褁）、「とうぼうよ迄も」（岩、和）と挿入、尚和野には次に「久シサヨ」と更に挿入。
（六十）はんしゆうーばんしよ（上）、はんちよん（褁）、はんじやう（岩）、ハンシヨ（和）
（六十一）けりとなし（他本）。尚岩泉本には、次に更に歌一つあり、「おきな殿、めでたきにはて舞まはゞ、やちよこめし、ちはやふりそて」

×

「翁」の裏舞として、岳大償では「松迎」を演じてゐる。翁二人の舞である。然るに黒森派では此の舞をたゞお祝の

舞とし、同部落内にて二日三日續けて演ずるやうな場合に、翁舞の代りに舞ふものとし、こちらのは若男二人の舞になづてゐる。圓萬寺、葛卷の派にはこの舞なく、遠野にも附馬牛の臺本には書とめられてゐるが實際には傳へてない。又、今黒森派に殘る「たかむら」も祝の舞とされ、同様翁の代りに舞はれる。やはり若男二人の舞である。この翁、松迎、たかむらを、黒森派では三翁とも稱し、祝の席には必ず何れかを演ずるとしてゐる。松迎、たかむらは共に一種の翁と見ることも出來よう。

松迎の臺本は二種に分け得る。岳大償派と黒森派である。たゞ夏屋は三拍子であるのに臺本は前者と共通であり、中妻のもむしろ前者に近い。附馬牛のも前者らしいが、是は大いに崩れてゐる上に、適宜繕つたらしく、參照には價しなかつた。

次に此の舞の舞ひ方を、二派について誌しておく。（尙岳の分れである幸田では、是を千歳樂、萬歳樂の舞とも稱してゐた。）

松迎（岳）

幕出し 〽（一）ヨウホウホウ　まつがたゞ　イヨイ〳〵〳〵〳〵〳〵ドン〳〵

と胴を打こみ、胴とりの神歌、と幕押出し、かぶと、翁面（前の翁の面に同じ）、千早、袴、前帶、手に九字をせる者、松の小枝を背にさし、扇を持つて出、中央に中腰にちつとなほる。扇前に、立ち、沈み、立つて進む。胴前にて幕向になると、同じ支度のも一人の翁が幕を排して出る。兩人向ひ合つて中腰に、首を靜かに左右する。立ち、沈み、順に入れかはり、向ひ合に沈み、（胴の神歌）、首左右、立ち、沈み、立ち、兩人持物を中に合せて開くこと、次に向ひ合つた兩人が各右手向（みぎ）にきまり、入れかはり、體を左右にねじり、持物を中に合せて開く等、次に入れかはること、同様の振を繰返す。とゞ右足にて足拍子踏むと左右向にきまり、扇を畜め腰にさす。兩無手となり、前方にしてねぢり、足拍子をトン〳〵と踏み、入れかはり、兩手左右にねぢり、足拍子踏み、各々左手向にきり、入れかはり、同様の振を繰返し、袖をかへすことがある。次に早拍子となり、早あしに入れかはり、タタタを踏み、入れかはり袖かへし、タタタを踏み、又入れかはると各々其の場にめぐり、扇開き、前方にのしつゝ入れかはり、タタタ踏むこと、その場にめぐること同様に繰返す。とゞ左右に扇いたゞき、タタタ踏み、入れかはり、向き合ふと、これにて舞をきめ、囃子やむ。以上をねりの舞とす。次に樂屋と胴とりのかけ合になる。翁は夫々に振ある。

樂屋 〽（二）これ丹後の國、ねのべ（三）の長者の二人の子に、（と太鼓をドンと打こみ）兄をば（と扇を前方によろしく使ひ）千秋（四）や、弟をバ萬歲（五）と言ひし者、（六）さても千秋萬歲こそ、（と沈み、立ち）兄弟二人な（七）、同じ心となり、（と振り）（八）父の仰せに從

陸中の山伏神樂の臺本(上)(本田)

うて、(と胴を打こみ)忽ち徳を申さんと、(九)(と打こみ、沈み、
立ち)ねの(十)べの雪なれば、(十一)(と打こみ)(十二)花を盛りにみをしの
ぶ、(と打こみ)なに舊苔(きうたい)で、(十三)(と扇をまろくまはし)鬚(ひげ)を洗
へば、(十四)(と扇を震はせ)われ二人な手を(十五)合せ、(と二人寄つて
沈み、立ち)天下(てんが)を禮(らい)し(十六)奉る、(と沈むやうにして退り)(十八)(十九)天下
泰平のこどなれバ(十七)(と刀の欄に手をかけ)とがくはこれに年
を經て(二十)(と扇をぢつとかまへ)

胴前〽(二十一)さら(二十二)バ床几(しょうぎ)(二十三)へ掛けばや(二十四)と存じ候、(と兩人坐す)

樂屋〽(二十五)(二十六)さても千秋萬歳は如何に(二十七)あり(と背の小松の枝をとり)

胴前〽(二十八)さても千秋萬歳こそ(と松の枝を膝の上に置く)

樂屋〽兄弟二人な同じ心となり、父の仰せに従うて、(二十九)松竹迎
へ(三十)、りようもの(三十一)(三十二)松をさあ(三十三)とたて(三十四)、(と松を左方に立て、拝み、
首を垂れ)あがし徳ある門(かど)の松、(と首をあげる)

胴前〽(三十五)ごようといつぱ五つの枝(と扇を前に置く、松は左膝上
に)

樂屋〽(三十六)東に向ふるその枝は(三十七)(三十八)

胴前〽春を迎へて花よまつ

樂屋〽南に向ふるその枝は(三十九)

胴前〽夏を迎へてこゞよ松

樂屋〽西に向ふるその枝は

胴前〽秋を迎へて葉をそむる(四十)

樂屋〽北に向ふるその枝は

胴前〽(四十一)多を迎へて雪よまつ(四十二)(四十三)

樂屋〽中なる枝は(と囃子入り、これにかぶせて歌ふ)しよせい(四十四)
の枝、兩方こふれば(四十五)高けれど(四十六)、君とも父ともたとへたり(四十七)、
(と囃子打とめ、再び囃子おこつて(五十)、是にかぶせて歌ふ)あ(四十八)(四十九)ら
有難や〳〵、きんめいきんじよの(五十一)風吹けど(五十二)、風は吹かね
(五十三)てきのえど引く(五十四)(五十五)

胴前〽(五十六)かゝるきようえんに(五十七)、(五十八)(五十九)(六十)今一舞まはんとて

樂屋〽ヤー扇おつとり立ちあがり、(と兩人立ち)(六十一)さあ、千代
の世までもうたうたり(六十二)(と順に舞臺をめぐり、幕前に、後向
に並んで坐す。)

是にて面をとり、支度出來ると、出て、兩人幕前、胴前に向ひ合に坐す。錫(スヾキ)を右に、松を左手にとつて、立上り、是よりくづし、胴の歌。左をきり、右をきり、左をきり、その場にめぐり、入れかはり、タタタを踏むことなど、是を繰返して舞ふ。とゞ向合つてなほると囃子變り、左右きり、幕前に兩人向合ひに並び、正面に進み出、拜し、その場にめぐり、胴前に松置き、退り、斜かひに進み、拜して入る。約十五分の舞である。

註(岳鎌津田翁よりの聞書を底本とし、羽山、丹内、大償、晴山、火又(斷片)の諸本を參照した。又、夏屋のは詞章が大分崩れて居り、惡しく前後したりしてゐるので、こゝには、要所の單語のみを參照した。)

(一)晴山、火又とも同じく「松がたゞ」と出す。晴山にはその本

歌が書添へあり、第二句以下は胴とりが受けるらしい。「松かたゝ　千代ふる松の目出度を　みとりの松と祝へそめたり」大償及羽山のは、「松を尋ぬる老の身の」の翁の幕出しと同じである。尙丹内ではこの翁の幕出しにつゞけて、「よほゝほふほ、松をたんだ」と出す。

（二）これー夫（それ）（丹、晴、火）、あら（大）
（三）ねのべー田邊（たなべ）（大）、なのべ（晴、火）
（四）やの字なし（丹、大、火）
（五）をバとなし（大、晴、火）
（六）「さても千秋萬歲こそ」となし、（各本）
（七）なーは（大、火）、此字なし（丹、晴）
（八）仰せー數へ（大、晴、火）
（九）德を申さんとー德ある門の松（大、晴、火）
（十）ねのべーいのべ（大）、家延（のべ）（晴）、家の邊（火）
（十一）なればーの事なれば（羽、晴）、の事なるに（大）
（十二）「花を盛りにみをしのぶ」となし（丹、大、晴）
（十三）なに薦苫でーなんつうをたいて（羽）、なにじゆだいに（丹）、彼はたいいでて（大）、なんぢハたい出て（晴）
（十四）洗へばーはらふのおもしろや（大）、あろふのおもしろや（晴）
（十五）なーは（丹、大）
（十六）禮しーはいし（晴）
（十七）なれバーなるに（大）
（十八）はーに（大、晴）、此字なし（羽）

陸中の山伏神樂の臺本（上）（本田）

（十九）これー爰（羽）
（二十）次に、「花は盛りの實は熟（すく）し〳〵」（大）、「……みをすめぐ〳〵」（晴）とあり。
（二十一）大償では、この節も前に續け、樂屋の言葉とす。
（二十二）さらバーヤア（羽）、やあら（丹）、あら（大）
（二十三）へーニ腰を（各本）
（二十四）とーなんどゝ（羽）
（二十五）この節、大償になし。晴山では、「千秋萬歲何國（イツ）にあり」と胴とりに言はせ、次に、「千秋萬歲これにあり、兄弟二人は云々」とつゞかせてゐる。
（二十六）さてもとなし（丹）
（二十七）如何ー何國（丹）
（二十八）この節、「千秋萬ぜいこれにあり」（大）
（二十九）松竹…あがし德あるー「忽ち德ある門の松、兩方へ松をそつと立て、千代の德ある」（大）
（三十）松竹迎へー松竹迎て（晴）、山より松竹迎いて（羽）
（三十一）りようものー兩方の（羽、丹）、兩の（晴）
（三十二）松をー門に（羽、丹、晴）
（三十三）さあとーさつと（羽、丹）、しやんと（晴）
（三十四）たてーかげ（羽）
（三十五）始めに、「あら」とあり（大、晴）、尙大償ではこの節も前につゞけ、樂屋の言葉とす。
（三十六）大償では、この言葉を胴とりの言葉とす、以下岳とは反對に、胴前が問ひ、樂屋が答へる。終りは、冬を迎へて以後をずつと樂屋がやる。晴山の臺本も同樣であつた。

(三十七)花よー花を(丹、夏)、花ご(晴)

(三十八)まつー待(丹、夏)、他は松の意味に書く。

(三十九)こゞよーごりよトモ(岳)、それよ(羽)、こふりを(丹)、涼み(大)、こゞりよ(晴)、シクレテ(夏)

(四十)葉をそむろー葉をさむろ(晴)、モミチチマツ(夏)

(四十一)はじめに「ハア」とあり(大)

(四十二)よーを(丹、晴、夏)

(四十三)まつーまち(晴)

(四十四)しよせいー初秋(大)、しよじ(晴)、シャウシャウ(夏)

(四十五)兩方こふればー兩すへは(羽)、兩方梢よりも(丹)、兩方の梢の(大、晴)、チヨブルコツヱニ(夏)

(四十六)高けれどー高ければ(丹)高きなば(大、晴)

(四十七)君とも父ともーカミニモ、チチニモ(夏)

(四十八)「あら有難や〳〵」となし(丹、晴)

(四十九)あらーをふ(羽)、ハア(大)

(五十)きんめいーきめう(羽)、きんみ(丹、晴)、きみ(大)

(五十一)きんじよのーきんじやうの(羽、丹)、きつしと(大)、きんしと(晴)

(五十二)吹けどー吹けども(丹)、ふかば(大)、ハふかば(晴)。「吹けど風は」となし(羽)

(五十三)れてーぬて(丹)、のに(大)、すに(晴)

(五十四)きのえどーきんの糸(羽、丹)、きのいと(晴)

(五十五)引くーふく(丹)、とる(大、晴)

(五十六)この節なし(大、晴)

(五十七)かゝるーおふかゞる親の(丹)、カホトノ(夏)

(五十八)きようえんー長ゑん(羽)、キャウシウ(夏)

(五十九)今ーそもふ(羽)

(六十)一舞ー一舞や(丹)

(六十一)さあ云々ー「一舞ひまはむと、君が代までも目出度さよ」(大)、晴山本には、はじめ、「かゝるてらしにゑまひとまいまはんと、きみかよまてもめてたさよ」と書き、消して大償と同じに添書あり。夏屋では以下を、「キンナキンゾウ、カセフクキンナ、イトヒクヤ」と結ぶ、但し、前のきんめいきんじよ云々の件りがないから、前後したものとみえる。

(六十二)うたうたりー目出度さよ(丹)

大償の舞ひ方も右に大體同じであるが、掛合の仕方が、註しておいた如く少しく異り、大償では又、くづしの時にも面をとらない。又、はじめ一人出、暫く舞ふことあつて胴前に幕向にきまり、次に第二の者出、終りに第二の者が入つても尙暫く第一の者が舞ふことがある。舞の手も小ぶりである。二十二分を要した。

中妻の臺本は岳、大償風であるが、少しく異同が多い。寧ろ崩れてゐる形ではあるが、參考になる節もあるので、左に寫本のまゝを寫しとめておく。「中の哥」「論議」も、やはり舞人自身が言ふらしい。

松向ひ　但二人ニテ舞

かく出之哥

一千早振神の園生の夕たすき　懸けて幾世の末守るらむ

次ニ松を尋るおふちの〳〵〳〵二葉の松を尋るに

とう取　はいれい〳〵〳〵と舞出る

中の哥

一同音そふれ丹後の國いなへの長者の二人の子に、兄を千秋弟ハ萬歳、さてかれら二人の者共ハ一つこゝろとなりしゆへ手を合せ、天下を拜し奉る、天下泰平國土安穩と納る御代の目出度さよ、はいれい〳〵

論義

兄おふ五階の松に腰をかけ　弟五階といつは五つの枝
さて此松にいはれあり　東に向ふ其枝には
春を待ちて枝をさし　さつて南に向ふ其枝ハ
夏を待ちて葉枝をひらく　さづて西に向ふ其枝ハ
秋を待つて葉を染る　さつて北に向ふ其枝ハ
冬を待て雪をもち　中なる枝は初花の枝
きんなきんそのいとを引、天下泰平國土安穩と治る御代の目出度さよ

松むかひ（黑森）

幕上から扇出、「あらたまや」とかんごえ、受ごえあり、次に幣二つ幕上に出、樂出しとなる。（裴綿では、〽ミヤハイあハラたまやーとかんごえ、〽としのヤはしめのとし男、と太鼓入り、ハー迎へて參らう峯の若松〳〵ヤーと太鼓以上胴の受歌。次に幕出し。）

樂出し　〽松(一)をたづぬる(二)老ふちの(三)　ひたばの松に(四)千代をへる(五)と幕をあげ、烏帽子、若面、襦絆左肩ぬぎ、廣帶（これは大きく、次に出る者のは小さく何れも前に結ぶ）袴の者、右手に扇、左手に幣を持つて二人續いて出、相對し、右膝を前にして坐す。左手は腰、首を振ることあり、そのまゝ立ち、離れ、入れかはり、二の座四の座に相對し、入れかはり、振あり、正面幕前になほり、左右きることあり、又二の座四の座と背合せに向き、振あり、入れかはり、向ひ合ひ、夫々の左方をきつて振あり、正面幕前に背合せになり、離れ、左手をきること、持物合せること等あり、トンと足拍子も踏む。入れかはり、背合せ、トンと踏み、とゞ向ひ合つて足拍子踏むのをとめとし、胴とりの語りになる。

〽そをれ丹後の國、（と振あり、入れかはり）いなのべ(六)の長者の二人の子に、兄をば千秋(七)、（と中に寄り）弟(八)をば萬歳(十)と言ゑし者、（と順にめぐり、幣を立て）されと(九)千秋萬歳こそ、かれ兄弟の人々ハ(十一)、（と扇を中に合せて寄り、めぐり、幣をか(十二)つぎ）親の仰せに從うて、（と幕前に兩人並び(十三)）忽ち(十四)德(十五)ある門の松（と幣を扇に立て）(十六)(十七)、いなのへの雪なれバ、花をさかりに身をしのぶ、（と見込合ひつゝ寄り添ひ、入れかはり）このめはるかや谷川の、なに(十八)(十九)しうたひのひげをあらひ（と、扇

陸中の山伏神樂の臺本（上）（本田）

に幣をとんとつけ、顔を前にし）しよしめたまひしが(二十一)、かれ二人な(二十二)手を合せ、（と両人坐し、片足を伸べること）天下をらいし奉つる(二十三)。松もゆはひのものなれバ、門松たてん方もなし、（と、両人二の座三の座向に背合せになる）やあら（と節かはり）、しよこん(二十四)の松に腰をかけばや(二十五)と存じ候、(二十六)おゝぜ王殿は、その松のゆはれを知つてしよ(二十七)はせたもふか(二十八)、しらんてしよは(二十九)せたもふか、その松(三十)とふ〳〵をろさせたまひかせのふ(三十一)、（と離れ、めぐり、舞をつゞける）それむかし天神七代地神五代の御時(おんとき)(三十二)や、いざなぎいざなみの尊(三十三)(三十四)、初而神代(三十五)の立初めましまする松なれバ、松にとかめやなきものよ(三十六)、ごよふの松をよふ(三十七)ほうにさつと引(三十八)むかひ、（と幣を立て）しやく取なをして(三十九)ゝんしう(四十)にかしこまる(四十一)。ごよふといつハ五つの枝(四十二)、さつて東にさこうるその枝ハ（と、四の座向に両人並び座し、振あり）、春にむこうて花の松（と立ち、その場にめぐり）、さつて南にさこうるその枝ハ(四十三)（と、正面向に並び坐し、振あり）、夏にむこうてこぐれの松(四十四)（と、立つて同じく）、さつて西(四十五)にさこうるその枝ハ（と、一の座向に並び坐し、同じく）、秋にむこうて(四十六)もみち(四十七)の松、さつて北にさこうるその枝ハ（と、幕の方向き並び坐し、同じく）、冬にむこうて雪の松(四十八)、北にさいたるその枝は、多にむこうて雪の松（と、そのまゝこゝで面をとり、支度してなほる）、中(四十九)なる枝ハしよせん(五十)の枝(五十一)、とふざい(五十二)我らもまんばん(五十三)と、

六九三

(五十四)をこうかひの松とハちよへのます(五十五)、たかどか浦のす崎の松とハこんの松のいはれかや(五十六)、よふほう(五十七)こつゐに(五十八)たかきよバ(五十九)、（と、扇と幣を持つて、中腰に一まはりすることあり）父にもきみにもたとへたり。あをき(六十)をつ取立ち上り（と扇を前に、立ち、はげしく一舞あり）、(六十一)(六十二)きんりきんそ(六十三)ふいとひかバ(六十四)(六十五)、袖ひぐきんのいとを(六十六)ひぐ

と、是にて幣を胴のしらべにさし、右手に扇、左手は袖をとつて舞ふ。背合になつてタタタを踏むこと、とゞ一人入ると一人の舞、手を早く舞ふ。扇色々にとりつゝ足拍子もトン〳〵と踏み、左膝ついて坐すことなど、とゞ足拍子を踏んで扇翳し、扇を投げてとり、胴より幣をとると、正面に再拜して入る。十五分程の舞。

註（西口本を底本とし、上阪、褁綿、下岩泉、和野の諸本を參照す。）

（一）褁綿の幕出「松をたつぬるおねふちに、松をたづぬるおねふちに、貮ばの松に心有」
（二）たづぬる—たづぬるに（岩）
（三）次にかへしあり（岩、褁）
（四）に—て（岩）
（五）へろ—ふる（岩）
（六）いなのべ—なのべ（褁）
（七）をば—チ（岩）
（八）をば—チ（岩、和）、此字なし（褁）

(九)されとーさてや(上)
(十)こそとなし(上)
(十一)かれ兄弟の人々は一同じ心となつて(上)、かれ貳人の兄弟の人々は(巽)、いなのべのひとなれバ、同じ心となつて(岩)
(十二)忽ら徳あるー松竹向て(岩)
(十三)いなのへーなのべ(巽)
(十四)バーとも(巽)
(十五)なーの(上)
(十六)身なー身よ(岩)
(十七)身なしのぶー身なしのび(和)、みよせの松(巽)
(十八)なにーなみ(上)、水てなに(巽)
(十九)しうーちう(上)
(二十)しよしめーせしめ(上)、シヤシメ(和)、
(二十一)しよしめたまひしがーすすぎたもう(巽)
(二十二)なーの(岩)、ハ(和)
(二十三)「松も…たてん方もなし」となし(巽)
(二十四)しよこんーしやうほん(巽)、しやうごん(岩)、ヨヤウコン(和)
(二十五)はやーもなさはや(上、岩)
(二十六)「お丶ぜ王殿ハ…なろさせたまひかせのふ」となし(巽、和)
(二十七)(二十九)しよはせーしゆはせ(岩)
(二十八)次に「また」と挿入(上)
(三十)そのーこの(上)

陸中の山伏神樂の臺本(上) (本田)

(三十一)かせーかし(岩)
(三十二)やーは(岩)、此字なし(和、巽)
(三十三)次に「ト」とあり(岩)、「ニ」とあり(和)
(三十四)「初而神代の」となし(巽)
(三十五)神代のー神代ノハシメ(和)
(三十六)なきものよーなけれども(岩)
(三十七)よふほうー兩方(岩)、リウブン(和)
(三十八)よふほうにさつとーさつとりようぼんに(巽)
(三十九)してーし(岩)
(四十)てんしうー天シヤウ(和)
(四十一)ろーり(和、巽、岩)
(四十二)「さつて」となし(岩)
(四十三)さこうろーむこなろ(上)
(四十四)むこうてこぐれの松ーむこうろほごれまち(上)
(四十五)さーむ(上)
(四十六)てーる(上)
(四十七)もみちー實取(岩)
(四十八)はじめに「へんやう」とあり(巽)、尙この繰返し、上坂本、下岩泉本にはなし。
(四十九)「中なる…ちよへのます」となし、たゞ「こんの松とわ」とあり(巽)
(五十)しよせんーしよせ(上、和)、諸事(岩)
(五十一)「とふざい…いはれかや」となし(和)
(五十二)もーは(上)

陸中の山伏神樂の臺本(上)（本田）

（五十三）まんばんー萬《バン》々（岩）

（五十四）なー親（岩）

（五十五）ちよへのますー千代への松に腰をかけもふさバやと存候（岩）

（五十六）かやーなり（巽）

（五十七）よふほうーとうぼ（巽）、よふぼう（岩）、兩ボウ（和）

（五十八）にーの（上、岩、和）、より（巽）

（五十九）よバーをば（上、和）

（六十）はじめに「さあ」とあり（岩）

（六十一）次に「タカドカウラノ、スサキノ松トハ、コンノ松ノイソウカナ」と挿入（和）

（六十二）きんりーきり（上）、きんに（巽）

（六十三）きんそふーきーそー（巽）、キイソウ（和）

（六十四）いとひかバー糸を引（巽、和）、糸ひけバ（岩）

（六十五）袖ーさて（上）

（六十六）きんのーキヌチ（和）

「たかむら」は、黑森派の諸本に書とめられてゐる。又中妻にもあり、言葉はこちらのがいくらかはつきりしてゐる。而して中妻には、「はんがく但小野篁二番續」と誌されてゐる。又花ばんがくとも稱したらしい。こゝでは神樂はじめに舞ふ曲の一つとされてゐる。又幸ひ簡單なト書を附したものが別にあつた。岳の臺本にも偶々書とめられてゐたが、傳承は早くから絶え、詞章もほんの斷片（或は計畫的な斷片

であつたかも知れないが）を留めてゐるに過ぎない。今この舞が實際に殘つてゐるのは黑森と和野だけである。振はにぎ〱とついてゐた。

篁

幕上に扇出、胴一しきりの打鳴し、

かんごえ〽エンヤー　ゆるぐとも

受ごえ　〽よもやかけじの要石（一）〱

幕出し　〽よふ〱急ぎ行く程に、小野たかむらに着きに（二）ける（三）

と幕かゝげ、烏帽子、男面、紋付羽織袴の者が扇を持つて出、坐し、立ち、舞ひ、扇を上に翳してタタタを踏む。續いてもう一人の者、同じ支度にて出、向ひ合になり、入れかはり、又入れかはり、向合になり、入れかはり、背合にタタタを踏み、各々左方をきつて坐す。坐したまゝ向をかへ、立ち、舞ふことなど、とゞ向ひ合にきまると胴の語り、

〽しかも（四）今日今夜は（五）（六）日もよし、日（七）がらもよし（八）と存じ（九）（十）そふほどに、人丸堂《ひとまるどう》（十一）（十二）は、ちよふふづあり、（十三）いかにもすち（十四）（十五）よをあり、（十六）小野《おゝの》（十七）たかむらをも呼（十八）（十九）び出し、（二十）祝の槌よ（二十一）も打たばやなんど（二十二）ゝ存じ候

と、この間扇にて振、この時激しく振、入れかはり、扇色々に舞ふ。

〽小野《おゝの》（二十三）（二十四）たかむらを呼び渡そふ、（二十五）（二十六）我もこんじをせし（二十七）ほとに、

こんのふほと八百卅三ばんに、(二十八)(二十九)(三十)かぜんのうづと八聞きな(三十一)(三十二)がら、(三十三)(三十四)(三十五)打たんとをもふもそら事に、(三十六)(三十七)打つなとなのるもそら事に、(三十八)さつてさんびう十ちよふ成平ら八、(三十九)ひ(四十)なりをそばめて聞きたもふ。(四十一)(四十二)(四十三)我もにをひの花つゞき、(四十四)(四十五)をりきてこれまて現れたり(四十六)(四十七)(四十八)

ときまり、あと胴の囃子のみ、入れかはり、背合せになり、左手腰にタタタを踏む。坐してその場めぐり、立ち、向合ひ、拜して一人入る。先に出た者尙殘り舞ひ、幕前にタタタを踏んで坐し、三足程幕に退り、なほ進み一舞あつて入る。囃子つゞく、神歌。やがて、

二ばん歌ひ

幕出し 三國(四十九)もうごかん、なみ打うこかん、槌こそ目出度さよ

と幕を震はせ、排して先に一人、面をとり、羽織ぬぎ、欅がけ、左肩ぬぎ帶を前結びにして出る。持物の扇を翳し、タタタ踏み、坐すると、他の一人も同じ支度になつて出る。入れかはり、背合せになり、タタタ踏み、扇翳し、向合ひにきまることなど、とゞ入れかはり、激しく舞ひ、又入れかはると、

胴の歌、以下是に合せて振。(五十)

はきは女のいつぐのまき、(五十一)(五十二)扨いゑ〳〵(五十三)(五十四)のくわん神たち(五十五)

一度に聲をどふ上、(五十七)あげ(五十八)こぎ行船もほのぼのと、(五十九)明石潟あらね共、(六十)(六十一)(六十二)こつこやかしくのゆうはひ所を、(六十三)(六十五)なん(六十四)ちとせ(六十六)みのやう、たかとか浦の松の木柱はしらを立つるは千歳の家づくりの、(六十七)かいりう松風(六十八)(六十九)おの篁の、いつくの(七十)のふしふ、(七十一)そんて袖の下より、ゑんぐわのつちよも、(七十二)(七十三)おつ取出て、(七十四)(と、兩人胴前より小槌をとり、(七十五)腕を伸して家の鴨居をとう〳〵〳〵と叩き、一まはりあり)(七十六)ゑんさら〳〵とはしりわたりて、(七十七)もんなあきいを、(七十八)ちよう〳〵〳〵と三うち打つこそ、(七十九)(八十)(八十一)(八十二)是皆佛のひんびきなり、(八十三)(八十四)かつぐらとつてちよつるにや、(八十五)がくつをとか、槌打をとか、(八十六)(八十七)(八十八)かつぐのよ人の、(九十)ゑんくわんにや、(八十九)うんめもとびくる、(九十一)さつきく、さん、(九十二)三つも四つもとんのつくり、(九十三)(九十四)かほと目出度さむらひだ(九十五)

と一振、めぐり、槌置き、扇と、片手無手にて、入れかはり、背合せにタタタを踏み、胴前幕前にて各々左手向に片膝を伸してこごみ、立ち、きまり、一人入る。後に尙一人殘り、左手に扇とり、タタタ踏み、坐し、扇振り、右手にとり左手にとり、タタタ踏み、坐し、振、坐して三歩程退り、立つて舞ふこと、とゞ扇を投げとり、槌を持つて入る。約十三分。

註（西口本を底本とし、夏屋、褜綿、和野、中妻の諸本を參照す。）

（一）中妻の幕出しの項には、「何とたゝ雪と氷ハへたつとも、とくれハ同し谷川の水、舞やう口傳有、但二人」とあり、又別にも歌つたらしい（後項參照）

（二）小野たかむらに―タガドカウラニ（夏）

（三）けろ―けり（夏）

（四）しかも―おふ（中、夏）

（五）今夜となし（夏）

陸中の山伏神楽の臺本(上)(本田)

(六)はの字なし(裴)
(七)日がら—日ごろ(裴)
(八)よしと—よし(和)、よき(裴)、よしく(中)
(九)日もよし日がらもよしと存じ—天氣モヨシ、ヒヨリモヨキトウケダマワンテ(夏)
(十)存じとなし(和、中)
(十一)は—ノ(和)、も(裴、夏、中)
(十二)ちよふふづあり—ギョウブツワ(和)、しやう佛なし(裴)、成佛成り(夏)、成就なる(中)
(十三)もの字なし(和、裴)
(十四)すちよを—スジョウ(和)、しゆちやう(裴)、シユジヤウ(夏)
(十五)あり—アル(夏)
(十六)「いかにもすちよをあり」となし(中)
(十七)小野—おのの(中)
(十八)たかむら—タカムラドノ(夏)
(十九)をも—と(裴、夏)、を(中)
(二十)祝の以下存じ候までなし(裴)
(二十一)よも—チモ(和)、チ(夏、中)
(二十二)「なんど」となし(夏)
(二十三)「小野たかむら…せしほとに」となし(和)
(二十四)小野—おのゝ(中)
(二十五)を呼び渡そふ—とよふたそう(裴)、ト呼ワタツ(夏、中)
(二十六)我も—我レらも(裴)
(二十七)こんじをせし—こんちおそうす(裴)、建立せし(中)

(二十八)こんのふほとハ—コノゴロ(和)、此程ハ(中)裴綿にはこの句なし。
(二十九)百卅三ばんに—百三拾六人ガ(夏)、百三十六人の(中)
(三十)に—の(和、裴)
(三十一)かぜんの—カゼニ(和)、かじんの(裴)、カチカ(夏)
(三十二)うづ—打(夏)
(三十三)かぜんの…聞きながら—打とは聞なり、常に歌合申さんや(中)
(三十四)次に「ツネニヨリアイ申サントワ」と挿入(和、裴—但最後のワの字なし)
(三十五)「打たんと…なのるもそら事に」となし(裴)
(三十六)も—ワ(和、夏)
(三十七)そら事に—シラゴトヤ(和)、ソラゴトノ(夏)、白雲や(中)
(三十八)打つなとなのるもそら事に—チキナト、ナノルワシラクモノ(夏)、叟と名乘もしらくもや(中)、尙この句和野になし。
(三十九)さんびう十ちよふ成—サン上中上ナリ(和)、三十揃てなりし(裴)、サイミヤウ、キウミヤウナリ(夏)、最初成就なり(中)
(四十)平らハ—しかは(中)
(四十一)なりをそばめて—ナニチソバメニ(和、夏)、なにをそばんて(裴)、何とそはんて(中)
(四十二)たもふ—ナガラ(和)、たもうや(裴)
(四十三)我も—我は(和)、是も(裴)
(四十四)にをひの—色ある(中)
(四十五)つゞき—ツッ(夏)、すすき(中)

（四十六）なりーオレ（和、褁）
（四十七）なりきてこれまてー是まておりきて（中）
（四十八）現れたりー現れた（褁）、マイラレタリ（和）、マイリタ（夏）、尚最後に「ト舞納」とあり（中）
（四十九）夏屋の幕出し「雪キニウコカン、ナミツジノ、ウコカン、サトコソ、ユタカナリ」中妻のかく出「此殿のはりと柱ハ白金な、ましてたる木ハ小金成物」尚「舞出る、舞人言曰」として次に續く。
（五十）ゆはきはーゆはき（中）、ニワビワ（和）
（五十一）いつぐー一ク（和、中）
（五十二）まきーマウキ（夏）、町（中）、松（中一本）
（五十三）いゑーメエ（和）
（五十四）扱いゑ〳〵のーソレユヱユヱノ（夏）、扱家〳〵の（中）
（五十五）くわん神ーカンヂン（和）、かんちん（褁）、官人（中）
（五十六）やーワ（和、褁、夏）、も（中）
（五十七）どふとーサット（和）、そつと（褁）、ドット（夏）、とつと（中）
（五十八）次に「サラサラサラト」と挿入（夏）
（五十九）もーワ（和、褁、夏）
（六十）にあられ共ーノ、アサキリニ（夏）
（六十一）褁綿は以下を缺く。「こつこや…松の木柱な」となし（夏、中）
（六十二）こつこードッコ（和）
（六十三）「ゆうはい所な」となし（和）
（六十四）なんみのやうーナンミンノウヤ（和）
（六十五）「な立つる」となし（和）
（六十六）千歳のーミドセノ、松ノキ、バシラノ（夏）、千とせ松木柱の（中）
（六十七）のの字なし（和、夏、中）
（六十八）かいりうーカイロウ（和、夏）、三そう（中）、三丈（中他本）
（六十九）松風ー松風の（和）
（七十）いつくー一句（中）
（七十一）のふしふーマキ（和、夏）、のふしゆの（中）、のふ（中他本）
（七十二）ゑんぐわーヱイクワ（夏）、榮花（中）
（七十三）よもーチ（和、夏、中）
（七十四）出てーモッテ（和）、モチテ（夏）、なをして（中）
（七十五）和野では、二の切のはじめから槌を持つて出る。
（七十六）ゑんーヨニ（和）、サラ（夏、中）
（七十七）わたりてーアガッテ（和、中）、アカリ（夏）
（七十八）もんなあきいー棟木（和、夏、中）
（七十九）ちよう〳〵ーヂョゾンジャウ（夏）、鳥度（てふど）〳〵（中）
（八十）三うち打つこそー打時ワ（夏）
（八十一）是皆ーミナコレ（和）、ソレミナ（夏）
（八十二）佛ー神（中）
（八十三）のひんびきなりーニヒヽクナリ（和）、ヒンビキナ（夏）
（八十四）「かつぐうとつてちよつるにや」となし（和、夏、中）

陸中の山伏神樂の臺本(上)(本田)

(八十五)がくうつなとか槌打なとか—ッチウッ音カ、ガグ打音カ(夏、中)、槌打おとはいつくそ(中一本)
(八十六)かつぐの—ガクノ(夏)、かつく(中)
(八十七)よ人—ヨネン(和)、ニヨニン(夏)、四人(中)
(八十八)かつぐのよ人の—うしなとりのき人の(中他本)
(八十九)ゑんくはんにや—エンガンニワ(和)、エイクワニワ(夏)、ゑい華に(中)
(九十)うんめもとびくろ—梅モサクラモ(夏)、梅もとひ來ゐ(中)
(九十一)さつきくさん—サツキクサア(夏)、サツキク三ボウ(和)、さつきもさく(中)、さくらもさく(中一本)
(九十二)三つも四つも—三坪四坪の(中)
(九十三)とんのつくり—トンノックニ(夏)、トンノゾクル(和)、殿造り(中)
(九十四)かほどの云々—ソレミナ、シユジヤウノ、ゴエワイザッ(夏)
(九十五)だ—ナリ(和)、やあ(中)、ハ(中一本)、尙最後に、「とう取ともはつみ神樂なり」とあり(中)

×

中妻一本には次の如く誌してあつた。

はなはんかくかく出

一神道は、ち道百道ミち七つ、中なる道ハ神のかよいち
松か緑の藤の花　櫻の山をてらしよ
よふ〳〵いそき行ほとに　小野高村に着にけり

先に一人出てはんかく二切舞ふへし、舞人かく屋ニ向て、おふ今日ハ日も吉、日からもよくそふほとに小野の高村をよひ出し、祝の槌をうたはやなと存候、ト呼、その時かく屋より、小野の高村とよふハたそ—あらはれたり、此の通かく屋より云なから舞出、祝の槌をふむへし
いはき女の一くの松：かほと目出度さむらいハ、ト舞納る

此ハミな初に舞出す御神樂の卷なり、よく氣を付て舞ふ者也。

×

尙岳には、次の如く誌されてゐた。

高村舞

よふ〳〵いそき行程に小野高村に付にけりと幕出し
おふしうぢよある小野高村と呼はたそ、我もこんりうせし程に、扨てさへ明成るしらがなにそばにて聞給ふ、おれきて是迄參りたり、おふゑ〳〵ぐわんぜんだちハ、壹度にこゑをとつとあげ、こき行船もほの〴〵と、なみもふへ、高とが浦の松の木柱の家作り、三ツも四ツもとの作り、誠に目出たき侍なり

○次に三番叟にうつる。

さんばそふ舞（岳）

幕出し 〽エンヤー吉がのに〳〵日は照るともつねにたへせぬ（一）なる瀧の水

と拍子（二）、幕押出し、三番後向に、幕下に足のみ見え、その兩側に向一人宛居て一諸にその場に一しきり踏むことあり、やがてタタタ踏みつゝ幕はなれ三番出る。その場に一めぐり。烏帽子、黒式切顎の翁面、繻絆ぬぎだれの上に千早、たつつけ（幸田ではふんごみ）脚絆（大出ではひらばかまを用ふ）開き扇の兩端を兩手に持ち、右手に錫（スヾキ）を持添へ、顔隠すやうに前方に、早拍子にてタタタを踏むと仰向になる。その場にめぐり、二の座にてタタタ、仰向きとなり、その場めぐり、四の座向に同じく、その場めぐり、正面向に仰ぎ〳〵タタタを踏む。これにて胴前に片膝ついてきまり、その場にめぐつて退り、なほると、幕かげの早口の言事となる。きれめ〳〵に胴を打込み一舞ひある。胴とりは「ヤアヤ」「ヨーヨ」「ソーレソレ」等と掛聲する。

〽（四）以前に參たる翁（五）と申ハ、色も白く、丈（せい）も大きくおんにん（六）にましします、此世百王百代、千代五萬歳が（七）其間、禮しと（八）ゝふみしつめんが其ためなり（九）、（「いやー」と胴入り、一振。

裏三番にはこの時に道化が出る。）

〽まつた（十）只今參た（十一）さんば猿王（十二）と申ハ、色も黒く丈もちさぐ、（十三）（十四）おんにんにましします。十種（とくさ）色の狩衣に、あいいろ打たる木（十五）の面取て顔にあで給ふ（十六）（と胴入ろ、一振）

陸中の山伏神樂の臺本（上）（本田）

〽まつたあれ程の大人衆中（十七）は何に目出玉ふ。世中世方（十八）よければ、大盃（十九）をおつ取直し、

胴とり 〽どれもんにかまへ（二十）

〽これもんにかまへ、いつぷごつぷなとに目出玉ふ（二十一）。（と胴、「イヨー」と胴前に跳び出て一振）

〽まつたしき諸人の人々ハ（二十二）（二十三）、打鼓を打ならし（二十四）、吹く笛も吹さし（二十五）、どふ〳〵と笑せ給ふ（二十六）（二十七）。我等もかたつて笑つて候。笑ふ樣子ハ（二十八）、いせほゝと笑ひ給ふ（二十九）（を胴打込み、胴前に出て一舞ひ）

〽まつた昔當代（とふよふ）（三十）（三十一）（三十二）の猿王達は、田樂拍子を舞玉ふ。まつた今（三十三）當代の（三十四）猿王達は（三十五）、白拍子を舞玉ふ（三十六）。まつた鹿島ならし鹿（三十七）島拍子の事なれば、上の拍子（三十八）も八拍子、まつた三島ならし三島拍子の（三十九）事なれば（四十）、下の拍子も八拍子（四十一）、合せて十六拍子をおつ取揃（四十二）、扇のかなめをひしとしめ（四十三）、壹舞舞つて（四十四）樂屋へさらりと入らばやと存じ候（四十五）

と胴、神歌、舞になろ（四十六）。その場とびに舞ひ、持物右手の錫と左手の扇を前方に振り、左右前方ときり、びつこ引にてその場にめぐり、足拍子踏み、袖大いにふること等、こゞんで足拍子、その場めぐり、これを二の座、四の座向にも同じくし、その場にめぐつて正面をきると、幕かげの歌になる。

〽上（四十七）を見たれば桂川とて流れ（四十八）（四十九）くる（五十）。アー（五十一）下を見たれば愛染川（五十二）とて流れたり

陸中の山伏神樂の臺本(上)(本田)

と振あり、
(五十三)沖の鷗のあよむ様に、なぎさの千鳥のあよむ様に、(五十四)沖の鷗の友呼ぶ聲は、亦ばつと寄りて舞戻る。(五十五)我らかちよふしもふすまい、我らハ拍子もふすまへ

と、拍子かはり、上下に首を領せつゝ一めぐり、持物前方に合せ開き、三方に舞ふ。左足びつこ引、その場に跳び、右足びつこ引、跳び、次に幕前に、兩足開いて幕に面して立ち、づつと背をそらすこと。次に兩手ひろげ、正面向、左足びつこ引にて順にめぐり、次に右足びつこ引にて同じく。次に幕前にて正面向に、扇は畳め持物を兩にとり、振あつて順まはり、持物背にして斜山形に進み出、かへり、次に持物おとし、右袖、左袖を使ふことあつて順にめぐり、こゞんでめぐり、次に千早の前を結んで是に右足をかけ、左足びつこ引にて、右袖を左肩に、左袖を左背に振つて一跳び、次に左袖を右肩に、右袖を右背に振つて一跳び、と是を交互に繰返しめぐる。次に足をかへ、右足びつこ引にて同じくめぐる。次には兩足を揃へ跳びつゝ同じく。次に、つと幕により、裾をとつて肩にかける。そのまゝびつこ引にて進み出、退り、しやんと坐し、コイ〱と手もて正面を招き、つと幕にかくれて入る。

以上の間タタタを始終踏む。約十分程の舞である。

註(鎌津田氏本を底本とし、丹內二本及び大償本を參照す。但し大償雜錄のものは、金次郎氏本に對照すると明かな誤字脫字が見受けられるので、今補正したものを以て校照す。)

(一)たへせぬ—たむせい(大)
(二)胴前の掛聲「いれたりさばそ〱〱〱ヨイコラ〱ヨイ、ヨイヨ……イコラ〱〱ヨイ」(大)
(三)大償、圓萬寺等では、顎鬚の形に長く鼬鼠の尻尾を下げる。
(四)はじめに「イヨウヨ」とつく(大)
(五)參たる—參らせたまふ(大)
(六)「おんにんにまします」となし(大)
(七)が—は(大)
(八)禮しとゝ—れいちしつと(丹)、めいすつとりと(大)
(九)其ため—爲メの翁(丹)、其ための翁(大)
(十)まつた—イヨウヨ(大)
(十一)參た—參りたまふ(丹)、參たる(大)
(十二)猿王—さるこ(丹)、太郎(大)
(十三)狩衣に—かるめむとつて(大)
(十四)あいいろ云々—あいゝろめんをもつて、かほかくし(丹)
(十五)木の面—南部神樂で、「式の面」と傳へてゐる所あり。
(十六)給ふとなし(大)
(十七)まつたあれ程の—イヨウヨあれにござる(大)
(十八)世中世方—世中よふほ(丹)、よ方よなか(大)
(十九)をの字なし(大)
(二十)「どれもんにかまへ、あれもんにかまへ」と樂屋が續けて言ふ(大)
(二十一)なとに目出玉ふ—なむとゞいはひます(大)
(二十二)丹內一本には、この節の代りに、「またあれ程の若い衆

中ハ、何にめでたもふ、世中よふほよければ、あつちのすみや、こつちのすみや、にわのかけや、はせのかげや、うてとり、かけひき、こつこのこの牛房ぬぎなとにめでたもふ」とあり。

(二十三)まつたーイヨウヨ(大)

(二十四)をの字なし(丹)

(二十五)もーを(丹、大)

(二十六)さしーさせ(大)

(二十七)笑せ給ふー笑つて候(大)

(二十八)樣子ハーやうさうなんどハ(大)

(二十九)いせほゝと笑ひ給ふー口承では、「いせほゝあはゝゝゝ」とす。エヘホ、ハ、、、、(大)、ゑひいほゝはゝなどとこそハわらはせ玉ふ(丹)

(三十)まつたーイヨウヨ(大)

(三十一)(三十四)當代ーとうりよう(大)

(三十二)猿王達ーさるごう(丹)、さるごうなど(大)

(三十三)まつたとなし(丹、大)

(三十五)猿王達ーさるごう(丹)、さるごう達(大)

(三十六)をーで(大)

(三十七)まつた鹿島ならしーかしまでならひ(大)

(三十八)上のーかしまの(大)

(三十九)ならしーならひ(大)

(四十)下のーみしまの(大)

(四十一)「をおつ取揃…」以下寫本にあれど、今實際には語らず。

(四十二)取揃ー取直し(丹)、取合せ(丹他本)、とりそへて(大)

(四十三)かなめをひしとしめーかのめをとりなおし(丹)、かのめをおつとりなほし(大)

(四十四)壹舞舞つてーいまひと舞まふて(丹)

(四十五)と存じ候ーなんとゝぞんじ候(丹)、「存じぞ」となし(大)

(四十六)胴前の掛聲「わがちようしまうす〳〵〳〵」(大)

(四十七)はじめに「ヤハゝヒ」とはやす(丹)

(四十八)見たればー見たれや(大)

(四十九)桂川ーかどの川(大)

(五十)くるーたり(丹)

(五十一)アーーハア(大)

(五十二)愛染川ーかつら川(大)

(五十三)この歌「おきでかもめのあそぶやうに、なぎさへ千鳥のあそぶやうに、おきでかもめの友よぶこゑはな」(大)、「沖にかもめの相呼ぶよふに、なぎさん千鳥、おいよぶように、沖にかもめのとぶよむ是ハ、又はつといふて舞もどす」(丹)

(五十四)「あよむ樣に、沖の鷗の」と口承にはなし(鎌津田氏)

(五十五)こゝに鷗や千鳥を歌ふのは、次の舞の振を諷唱したものと思ふ。

×

是は諸種の舞の三番叟の中でも、振が大きざみに纖細で、變化あり、花やかな點、しかも足拍子の美しい點で興味ある資料である。(振の記述が不完全で殘念に思ふ、何れ訂正する積りである)然し是も今はだんだん略式化されつゝあり、昔のやうではなかつたとどこでも言ふ。舞としては岳が最も美しい型を持つてゐるやうに思ふ。

大償の舞ひ方も、細かい振に異同あるだけで、形式は全く同じであつた。

羽山神樂の言立は岳と同じかるべきに、大分異同あり、そちらが細しく、大償のが前註の如くかへつて岳と殆ど同文であつた。又大償と同じかるべき火又、晴山の兩本とも、夫々に大きい異同を見せてゐる。何れ三番の詞章はもと〳〵は、やはり他本に傳へてゐる如く、もつとずつと細しかつたに相違なく、略したらしい形跡が明白である。

次には先づ羽山の寫本のまゝを寫しておかう。

さんば

幕出し　〽ヤアよしがのに〳〵ニひハてるとも　月にたへせぬなる瀧の水・

言立　〽以前にまへらせ玉ふ翁と申は、色も白クせいも大きぐ、おんにんにまします、その世百こふ百代千代こふ萬歳かその間、ゑいしつとゝふみ静めんか其爲の翁也。又夕只今參いたさんばさるごと申ハ、夫ニもおとらず、色も黑ぐせいもちいさぐ、おんにんにまします、とくさ色のかりきぬに、あいりよめんかうつたる木ノ面取て顔にあで、とても參いたつへでに、目出度ヒ事を申そふか、大きい事を申そふか、大い事ニ取テハ三國一の富士の山、

一富士二さか三ニ白山、四鳥海、峯の砂ハ谷ニ下り、谷の砂ハ峯登り、四郎太郎君ハ代々以テめてたし。又夕あれほとのせいの小みちかいおぼこだちハ　何にめてたもふ。おやのむが事八拍子、かいしきぐふしひツぱたなんとにめて玉ふ。又夕あれにまします老名衆中ハ何ニめて玉ふ。よほ世中かよければ、大ふヱをおつとり直し、とれもんニこれもんニゑつぷごつぷ。なんどに目出玉ふ。又夕あれ程の若衆ハ何に目出度まふ。四方世中かよければ、はせの影、にをの影、うでとりかけぴぎこツこの、この、こつぽぬぎなんとに目出玉ふ。又夕式上人の人々ハ、打皷も打ならす、吹笛も吹さし、ほと〳〵と笑て候、我等もかたつて笑てそふろふ。笑ふよふすハ、ヱ、ハ、ほうなんとゝ、めて玉ふ。又夕むかしとふよふのさるごだぢはさるがく拍子でまい玉ふ。中とふよふのさるごだぢは、白拍子でまい玉ふ。又夕今とふよふのさるご達ハ、田樂拍子でまい玉ふ。又夕鹿嶋で、ならい、鹿嶋の拍子の事なれば、鹿嶋の拍子も八拍子、又タ三嶋でならいみしまの拍子の事なれバ、三嶋の拍子も八拍子、合せで大ゴ入十六拍子おつ取あわせ、扇子の要ヲひしとしめ、ひとまい舞て、樂屋の内江さらば、さらりといらばやとそんじ候それより後舞テ後歌

ヤ、上を見たれバ桂川とて流れたり、下モヲ見ればあい

そめ川とて流たり、沖のかもめのあよむよふニ、なきさにちとりのあゆむよふに、おぎのかもめのとぶよも、是ハ又夕ばつと飛上テ舞戻る。

火又古寫本のは斷片を殘してゐるに過ぎないが、あるだけを誌しておく。

かまへあれもんにかまへいつふこつふなんと〻ぞんじ候

〽むかふにござる地藏菩薩なとハ、あしげ馬のその上おひつかんとて、あそこら、こゝら、かはらはしらでんくろちんなんと〻我等はびんひけなとにめてたまふ

〽どふて參りたかはり、大ひ事をもふそふか、小さひ事をもふそふか、大きひ事 とりては、大盤若六百卷、法華經の數は廿八品、谷のまさこハ峯にのぼり、峯のまさこは谷に下り、西東北南、右往左往

〽むかしとうりやうのさるごふ逹は、白ひやうしを舞たもふ、今とうりやうのさるごふたちハ、鹿嶋ひやうしを舞玉ふ。又鹿嶋てならひかしまひやうしの事なれば、鹿嶋のひやうしも八ひやうし、又三嶋てな

次に是は多分中頃のつくりかへであつたらうと思はれるのであるが、晴山本のをまゝに寫す。是は實演にも接し得たが、舞ひ方は大償と同樣であつた。

さんば

よしかのに〱ひはてるともつねにたいせんなるたきのみつ

〽さいしよにまはせたまふとりこのまゐと申ハ、あめつちわかれず、めをうあらはれず、しろくろのしすなひたつあらはれぬをまはせたまふなり

〽つぎにませたまふをきなと申は、いろもしろくせいもを〻きぐ、このよう百をう百さい、ちよ五萬ざいわそのあいた れしつとりとふみしつめんかそのためのおぎな也

〽た〻いままいらせたもふさんばそうと申は、いろもくろく、せもちいさきおんみにましますとて、とくさいろのかるぎんとてあい色うつたるきのめんとてかをにあで、

〽しよくしよにんのひと〱は、うづつゞみをうちならし、もかたてわらて候、わろうよそういせほ〻あはあ〱ふくへゐをふきさし、とうと〻わらはせたまふ、われら

〽かみのちよしは七ちよし、しものちよしハ五ちよし、あはせて十二ちよし、かぐらさいばらてんかくしんびよしのしるしばかりはまはせたもう、ひとまへまて、がくやゐさらりといらはやなんと〻ぞんじ候

裏三番には是に道化がまつはる。岳、大償、及び遠野にこのことがある。烏帽子を前後逆にかぶり、道化面をつけ、

他の仕度は三番叟と同様である。この時の三番叟の舞ひ方は、岳では表と同様であるが、大償のは型を少しく改へてゐる。略型になつてゐるらしい。詞章も共に表のを略して用ひてゐる。道化の舞ひ方は全く三番の見眞似である。例へば三番が仰に反る時などは、相對してゐるので、反らずに、三番と同じ方向に前こゞみになる。最後に、見物の子供達にからかつてゐる間、三番が舞收めて入ると、氣付き、あはてゝ千早の前を結び、これに片足かけ、立たうとするが立てずにころぶ。とゞあつて袖を肩と背にふりつゝ左右びつこ足、兩足揃へて跳びめぐる最後の舞を不器用に舞ひ收め、すつかり三番を眞似て幕にくるまり、進み出、しやんしやんと小手招きして入つたかと思ふと、すぐ又「ホー」と幕から顏を出して子供達をどつと笑はせる。

大償雜錄による、裏三番の詞章は次の如くである。

出し、靈はり（扇、鈴木）

〽どむどなるは瀧の水〳〵日はてるともつねにたむせいなる瀧の水（さむばそう出て舞ふ）

樂屋 〽イヨウヨしきしようにむの人々は、うつ皷をうちならし、ふく笛をふきさせ、どう〳〵と笑つて候、我等もかたつて笑つて候、笑ふ様子などはエヘホ、ハヽヽ（道化さむばゞ出る）

次に圓萬寺、及び田子の三番叟を誌す、後者のが現存のもののうち最も饒舌で、古風な所もあるが、今様めいた點もある、而して想像が豐かで生々としてゐる。

三　番（圓萬寺）

幕出し 〽吉野の〳〵竈と鍋との玉ふれて、幸ひ是迄参られたり

と拍子、烏帽子（垂あり）、黑式切顎の翁面（鼬鼠の顎鬚あり）襷、ぬぎだれ、ふんごみ、脚絆の三番、後向に出、その場にめぐり、ひよいと跳び、こゞんでその場にめぐり、開き扇の兩端を兩手に持ち、首動かし、ひよいと跳ぶ振、正面きつて立ち、次に同様振あつて左を右をきること等色々。次に腰より錫をとり出し、扇皆め、一めぐりのうち是らを右手に持ち、左手腰、拍子やむと、幕内の早口の言立となる。

〽彌々なんぽうぞろふ、奚元にてほつぽり〳〵と申者、何者にて候、權現の御はやし、只今まいられたるさんば猿兒と申ハ、せもちいさぐ、色も黑し、とくさいりうのかいりうめんに、あいりゆうめんうつたりや、（と右を打ち、左を打ち） 木の面取つて顏にあて、此所きり〳〵きりつと舞られて候

と胴の拍子、舞臺一めぐり、

〽おふ先にまいられたる翁と申すは、せいも大きぐ色も白し、德才りうのかゐりうめんに、あゐりうめんを、うつ

たりや、木のめん取つて顏に當て、むかゑをとふらせたまふ地藏ぼさつのめしたるあしきの駒より、おふひき晒にこの下座を、はせまわる、天黑神の尾を取つて、びろひけなどゝわ定つゝ、(と右を打ち、左を打ち)此所をでつしと踏ちゞめんがために參られて候

と胴、一まはり、右方に錫振り、

〽おふとても參られ、序でに、目出度事を申さう、(と右方に錫ふり)目出度事にとうりてハ、古い事申そ、古い事にとうりては、陶唐ハ七帝、我朝ハ一帝、大盤若ハ六百卷、ほうけぎやうやまぢハ八十卷、(と右方に錫ふり)谷の眞砂子は峰により、峯のまさごうハ谷により、君は代々久敷と舞べし

と、胴一めぐり、右方に錫ふり、

〽おふ迎も參られたる序でに、目出度事を申そ、目出度ことにとりては、佛は何に目出度まふ。香や花に目出度まふ。神は何に目出度まふ。宮や林に目出度まふ。士衆ハ何に目出度まふ。太刀や刀、馬や鞍や、諸事や諸臺などにこそ目出度かりける。

とふんばり、一めぐり、

〽おふ迎もまいられたる序に、目出度事を申そ、目出度ことにとうりては、數多の老名衆ハなにゝ目出度まふ。正月の一重の日も、拾貳の實穀を納宛、あなたにも一ふつ、こなたにも一ふつ、一ふつ、五ふつなどにこそ目出度まふ

と錫ふり、一めぐり

〽おふ迎もまいられたる序に、目出度事を申ふそ、目出度ことにとうりでは、數多の女郎衆ハ何ニ目出度まふ、(と右、左、右と進み出、振)櫛や針、たどふ紙などにこそ目出度まふ。數多の小短いおぼこ衆は何に目出度まふ。親のむが事はほつひやうしにかゑし、爰元なんとうハきこふつなどにこそ目出度まふ、

とふんばり、錫ふり、

〽おふほうもんをもつてほうもんにとりて、あだほうもん、かだほうもん、ニ小豆ほつもん、などにこそ目出度まふ

と一まはり、右、左、右と振あり、

〽ちく生にんの人々は、吹く笛もふき盡し、打鼓も打盡し、我等もかたつて笑ふてあろ。いせはゝあはゝなんどにこそ目出度まふ。

と一めぐり、右方ニ錫ふり、

〽あらほどの若衆は何に目出度もふ。あちの隅に入り、こちの隅にいり、腕取り、陰引こんぼうぬきなどにこそ目出度まふ

と一めぐり、右方に振、

〽我等が拍子と申はや、鹿嶋でならひし、かしま拍子も八

陸中の山伏神樂の臺本(上)(本田)

拍子、三嶋で習し、三嶋拍子も八拍子、合せて拾六拍子、おつとりそえて、扇の要におつとりなほし、ひと舞まつて、まくまゐ入らばやなどうど存じ候

と扇開きつゝ一めぐり、錫ふり、扇ふりつゝ跳び、その場めぐり、めぐりかへし、拍子に踏みつゝ坐し、等以下是らの振を繰返し色々にまふ。えつさつさの足どりで一めぐりすることなど、こゞみ、持物兩に持ち、又はなし、扇苔め、手を前にくみ、ひろげなど、胴の囃子歌ある。とゞ拜し、仰に反り、くる〳〵まわつて入る。一しきり打鳴し。

註(一)陰引ーかけひき(別當本)
(二)こんぼうーごツぼう(同)

參端(田子)

幕震はせること一しきり、

幕出し 〽芳は野に〳〵鶴と龜とは戲れて、幸ひ〳〵めでたさよーー

と囃子、幕とり振つて一踏み、やがて後向に、手をお尻にして三番出る。先に翁の用ひたと同樣の烏帽子を、玉の下つてゐる方を後にして、卽ち前後逆に冠る。黑式切顎の翁面、かるさん、たつつけ、右手に扇を持つ、早拍子のはげしい舞。左右きりつゝ手を背にあてたまゝはげしい振、その場に順にめぐり、めぐりかへし、振あつて仰向になる。扇を前にして足踏、その場にめぐり、めぐりかへし、これを三方にする。

左右色々に振あつて、とゞ錫杖を腰よりぬき出し、右手に持ち、囃子やむと、胴前にて、その場に順に逆にめぐりかへし、めぐりつゝ早口に、舞人自身が次の言葉を唱へる。胴向に兩手を膝にあてきまるのを言葉々々のきりとす。胴とりは是に對し、言葉をはさむことがある。(尙今は大分言葉が中略されてゐる。)

參端舞處 〽いや〳〵此所等でどう〳〵と打鳴らすは何にて御座候

○(胴とり)權現の御ハヤシで御座候

〽誠權現の御ハヤシか、チョウ〳〵と打たれて御座候、いや〳〵我等と申は、物より參られて御座候

○物は何處から

〽天竺の日ヶ市より參られて御座候、天竺の日ヶ市にゆはれて、一派事なき卑しき物は御座候

○卑き物にとりては

〽大蚕(一)の皮百に十六枚づゝ賣られて御座候、其の一枚の皮を以て倉を七口張り、余たる所(二)を以て、壹斗より入る寶藏九つきなからきり〳〵と(三)縫られて御座候

(四)いや〳〵まだ余たる所を以てひさかふつぎ等も縫られて御座候

いや〳〵參つて(五)候、參たる序に、目出度き事を申さうか

○目出度事にとりては

〽我より先に參たる翁の裝束は目出度しと、とくさいりやうのかりきん、とくさいりやうのかり袴(六)、伊勢神明天照皇太神宮のおしませ給ふよきんの面を顏(オモテ)にあて、かりきんの袖をひるかへしふりもとし、(と袖をかへすこと)此所に參り、萬年末代百年百代十五萬歳が世の間。

いや〳〵今參たる參端さるごと申は、夫にもよもおとらず迚、背は少さぐ色黑く、(と手を顏にあてる)明光折たる(七)木の芽を取つてかほに當て、此所に參り、萬年末代百年百代十五萬歳とは世の間、地をしつとりと踏鎭めんが爲(八)め參られて御座候。(と腕くみのことあり)

宿諸人の人々は、打鼓も打たゝき、吹く笛も吹きさし、どう〳〵と笑(九)はせ給ふ。我等も夫れにかたつて笑ふようぞハ、へ、へ、と笑はせ給ふ。亦た此處に後笑も有り、添(十)へこ笑もあり、いへゝのはゝゝと笑はせ給ふ。是も處の任言と申て御(十一)座候。

いや〳〵宿諸人の人々は、色は黑(十二)いと笑はせ(十三)給ふ。色は、黑いも道理かな、沖に出て、鱈を釣り、鯖を釣り、壚風にもまれて此所等斗りはちと黑く御座候。

いや〳〵皺(十四)が寄つたと笑わせ給ふ。しわでも御座らん、せんの木でも御座らぬ、(十五)鹿嶋育つの小先達の事なれば(十六)、土佐の港の女郎衆(十七)は、此方へ向けとあるほどに、きろりきつと向いて候へば、さつきらやこつらへ向けとある程に、きろりきつと向いて候へば、かり〳〵とうわらやいと(十九)、搔きさかれた爪の跡にて御座候

〽いや〳〵向を通らせ給ふ地藏菩薩の乘たる芦毛馬の尾を取りて、尻にもをいつけ申さん、向の笹原を馳せ上る天狐の尾をとりあびりひげ(二十)なんぞらにもざだめ(二十一)

いや〳〵參たる序に、難有事申そうか

○ありかたい事にとりてハ

〽神(二十二)は何見て給ふ、宮林を見て給ふ。佛は何見て給ふ、香や花を見て給ふ(二十三)。國にありし諸大名は何見て給ふ。國郡諸鄕諸帶なんぞうを見て給ふ。

いや〳〵我國若殿童衆(二十四)は何見て給ふ、馬や鞍太刀鈒弓箭大鐵砲長刀なんぞうと見て給ふ。我が里の老中(オトナ)(二十五)達は何見て給ふ。正月一日二日の事なれバ、旦那の御禮に差上り、大の上座にぎつとすわり、十二藥師の大盃を取り出し(二十七)、常にまづくして(二十六)二三盃呑むよりも、濃くして五三盃呑んで此方は勝手で御座るなんぞと云はれて御座候

〽いや〳〵我が里の若衆達(二十八)は何見て給ふ。正月一日二日の事なれば、目出度酒屋(二十九)は惡黨の集り(三十)、小せまき所に取よて、腕取り鍵取り力引なぞ、仕舞には一騎向騎ないらもつなんぞうと見て給ふ(三十一)

〽いや〳〵我が里の御女郎は何見て給ふ。紅と白粉(三十二)、歌と紙櫛とかんざしなんぞうと見て給ふ

陸中の山伏神樂の臺本(上)(本田)

〽いや〳〵此所等の一尺八寸斗りの童子達は何見て給ふ。(三十三)日に親の言ふ事八拍子返し、(三十四)でん〳〵かゝ見たい母乳呑(三十五)みたいかつきこつききこぼしなんぞうと見て給ふ(三十六)

〽いや〳〵參て候參りたる序に、(三十七)久敷事申さうか(三十八)

○久敷事に取りては

〽唐土は七帝、我朝は一帝、大盤若六百卷、法華經七拾卷、(三十九)此の殿の御ゐんの下に、ざんざら石に葉が生えて、枯木に花が咲き、谷の政子は峯に登り、嶺のまさ子は谷に下り、東西南北よりやう社領とぼりやう迄も代々以て久しかり

〽いや〳〵是より唐土と天竺の堺を見奉れば、(四十)よしと云ふ木が壹本生え延びられて御座候。(四十一)一朝登つて見奉れば、(四十二)不動の淨土拜むなり、二朝登つて見奉れバ、(四十三)仁王の淨土拜むなり、三朝登つて見奉れば、(四十四)釋迦の淨土拜むなり、釋迦のめしたる衣をしつく〳〵と見奉れバ、愛敬わりやうの羊の毛を取て織たる綾錦の事なれば、聲も言葉も及(四十五)ばず、一寸のとうしんは切てきれる迄、(四十六)百千の歌は斯く迄ででん〳〵參端さるごとは我等の事、(四十七)參つて候參たる序に、(四十八)本□を申そか(四十九)

○…に取りては

〽大たつぽにたつぽにまたたつぽ、(五十)參端申子とは我等の事を申とか

次に一舞ひあつて、また幕前になほろ。

赤夕舞處(五十一)

〽いや〳〵爰に面白いたとへは御座候

○聲にとりては

〽大鼓打も、(五十二)打度々無候も猶打ち候へ、(五十三)笛嘯殿もふきたく無くとも尙ほふき候へ、(五十四)金合せも合せ度なくとも尙ほ合せ候へ、黑と囃しかりやうほきりの水車、兩輪の如くに廻るとは承りては候へ共、(五十五)四ツの柱に八ツのクサビ囃(ナラシ)て、七がら程も舞遊ぶ。鹿島で習へば鹿嶋拍子、三嶋で習へば三嶋拍子、(五十六)上の拍子も八拍子、(五十七)下の拍子も八拍子、(五十八)合せて二八十六拍子、さつく〳〵と舞てやれ、前に引込めと、こゝに同樣はげしい振、兩持物を肩、わきにあてること、足踏み、その場めぐり、めぐりかへしのことなど、とゞ又幕前に立つ、囃子やむと

〽はあ上を見たれバ　桂川とて流れた下を見たれバ　相染川とて流れた

とゆるく振、

〽沖のかもめの　あよぶように

と以下胴入り、

渚のちどりと　あよぶように

おさい〳〵と押へたり

月の出る迄　おさいだり

御祈禱の舞(五十九)だま一つ、まひとつ舞も舞らせないか
と、扇、錫杖布、左に、しやがみ、振あり、以下色々に舞ふ。
舞臺にころび、ころんだまゝ足ぶみのことも二度あり、持物
上下、袖かへし等、とゞ畚め扇にて舞ひ、足ぶみのことなど、
持物前に繰る如く振することなど、めぐつて幕に消える。

註（巻三本を底本とし、巻二本を以て註す。）

（一）大蚕—白大蚕
（二）余たる—殘たる
（三）きながらきり〳〵と—切り切て
（四）この節なし
（五）參つて—今參つて
（六）かり袴—きり袴
（七）折たる—拾たる
（八）爲め—爲めに
（九）と—なぞと
（十）處の—事の
（十一）宿—闕
（十二）鮃—鯛
（十三）鯖—鱸
（十四）せんの木—せの木
（十五）鹿嶋—春日
（十六）「の事なれば」となし
（十七）は—の事なれば
（十八）さつきらやこつら—さつきらやい此方
（十九）かり〳〵とうわらやいと—思ひ次第御笑いやいと
（二十）あびり—あしり
（二十一）ざだめ—定め
（二十二）香や花—香花等
（二十三）見て給ふ—見てられて御座候、（以下同じ註せず、見ては愛でカ）
（二十四）と—に（以下同じ、註せず）
（二十七）老中達—老名中
（二十六）まづく—まじく
（二十七）五三盃—四五六七八盃
（二十八）若衆達—若者衆
（二十九）腕取り—腕取り引
（三十）なぞ—なぞの
（三十一）御女郞—姉樣達
（三十二）紅と白粉—正月一日二日の事なれば、水と溢れ
（三十三）日に—日日に
（三十四）八拍子返し—は八拍子
（三十五）母—阿母
（三十六）きの字なし
（三十七）參て候參たる—今參たる
（三十八）久敷事—久敷事を
（三十九）法華經の次に「山經」と挿入
（四十）（四十二）（四十四）登つて—上を
（四十一）不動—仁王

(四十三)仁王ー不動
(四十五)聲もー聞くも
(四十六)とうしんーとしめ
(四十七)でん／＼ーデンズ
(四十八)參て候參たるー來て來たる
(四十九)文字不明
(五十)大たつぼ…またたつぼー大タッポ小タッポ
(五十一)ホター二の切
(五十二)太鼓打もー太鼓打殿も
(五十三)金合せー金谷せ殿
(五十四)黑とー黑と舞は
(五十九)鹿島を春日とす、次も同じ
(五十六)合せて二八ー二八合せて
(五十七)さつく／＼とーサク／＼サッと
(五十八)やれとなし
(五十九)舞だま一つ云々ー舞たらま一つ舞も舞ひないか

×

三拍子派では何れも、岩戸開きの時、鈿女の代りにこの三番を出してゐる。別に獨立のもあつたらしいが、近頃は兩者ともあまり舞はないので、細しい傳承を逸してゐる。小鎚などでは岩戸のものだけを記憶してゐる。或はこの三番はもと岩戸の「沙門」ではなかつたかと考へられる節もあつた。此の三番を、一般には尻振(しりふり)三番、或は根(ね)ぶり三番、

イドオミ三番などゝ言つてゐる。足拍子踏み、尻振りつゝ舞ふのでこの名があるといふ。劍烏帽子に千早、袴で舞ふ。岩泉によると、「けさの日は」といふかんどえで出、「ハヤゝハヤゝト」五方を舞つてしまへば、あと色々滑稽なことを演ずるといふ。所謂法問もあつた。三番の顏の黑い所以は、岩戸の御光が指した故と小鎚では言つてゐる。又黑森の上坂氏は、三番の顎の切れてゐる所以を傳へてゐた。卽ち三番が旅先で一目千兩の女房に三千兩を出して對面し、家に歸つたところが家では妻は死に、親類も離散して住む家もなかつた。それで再び放浪の旅に出、よしが野といふ所で死んだ。一目千兩の女房が後を慕つて來る。そしてよしが野で死骸を見出す。そこで持つた扇で招きあほぐと、鳶、烏の類が集つてきて、一旦啄み去つた肉片を持つて來て屍(かばね)をうづめる。ところが、顎の肉一片だけがどうしても足らず、それで糸で綴ぢつけた。かくて三番は生きかへり、目出度く對面する。三番はこのやうな姿になつたのをいたく恥ぢ、はじめは顏をかくして對面した。三番が最初扇にて顏をかくして出るのはこの故であるといふ。三番の舞は、この再び榮えたお祝ひの舞であらうと言つてゐる。この奇怪な物語りは、然し乍ら、舞の本の入鹿にも、陵王の面の顎の切れてゐる說明に、同樣の理由を附して語られてゐる。寫本に殘る三番の詞章は、將してこの根ぶり三番のもの

か、獨立のものを後々是に摘要したものであつたかは、何れとも今明かでないが、兎に角次にはこの三拍子のものを誌しておく。何れも大體の要素は以上のものと同樣であるが、そのうち夏屋のには、どこにも似ないものがあつた。

三　場（夏屋）

▲ドンドトナルハタケノ水、日ワテルトモ、イツモタイセヌ、タケノ水、ヒワテルトモイツモタイセヌ、タケノ水、カミヲミタレハ、カモヤカツラト、流（ナカ）レクル、シモヲミタレハ、アイソメ川トナカレユク、ナカヲミタレハ、ヲウミカワラ、サラバワドロノ、ヲサイ、ヲサイノ、タンコフシキノ、リヤウノ、ウタヲハ、ウタイ、スマシテ、昔シノサルカウベカ、バイヒヤウシニ、カガツタ、ハヤヤ〳〵〳〵

△唯今コゴナイテ、ボングラ、メイタル者ワ、ナニモンテソウ、ゴンゲンノ、ハヤシウンタル者ニテソウ、カミカナイノ、モンテソウカ、シモカナイノ、モンテソウカ、カミノ者ワ、カミカラ、ホトリノ者ワ、ホトリカラ、先マイリタツイテニ、目出度キコトヲモウソウカ、フルキコトヲ、モウソウカ、フルキコトニ、トリテワ、先一番ニ、ヲキナノ、ソウヅクノ、メテタサヨ、トクサイ色ノカリキンニ、アリヨウメンカ打タル、キノメントツテワ、カヲニアテ、アサイコトノココロシテ、タテヱンマン、ボシツクロウテ、カウヲンマイニ、マイリ、アノマクヤノ方ヱ、キリリキツト、ヲシナヲラセタモウ、イヤイヤ二番ニマイリ、サンバサルヲウトワ、我ラカ、コトニデ、ソウロウカ、ソレ昔シ、大門ノサシギリニ如來菩薩ノ、メサセタモウ、アシケノ馬ニモ、ヲイツカデ、唯今コゴヲ、トンデトウラセタモウ、テンノヲヲ、ズンスツト、キツテ、我ラカ、ビンビケ、ナドト仕、先參リタツイテニ法文ヲ申ソウヤ、法文ニ、トリテワ、大般若が六百卷、法華經八卷ガ七十卷、タニノマサコカ峯（ミネ）ヱアカリ、ミネノマサコガ、タニヱヲリ、アイ川ヤ、セニフス石ニ、ハカヲイテ、西東北南ユロウサロウ、トブウ世マテモ君ワ目出度シ、ダイダイ、カノトノ、ヒサシカルベシ

△イヤイヤ、シキシヤウニンノヒトビトワ、天正星ノゴトクニテ、サツサツトイナカレテ、打皷（ツヽミ）ヲ打サシ、フク笛ヲフキサシ、ヲドンナ、ワロンベ、キラヱナク、ドツトワラワセ、タモウ、イヤイヤ、ナニヲ、ドツトワラ（？）タモウトモ、此所ト申ハ、百ヨウ百代、チヱゴマンサイ、ヘタル、サンバサルヲウトワ、スコシモソレワ、シラマジトテ打タクナクワ、ナフキソウ、フキタクナクワナフキソウ、ドウドウヱンノ、ミツクルマ、カスミカウヱノコタカワ、タレヒト、ハヤサテモ、ヒニセツチワ、マイアソブ、イヤイヤ打タリ、マツタリ、ドゴニモ、コツナイ、

陸中の山伏神樂の臺本（上）（本田）

ワカイヒトカ、ソウロウナリ、ハナムネノ、ニサツザク、ハシンタルワカイ、ヒトカソウロウナリ、カミニ、物ヲ申ニワ、ネンキヲウジガ申ナリ、シユウニ物ヲ申ニワ、ヲツテヤクニン、アサバシリ、ヨウバシリ、ヤリツカイ、コツカイ、キモイリナンドカ申ナリ、マシテ春ノ、ハタケヲ、マクニワ、スキフミ、トウ打、タネマキ、ヒリイモチ、ゴキモチ、ゴカイソロツテ、マキタモウ、マシテ我ラカ、ヒヤウシト申ワ、カシマテナライバ、カシマビヤウシ、ミシマテ、ナライヤ、ミシマヒヤウシ、拾六ヒヤウシヲ、ヲントリソロイテ、此ノトコロノ、ゴユワイ、ヒサシキコトヲ、カタリヒロケテ、此ノ家ノジヤウヤ、ナカキト、マンタイシヤウニヱイヤツトモ、ツンタリナ、ハイヤヤウ〱〱〱〱

さんばの哥ひ（黑森）

(1)○（一）（二）そこらから（三）ぼつぼらめく者ハなに者ニ而候（四）、權現のはや（五）しうたれ候（六）、我らもうつ天王（七）よりごづ天王の御共（オントモ）申し（八）、御ふたりぎ（九）三ばの事なれバ、我らも急度（十）、うちやかたろふかや（十一）なんどゝ存候

(2)○とふほ（十二）ふいんきよの水車（くるま）（十三）、たれ（十四）はやさんどゝ（十五）申せ共、四つの柱（十六）に四つのくさび（十七）をはやされて、しよう（十八）〱天に、こふもぐ天、四ごく天に、多もん天、四天のひしやもん（十九）

とあらハれて、いちこふかほと（二十）ハまひあすぼふかやなん（二十一）ど（二十二）ゝそんじ候、

(3)○まつ（二十三）〱参たるつひてに、ほふもんを申そふ。ほふ文に取てハ（二十四）、目出度ことを申そふや、めてたき事に取てハ（二十五）、あたらしき事をもをそをや、あたらしきことに取てハ、古い事を申そふや、古きことに取てハ、少せひことを申そふや（二十七）、ちひせい事に取てハ（二十六）、大きい事を申そふや、大きい事に取てハ、大般若が六百くわん（二十八）、ほけきやうやまきが七十くわん、谷（二十九）のまさごが峯にあかり、峯のまさごが、谷に下り、大川（たいかは）（三十）（三十一）やせにつきふして（三十二）、こけふして（三十三）、西東北南（三十四）、ゆろふさろふ、とんほうよ迄も（三十五）、大々久しき（三十六）、三ばにて候、

(4)○いせんに参りしをきなんとの（三十七）しようそくハ、大文のひたゝれに、かひろふめんか打たる木の面取てかをにあて、此所と申ハ（三十八）、百よふ百たひ、千代御萬歳が其間、ゑひしとりとふみしつめんが爲のをきなにて候、

(5)○此三ばと申は、せひも少（ちい）さう、おんニ而まします（三十九）、いろもくろふ、おんにてまします（四十）、とくさいろのかりきんに（四十一）、かひろふ面（めん）か打たる木の面取てかにあて、此所と申ハ、百よふ百たひ、千代御萬歳（まんざい）か其間、ゑひしつとりと（四十二）、ふみしづめんが爲の三ばに而候、

(6)○小川（こかは）にふすいなをし取（とり）（四十三）の仰せに而（四十四）、天地和合と（四十五）、足をふ

み、しつかひ成佛、國土あんのんのまい（四十六）を、ひろめんがためにゐひしつとり（四十七）とふみしづめんが爲の三ばにて候、

○（7）八幡大ぼさつ四代の光にましまして（四十八）、をのたまのきのえだに、小金のさくぢよふ（四十九）、むすびつけ（五十）、ぢよふぼふぼだいのさくちよふ（五十一）（五十二）と名つけて（五十三）、げきすちよふをひろめんが爲の三ばにて候

○（8）是よりも通る（五十四）てんちぐにこそ、よしといふ木が壹本候（五十五）へしが、先壹ばんに登てをかめ（五十六）、二ばんに登而ふどふのちよふとをかめ（五十七）、三ばんに登て、しやがのちよどふをかまんとて（五十八）、しやかのめしたるころもを取て、きるまゝに（五十九）、まつころもにころも（六十）

○（9）されバうぎよの皆人（六十一）は、天しようしよをちのほしの紋（六十二）、みなくるくるつといなかれて、打つづゝみ（六十三）を打さし、ふくふゐもふきさし、おとなわらんべにきらひなく、なにとつとあけてわらはせたもふとも、此所と申すハそも（六十四）、百よを百たひ、千代御萬歳が其間ゐひしつとりとふみしつめんが爲の三ばに而候

○（10）向（六十五）の川原を地藏ほさつが、あしけの馬にのつて通らせたもふか（六十六）、あの馬にをひつき申さんとて（六十七）、前の川原をはしつて通る。天くろふのをゝつつ（六十八）と切而我身江　びゝぬびんと

○（11）（六十九）（七十）まつた我らと申ハ、かしまそたちの者なれハ、かしまて習し（七十一）、かしまひよふし（七十二）、まつたみ嶋そたちの者なれハ、み嶋て習ひし（七十三）、三嶋ひよふし（七十四）、上のひよしもやひよし（七十五）、下のひよしもやひよをし（七十六）、合せ申せハ（七十七）（七十八）、十六ひよふし（七十九）、あをぎとすゞを手に取て（八十）、所あんのん、村をしつかに、おんざく〳〵とおんはやせ（八十一）、我らも急度（八十二）ふみしめんか爲の三ばに而候

註（西口氏本を底本とし、上坂、下岩泉、甓綿、和野の諸本を參照す。）

（一）「さんばとの」といふかんごえ、次に幕出しあり、「ととうとなるわ瀧の水、ひわてるとんも、つれにたいせず、なるがたきの水、はッよしがのんに鶴とも龜ともたんまふれしに、さゆわいでころにまかせたり」（甓）

（二）岩泉、甓綿では、各節のはじめに、「きり〳〵と參りて候」とつける、一々註せず。

（三）そこらから―ソコ本カラ（和、岩）

（四）候―御座候

（五）はやし―ハヤシニ（和）

（六）うたれ候―うたれて候（上、和）、てうたれて（岩）

（七）うつ天王―ソッ天王（和）

（八）申し―申して（和）

（九）御ふたりぎ―おんくたりし（上）、下りし（岩、和）

（十）急度―ちいと（上）、チト（和）、きつかつと（岩）

（十一）うちやかたろふかや―ウチカタロウヤ（和）、うち語ふかや

陸中の山伏神樂の臺本(上)(本田)

(岩)
(十二)とふほふーとうぼう(岩、襲)、東方(和)
(十三)いんきよのーいんけの(上)、いんぎよの(岩)、いんの(襲)
(十四)たれー立(岩)、タテ(和)
(十五)どゝーとは(上、和、岩、襲)
(十六)にーハ(岩)、を(襲)
(十七)をーに(上、岩、襲)
(十八)しよう〳〵天云々ートウボウ天、コウボウ天、四天、ビシャ門天(和)、じやうぼうでんにころぼうでん、四國天に沙門天、四天ノひしやもん(岩)、この名の項なし(襲)
(十九)ひしやもんーしやうもん(上)
(二十)いちこふかほとハーいちこながぽと(上)、イチ門ガホトヲ(和)、一ごうがほとを(岩)、いちごうほとも(襲)
(二十一)あすぼふかやーあすぼふか(岩、襲)、あそぼなか(上)、アスボウヤ(和)
(二十二)なんどゝート(和、襲)
(二十三)まつ〳〵…大きい事に取てハー「きり〳〵と參りて候、我らと申ハ、ひさしきさんばの事なれハ、目出たき事を申か、目出たき事に取りてハ、久し事を申か、久しき事に取てハ、大き事を申か、大き事にとりてハ、ちせい事を申か、ちいせい事にとりてハ、とう〳〵か七みかと、我かぢやうが壹みかと」(岩)、「ワレラト申ハヒサシキサンバノ事ナレバ、マイテノツイテ、ヒサシイ事ヲモウソウカ、ヒサシイ事ニトリテハ、チウキ事ヲモウソウカ、大ウキイ事ニトリテハ」(和)、「きりきりと、まいて候、まいてのつきにわ、目出たき事お、もそうか、目出たき事にとりてハ、久しき事おもうそうか、久しき事にとりてハ、とうとうが、ななみかと、わがちやうが、壹みかと」(襲)
(二十四)(二十五)ハーや(上、以下同じ、註せず)
(二十六)(二十七)大きひー大きな(上)
(二十八)にーへ(岩)
(二十九)にーエ(和)
(三十)「大川や…こけふして」となし(岩)
(三十一)大川ーアイ川(和、襲)
(三十二)つきふしてーツタイシニ(和)、伏に、石(襲)
(三十三)ふしてーフシ(和)、まして(上)、おいて(襲)
(三十四)西東北南ーはれおいて(襲)、これの次に「石ニコケフシ」と挿入(和)
(三十五)とんほうよーとんほがよ(上)、とうぼうよ(岩)、トウボウヤ(和)、とうぼうがよ(襲)
(三十六)大々云々ー久さし此さんばかうどうてあろう(岩)、ヒサシキトサントウトウテモヤル(和)、ひさしきさんば、きそう也(襲)
(三十七)なんとのーの(上)
(三十八)ゑひしとりとーえいちいとりと(上)
(三十九)(四十)ましますーましますが(上)
(四十一)にーの(上)
(四十二)ゑひしつとりとーえいちんとりと(上)
(四十三)いなをし取ーイナラシトリ(和)、いなふし酉(岩)

(四十四)に而ーニハ(和、岩)

(四十五)とーの(岩)

(四十六)のーが(和、岩)

(四十七)ゑひしつとりと云々ーイチ門ガホトチマイマスホウヤナントゾソンヂソウ(和)、へにうかほとおまい遊ふか□(岩)

(四十八)ましてーマセバ(和)、まさバ(岩)

(四十九)(五十一)さくぢよふーシヤクチヨ(和)、しやぐしやう(岩)、錫杖カ。

(五十)ぢよふぼふーちやうごう(襲)、尚以下の所岩泉本は、缺字其他にて不明。

(五十二)名ー名な(上、和、襲)

(五十三)げきすぢよふな云々ーゲケンシユヂウガマイチヒロメンガタメニ一ツモンガホトチマイソースベイカヤナントソンヂソウ(和)、げんけん、しちやうお、ひろめんかため、すつうらり、すつうらりと、まいあそぼか存候(襲)

(五十四)通るーむこなる(上)

(五十五)壹本ーいちほんおえて(上)

(五十六)「ななかめ」となし(上)

(五十七)ちよどふーちよとな(上)

(五十八)なかまんとてーながめ、しやかのちよとなおかまんとて(上)

(五十九)きるまゝにーきつころもに(上)

(六十)「にころも」となし(上)

(六十一)しよなちのーしちよぅの(上)

陸中の山伏神樂の臺本(上)(本田)

(六十二)くろくろつとーくろゝと(上)

(六十三)なーも(上)

(六十四)ゑひしつとりとーえいちんとりと(上)

(六十五)この節裴綿本には「きりきりと參て候、むかひ、地藏ばさつの、のつてとうらせたる、あしげ馬の、おさ、おしいつけ、ばやとも、こゝとうらせ、たもう天くろうの、おなう、つんつと、きつて、我しらが、びんひけに、さためけり」とあり。

(六十六)かの字なし(上)

(六十七)とてーと(上)

(六十八)なゝつつと云々ーおはすゝらすんときりはがひんひけとつけ(上)

(六十九)はじめに、「ワレラト申スハフルキ三バノ事ナレバ、マツ一ツハントメキイテ、ハナキイテ、コヽロキイテ、コヽロニカトコソナカリケル」とあり(和)

(七十)「まつた」となし(和、岩、襲)

(七十一)(七十三)習しーならいバ(岩)ならひ(襲)

(七十二)(七十四)ひよふしーてうし(襲)

(七十五)(七十六)もーが(岩、襲)

(七十七)合せ申せハーあはせて(上)、おつとりあはせて(襲)、この句なし(岩、和)

(七十八)十六ひよふし云々ー十六ひやうしチおつ取り合テべんでんからりとむすびつけ、あれなる雲にざつと入らばや、ざぐざぐと御ばやしこぢやうもん(岩)

(七十九)次に「チ、チツトリ合テ」と挿入(和)

(八十)手に取て―トリソイテ(和)

(八十一)おんざく云々―ヒメンガタメニアレナルムラクモエサットイラバヤソンチソウ(和)、あれらなるむらくもさ、さささら、さツと、いらばやと存候(裴)

(八十二)急度―このたび(上)

○以上、西口、上坂兩本は全く同じであるが、和野、下岩泉、裴綿三本は、各節の排列の順序を異にしてゐた。又目だゝしい異同もある。卽ち和野本は、1 2 6 7 3 11の順に語られ、4 5 8 9 10を缺き、又岩泉本は、1の次に、「きり〱と參りてㇼ、以前に參りたるおきななんとのしやうそぐの目出度さよ、せいハ大きく色白く御入ㇼ、今參りたるさんば申王と申ハ、せイもちいせく、色黑ク、御入ㇼ、しぐそうけんの人々ハ、ていどうほしことぐにいなかれぞ、なにおかどつ〲とわらわせてㇼ」とあり、次に7 2次に「きり〱と參て候、我らと申ハ、目川たきさんばの事なれバ、目聞て、はな聞て、口聞て、心聞て、心にかとこそなかりたり(和野では前註の如く11のはじめに言ふ)」次に3、次に「きり〱と參てㇼ、大もんノさし出てむかしちやうめんうつたる木ノめんとつてかおにあて、天神めしの向イとうらせ給ふあしけ馬ノおさもおうにおいつけいばごそこごとうらせ給ふてん九郎おゝづんつと切て我らかびんひげ杯にうちさためそうろう」次に6 11とあり、8 9が全くない。又裴綿は、3次に「きりきりとまいてㇼ、我れらともうすは、久しき、さんばの事なれば、此處百よう、百代、千代五萬歲と、ふみしつめたり」「きりきり參てㇼ、先參たるおきなおんどの、しやうぞくは、せいもおうけく、色白、おんにいりましますが、こんと參たる、さんばさろと申わ、せいもちいせ、いろもくろい、めきいて、はなきいて、口きいて、ようそぐきいて心かとわなかりけり」、次に10 2 7 11の順にあり。

尙、和野の榮福院本には、別に四季三番と題して、型付が誌してあつた。此の詞章の舞であるかどうかは明かでないが、次に誌しておく。

四キ三バ

一手ヲ前テ　チカイ　口傳

二同手ヲカタサカケテ、右左サ三度イヱ〱〱〱

三同手ヲカタサカケ、四方メイエ〱〱〱左サメグリテ　前テ一ツトンヾハネル

四手ヲカダサカケ、クビヲフル、右左イエ〱〱〱又、ウシロエ向テ、クビヲフル、イエ〱〱〱ト

五手ヲカタサカケテ、足ヲ三度フル　イヱ〱〱トフル、ムクレテ空トトトトト行テ、トン〱〱ト

六初メ同
七前サ手ヲマワシ　イエ〳〵〳〵〳〵〳〵メグル、前テヨツトンゝゝトハネアカル

次に中妻寫本のをまゝに寫す。重複の形にはなるが、以上の不備を補つてくれるものがある。

三番叟かく出の歌

一君か代ハ久しかるへき例には、兼てそ植し住吉のまつ、とんとゝなるは瀧の水〳〵〳〵日は照とも〳〵常に絶せすとんなるは瀧の水、吉イ野に〳〵鶴ト龜トかはたふれて幸心合せたりやトはや〳〵〳〵ト云舞出、次ハ舞人いや〳〵〳〵口へ居てほつほらめく者は何者にてや、次ハとう取答ふ神權現の林らつてそろふ、神の者不明上不明佛の物ハほとりから、胴先一番におきなのしやうそく目出たさよ、とくさ色のかり衣にありよふもんのうつたる木の面とつて顔にあて、立ゑほしへゑもんをつくろふて、あのまくやの方にきりきつとおしなをやしだまふこそ目出度さよ

舞人いや〳〵〳〵先舞たる序に　胴取ほうもんをまふさうか、舞人目出度き事を申そうか、胴目出度き事に取りてハ　舞人久しき事を申さふか　胴久しき事に取りてハ

舞人大きな事をまふそうか　胴大きな事にとりてハ

舞人大唐にハ七帝ト　胴我か朝ハ一ト帝　舞人大磐若ハ六百卷　胴法華經八卷七十卷　舞人谷の眞砂のそねあかり、嶺の眞砂ハ谷に下り　胴合川や瀬に伏す石ニ葉か生て、西東北南ゆろふさらり、君や目出たしかこのこの代ゝ久しかるへしとうたふたり　舞人いや〳〵〳〵三番に參り三はそうとは我事なまふしてさふ、それむかし、如來菩薩のめさせ玉ふあしけの駒におひつかさん、唯今向ひを飛んて通らせ玉ふ天の尾を、ぞんしときつて、此われらかひんひんけと參てそふろふ、胴取いや〳〵〳〵

舞人いや〳〵〳〵宿ト少人の人々にハ、てんしやうすふふくのほすかち、ゆふろりといなかれて、打つゝみを打させ、ふくふゑをふきさせ、おとなわらんへのきらいもなく、とつとわらハせたまふこそ目出たさよ、とう取いや〳〵〳〵　舞人わらハせ玉ふこそめてたさよ　とう取いや〳〵〳〵打たくなくともなうしさふ、ふきたくなくてもなふきさふ、とくゑんの水車かすそのうへのこたつたれ、はやさんとはもふせとも、よう一合ほとも舞遊なんとゝ聞てそうろふ　胴取いや〳〵〳〵　舞人いや〳〵〳〵この殿久しき事をかたり廣め、千代やなかき(長夜(?))トたいやうにゑいやつとつミあけた、はや〳〵〳〵　舞人あふ上を見れはもやかつらとて流れ來る、下を見たれは、藍染川とてなかれくる、中を見たれは丹波千鳥のあふく

陸中の山伏神楽の臺本(上)（本田）

やうに、とこれのさるめか三ひやうしにかまいた、胴取
はや〳〵〳〵と舞納
是は才智第一也

遠野のは別につくりかへられてゐた。今八幡本を底本に、野崎、附馬牛の二本を以て校訂して誌す。

三番叟神哥

○幕前 イーヤーハ七日行く　濱のヤまさごの數よりもホ〳〵
受歌 イーヤハ、なほ久しきは神の御代かな〳〵(一)
○幕出 ドンド、鳴るハ瀧の水〳〵　日が照るとも、よすか(二)野に〳〵鶴と龜ごハたんばぐれて、幸ひ是まで参らせ來るのはハニヤハニヤと
○きりきりきつと參て候、先つ參たる序でには、久しきこどを申そか、久しぎことにとりては、大ぎことを申そうか、大ぎことにとりては、大般若六百巻、法華經やまぎは貳十八巻(三)、谷の眞砂は、峯にふかり、峯の眞砂は谷にをり、大川(四)をせにふしのろくと、
○二番にまいたるさんばさるをとハ、我れらわことを申ホ、いろもまつ黑にをんいりまし、せいもひいぐゝをんいりまし(五)、とぐさいろのかりきぬに、あいりよめんのきのをとりて額にあて、たてゑほし、ゑもんを抑つくろうて、

七一九

(六)天しよびよしのをすみかす、ゆるりと居なかれて、吹ぐ笛も吹かせす、打つゝみも打たせす、女わらんべのきらいもなぐのう〳〵と、
○あそごら、かこら、河原なんどはしりくるり、天くろぢ(七)んのをなとをきり、われらかしびんひけともびゝらびんと、こうをんまいにきり〳〵きつとまいてホ
○鹿嶋でならいし鹿嶋拍子のこどなれハ、鹿嶋の拍子八拍子、三嶋てならいし、三嶋拍子(八)のこどなれハ、三嶋の拍子も八拍子、合せで十六拍子をとりそゑて、一天がらりとをんはやし
○上をみたれやかもやかつらかとながれくる
○下をみたれやあいそめ(九)川とてなかれくる
○中をみたれやはんま千鳥の友呼ぶように、なきさの千鳥のはねのすように。

註、(一)以上を八幡の傳承では、次の如く歌ふ。
かけうた〽こゝ踏めば　あれなる松のや　はもゆるぐ〳〵
〽枝さしハ葉さし　露榮ゆる〳〵
(二)來るのは云々ーチクノワナカレクル(附)たり、ハヤヤ〳〵とハヤヤ(八幡)
(三)貳十八巻ー七十巻(野)
(四)大川云々ー大海にこぎはいてゆうるりとゐなごり、やれきつとまいて候(野)

(五)きのなとりて―ブッタル木ノ面チトッテ(附)
(六)天しよびよしの云々―コー御前ニキリキリキトマイテソロ
(附)
(七)天くろぢん―天クルリン(附)
(八)ななつとりそゑて云々―の扇の金目をとりてどんとはね
(野)、前ソロヱテ御ハヤシ(附)
(九)はんま千鳥の云々―ハンマ千鳥ノハネノスヨウニ、オキノカ
モメハトビタツヨーニ(附)、なぎさの千鳥の友よぶ様に、沖の
かもめは、はれのす様に(野)

安南旅行記（第一信）

門司にて

松本信廣

安南の旅を計畫して先づ驚いたのは、同國入國がフランス官憲により好まれず、手續き甚だ面倒であると云ふ世評である。實際種々煩しいことがあつたがつまる所誤解に出づる所大である。たとへば佛國大使館の某氏は、旅券の査證が必要だと云ひ、東京府またその必要を再三念を押して吳れた。所が最近の條約で佛領印度支那は領事の査證は不必要となつてをる。此點シアム以上に入國が樂なわけである。但し査證のかはりに領事館で書類を作つて吳れる。それは査證のいらぬと云ふ證明書で結局手數は同樣である。これを橫濱領事館で作製の勞をとらず、乘船地神戶の領事館で作らねばならなかつたので不便であつた。橫濱領事館は此點親切氣が缺けてをる。要するに旅券の外に此證明書だけあれば入國出來るわけであり、三箇月以內しか佛領印度支那に滯在しない自分に對して居住地の警察や區役所に「犯罪を犯せる事實なし」と云ふ證明をとらせた東京府や外務省は全て條文の解釋を誤り、非移民に對し移民の規定を適用したことになる。大阪商船の東京支店の船客係に至つては、全く此間の事情に通曉せず、切符を買ふのに幾度も無駄足を踏ましたのは、印度支那に直通航路を持つてをる同社としては意外な手ぬかりであつた。然しそれといつても每航路一等船客が一人か二人と云ふ少數から知識の缺陷が生まれたのであり、貨物を主とする同會社としては無理はないが、今少し邦人が此航路を利用してもよいやうに思ふ。

と云ふ譯で印度支那入國の困難の世評は、誤解から生れた所多いが然し之も愈々印度支那に上陸するまでは確實な所はわからない。今の所も少し旅行者が多くなり、經驗が多くなつたら相互の理解が增すだらうと云ふことを述べて置くに止めやう。大阪商船の船は、毎月一回の定期航路で、自分の乘り組んだのはスラバヤ丸と云ふ四千三百九十一噸の貨物船である。歐羅巴航路の郵船の船程にも設備がとゝのつてゐないが一等船客は小生一人、外に三等に朝鮮人五名日本人一名が乘船したきりである。此たつた一人の船客に對しても食堂の時間をわざ〳〵銅鑼で知らせて吳れたり、メニューをタイプライターでうつて吳れたりいさゝか恐縮する程のサービス振りである。瀨戸内海の明媚な風光を賞じつゝ、涼風を滿喫して此航路を利用する遊士の乏しきを甚だ惜しく感じた。

安南旅行の計畫に外務省其他は、種々便宜を計って吳れた。殊に二箇年半河內に駐在し、最近歸朝せられた永田安吉總領事は、其苦心蒐集の結果になる九十何種の安南史籍を予に示し、其重要性を語り、此種の文獻の搜索購入を予に囑された。今まで大越史記全書や安南史畧を除いては殆ど知られてゐなかつた安南關係書籍のコンクションを先づ出發前に見ることを得たのは此上ない悅びであつた。これにより安南史を從來支那文獻や佛人の研究だけで充分足れりとしてゐた吾人の迂闊さをつくづく感ぜしめられた。スラバヤ丸の甲板で、永田氏から貸與せられた「中學越史提要」四卷を繙く。一九一一年の開版で著者は、吳甲豆と云ふ人、昔安南の中學で敎科書に使用した書物であり、簡單に安南史の筋道を知るのに極めて便利である。史實と傳說とのけじめは明かでないが取扱法に注意すれば多くの敎訓を抽出することが出來る。たとへば安南最古代史文郎國の條は、勿論佛人考證するごとく僞作傳說であることは疑ひないが、文郎についで治めたと云ふ蜀の安陽王が趙佗に亡ぼされる時の傳說、安陽王の寶物たりし神弩があつては、どうしても勝てないので趙佗は、結婚政策で、先づ一旦和し、佗の子を安陽王の娘媚洙にめあはせしめ、遂に子をして妻をそゝのかし神弩を盜み出さしめ、之をこつそり毀たしめ之によつて安陽王を擊滅すると云ふ物語は、印度支那によくある形式で、女系と結ばねば實權を得られなかつた母系父系過渡期をよく示してゐる說話である。よしその話が僞作であつても社會學的に見れば安南民族の過去の社會的體制を窺ふことが出來て極めて面白い。安南史は、こういふ根本的史料に基いてまだ〳〵研究の餘地がある。

地形語彙

山口貞夫

小序

此の語彙集は多くの日本人が尙ほ各地方に於て日常使用しつゝある地形名を將來の地名研究の覺え書きとして收錄した。勿論編者自身の研究になるものではなく、披見し得た諸雜誌から拾集するの勞を取つたに過ぎない。從つて寧ろ煩鎖かと思つたが一々出所を明記しておく事にした。收めた語數は四百餘に過ぎず此等は當然今後の勉强によつて增補せらるべきものである。それにしても此等の語彙を地形學的に分類して見ると甚しく限られた範圍にあることを氣付く。これは恐らく庶民の生活に關係を持つた山野河谷のみが名稱を與へられる機を得た爲であらう。又山地內の地形名と海邊の地形名とに同一のものを度々見出す。私は始め語彙を地形的に分類しようと企てたが、斯の如き理由で單にアイウエオ順にする事が最も便宜と考へた。

尙ほ此等語彙は昭和八年五月末迄の發表濟の記事中から拾つた。

柳田國男先生は最近語彙の整理をなされつゝあり、山民語彙（俚俗と民譚、一卷、二號、三號）山村語彙（山林、五九六―六〇〇號）農村語彙（農業經濟研究、九卷、一號、二號、尙ほ繼續）漁村語彙（島、一卷、一號、二號、尙ほ繼續）等には多くの地形語彙が收められてある。殊に山村語彙には多數あり、其等を一切除外すると重要なものを殆んど逸する恨れがあるので、其旨を示して記入しておいた。先生に厚く御禮を申し上げる次第である。尙文獻には敬稱を一切省略し二度目以後は適當に簡約した事を御謝りする。

勿論私は諸雜誌の閱讀も不充分であり、特に各地方言の如きは披見したものが極く少數である。又アイヌ語は特殊なもの以外は大體省略した。必ずや缺落が少くない事と思ふ。

地形語彙（山口）

アカイシ　赤石は明石ならん（小島烏水、山岳、一卷）

アカハネ　關東で赤土を云ふ（柳田國男、農村語彙）

アサマ　信州佐久地方で淺間山の燒石や輕石を云ふ（上田市附近方言集）

アシダニ　足谷、蘆谷等と書く。實は惡谷で人の入らぬ谷、以前の荒地であらう（柳田山民語彙、山村語彙）

アヅ　崩れ岸の意（郷土研究、四卷）

アテ　中部地方で云ふ。山頂の向ふ側、アテラとも云ふ（柳田、山民、山村語彙）

アテヤマ　三河北設樂で水氣の乏しい瘦山を謂ふ。此地方は山のアテをソデ又はソシデと謂つてゐる（柳田、山民、山村語彙）

アテラ　アテ參照、山の北又は西に當り日に乏しい所（郷研、四卷）

アブキ　河畔山畠の畔等の段階地へ吹雪が吹きつけ、積雪が挟れて河には雪の橋を架けたる如く、畦畔の積雪は地肌より向ふに捻り出されて灣曲面を作つたところを云ふ。轉じて斯の如き地形、多く岩窟等を稱す（小池、小谷口碑集）オーギ參照。

アワ　信州北安曇地方、傾斜面にある木の梢に積つた雪が日光の爲に解け水氣を含んで斜面に落ちろ。すると其面の雪も水氣を含んでゐるから雪塊となつてごろ／＼轉り落ち段々大きくなつて横倒しになつて止む。此の雪塊を云ふ（馬場、郷土、一卷、小池直太郎、小谷口碑集）北飛彈でも同樣（荒垣秀雄、北飛彈の方言）一般の雪崩を指すが大島亮吉氏の調査「山」によれば乾燥新雪雪崩を指すものらしい（阿部次郎、山岳辭典、山と溪谷）

アワユキ　細い雪、南部地方（田中喜多美、山の生活）

アワラ　一般に關東から中國の一部迄山中の濕地を云ふ（柳田、山民、山村語彙）信州北安曇地方でも沮洳地の事、常に水氣があつて乾くことなき地（馬場治三郎、郷土、一卷）浸水し易い低地、北飛彈にて（荒垣　北飛彈の方言）

アラウヅ　相州津久井郡、降雨の際泥水の陸上を横流するもの（神馬、地學雜誌、二五年）

アラネユキ　南部地方、霰の事（田中、山の生活）

アヲミ　又はアヲウミで水海ある所（鳥居龍藏、武藏野及其周圍）

イキハシ　越中で雪溪のこと、雪階の古語であらう（柳田、山村語彙）

イゴ　出雲でエギの事を云ふ。エギ參照。

イクチ　軟石の地磐（佐渡方言集）

イサゴ　九十九里地方で砂丘を云ふ（青野壽郎、地理學評論、八卷）

イシガラ　小石の多くある處、カラは又ガアラともゴオラとも謂つて石地の事（柳田、山村語彙）青森縣五戸町ではエスィカラ、肥後南關の附近ではイシワラ（能川多代子、土の香五號）釜石地方ではエシガラ（釜石町方言集）

イシワラ　石地（肥前千千石町方言集、本山桂川長崎方言語彙）

イシゴーロ　信州で石地（上田附近方言集）

イソ　土佐物部川筋で斷崖絕壁の岩山、岩手秋田ではそういふ山から崩れ落ろ土砂又は雪崩（柳田、山民、山村語彙）

イソピラ　磯片、山が峻立し岩石の崩れてゐる所、南部地方（田中、山の生活）

イタガラマ　有明海地方、カラマは小潮で此の最も潮の低い時をイタガラマと云ふ（松尾俊郎、地評、七卷）

イノカシラ　井の頭、泉源のこと（柳田、旅と傳說、四年）

イリ　山の奥を云ふ（伊能嘉矩、遠野方言誌）

イリヤツ　ヤツは關東で山合又は岡と岡との間の事、イリヤツは谷の奥の事（柳田、山民、山村語彙

イワス　北アルプスで岩全般の事、岩山のこ

地形語彙（山口）

とはイワスヤマ、又岩壁などの所はイワスカンベと云ふ（阿部、山岳辭典）、又イワスガンパチはがらくの岩を云ふ（荒垣、北飛彈の方言）

イワハケ　岩の傾き出でたる所（柳田、山村語彙）

ウタ　陸奥野邊地にて海に突出した斷崖（中市謙三、旅と傳説、第二年）砂濱の事のやうである。土佐の宇多松原、越後西頸城の海岸の歌、讃岐の歌の澤、歌の郡、蝦夷渡島の浦々にもあり（柳田、漁村語彙）

ウタリ　靜岡縣の海岸には渚をウタリと云ふ語がある。志太郡燒津では磯の濤と濱の浪との中間の浪靜かなる處を云ひ、靜岡市外の長田村では、入海になつてゐる所をウタレ、同大里では波が引いたあと、海水の殘り溜つてゐる處がウタリだと云ふ（內田、方言、三卷、二號）

ウダ　ヤチ參照。

ウチコミジホ　打込潮である（柳田、漁村語彙）

ウテツ　又はウデツ、アイヌ語のウトエツの約で彼等が好んで住む岬の側（柳田、郷研、一卷）

ウト、ウトウ、ウトウロ　洞の字を當つ、溪谷の事、信州北安曇地方にて、例へば杓子岳の長洞澤と云ふ類（馬場、郷土、一卷）北飛彈でも狹い谷の事（荒垣、北飛彈の方言）、對馬にも岩の稍深く入りたる處をウドウと云ふ（柳田、山村語彙）遠州阿多古地方にウトーなる小部落があつて小谷の深く入込んだ地形、又熊本縣玉名郡地方でウドは雨水に洗ひ流され深く凹んだ所（能田、土の香、五十號）

ウド　遠江の榛原郡で波打際をウドと云ふ。駿河の有渡濱、肥後の宇土郡等（柳田、漁村語彙）前項のウドとは別物なるべし。

ウネ　中央部以西山頂の事、畦、壟、岫、采、有年等と宛てる（柳田、山民、山村語彙）北安曇では田畑中の土を盛つた所も云ふ。

ウバユキ　大きな雪片、南部地方（田中、山の生活）

ウラヤマ　長州などで水の手が少く田を作り難く比較的居住に不利な側面を山の裏と解して居た（柳田、山村語彙）

ウレ　駿河安倍郡等で高山の絶頂に近い所を云ふと（柳田、山民語彙）ウレは古語で物の上端を意味し谷の川上を云ふ（柳田、山村語彙）

エキ、エギ　中國四國で谷間の事、溢、嶧、陽、陷、江木等を當てる（柳田、山民、山村語彙　島根で支谷を指す。

エゴ　周防では窪くして日當りのよい地（山口縣柳井町方言集）、島根縣大原郡では山の側面の凹みたる所（同地方言集の分篇）有明海北岸では潮の上り來る川を云ふ（松尾俊郞、地評七卷）別の語であらう。

エト　アイヌ語出ッ鼻の事、江戸も之に由來す（鳥居、武藏野及其有史以前）

エドコ　岩手縣で野原の湧水のある所を謂ふ正しくはキドコ卽ち水の湛えたる場所（柳田、山村語彙）

エリ　秋田縣雄勝で山奥の開けない地方を云ふ（佐々木貞吉、郷研、七卷）イリの事

オイツクイ　兩岸の斜面が餘り急傾斜の爲めに地表の岩石や土壤が止まるに由なく悉く川筋に落下して河身を覆ひ埋め盡し川は其の下を伏流し溪流が無き樣見える地點（大町周一郞、山と溪谷、十六號）

オエガタ　芝生又は草生地、秋田縣一部（柳田、山民、山村語彙）

オーギ　越前九頭龍の川上などの谷が急に廣くなつてゐる所、扇狀を成す故か。信州北安曇などでアプキと云ふのと同語か（柳田山民、山村語彙）

オージ　紀州と大和の境の山地で日當り惡き土地を云ふ。隱地ならん　太田、和歌山方

言集）之に對して日向をヒウラと云ふ

オーセ 北飛彈にて川の早瀬（荒垣、北飛彈の方言）

オーボネ 山の主稜の所を云ふ（阿部、山岳辭典）

オチコミ 淵が早瀬に變る所、北飛彈にて（荒垣 北飛彈の方言、阿部、山岳辭典）

オテ アテ、アテラ參照。

オトショ 大島で荒潮を云ふ（白井潮路、旅と郷土と、一卷）

オホト 大海を沖繩にて云ふ（伊波普猷、旅と傳說、四年）

オモテヤマ 越中黑部地方では日當りの良い山の斜面、中國では其上水豊かで農耕に便なる地（柳田、山村語彙

オリコシ 群馬縣利根郡等で山腹を云ふ（同）

オロ 栃木縣で日蔭の地を云ふ（同）

オンダシ 遠州阿多古地方で川の落合、デアイとも云ふ（能田、土の香、五十號）

オンヂ 岐阜、岡山縣などに多し。日蔭になつて耕作に適せず杉林などのよく育つ地、之に對してひなた山をメンヂとも云ふ處がある。オーヂ參照（同）

カウゲ 中國地方で一般に高原の草生地の水流に乏しい所を呼ぶ。芝又は高下の字を宛てる（柳田、民族、五卷）

カガ カウゲとも元は一つ、カヌカとも云ふカウゲ、カヌカ參照）

カカボ 草生地、元はカカフであつたか、（柳田、民族、五卷）

カガハラ 東北で芝生の平（同）

カクマ 川隈卽ち水流の屈曲した所（柳田、山民、山村語彙）角間又は鹿熊の字を當つ。又カクは隱れるの語と關係し陰地を示す場合もある（柳田、鄕研、四卷）

カサ 武藏秩父、信州佐久などで川の上流の方を云ふ（柳田、山村語彙）

カタカヒ 片峽、一方が山で川を隔てゝ對岸は平地の所、片貝等とも書く（柳田、山民、山村語彙）

カタフチ 海岸の急傾斜して深くなつた所、壹岐にて（山口麻太郎、壹岐島方言集）

カタユギ 春の陰曆二月下りに出來る上下共堅いサネユギである。南部地方（田中、山の生活）

カッツ 山の奧の事、山のカッツ、澤のカッツ等と云ふ。南部地方（同）

カナド 八丈島で熔岩を云ふ（辻村太郎、鄕研、二卷）

カナベト、カナンベト 粘土（上田附近方言集）

カヌカ 東北で山間の高原で草が生えて木が無い地（柳田、民族、二卷）カノカ、カノゴとも云ふ。石見ではカーカ、加賀の起りもそれか（柳田、山民、山村語彙）青森縣五戸町邊ではサワ卽ち淺い谷間の日當よき傾斜地に芝草の生えた所（能田、土の香、五十號）

カネク 琉球大島等で砂原の事を云ふ、兼久と書く（柳田、海南小記）小島村寳島などでは砂地はカノク（敷根利治、方言、二卷、一〇〇）

カハチ 谷水が屡淀んで幾分の平地を作つてゐる所、奧州ではカッチ、信州ではミノチと云ふ。又カッシ、カトチと云ふのもある（柳田、民族一卷）盛岡地方では水源地の事（橘正一、民俗學、一卷）

カハメ 陸奧にて臺地を刻む小谷の出口を川目と云ふ（綿貫勇彥、聚落地理學）

カハラ 小石原の意、元はゴウラから分れて來た。河原とは別（柳田、人類學雜誌、四四卷）

カマ 淵の事、又釜の樣に深くなつてゐる地形（鈴木重光、鄕研、五卷）谷川の岸の岩穴も云ふ、紀州ではガマ（柳田、山民、山村語彙）

カマチ 福島縣では谷川の上流を云ふ越中ではカマテと云ふ（同）

ガマノクド 肥後にて甌穴の事、クドは竈の

意（地學雜誌、四〇年）

カマヲネ 鎌の刄の如く薄つぺらな背稜、（馬場、郷土、一卷、小池、小谷口碑集）

カマンドー 遠州阿多古邊で岩壁に圍まれた淵又は瀧坪（能田、土の香、五十號）カマ參照。

カンバラ 南部で川上のこと（柳田、山民、山村語彙）

ガーラ 信州にて石の多い土地、磧、河原の字を宛てる（同）中國でも石地を云ふ

ガケス 崖、斷崖の事（荒垣、北飛彈の方言、阿部、山岳辭典）

ガタ 北國にて一般に海に近い平地の湖を意味す（郷研、二卷）潟と當て有明海にては干潮に干上つて一面の泥海となる沼土地を云ふ（松尾、地評、七卷）

ガツケ 南部地方で斷崖の事、ガンケともジヤンガケとも云ふ（橘、民俗學、一卷）福島地方も同じ（中村町、方言集）

ガベヤマ 或は單にガベ、富山縣などで斷崖絕壁の事。ガベはカベの强化（柳田、山民、山村語彙）

ガマ 四國肱川の上流宇和川べりの野村町附近では魚の巢食ふてゐる深處を云ふ（鈴木、郷研、五卷）

ガレ 山の崩れて崖になつた所、甲斐駿河ではガレ又はカレ（柳田、山村語彙）、崖の崩れた所（野尻正英、山岳、四卷）山岳地方一般に用ひられて居るもので崩壞地狀の所を指し、山腹の崩壞と上流の荒廢した所を指す（阿部、山と溪谷、六號）

ガン 山の崩れた所、甲州駿河にてカレとも云ふ（柳田、山民語彙）

ガンド 三宅島にて熔岩を云ふ（辻村、郷研二卷）

ガンノハラスリ 連る山嶺のやゝ低い部分（柳田、山村語彙

キタ 土佐にて崖の上の平地（柳田、山民語彙）ケタから轉訛（柳田、山村語彙

キムト キミトの轉訛、キミトはキミ處、キミはアイヌ語で山の意、キムトは從つて山中の意（松岡靜雄、郷研、五卷）

キリメ 切目、東國のウトウ（其項參照）

ギスギ 飯豐山塊で風當りの激しい所（鈴木岩雄、山岳、二八年）

クエ 急斜面の岩や土が薙ぎてゐる狀態（大町、山と溪谷、十六號）

クサツキ 山の高みの岩石地帶に散點する草地を信州などで（柳田、山村語彙）

クサノ 山麓の草地（大月如月、郷土、一卷）

クシ 岡又は小さい坂越え（太田、和歌山方言集）串は半島又は岬の事、久慈、久枝と書く、串は朝鮮語でも半島又は岬を意味す（柳田、山東民譚集）

クズレ 岡山縣久米郡にて雪崩のこと（池上四郎、中國民俗研究、一卷）

クテ 中部地方で開けば田になる如き濕地を云ふ、湫の字を當つ（柳田、地評、八卷）

クナシ 地味惡く草木の生長してゐない土地（柳田、民族、二卷）

グネ 佐渡にて山の根元（佐渡方言集）日向では土地隆起して通過を妨げる場處、柳田、山村語彙）

クボ 關東では一般に谷合、八丈末吉村では山の麓の事（柳田、山民語彙）九州平尾高原では摺鉢狀ドリネの事（寺元正見、山と溪谷、十六號）南部地方では山の凹又は平な所を云ふ（田中、山の生活）

クマ 水流の屈曲してゐる地形、水に臨んだ丘陵の端、中國以西には久萬又は隈と書く東北の武隈、阿武隈も之より出づるか（柳田、郷研、一卷）又對馬では山麓から崇につゞく高み即ちタチリを云ふ 柳田、山民語彙）

クラ 南部地方で屏風の樣に屹立してゐる岩場（田中、山の生活）天然の岩組を云ふ、陸奧では崖、大和吉野郡では山中の大岩石信濃ではハバレクラと云ひ崖、越後ではガケンクラを云ひ崖等である（東條操、郷研四卷）

クリ 羽後飛島で暗礁を云ふ（早川孝太郎、

羽後飛島圖誌）中國でもクリーと云ふ（橘正一、方言と土俗、二巻、二號）山形では海底の岩穴

クレ　盛岡では芝生のこと（柳田、山民語彙）

クロナデ　越後南魚沼郡で春の底雪崩を（柳田、山村語彙）

クロベ　黒色を帶びた排水惡しき土質（郷研四巻）

グロ　土石の天然又は人爲で小高くなつた所を云ふ、坈などの字を當てる。備中などでは塚の事を云ふ（柳川、郷研、四巻）大野吉野川沿岸では山麓に田ある時其田から凡そ一間ばかりは木を植えずに草原にしておく、夫れを云ふ（田村、郷研、四巻）

ケカチダニ　中部地方にて終年雪の消えぬ谷を云ふ、黒部の毛勝谷等（馬場、郷土、一巻）

ケタ　崖の上の事、土佐で（柳田、山民、山村語彙）

ケナシ　毛無、木無の轉訛か、富士山頂もケナシと云ふ（石原初太郎、富士の地理と地質）

ケミ　花見と書く、陰濕で木立のある地（柳田、郷研、二巻）

ココ　信州小谷、嶮岨の事（小池、小谷口碑集）

コシ　岡、小さな坂越（柳田、山民語彙）

コツ　岩石累積して通過に困難な谷、上州、信州（柳田、山村語彙）

コンド　水中に雪のとけずして凝結したもの近江にて（太田、滋賀縣方言集）

コーラ　大島郡十島村地方で谷の事（敷根、方言、二巻、一號）

ゴートー　土佐では小川をコートーと云ふ（柳田、山民、山村語彙）信州では岩石磊々の所（馬場、郷土、一巻）

ゴーロ　信州川中島地方では百姓が田畑から拾ひ出した大石小石をおく所や天然に石のごろごろした場所を云ふ。佐久地方では人手で集めた方をヤックラ（其項參照）と區別す（高島冠嶺、郷研、三巻）

ゴカ　空閑、後閑の字を宛つ、古賀と云ふ字を當てゝゐるコガと云ふ地名と元が一つであるとすればカガ（其項參照）と關係がある（柳田、民族、四巻）

ゴロチ　岡山縣久米郡にて石地の事（池上、中國民俗研究、一巻）

サア　單なる傾斜地の意に上總山武郡等では用ふ（柳田、山村語彙）

サアヤ　三河北設樂で清水の湧出る小川（同）

サウレイ　草叢の地、信州にて（馬場、郷土一巻）

サエ　又はサイ、狹い谷の事、對馬に多く、際の字を當てる（柳田、山村語彙）

サカト　峠の口、本來はサカテと同じく頂上でなかつたか（同）

サカモト　坂の元、麓。

サガ　又はサガッコ、上總の各郡で山の傾斜面のことを云ふ（柳田、山村語彙）遠州郡多古の天龍川筋でも傾斜面を云ふ、青森地方ではサガンビラ（能田、土の香、五十號）

サコ　日本アルプスにて、山の凹處で谷と云ひ得ぬ淺い部分（太田、旅と傳説、第三年）山腹の谷間を云ふ（馬場、郷土、一巻）島根縣でも一般に支谷を云ふ、大原郡では高所にある凹地（島根縣方言の分布）ハザマ參照。

サッコケ　上總山武郡、崖の事（柳田、山村語彙）

サデ　紀伊熊野地方、山崩れにて頂上より谷底まで樹木の無くなつた急傾斜地を云ふ（雜賀貞次郎、民俗學、四巻）

サネユギ　核雪、南部地方で最下層の堅い雪氷の如き雪（田中、山の生活）

サルナデ　山形縣南部の山地、表面雪崩のこと（柳田、山村語彙）

サレクチ　溪流の水源等で山腹の大いに崩壞してゐる所（馬場、郷土、一巻）

サンヤ　元は只未開地の事であるが早くから個人の所有に歸した山野を某の又は村のと云ふのを略してサンヤと呼ぶに至つた（柳田

鄉研、四卷）

ザエ 盛阿地方で春に川を流れて來る氷塊（橋、民俗學、一卷）遠野地方でも同じ 伊能、遠野方言誌）

ザク がら〴〵した石のざくつく所、ゴウトウ（參照）より石の小さい所、信州（馬場、鄉土、一卷）

ザザ 信州上伊那郡、河瀨の荒い所（民族、四卷）

ザラ ザクよりは石は小さく粗目の砂のざく〴〵してゐる所、信川にて（馬場、鄉土、一卷）上田附近で川の瀨を云ふ（上田附近方言集）

シカジカメ 上總にて濕地の事を云ふ、他の關東の山地ではシツケミとも謂ふ（柳田、山民、山村語彙）

シガツコ 日向で谷川の中にある小面積の陸地、シカはすかの事、ツコはツル（柳田、山村語彙）

シツケミ 關東に多し、水の多過ぎる野地（同）ケミ參照。

シドロ 陸中上閉伊では沮洳地のこと（同）

シドロユキ 信川北安曇、水蒸氣を含んでゐる雪（馬場、鄉土、一卷）

シノト 石州にて山の陰などの濕地を云ふ、嶮又は埵の字を宛てる（柳田、山村語彙）

シバオキ 信州、雪崩のこと（馬場、鄉土、一卷）

シマ 河道中の島を云ふ。又羽後飛島では海中砂地を云ふ（早川、羽後飛島圖誌）因幡長尾附近で磯のこと（德田貞一、鄉研、二卷）

シマキ 島卷と書き島又は山に當つた風の屈曲する事（鄉研、二卷）大風による海上の飛沫をシマギと云ふ（釜石町方言集）

シャチ 岡山縣久米郡にて砂地のこと（池上、中國民俗研究、一卷）

ショーズ 北肥後にて湧泉の事（能田太郎、民俗學、四卷）

ショコリ 大島で干潮のこと（山本靖民、鄉研、五卷）

シラス 鹿兒島で火山灰及び輕石の厚い層を云ふ（小田亮平、地學雜誌、三一年）

シラテ 越中山地にて積雪のある所（柳田、山村語彙）

シラブ 會津から米澤地方で霧氷を云ふ（同）

シロデ 秋田縣雄勝で雪崩などで山の禿げた所を云ふ（佐々木貞吉、鄉研、七卷）

ジクタミ 陰濕の地、ジクは濡れる事の形容語（鄉研、四卷、上田方言集）福島縣ではジクチと云ふ（中村町方言集）

ジメチ 岡山縣久米郡にて濕地のこと（池上中國民俗研究、一卷）

ジャヌケ 蛇拔け、大雨で山崩れのする事を云ふ（林六郎、鄉研、四卷）

ジャリッチ 砂地（上田附近方言集）

ジルッチ 岡山縣久米郡にて粘土のこと（池上、中國民俗研究、一卷）

スガマ 秋田にて氷（秋田方言）

スッポコダニ 近江甲賀で甚しい僻地の谷合（柳田、山村語彙

スナッパ 砂地（上田附近方言集）

スナドテ 砂土手、龜岡盆地にて天井川の事を云ふ（織田武雄、地理論叢、一輯）

スネイ 沖繩にて海中の岩を云ふ、磯の義もある、石クリに同じ（伊波、旅と傳說、四年）ソネ參照。

スミ 大隅などのスミも島のことであらう（柳田、海南小記）

ズリ 土佐で磽确地（柳田、山村語彙）南部地方、山の裾野の事（田中、山の生活）

セイ 土佐で山中の谷合、對馬のサエと同じ（柳田、山村語彙

セイシ 日向の椎葉山で水少し湧出で泥狀をなしてゐる所（同）

セキ 津輕で山溪の行止り、カッチに同じ（同）佐渡で小流を云ふ（佐渡方言集）

セコ サコ、ハザマ參照、土佐で口山と山の間の狹い所、靜岡ではセッコは峰、富山縣

地形語彙（山口）

では峰筋をセゴと云ふ（同）

セト　兩側共に岩壁を成し溪水瀧となつて下り左右兩岸共に通行出來ぬ如き所（馬場、鄕土、一卷、小池、小谷口碑集）肥後で丘陵等の双方から狹つた地形（方言と土俗、三卷、三號）

セッチヨ　奥上州で河流急な瀨（柳田、山村語彙）

セン　上州山地、小さい瀧又は早瀨（荻島四雄、山と溪谷、六號）

ゼンダナ　階段傾斜地（鄕研、二卷）

ソデ　信州北安曇、山稜の裏面（馬場、鄕土一卷、小池、小谷口碑集）

ソッペー　常陸で山の斜面の事、ソハ（岨）から轉訛（柳田、山村語彙

ソネ　關東、東北、中國で山の嶺を云ふ（同）壹岐にて海中岩石群がりて魚群棲息し漁場となる所（山口、壹岐島方言集）山根の走りの突起（伊能、遠野方言誌）

ソワ　常陸稻敷郡で傾斜地、ソッペー参照（柳田、山村語彙、近江野州郡で山腹のこと（太田、滋賀縣方言集）

ソレル　尾張知多郡などで山の崩れること（柳田、山村語彙）

タイ　平い草生地など（柳田、民族、二卷）秋田縣其他で原野のことを云ふ、岱の字を書き又平の字を宛つ（同）

タキ　阿波にて斷崖を云ふ（柳田、鄕研、四卷）長門にても同じ（櫻田勝德、民俗學、四卷）

タタエ　香川縣直島村では滿潮を云ふ（島村知章、旅と鄕土と、第一年）

タツ　鳴部山中で突風のこと、龍卷のタツは夫れ（柳田、山村語彙）鹿兒島にて瀧の事（野村綱任、土の香、六卷）

タテ　低地に臨んだ丘陵の端（鄕研一卷）

タテシバル　谷川の左右の山が迫り流れが狹くなること、奥州（柳田、山村語彙）

タテッコ　ハバ（其項参照）よりは急な傾斜（馬場、鄕土、一卷）

タナ　谷底の階段が絶壁になつてゐる所で溪水を截斷してゐる。故に水のある谷のタナは必ず瀑布をかけてゐる（馬場、鄕土、一卷、小池、小谷口碑集）

タニンゴー　岡山縣久米郡にて谷の事（池上中國民俗研究・一卷）

タバ　タワの轉訛、タワ参照。

タヒラ　日本アルプス白馬地方で平坦面の事（小川梁魚叟、山岳、三卷）信州北安曇でも水平の地形（馬場、鄕土、一卷）

タル　日本アルプスにて溪谷の段階を成して雨時には瀧を生ずる所（太田、旅と傳說、第三年、荒垣、北飛彈の方言）木曾にても瀑の事、水垂るゝの意（松澤、鄕土、一卷）

タワ、タヲ、タヲリ　鞍部を云ふ、中國では乢の字を當てる。四國ではトウと云ふ（柳田、秋風帖）

ダシ　アルプスにて岩石、土砂が谷へ押し出したこと（本田、旅と傳說、第二年）

ダナ　越前大野郡等で急傾斜の上方の緩斜地を云ふ（鄕研、四卷）木曾の妻籠でも山の傾斜の少し緩になつた處、信州小谷でも絶壁の上の平地、瀧の上などをタナ又はタナバと云ふ、丹那、丹繩、田名の字を當てる（柳田、山村語彙）

チコスリ　地滑り、山海嘯の事（我孫子龍、山と溪谷、五號）

チバチ　地鉢と書く、中國秋吉臺地方にて直立した吸込穴を云ふ、カルスト地形のドリーネに當る（館林寛吾、地球、十五卷）

ツイジ　沖繩にて、小丘、頂（伊波、旅と傳說、四卷）ツヂ参照。

ツエ　石見で山崩（川崎市、中國地方語彙）中國以西で崖、ツエルは土の崩れること（柳田、山村語彙）

ツキアヒ　紀州で川の落合ひのこと（同）

ツジ　一般に山の頂上を云ふ（同）九州平尾高原でも頂の事、比較的低い丘陵性の高みを云ふ、これより高いものをヤマと云ふ

地形語彙　山口)

(寺元、山と溪谷、十六號)壹岐でも山又は小丘の頂(山口、壹岐島方言集)

ツボ　奔流中の淵を云ふ、紀州日高川上流の赤壺、白壺等(雜賀、鄕研、五卷)

ツマ　奥の事を云ふ、飛彈日和田が飛彈のツマと云ふ。飛彈の奥の事(小寺融吉、鄕研、五卷)

ツマリ　どんづまりの地を云ふ、越後中魚沼郡小川附近をツマリと云ふ。此處は越後の南の果の山奥で直ぐ信州と同境の深山に近い越後のドンヅマリの事(小寺、鄕研、五卷)

ツル　九州で川の兩岸の山が急に遠のいて稍廣い平地をなす所の名を云ふ、鶴、釣、津留、水流等の字を當つ(柳田、鄕研、四卷)從つて東國のトロと同じく靜な水を湛えてゐる地(柳田、民族、一卷、山村語彙　さうした地形である上に川が必ず屈曲してゐるやうである(能田、土の香、五十號)三河山地で峯續きの事(早川、鄕研、二卷)

ツルオー　信州では山脈連亘の所(馬場、鄕土、一卷)南部地方でも山と山とをつなぐ低い嶺を云ふ(田中、山の生活)

ツルネ　連嶺のこと、山の背の線の著しい高低なしに續いてゐる處(柳田、山村語彙)

ツンブリ、ツンブラ　佐渡にて山嶺(佐渡方言集)

ヅコウ　頭と書きマド(其項參照)の右又は左の絕壁の頂點を云ふ、信州北安曇(馬場鄕土、一卷)

テッキ、テッキン　信州、北安曇、山頂の事(馬場、鄕土、一卷)上田附近でも然り(上田附近方言集)

テッペイ　近江で山頂の事　太田、滋賀縣方言集)秋田にてはテッペ(秋田方言)

テンケ　外南部で山の頂上の事、土佐香美郡はテンギョウ、トンギョウ、阿波麻植郡はテンゴウ又はテンツッ、飛彈益田郡テンツッヅ(柳田、山村語彙)山形はテンペ

テンコツ　讃岐地方で山頂を云ふ(陸田、鄕研、七卷)廣島でも云ふ(川崎、中國地方語集)

テンヅシ　てつぺんの意、ヅシ參照。

デド　山の入口、谷川の下流を奥州で弘く云ふ(柳田、山村語彙)

トウ　四國では峠の事を云ふ、タラの再轉である(柳田、秋風帖)肥後でもトーは峯つゞきの最高所(能田、方言と土俗、三卷、三號)

トーマン　道滿、當間等と書く、アイヌ語から來たもので濕地の事　柳田、山岳、四卷)

トカエ　岩手縣で山の蔭殊に山の向側の事(柳田、山村語彙)

トッケ　武藏奥多摩で山の峯の尖りを云ふ(同)

トッペイ、ドテッペ　山の頂のこと、近江にて(太田、滋賀縣方言集)

トドミキ　信州高遠地方、川の水の落ちて澱く所(民族、四卷)ドドメキとも云ふ。

トナカ　壹岐にてワダ中、沖中位の意(山口壹岐島方言集)沖繩にてトウナカは海中、洋中、灘の意(伊波、旅と傳說、四年)

トネ　佐渡で山頂又は峠のこと(佐渡方言集)

トホリヤマ　タヲリヤマの轉訛、稍奥まつた盆地のこと、九州に多し(柳田、山村語彙)

トマ　十和田湖地方、岩壁のこと(同)

トロ　川水の緩流する部分(柳田、鄕研、四卷)遠州阿多古邊でも云ふ(能田、土の香、五十號)

トンゲ　伊豫周桑郡で山頂のこと、同喜多郡ではトンシンコ、宇和島はトンギョウ、北九州ではトッケンギョウとも云ふ(柳田、山村語彙)

トンミネ　信州佐久、絕頂(上田附近方言集)

ドウ　信州北安曇、川の合流點(馬場、鄕土一卷)越中では川の深い淵、宮城縣では堰のこと、何れも水の音から來た(柳田、山村語彙)

ドテ　上田、崖を云ふ(上田附近方言集)

ドド　秋田縣雄勝、川や堰などの一寸かゝつてゐる川、小瀧(佐々木貞吉、鄕研、七卷)

ドバ　土場、溪流の末などで礦が擴り搏木(流

下し來る木材）を收集整理する所（鄕研、四卷）

ドブジ　沼地のこと（上田附近方言集）

ドヨ、ドンド　濠又は用水堰の水の急に落ちる所（鄕研、四卷）

ドンドロ　河流に石や板を用ひて段を作り水流を堰き水を急に落す裝置、天然の地形で出來た所も云ふ（上田附近方言集）

ドンブラ、ドンブリ　川端などに自然に出來た池狀の湛水地（鄕研、四卷）

ナガネ　靑森五箇町邊では丘陵續きの地帶を云ふ（能田、土の香、五十號）

ナカラ　中ら又は中ら滿ち、干潮から滿潮に至る丁度中間位に潮が高まつた時を有明海地方で云ふ（松尾俊郞、地評、七卷）

ナギ　日光附近、山崩れの跡などの石塊磊々として垂り瀑布狀をなせるもの（城數馬、山岳、一卷）薙落した樣な崖、山拔のあとの崖（馬場、鄕土、一卷）

ナグラ　伊豆の東海岸で浪の事（齋藤要八、鄕研、五卷）

ナゼ、ナデ　一、雪崩。二、山の崩壞する事。三、緩い傾斜の事、信州北安曇（馬場、鄕土一卷）松本地方で傾地又は斜の意（柳田、鄕研、四卷）盛岡地方でなだれ、ナデアツクと云ふ（橘、民俗學、一卷）

ナハ　沖繩に與那覇、我那覇、下那覇等あり內地にも那波あり、或る特色の平地に付けた名（柳田、靑年と學問）

ナベラ　山の緩い廣い傾斜面に細流などの流れて居る所（荒垣、北飛彈の方言、阿部、山岳辭典）

ナメラ　紀州日高郡では土氣のない岩ばかりの所とあり（柳田、山村語彙）

ナル　山腹又は山裾の傾斜のゆるい所、信州北安曇（馬場、鄕土、一卷）中國にも多し平、阡、垣、均などの字を當つ（柳田、山村語彙

ナロ　土佐でナルのこと。

ニエリ　近江佐田附近ではカルスト地形のドリネを云ふ、拔入りの轉訛か（新帶國太郞、地學雜誌、三十年）

ニオタ　伊豆大島で滿潮のこと（山本靖民、鄕研、五卷）

ニゴ　中國東部に多し、西部のエゴ、エギに近い地形、其項參照。

ニタ、ヌタ　アイヌ語の濕地、水のぢくぢくした田代として適當な谷間（柳田、山岳、四卷）

ヌカリザワ　茨城、福島にあり、圦澤、洪澤と書く（柳田、山村語彙）

ヌク平　溫い水の湧く土地、東國に多し（同）

ヌケド　日本アルプスにて山崩れのあとを云ふ（太田、旅と傳說、第三年、荒垣、北飛彈の方言）

ネ　關東伊豆などで暗礁、露礁のこと、東北でも同じ（釜石町方言集）

ネギシ　根岸、丘陵の根、然し之には武家の占據した地の根際に限つたらしい（鄕研、一卷）

ネッコ　泥炭の事

ネッタ　粘土の泥（伊能、遠野方言誌）

ネバ　日光尾瀨にネバ澤あり、石灰岩の霙爛せる如き粘氣のある故か（武田久吉、山岳、一卷）

ネバッチヨ　粘土（上田附近方言集）山形ではネバヅツ（山形縣方言集）

ネユキ　根雪、消えないで積雪の根底となるもの（荒垣、北飛彈の方言）

ノ、ノウ　山麓の緩傾斜、普通裾野と云ふものが之に當る、大野、小野も之である（柳田、民族、一卷）

ノゾキ　山路などの下り坂になる處で急に向ふの景が見開けて見える所の名（柳田、鄕研、二卷）

ノタ　泥（田村榮太郞、富山市附近方言集、佐渡方言集）

ノッコシ　乘越、山の尾根が裾まで續かず次

地形語彙（山口）

の山に向つて上る凹形部。

ノッペ　信州上田、火山灰地（上田附近方言集）

ノト　アイヌ語岬の意

ノマ　飛彈で雪崩のこと、越中ではノマは落ちて溜つた雪のこと（柳田、山村語彙）春先積雪の底より解けゆるみ頽れおちるを云ふ（荒垣、北飛彈の方言）

ノロ　備中北部、土地高く傾斜した所、信州では坂路の頂上（柳田、山村語彙）

ハイ　鹿兒島で平原のこと（野村綱任、土の香、六卷）

ハエ　山腹のやゝ平な地形、九州南半に何バエと云ふ地名多し（柳田、山村語彙　露礁のこと、鎌倉沖にもハエコシあり（柳田、民族）

ハケ、ハッケ　丘陵、山地の片岸を云ふ、峽、岨の字を當てる、アイヌ語パケから來たか（柳田、山村語彙）北肥後にも多く小丘の突端の邊、一般に川に臨む地形、青森縣五戸町付近にも八景と云ふ地名があり、川に臨む岩壁の聳えた地形である（能田、土の香、五十號）

ハゲ　中國、四國で樹木の無い禿げた土地、垙、䥥の字を宛つ（柳田、山村語彙）

ハザマ　アイヌ語のハサマ（底）で低地の所止りを云ふ、東國に多し（柳田、山岳、四卷）

ハシダテ　梯を立てた樣に險しき岩山、例へば奥丹後の天の橋立も此は灣の外側の岩山の事であつたのが砂州の方へ移つたのである。加賀江沼郡にも橋立村と云ふのがある（柳田、鄕研、二卷）

ハシラギユキ　風の爲に飛ぶ程輕い雪（田中、山の生活）

ハタフチ　壹岐にて海邊の急に深くなつた所カタフチとも云ふ（山口、壹岐島方言集）

ハツ　終端の地を云ふ、例へば波崎、三河幡豆郡、四極山（鄕研、一卷）

ハッタラ　アイヌ語、淵の意、八太郎が八郎に變じ八郎潟も其の意（江渡用藏、鄕研、二卷）

ハテユキ　二月末の堅雪（其項參照）の上に降つた若雪、南部地方（田中、山の生活）

ハトアナ　九州平尾高原で井狀ドリネの事を云ふ（寺元、山と溪谷、十六號）

ハナ　突端、崎、（雜賀、鄕研、五卷、釜石町方言集）

ハナワ　土の高い所、塙、花輪、半繩等と書く、アイヌ語でパナハは下よりの意でハナハの語源か（柳田、鄕研、　卷、同、雪國の春）

ハゞ　美濃にて高原と低地の堺と云ふべき傾斜地で樹木又は芝草の生ずる所、巾と書くもの多く高地を巾上、低地を巾下と云ふ。又羽場とも書く（林、鄕研、四卷）信州も同じ（馬場、鄕土、一卷）上田附近では丘陵、小台地（上田附近方言集）

ハバラ　肥後南の關付近で小石混りの地質（能田、土の香、五十號）

ハブ　山頂から急に崖になつてゐる狀態、富山にて（柳田、山村語彙）

ハブチ　崖端の事、信州にて（鄕研、七卷）

ハミ　日本アルプスにて、山稜近くにある草地（太田、旅と傳說、第三年）

ハル　北肥後九州一般に墾地を云ふ（能田太郎、旅と傳說、五年）

ハンブカケ　斷崖又は端、秋田にて（柳田、山村語彙）

バッケ　九十九里地方で崖を云ふ、關東奥州で段崖、坂下の字をあてたものあり（同）秋田縣雄勝郡ではバツカと云ふ（佐々木、鄕研、七卷）

ヒウラ　近畿中國で日當りのよい山の南斜面（太田、和歌山方言集）

ヒシ　稜角ある岩壁、信州北安曇（馬場、鄕研、一卷）越中で崖のこと（田村、富山市附近方言集）

ヒシオ　香川縣直島村直島では干潮を云ふ（島村、旅と鄕土と、第一年）

ヒゼ　干潮と書く、琉球で珊瑚礁の事　柳田、海南小記）

地形語彙（山口）

ヒト　山形縣にてクテ（其項參照）を云ふ。

ヒトノベ　越中にて平地のこと（田村、富山市附近方言集）

ヒド　越後、莊內で山の皺又は凹み（柳田、山村語彙）秋田ではヒドッコ（秋田方言）

ヒドヒラ　石見那賀郡などで崖のこと（同）

ヒナタ　鳥居博士はアイヌ語ペナタで川上を意味すと述べらる（鳥居、武藏野及其有史以前）然し單に日光の當る側なるべし。

ヒョウ　關東で峠を云ふ、峠、鋲、嶸の字を當つ（柳田、民族、二卷）

ヒラ　信州では傾斜面（馬場、鄉土、一卷）盛岡附近で坂の事、又勾配をサカッピラと云ふ（橘、民俗學、一卷）日本アルプス白馬地方でも山の斜面をピラと云ふ（小川槊魚叟、山岳、三卷）北肥後、南筑後でも同じ（能田、土の香、五十號）

ヒラッコ　緩傾斜地、ハヾより緩、ハヾ參照

ヒラナメ　會津尾瀨沼で瀧を云ふ（柳田、山村語彙）

ヒラマ　奧利根で傾斜地を云ふ（鶴淵螢光、鄉研、七卷）

ヒラミ　平な土地で見張しのきく所、紀州田邊附近に平見の地あり（雜賀、鄉研、五卷）

ヒトロッテ　沼地（上田附近方言集）

ビャク　關東で崖の崩れた所、下野常陸ではジャク（柳田、山村語彙）

フカト　沖繩にて深海（伊波、旅と傳説、四年）

フキアゲ　岡又は端山の遠望し得る地形、吹上げは風當りのこと（柳田、山村語彙）

フクラ　海濱及山村にあり（同）水流の屈曲によつて出來た稍廣い平地、小川內（カハチの項參照）である。

フクロ　水に沿ふた袋狀地形、沼袋、池袋等（鄉研、一卷）

フケ　濕地の事（早川、鄉研、五卷）佐渡にて低地の水多き所、關東のヤチの項參照。

フゴ　北陸にて云ふ關東のヤチの事

フチ　沖繩で崖の事を云ふ（柳田、民族、五卷）

フナコシ　小舟を擔いで運んだ地狹の名、琉球島尻郡玉城村富名腰又同郡佐敷村、八重山石垣島伊原間等にフナクヤと云ふ地名あり（柳田、海南小記）

フミダシ　風に吹かれてたまつた雪が一足踏み入れると同時に舟に乘つたかの樣にそのまゝずつと谷へ持てゆかれる事（我孫子、山と溪谷、五號）

ブッチ　痩地で土肌、岩などの露出した所を云ふ、アレ、アラト、ガラツボなどゝ云ふ（早川、旅と傳説、四年）

ヘタ　河海などの岸に近き崖端の所（佐渡方言集）

ヘラッコ　山川等の極端の場所（太田、滋賀縣方言集）ヒラッコ參照

ヘツリ　急斜面を橫斷する動作から此の意味で固有名詞になつたものがある「五郞作ヘツリ」等（小池、小谷口碑集）

ベト　古い形はミザで一般に土のこと（柳田、山村語彙）

ベンノー　信州北安曇、巖面一壁の所（馬場鄉土、一卷）

ホーテユキ　うんと積りし雪、濕氣なき雪（大月、鄉土、一卷）山形でボデワラは雪原（山形縣方言集）

ホキ、ホケ　日本アルプスにて斷崖絕壁を控えた危道（太田、旅と傳説、第三年）ハケと同語源か（鄉研、一卷）三河阿波でも峽間の隘路（末吉安恭、民族、五卷）

ホタカ　峰高の意（小島烏水、山岳、二卷）

ホタテ　阿波麻殖郡で山の尾の端（柳田、山村語彙）

ホド　三宅島にて噴火口を云ふ（辻村、鄉研二卷）

ホドユギ　秋田にて平地の雪（秋田方言）

ホヤ　群馬縣一部で雪崩のこと（柳田、山村語彙）

ホラ　日本アルプスにて水の出ない谷でサコの大きいもの（太田、旅と傳説、第三年）

地形語彙（山口）

美濃東部で丘陵間の小溪谷（横山次郎、地球、十六卷）溪谷又は山巓の凹處を云ふ（高野鷹藏、山岳、一卷）

ポエ 輕燥な地質、ポエノパなど云ふ（鄕研四卷）

ボケ 元來は崖の事、四國吉野川では岩石極めて奇怪で行歩頗る危險な地を一般に云ふ（鈴木醇、地評、二卷）

ボタ 佐渡では水氣ある土地（佐渡方言集）飛彈では畦畔の草生地、近江犬上郡では崖（柳田、山村語彙）尾張にて沖鳴りの事（加賀紫水、尾張の方言）

ボッケ 上總下總で崖のこと、バッケ參照

ボッチ 高ボッチなどと云ふ、嶺の最も高い所（松澤、鄕土、一卷）

マ 能登で入江を云ふ、澗と書く（鄕研、二卷）男鹿半島でも小灣を云ふ（渡邊茂藏、地理論叢、一輯）

マイリ 近江坂田郡でニエリのこと、舞入る意か、ニエリ參照。

マク 信州北安曇、斷崖千仞の所（馬場、鄕土、一卷）

マッカ 青森縣東部、險しい坂又は崖、常陸新治郡では崖をママッカ、三河設樂郡では斷崖絕壁をマコ（柳田、山村語彙）

マド 溪谷の狹く深くして左右は絕壁を成し向ふも谷此方も谷で分水の背稜をなす所（馬場、鄕土、一卷）

マナゴ 遠州阿多古地方で砂礫に細き砂を云ふ（能田、土の香、五十號）

マブ 宮城縣では崖、宮崎縣では迫、頭の傾斜地、奈良縣南部では山田の畦畔の草生地（柳田、山村語彙）秋田雄勝郡では雪の吹き積つた所（佐々木、鄕研、七卷）遠野地方では山の端の荒蕪地（伊能、遠野方言誌）佐渡で低きを望む地（佐渡方言集）北肥後及南筑後は一般に横穴の事を云ふ（能田、土の香、五十號）

ママ 伊豆新島及神津島では輕石層の斷崖をなす所を云ふ（津屋弘逵、地評、六卷）信州北安曇などではハバより急で水平面から殆んど直角に立つ地面（馬場、鄕土、一卷）

マルビ 丸尾と當つ、富士の新期熔岩流を云ふ（石原、地學雜誌、三十九年）富士で山の崩れて缺けた所を云ふ、備北都留郡でも石などの集つた所を云ふ（柳田、山村語彙）

ミノオ 峰であり又山嶺であり又分水嶺であつた（能田、土の香、五十號）

ミノチ 盆地の事、カッチ、カワチ參照。

ミヨ 伊豆田方郡駿東郡などで峯を云ふ（柳田、山村語彙）澪と書く、有明海でガタ中の水路を云ふ、ガタ參照（松尾、地評、七卷）

ムダ ヤチ參照。

ムレ 九州で山と書いてこう讀む（柳田、山村語彙）

メリ 越中西礪波郡の奥百瀨川村などで小さな谷を云ふ（同）

モヤ 上州にて、水のもり上る事（高井義信旅と傳說、五年）

モリ 奥州で孤山、岡を云ふ（橋、方言と土俗、二卷、二號）

モロユキ 脆雪、降つて間もなく脆い雪、南部地方（田中、山の生活）

ヤ 江戸では草茂り水ある所を呼んだ（柳田鄕研、一卷）

ヤクラ 靜岡で山の險岨な所（靜岡縣方言辭典）

ヤゲン 藥研の事、クボを利用した緩傾斜の坂で兩側が高いから。

ヤズ 秋田にて沮洳地（秋田方言）ヤヂ卽ちヤチの訛か、ヤチ參照。

ヤチ、ヤツ 谷と當てる。アイヌ語のヤチ（濕地）が起りである。會津でも下濕の地、佐渡でも低地の水多き所、常陸でも濕洳の地を云ふ（柳田、鄕研、四卷）フケ、ウダムダとも云ひ又ヤチッボ、ヤチッペとも云ふ。

ヤチボ ヤチ參照。磐城地方で水がじみ〲

してゐる所（高木、民族、三卷）

ヤツカ 耕地中にある石の堆積、岩塚の事（郷研、四卷）

ヤツクラ 岩倉から出た語で石の小山をなすもの、イワをヤと約めクラは天然の岩組の、こと。

ヤト ヤツの轉訛、又はヤの處の意か、ヤツヤ參照（柳田、郷研、四卷）

ヤハラ 西國で濕地を云ふ（柳田、郷研、二卷）

ヤブ 津輕で雪の積つて固まらぬ所（柳田、山村語彙）

ヤマクボ 中國秋吉臺地方ではカルスト地形のドリネを指す（館林、地球、十五卷）チバヂ參照。

ミザ 佐渡小木で地面の事（青柳秀夫、民俗學、一卷）

ミヅコボシザカヒ 相州津久井で分水界のこと（柳田、山村語彙）

ユキッポ 青森縣五戸町地方で雪の積つて固らぬ處（能田、土の香、五十號）

ユウ 越後東蒲原や會津などで溪谷の岩多き所、奥上州では岩窟を斯く云ふ（同）

ユラ、ユリ 紀州印南附近の由良等、風波が砂を淘り上げた地形（柳田、秋風帖）山地では崩れた山の土を水流が淘り平めた僅かな平地（柳田、山村語彙）

ユワ 岩の事、山形縣方言集、釜石町方言誌）

ヨウテ 安房で傾斜地。

ヨナバル 阿蘇周圍でヨナは火山灰、沖繩では與那原は單なる平地、伯耆米子も後者のヨナであらう（柳田、山村語彙）

ワイモト 又はワリモト、潮が落ちて干潮になり切つた時を有明海方面で云ふ（松尾、地評、七卷）

ワシ 盛岡地方で積雪が凍雪上を滑る事を云ふ、初冬に多い（橋、民俗學、一卷）

ワボー 日本アルプスにて新雪直後の表層雪崩を云ふ（田中伸三、山と溪谷、五號、馬場、郷土、一卷）

ワヤ 信州、雪崩の大規模なもの（大月、郷土、一卷）

ヲ 尾根のこと（荒垣、北飛彈の方言）

ヲネ 尾根、背稜、山頂から裾へ曳く傾斜

ヲネクリカヘシ 溪谷の源頭に當る背稜の一部、尾根と全然同じではない、ノッコシに似て乘り越せても乘越せないでも關はぬ所を云ふ（小池、小谷口碑集）

ヲーネ ヲネに同じ、滋賀縣にて山頂のこと（太田、滋賀縣方言集）

ヲカ、ヲガ 筑前岡の湊、陸前の牡鹿、男鹿は三所とも海に突出した地であるのを見ると陸地を意味するヲカが元であつて、海角なるが故に海からの植民が命名した地ならん（柳田、雪國の春）

昭和、八、五、二

補遺

アイシオ 紀州にて沿岸流（方言と土俗、一卷、七號）

アワイシ 肥後にて凝灰岩に混じた黒色の石（能田、方言と土俗、三卷、三號）

イデガワ 出雲で水流（島根縣に於ける方言の分布）

ウロ 流水の爲に川岸の土砂のさらはれうつろになつた所、肥後にて（能田、方言と土俗、三卷、三號）

オダナ 海の急に深くなつてゐる所（本山、長崎方言語彙）

カアマシ 大川、洪水（武藤要、廣島縣方言集）

カーラメェア 河濱の砂礫地（八重、釜石町方言誌）

カマッツ 粘土、赤土（鹿兒島縣鹿兒島郡谷山町方言集）

カラスノマクラ 肥後にて黒曜石（能田、方言と土俗、三卷、三號）

クダリシホ 紀州にて東へ流れる潮（方言と土俗、一卷、七號）

地形語彙（山口）

クボ　肥後、廣く凹みたる地、狹いのはクボミと呼ぶ（能田、方言と土俗、三卷、三號）

クマ　房州にて、海の深い底の岩と岩との間の砂（方言と土俗、一卷、六號）

グキ　伊豫宇和島にて崖。

グジヤ　ぬかるみ（山形縣方言集）グシャ又はグッチヤとも云ふ（吉田、音聲學協會報）

グリ　礫石（山口縣枡井町方言集）

グロ　礫石の堆積せるもの（同）

コシマヘ　佐渡で山麓（佐渡海府方言集）

ゴッチシ　長崎で山頂を云ふ、トッペンとも（本山、長崎方言語彙）

サカクンダイ　傾斜地（鹿兒島谷山町方言集）

サガヒラ　肥後で緩傾斜地（能田、方言と土俗、三卷、三號）

サルドー　一面積雪で覆はれた所（山形縣方言集）

ザッカケ　懸崖（武藤、福島縣中村町方言集）

ショビ　干潮（佐渡海府方言集）

スカ　海岸の砂地（釜石町方言誌）

スク　山口縣にて山の嶺（中國地方語集）

スソ　肥後で麓を云ふ（能田、方言と土俗、三卷、三號）

ステンコ　伊豆韮山で山頂（方言と土俗、二卷、五號）靜岡で一般に云ふ（全國方言集）

スブ　峰、頂（山口縣枡井町方言集）

ズッテンコー　頂上（同）ステンコと同語なるべし。

ズブ　暗礁（佐渡海府方言集）

セビラ　肥後で分水嶺（能田、方言と土俗、三卷、三號）

セマエロ　黃銅鑛（八重、釜砂町方言集）

ソァ　八丈島で谷、澤の事（國學院、方言誌、一號）サワの約つたものか。

ソヤ、ソーヤ　岡山兒島郡で暗礁、宗谷の字を宛つ（方言と土俗、二卷、四號）

タカマル　臺地小丘、肥後にて（能田、方言と土俗、三卷、三號）

ダベ　備後で泥土（中國地方語集）

ダンバラ　福山で草原のこと（同）

ツーヒ　干潮（釜石町方言誌）

デァナシ　大洋（同）

ドロベタ　廣島で地面（中國地方語集）

ドン〳〵メギ　浪の打入る海岸の岩窟（釜石町方言誌）

ナイバ　競潮域、紀州にて（方言と土俗、一卷、七號）

ナダ　房州で岸部、オキに對す、又アクセントの違ひで、岩も島もない全體に砂の沖へ向つた所を云ふ（同誌、一卷、六號）

ノエアー　灣內で風の強い場所（釜石町方言誌）

ノロ　鑛滓（同）

ハバラ　肥後で小石混りの地（能田、方言と土俗、三卷、三號）

ヒタ　廣島で日受の地を云ふ、日南の語か（中國地方語集）

ヘグリ　秋田、水邊の崖（方言と土俗、二卷五號）

ホラッコモリ　地の凹み、ホラ參照（同）

ホンシオ　紀州で黑潮流（同、一卷、七號）

マニッチ　粘土（島根縣に於ける方言の分布）

モト　石見で地面のこと（中國地方語集）

ヤマシオ　肥後にて、深山を切りたる爲め雨後俄に奔出する洪水（能田、方言と土俗、三卷、十二號）

ユングリ　峠（佐渡海府方言集）

方言の智識に乏しい私の事とて其道の方が見られたら多くの誤謬があるだらうと思ふ。何れ將來に訂正增補を試み度い。最後に貴重な御藏書の閲覧を許された文部省國語調査會の吉田澄夫氏に厚く感謝の意を表する。

六月十日補

學界消息

○**國語學講習會**　長野縣教育會東筑摩部會後援の同講習會は七月廿六日より廿九日まで四日間、松本市の女子師範學校の講堂に於て開催された。講師は金田一京助、小倉進平、柳田國男、新村出の諸氏で、講題は夫々、「國語學に於けるアイヌ語の問題」、「國語學に於ける朝鮮語の問題」、「國語史論」、「規範的歷史的文法」「日本語辭書の現實と理想」であつた。金田一氏はアイヌ語の系統論、日本語とアイヌ語との單語の貸借關係を理論と實例とを以て說かれ、小倉氏は朝鮮語の音韻論、朝鮮語の研究史、諺文及吏讀と日本の古代文字、朝鮮より王仁が千字文を傳へた時の話等を語られ、柳田氏は小學校教育に主點を置かれて、小學校の兒童が自分自身の言葉を以て表現すること、アケビ、キタナイ等の語彙の方言學上よりの研究等について論ぜられ、新村氏は國文法は從來の文法の如く規範的なものであると共に歷史的なものでなくてはならぬといふこと、將來に於ける日本語の辭典は歷史的に溯つて語原を明かにせねばならぬが、大辭書の場合はその變化のあとをしめす文献を記載することが必要である。さうして英國のブリタニカにも劣らぬ大辭典の出現が自分の念願で、又微力乍ら自分もさうしたものをつくりたいと思つて其準備を重ねてゐることを述べられた。會衆は定員の二百名を超えた程で、講師の熱心さと聽衆のこれに劣らぬ熱心さが、大變に力のこもつたもので、是種の講習會としては稀有のものであつたといふことである。尙廿八日は淺間温泉蔦の湯で懇親會があり、各講師の信州に關する回想談會員諸氏の意見發表等あり、これも亦盛會であつたと。

○**折口信夫氏**　七月初旬松本市にて長野縣教育會東筑摩部會のために古事記の講義をなし、中旬名古屋市に於て開催された萬葉集の講座に講演、三十日より七月四日まで國學院大學の『萬葉講座』に講義され、同講義終了後は再び採訪旅行に赴かれる筈。

○**宇野圓空氏**　Bruxelleに於て開催せられた第十四回國際學士院聯合會議に日本代表として出席のため去る四月渡歐された同氏は八月四日米國を經て歸朝された。

○**松本信廣氏**　は七月廿八日佛領印度支那の河内に向つて出發された。今後約二ケ月同地方に滯在され、極東佛蘭西學園を中心にして、日本の文化と關係の深かつた印度支那の文化について研究をなされる筈。

○**小山榮三氏**　の『人種學(各論)』の後篇が愈々近く出刊の渉びに至るといふ。

○**宮本勢助氏**の『**民間服飾誌履物篇**』が雄山閣から出た。これは先に雄山閣の鄕土史研究講座の一部として發表されたものに詳密なる索引を附して單行本としたものである。詳細な紹介は別なところでなされるであらうとして、こゝでは簡單にこの本が刊行されたことをお知らせする。本文は菊版一九九頁、それに索引として件名索引が十頁、方言索引が十一頁ついてゐる。總說、第一部鼻緒履物類、第一章下駄類、第二章草履類、第三章草鞋類、第二部被甲履物類、これが第四章雪履類、第五章草履類、第六章打掛・甲掛・足袋類、第三部間接的履物類、第七章橇類、に分れ、それが更に廿四の節に分れてゐる。各章は名稱、形態、種類、分布等の諸項目に分れ、履物の方言と入念に編整された關係文献の引用があつて、それ自らが全體の說明をなす樣な體裁に編まれて居るが、その感じに一見恰も甲寅叢書の『山島民譚集』に似たところのものがある。この本の最も大きな仕事は履物の分類にあつたのであらうが、目下資料の分類が緊急の事となつてゐる民俗學にとつて、かうした書物の出たことは誠にうれしいことであるし、又本書は造型物に關するフォークロアの側からの叢績としても今和次郎氏の『日本の民家』は別として最初のものであり、鬱然たるものであり、將來のこの方面に向つて大いに開拓されればならぬこの學問の基底となるものである。敢て江湖の清鑒をすゝめる。(定價一圓五拾錢雄山閣發行。)

○**伊那史料叢書**　伊那史料叢書刊行會の事業として刊行せられる同叢書はさきに『信濃一國城主得替記』を出したが、今般いよ〳〵民俗學關係者の間にも非常に待望されてゐる『熊谷傳記』を刊行するといふ。その『熊谷傳記』は信州の最南端、三河との國境に接する神原村の豪士熊谷氏の家錄で、全部で八卷になる大部の記錄で、中世より徳川時代の初頭に至るまでの同家或はその緣戚の間に傳り或は起つた色々の事件が細々と記されてゐるが、かうした僻陬の山村に營まれた村人の生活振りが是によつてよく窺はれ、無味乾燥におちいる恐れのある單なる訴訟や由緒の系圖書きに類するものにとゞまらず、もつと人間の心理的な起伏に富み日常の生活經驗に基いた話柄が丹念に記されてゐるところに注目に値するものが數々あるものである。かつて隣縣の愛知縣北設樂郡教育會でこれを謄寫したことがあつたが、その頒布數は僅かであつたためにその入手が甚だ困難であつたものが、今回活字となつて刊行されるといふことは誠に慶(よろこば)しいことである。(以上七項　**村上**)

○『**年中行事**』第二册、(北野博美著)

冬至の新嘗祭を中心に一つの正月が行はれたらしいとする考を、氏は持ち續けて居る。刈り上げ祭を中心に、折口先生の春來るまれびとの考から、氏は更に呪詞の偉力によつてその年始の目標を立てゝ居る。さうして、柳田先生の、播種期に相當する四月十五日を以て年始とする一つの暦の考(「民間暦小考」)―の標識には、やはり、月、殊に滿月が採擇されたであつたらう――そこに氏の假說を再立論させた大きな動機がある。

資料篇は十一月行事の記錄を豐富にして居る。口繪には、南部のめくらごよみ、春を告げに來るものゝ諸相、懸想文賣り・せきぞろ・はちたゝきが載つた。(**鈴木**)

○『**退讀書歷**』(柳田國男著、書物展望社版)

表題の所緣は言ふを俟たない。先生の、このさゝやかな序が何を語りかけようとしてゐるかは、世の好書家達にもやがてわかるであらう。批評集・序跋集・讀書雜記からなる內容は、神樂舍ノ叟・映丘畫伯の族としての趣きから、米澤のつゞれ織になる齋藤昌三氏の裝幀に籠つて、「退讀書歷」を持ち得べき人達へ、深き自覺を促すであらう。(**鈴木**)

〔批評集〕。アイヌ研究―金田一京助著―、和尙と小僧―中田千畝著―、加無波良夜譚―文野白駒著―、動物界靈異誌―岡田蒼溟著―、日本巫女史―中山太郎著―、山窩の生活―鷹野彌三郎著―、東側の窓―ミスE・キース著―、千葉縣鄕土誌―矢部鴨北著―、達磨と其諸相―木戸忠太郎著―、箋註倭名類聚抄―野口恒重複刻―。

〔序跋集〕。佐喜眞興英著『女人政治考』、高木敏雄著『日本神話傳說の研究』、土橋里木著『甲斐昔話集』、佐々木喜善著『聽耳草紙』、高田十郎編『大和の傳說』、青木純二著『山と傳說』、佐々木喜善著『奧州の座敷ワラシ』、早川孝太郎編『能美郡民謠集』、三上永人編『東石見田唄集』、澤田四郎作編『ふるさと』、伊能嘉矩著『遠野方言誌』、荒垣秀雄著『北飛驒の方言』、大田榮太郎編『滋賀縣方言集』、桂又三郎著『岡山動植物方言圖譜』、早川孝太郎著『花祭』、宮良當壯編『沖繩の人形芝居』、白野夏雲作『十島圖譜』、伊能嘉矩著『臺灣文化志』、江川俊治著『ハルマヘイラ島生活』、鈴木覺馬編『嶽南史』、鈴木皷村著『耳の趣味』、著者編『鄕土會記錄』。

〔讀書雜記〕には、

偶讀書抄・『耳袋』とその著者・百年前の散步紀行・一靑年の旅行記・霜夜談（我が燈火、菅江眞澄、鶴啼く秋、雪の野のまぼろし）・讀書懺悔・讀書術雜談・新傾向・讀物の地方色・愛書家の立場から・半暴露文學・婦人雜誌のこと・熙譚書屋閒話・雜記・『山本志篇』に題す・古書保存と鄕土・鄕土叢書の話

○奧南新報　昭和七年十二月廿五日――昭和八年七月廿五日

村の話の目次抄

狐の話　一　郎
昔噺片々錄（二）瓜姫こ　夏堀謹二郎
同　（五）犬と猫　同　人
姑禮の話　鶴　翁
長者舞　小井川
昔噺片々錄（七）屁たれ爺　夏堀謹二郎
こうまん島　八戶M生
昔噺片々錄（八）爺樣と蟹こ　夏堀謹二郎
敵が子に生れた昔　八戶M生
昔噺片々錄（九）（十）灰まき爺　夏堀謹二郎
毒餠の昔　八戶M生
昔噺片々錄（十一）かち〳〵山　夏堀謹二郎
同　（十三）鼠の國　同　人
婆で死んだ男　無名氏
かで坂・たづのれ坂など　夏堀謹二郎
昔噺片々錄（十五）爺樣と黃金瓶　同　人
同（十六）（十七）（十八）和尙と小坊　同　人
同（十九）（二十）蛇聟入　同　人
屋號の事など　同　人
枕　潤

○旅と傳說　六ノ八

壬生狂言記　中村　清二
島の思出（三）　昇　曙夢
つくどんビキビ　長尾　豐
阿波を聽いて（首切馬のこと）　山口　吉一
桑名名物石取祭　吉田　茂
推葉紀行　楢木　範行
遷宮の御踊と宮古大杉神社の祭禮　本田　安次
蛇の話（栃木縣）　新里　寶三
丹後野原の昔話　淺井　正男
ジャン〳〵火の話（奈良）　新藤　正雄
岡山の昔話　今村　勝彥
筑前の昔話　藤野　邦雄
猫の話（熊本縣）　八木　三二
年中行事調査標目　柳田　國男

○島　一ノ三

卷頭言　島の個性
八丈島流人帳　柳田　國男
牡鹿の地の島　山口　貞夫
宗像沖の島雜記　竹內　亮
伊豫の島々―その總括的地歷觀產業觀（下）　管　菊太郎
千島の春　橋浦　泰雄
周防祝島方言―山口縣熊毛郡上關村―　石山　但信
佐渡が島（上）　ロバート・ホール
南洋群島の椰子タブ　戶塚　皎二
南洋群島旅行案內　吉本　泰
長門六島村見聞記（下）　櫻田　勝德
喜界島昔話（二）母の目玉、天女、運定め、弘法樣と鬼、乞食の客。　岩倉　市郞
針突圖誌（二）德之島の部その一　小原　一夫
翁長舊事談（二）　比嘉　春潮
漁村語彙（三）　柳田　國男
島關係記事目錄（三）―伊豆七島・小笠原群島の部　共三―　大藤　時彥
同人寄語―大島の炭燒（山口貞夫）。オホミヅナギ島、島の植物調査（本山桂川）。蛇皮線といふ語（奧平次郞）。元服祝に拳骨（比嘉春潮）。島に關する記事（S生）。

○島　一ノ四

肥前五島日記（上）　橋浦　泰雄
流人生活と御藏島　栗本　惣吉
佐渡ケ島（中）　ロバート・ホール
靑ケ島還住記（上）　柳田　國男
瀨戶內の海　櫻田　勝德

學界消息

○**土佐民謠集　第一輯**　は高知縣女子師範學校から發行せられた。そこに高田長純氏を中心に郷土室があり郷土研究をなしてゐるらしく、そこの生徒さんたちの勞作が基本となつてゐる。

子守歌、手毬歌、作業歌にわかれてゐる。

壹岐の郷土研究

——地方的民俗學研究への希望——

壹岐島の民俗學的な重要さは、も早確固たるものとして知られてゐる。幾多の重要さを學界に提供した過去を知るわれ／＼は、また壹岐郡からの山口麻太郎氏の慶ばしい企圖の報知を心からお祝ひすることが出來る。

山口氏がその同じ郷土の松永氏の精神的・物質的支持に勵まされて、その郷土研究の大いなる飛躍が、まことに力づよく民俗學の現實的な事實として爾後の民俗學の目次として豫定せられるに至つた。世上の理解うすく、しかもあらゆる學のうち最も複合的なこの民俗學的勞作が、山口氏を得て、しかもその郷土の日本民俗の府庫に於て、松永氏の理解に支持せられて、その研究と表現に邁進せられることは、範として、今後のかゝる慶事のために吉兆であるとせられよう。

われらの希ふは、その郷土より單なる册子の發行せられる事のみには止まらぬ。一つの郷土研究の勞作の集積としてミューゼアムをもち、そこに壹岐嶋とその周邊の民俗的造型物を展覽しかつ文獻その他あらゆる歷史的資料によつて、之が日本の民俗史に關係づけられんことを望む。地方博物館の第一聲とならんことを一つの願望としたい。なほ山口氏の、今後の報知によつてその計畫と次の豫定とを心まちにしたいものである。(明石)

定價金拾五圓　菊判洋布裝函入
五百部限定版　紙數六〇〇餘頁
特價金拾貳圓　八ポ新活字整版
送料金四十五錢　插入密圖三百餘圖

理學博士　白井光太郎氏著

（內容見本送呈）

最新刊

本書の序の初頭に曰「此書は上古より明治三十二年の間に於て我日本の文書に記錄せられたる樹木の名稱を考究せるものにして、前古に於ける本草名物產家の樹木に關する知識を網羅蒐錄せるものなり。此の書の編集は明治十九年予が東京農林學校に於て樹木の名稱を講授せし日に始まり、明治三十二年獨逸留學を命せられたる時に繕寫功竣りしものにして、其間約十四年、一方古書を涉獵して名稱の由來を探究し、一方海內の諸山に實物を採集し、各地の方言を採訪し、以て實物と名稱との契合を庶幾せり」とある樣に、本書は我國古來の名物の學の一世の泰斗、斯界最後の碩學と仰がれた白井先生の多くの著書の最初の起稿であり且つ最後の成書である。本書に於て先生は有せる樹木の邦稱を擧げ三百に餘る本草書より記述と圖書を引用し、一々これに斷案を下し、且つ和名・別名・漢名・學名・引用書名等の索引を加へてある。故に本書は樹木名彙であり本草書の集大成であり又應用樹木學である。植物學を修め林學に携はり又は花卉に趣味を有する人々の知見を高むるはもとより、古書を讀み日本文化をなつかしむ人は本書に依つて日本古來の科學的精神の如何に偉大なるかを知ることが出來よう。現代の標語「**日本を知れ**」の名の下に本書を學界及び廣く國民に提供す。

早田文藏氏著
植物分類學 第一卷 裸子植物篇
定價金十五圓
特價金十三圓五十錢
送料金五十四錢

岡村金太郎氏著
藻類系統學
定價金二十圓
送料金四十五錢

篠遠喜人氏著
日本細胞學史
定價金六圓五十錢
送料金三十三錢

田原正人氏著
細胞學總論
定價金三圓八十錢
送料金三十三錢

東京市日本橋區大傳馬町一丁目
內田老鶴圃
振替東京一二一四六
電話浪花一八六五

○寄稿のお願ひ

○**種目略記**　民俗學に關係のある題目を取扱つたものなら何んでもよいのです。長さも御自由です。

(1)論文。民俗學に關する比較研究的なもの、理論的なもの、方法論的なもの。

(2)民間傳承に關聯した、又は未開民族の傳說、呪文、歌曲、方言、謎諺、年中行事、生活樣式、習慣法、民間藝術、造形物等の記錄。

(3)民間採集旅行記、挿話。

(4)民俗に關する質問。

(5)各地方の民俗研究に關係ある集會及び出版物の記事又は豫告。

○**規略**

(1)原稿には必ず住所氏名を明記して下さい。

(2)原稿掲載に關することは一切編輯者にお任かせ下さい

(3)締切は每月二十日です。

編輯後記

暑中御見舞申し上げます。

九州地方資料は一まづ休止し、東北の山伏神樂をお送り致します。本田安次氏の御精勵に、わたくしどもの怠け心を恥じます。

山口氏の『地形語彙』は佐々木彥一郎氏の御紹介にて、その發想に御注意致された由です。

印度支那への旅にたゝれた松本信廣先生からの第一信が、この號へ間に合はされてお送りいたゞきました。常に氣にしていたゞくわたくしどもへのお心に勵まされます。

『石戰考』は恐らくは朝鮮の逃亡してくる王者・英雄の出現傳說に投影するところの季節祭の祭儀の一部をなす宗教的競技であらうところの石戰を、然しながらその祭儀と速に關聯せしめずして「講兵」の事實を追求された立論の確固たる態度に、多くの敎へられるものをうけとることが出來ました。

この民俗の事實が傳說、文學へ交叉するところになほ多くの興味を感じたいと思ひ、又この民俗の歷史性をも深められるゝところに待望も大きい。——何といふわたくしは空想家でしかないことか。孫氏の論說の興味に誘はれ筆をすべらしました。なれなれしさはお許し下さい。

安田靜男氏の『淡路の人形淨瑠璃に就いて』は客觀性卽ち抽象性が出てをりませんので、生々しい報告としてよませていたゞき寄合咄としていたゞきました。御令兄喜代門氏の御校閲を感謝申し上げます。（明石）

△原稿、寄贈及交換雜誌類の御送附、入會退會の御申込會費の御拂込、等は總て左記學會宛に御願ひしたし。

△會費の御拂込には振替口座を御利用ありたし。

△會員御轉居の節は新舊御住所を御通知相成たし。

△御照會は通信料御添付ありたし。

△領收證の御請求に對しても同樣の事。

昭和八年八月一日印刷
昭和八年八月十日發行

定價金六拾錢

編輯兼發行者　小山榮三　東京市神田區表猿樂町二番地
印刷者　中村修二　東京市神田區表猿樂町二番地
印刷所　株式會社　開明堂支店

發行所　民俗學會　東京市神田區駿河臺町一丁目八ノ四　振替東京七二九九〇番　電話神田二七七五番

取扱所　岡書院　東京市神田區駿河臺町一丁目八　振替東京六七六一九番

MINZOKUGAKU

OR

THE JAPANESE JOURNAL

OF

FOLKLORE & ETHNOLOGY

Vol. V August, 1933 No. 8

CONTENTS

PUBLISHED MONTHLY BY

MINZOKU-GAKKAI

8, 1-chome, Surugadai, Kanda, Tokyo, Japan.